“国际移民与海外华人研究中心”成立十周年暨第十届“海外人才与中国发展”国际学术会议文集

协同发展

华侨华人与“长江经济带”“一带一路”

Coordinated Development:
Overseas Chinese and
“the Yangtze River Economic Zone ”“Belt and Road Initiative”

李其荣　主编

暨南大学出版社
JINAN UNIVERSITY PRESS

中国·广州

图书在版编目（CIP）数据

协同发展：华侨华人与“长江经济带”“一带一路”/李其荣主编．—广州：暨南大学出版社，2016.10

ISBN 978－7－5668－1883－6

Ⅰ.①协…　Ⅱ.①李…　Ⅲ.①长江经济带—区域经济发展—研究 ②区域经济合作—国际合作—研究—中国　Ⅳ.①F127.5 ②F125.5

中国版本图书馆 CIP 数据核字（2016）第 148519 号

协同发展：华侨华人与“长江经济带”“一带一路”

XIETONG FAZHAN：HUAQIAO HUAREN YU CHANGJIANGJINGJIDAI YIDAIYILU

主　编：李其荣

出 版 人：徐义雄
责任编辑：黄圣英　郑晓玲　何镇喜　杨柳婷
责任校对：牛　攀　周海燕　郭海珊　刘雨婷
责任印制：汤慧君　周一丹

出版发行：暨南大学出版社（510630）
电　　话：总编室（8620）85221601
营销部（8620）85225284　85228291　85228292（邮购）
传　　真：（8620）85221583（办公室）　85223774（营销部）
网　　址：http：//www.jnupress.com　http：//press.jnu.edu.cn
排　　版：广州市天河星辰文化发展部照排中心
印　　刷：佛山市浩文彩色印刷有限公司
开　　本：787mm×1092mm　1/16
印　　张：17.75
字　　数：448 千
版　　次：2016 年 10 月第 1 版
印　　次：2016 年 10 月第 1 次
定　　价：55.00 元

前　言

连接海外华侨华人　共绘“一带一路”蓝图

2015 年 9 月 26—28 日，“国际移民与海外华人研究中心”成立十周年暨第十届“海外人才与中国发展”国际学术会议在华中师范大学举行。本次会议由国务院侨务办公室政策法规司、湖北省人民政府外事侨务办公室、中国华侨华人历史研究所、武汉市人民政府外事侨务办公室和华中师范大学主办，国务院侨务办公室侨务理论研究武汉基地承办。此次会议的主题是“华侨华人与‘长江经济带’、‘一带一路’协同发展”，来自中国大陆、台湾以及德国、丹麦、马来西亚的几十名专家学者，围绕华侨华人与“长江经济带”“一带一路”、华侨华人与华文教育、华侨华人与国际移民等专题进行了热烈的研讨，本书即该会议研究成果结集。

第一编的主题是华侨华人与“长江经济带”“一带一路”。在国家提出“一带一路”战略后，中国与沿线国家的经济文化联系更加密切，相互间的投资力度将会加大，届时将会有更多的华侨华人回国投资，也会有更多的人“走出去”。所以，要充分发挥华侨华人在中国与其他国家间的桥梁作用，鼓励他们以多种方式为国服务，实现双赢。

这部分内容包含三篇主题报告，第一篇主题报告是中国华侨华人历史研究所副所长张秀明的《侨务资源在“长江经济带”战略中的作用初探》一文。该文梳理了“长江经济带”11 个省市的侨务资源，分析其特点，比较各自的优势，并且从社会网络理论和中国条块管理的行政体制视角，分析发挥华侨华人网络和侨务机构网络这双重网络的作用，以及助力“长江经济带”沿线省市协同发展的侨务资源及其优势。作者认为，“长江经济带”经济发展的地区差异性，使各地的优势互补成为可能；而如何实现这种黏合非一日之功，侨务资源应该能发挥其独特作用。侨务资源具有多元性、分散性、有限性，要想充分发挥海外华侨华人在资金、技术、管理、商业网络等方面的优势，更广泛、更深入地参与中国经济建设，在助推中国经济转型升级的同时，实现自身事业的更大发展，使之充当促进中国经济转型发展的“生力军”，仍然任重道远。

第二篇主题报告是马来西亚孝恩文化基金会执行总裁王琛发教授的《长江流域先民下南洋：历史与未来——以新马两国赣、鄂、苏、浙同胞为例》一文。该文通过论述长江流域先民在南洋落地生根的过程，分析了其下南洋的原因。他们依赖着英荷殖民南洋的早期经济发展而人数日增，为满足地方华人对文化、技术经济活动日趋繁杂的需求，投入自身较熟悉的某些行业。这些长江流域先民都是在古代丝绸之路没落以后才立足南洋的，他们以自身安危回应清末民初国势积弱局面，走到洋人殖民的土地寻找新生，是华中与华东地区接受南洋文化教育及进行经济交流的先行者。文章从会馆组织、职业活动看长江流域先民在南洋的生存状况，最后展望了长江流域先民后人的发展前景，认为只要家教犹存，不离祖先文化，他们至少可以立足于对中国与住在国的认识，成为双边经贸或技术合作关系的观察者、促进者、投资者，或采取其他方式参与进来。浅言之，对祖籍的地缘认同或者同乡关系，都有利于加强文化、经贸联系的纽带。

第三篇主题报告是北京师范大学历史学院陈奉林教授的《建设21世纪海上丝绸之路的初步构想》一文。该文首先阐述了21世纪海上丝绸之路是一个全新的概念，其意义远远超过纯粹的经济、贸易层面本身而具体深入关系中国未来几十年发展以及全面走向世界的重大战略。因而无论从何种意义上说，总结东方历史上丝绸之路的成功经验，探讨向未来发展延伸的基本走向，赋予其具有时代感的崭新内涵，直接关系到中国21世纪发展的大方向与大格局。其次，该文梳理了历史上海上丝绸之路对东西方经济与文化交流交汇的重大贡献。建设21世纪海上丝绸之路是与我国利益攸关的大事，必须加强和深化与东盟国家的关系，让东盟市场与印度洋市场联结贯通起来，推动陆上和海上丝绸之路的建设，形成南北两路相互支撑，推动中国与非洲关系纵深发展。文章最后表示，应积极参与世界经贸与文化交流，从国外获得发展资源，努力使我国的社会发展与文明程度都处于世界领先地位。

湖北第二师范学院马克思主义学院罗荔副教授的《加快高层次人才引进，促进长江中部经济带的城市创新发展》一文，首先分析了改革开放三十多年来长江中部经济带各省在人才引进和引进智力工作方面存在的问题及其原因，如海外人才引进总量少、创新人才少、创业吸引力不足、缺乏长远规划、政策落实不到位、海外人才服务保障工作相对滞后、资金投入不足、信息平台建设滞后、留学人员创业的政策措施不完善。其次，分析了国内外高层次人才引进的经验及启示。文章的最后，作者为“长江经济带”海外高层次人才引进提出了几点建议：确定引进海外高层次人才工作的战略目标和工作重点，加强海外人才服务保障机制建设；完善海外高层次人才创新创业扶持政策，建立政府财政投入的稳步增长机制；搭建好公共服务平台体系，采取多种措施提升区域人才合作水平，从而加快长江中部经济带城市创新发展。

暨南大学硕士研究生赵娜娜的《浅析新形势下海外华人社团与“长江经济带”的发展》一文，阐述了在我国改革开放的过程中，华侨华人做出了不可磨灭的贡献。海外华人社团作为海外华侨华人社会的基石和核心，在进一步扩大对外开放、推进“长江经济带”建设中有着不能忽视的作用。文章探究了新形势下海外华人社团的变化和特点，有利于更好地推进长江沿岸的侨务工作，促进“长江经济带”整体建设的全面发展。

福建社会科学院华侨华人研究所黄英湖教授的《丝绸之路的开辟与中国移民及文化的播迁》一文，首先回顾了汉、唐时期一些中国人由于各种原因或主动或被动地迁徙到西域的历史。他们成为流寓于那里的中国早期移民，虽然人数不是很多，但其与当地各族人民进行贸易和宗教等方面的交流，在中国文化的向西传播中发挥了较大的媒介作用，有的甚至传入欧洲地区，对当地乃至世界的经济、文化和社会等方面都产生了积极而深远的影响。

韩山师范学院华侨华人研究所黄晓坚研究员的《海上丝绸之路与华侨华人——基于潮汕侨乡及海外潮人的历史考察》一文，基于潮汕侨乡及海外潮人的历史考察，对自汉代以来直至“二战”之前华侨华人与海上丝绸之路的关系进行了梳理和诠释。值得注意的是，与19世纪遍布全球的华工移民一样，海外潮人不仅是海上丝绸之路的贸易经营者，而且曾扮演工程建设者和商品生产者的角色，这在18世纪下半叶的暹罗和19世纪中叶以后的新加坡及柔佛王国尤为突出。作者认为，在21世纪海上丝绸之路的构建中，应该充分利用香港作为传统商贸枢纽中心的优势，重视并善于发挥华侨华人对华友好力量在中国—东盟睦邻友好、经贸合作和文化交流上的作用。

上海商学院国际移民研究所刘益梅副教授的《东南亚国家华侨华人参与海上丝路建设中的民粹主义探析》一文，首先分析了东南亚国家民粹主义的背景：随着海上丝绸之路建设的进一步升温，东南亚一些国家在得到一些"实惠"的同时，也产生了一些纠结——他们既舍不得拒绝来自中国的巨额投资，又担心与中国的互联互通会打破其国内脆弱的平衡。其次，文章分析了东南亚海上丝绸之路建设过程中民粹主义的具体表现。作者认为，在建设海上丝绸之路的过程中，民粹主义所具有的理想化色彩的批判意识，常常使其道德主义思维模式陷入非理性的逻辑中，从而出现集体无意识，失去其推动社会进步的价值，并进而成为一种具破坏性、非理性的极端政治宣泄。我们要从避免投资的政治化趋势、经济利益上的适当让渡、尊重各国历史和价值观差异等几个方面去求同存异，争取各国民众的理解和支持。

温州大学国际合作学院严晓鹏副教授、余丹的《整合海外华侨华人资源参与"一带一路"战略的策略研究》一文，旨在指出海外华侨华人在政治资源、经济资源和文化资源上拥有的独特性，并提出相应的建议，以引导和整合这股海外资源，沟通我国内外资本，实现"一带一路"战略的双赢。这也能够为华侨华人在当地的生存与发展提供保障，辐射到当地华侨华人自身事业发展，反向提升华侨华人在所在国的社会地位和影响力。

福州大学闽商文化研究院杨宏云副教授的《中国21世纪海上丝绸之路文化软实力建设研究——基于福建海洋文化视角的探讨》一文，从福建海洋文化的新视角探讨海上丝绸之路文化软实力的建设。文章指出，深具典型性的福建海洋文化，不仅是古代海上丝绸之路建设的驱动力，亦是中国推进21世纪海上丝绸之路核心区建设必不可少的软实力要素。福建海洋文化因与新海上丝绸之路沿线国家的交流具有历史基础与现实优势，能为推进中国21世纪海上丝绸之路建设提供必要的软实力支撑。

福建社会科学院华侨华人研究所副所长林心淦的《推进21世纪海上丝绸之路建设中发挥华侨华人作用应关注的若干关系问题》一文指出，华侨华人具有较深厚的经济实力、较成熟的生产经销网络、广泛的政商人脉关系、较牢固的中华文化语言传播平台，具有融合中外的平台优势。在推进21世纪海上丝绸之路建设中，发挥华侨华人的作用应该注意以下若干问题：可能引起当地人特别是官方对其意图的猜疑、所合作的华侨华人有失信行为、面临华侨华人利益站位不一致带来的风险等。

福建社会科学院廖萌的《"一带一路"战略下中国企业"走出去"的投资机遇与风险防范》一文认为，"一带一路"在为中国企业"走出去"提供新契机的同时也带来了风险，比如部分国家存在政局不稳、经济状况不佳、法律制度不健全等问题；有些国家国有化和征收风险高、通货膨胀严重、经济结构单一，金融体系欠发展；还有一些国家的安全局势受到恐怖主义或宗教极端组织的负面影响等。在风险防范的过程中，我们应充分发挥企业的主体作用，协调政府、企业、华商、自贸区等在推动企业"走出去"中发挥的作用，从而在"一带一路"建设中形成合力。

第二编的主题是华侨华人与华文教育。学者们主要对日本、马来西亚、菲律宾、新加坡等国华侨华人的发展做了阐述，从不同的视角分析华文教育在当地遇到的困境，并且对华文教育的发展前景做了展望。

马来亚大学祝家丰、王晓梅的《21 世纪海外华文教育与国际人才培养——论马来西亚华文独立中学的语文教学和素质教育》一文指出，马来西亚的华文独立中学由于注重素质教育和民族文化的传承，因而得到华裔家长的支持。但 21 世纪全球化所带来的英语教育至上的观念冲击了马来西亚的华文独立中学。文章分析了华文独立中学所实践的素质教育路线及其三语教学特色，认为马来西亚华校不仅仅是中华文化的传承渠道，更是马来西亚华人身份认同的塑造者。因此，任何尝试否定或关闭华校之举都触动了华社的神经及破坏其对华族身份之认同，必引来华社的声讨与抗衡。

台北市立大学徐荣崇教授的《日趋式微的菲律宾华文教育——菲律宾华教概况与侨教推展之影响》以及华侨大学朱东芹副教授的《菲律宾华文教育：历史、改革与现状》均阐述了菲律宾华文教育当今的发展窘境。徐荣崇首先梳理了菲律宾侨校的发展历史。其次，阐述了菲律宾政府实施侨校菲化政策，规定华侨学校招生不可只限华人子弟，使原本的华侨学校逐渐菲化为菲律宾人的华文学校，华侨学习华文的意愿也渐渐降低，很多侨校的学生也在逐年减少，这引起很多华侨的忧虑。最后以菲律宾圣公会中学、重质不重量的尚一中学、以基督为名的灵惠学院等为例，分析了华文学校在菲律宾的发展窘境。朱东芹则通过分析 20 世纪 90 年代初以来菲律宾华文教育改革的曲折进程，认为教育界应摒弃隔膜及陈见，展开沟通与合作，至少先建立一个统一的教改机构，以统一思想和措施来推动教育改革。而近两年中菲关系的紧张也影响到中国大陆赴菲志愿老师项目的实施，一定程度上加剧了师资缺乏的状况，使教育改革问题更为紧迫。

德国杜伊斯堡—埃森大学东亚研究所储慧洁的《在日新华侨华人与中华学校——新华侨华人家长的择校动因》一文，旨在探讨在日新华侨华人选择中华学校的原因与期望，从而了解在日新华侨华人这一群体的特征，并比较老华侨华人与新华侨华人各自对中华学校意义的理解来观察在日华侨华人群体的转变。文章首先简要回顾老华侨华人与新华侨华人移民的历史背景，接着阐述研究的问题与目的。其次，着重介绍数据的收集与研究方法。再次，对在日中华学校的生存现状和家长在学校活动与事务中所发挥的作用进行阐述。最后，对实地调研的结果进行总结，指出新华侨华人选择中华学校的动机既有情感因素，也出于实际考虑，且与日本社会的环境特征密切相关。

暨南大学国际关系学院/华侨华人研究院周聿峨教授、曹雯洁的《海外华文教育与“一带一路”》一文认为，随着“一带一路”战略的提出和进一步落实，华侨华人和华文教育的独特作用也日益凸显。“一带一路”战略为海外华文教育的发展提供了更加广阔的平台。与此同时，海外华文教育的不断发展也可以更好地促进“一带一路”战略的建设。这是一个互相促进的过程。但是，华文教育面临的挑战也越来越多，甚至直接影响到华文教育的效果和目标，成为制约海外华文教育进一步发展的瓶颈，突出表现在华文教师匮乏、缺乏统一规范及适应性强的教材、办学资金不足等方面。

马来亚大学周芳萍、祝家丰的《全球化下的强势英语教学对海外华文教育的冲击——马来西亚华人社会对数理英化政策的回应与抗争》与暨南大学国际关系学院/华侨华人研究院李祯的《马来西亚华人的华文教育困境与未来展望》两篇文章均认为华文教育在当今的马来西亚依旧面临着困境。周芳萍、祝家丰认为，由于马来西亚政府在学校推行数理英化政策，在国民与族群内引起了剧烈的激荡和分裂，所以马来西亚许多文教团体便借此机会向政府施压，迫使马来西亚的教育语言政策不得不由独尊马来语政策走向马来语—英语并重政策。文章指出，华语在华人心中的语言实用价值地位虽低于英语，却显然高于马来语，特别是在大中华经济圈崛起后愈受青睐。面对英语强势的全球化，马来西亚华社将继续顽强地维护华文教育。李祯的文章阐述了华文教育在马来西亚面临许多问题。文章分析指出，当前马来西亚华文教育发展遇到的最主要问题是来自于马来西亚政府。由于历史和种族的因素，马来西亚政府对华文教育仍采取限制政策，华文教育在马来西亚始终是一个十分敏感的问题。

华中师范大学国务院侨办侨务理论研究武汉基地程晶的《论20世纪90年代以来巴西华侨华人与中国文化的传播——机制、作用与思考》一文，以巴西华侨华人为例，分析了巴西华侨华人利用华侨华人个人、华侨华人社团、华侨华人文教机构和华文媒体四个渠道和机制，在巴西社会积极传承、传播中国文化，增强了巴西华裔的民族认同感与凝聚力，推动了中巴文化的交流，助力中国文化软实力的提升与中国国家形象的改善。巴西华侨华人在传播中国文化中存在侨团力量较为分散、活动资金不足、活动积极性有待提高等问题，认清这些问题并加以改进，有助于更好地以“侨”为桥，助力中国文化走入巴西。

第三编的主题是华侨华人与国际移民。华侨华人的历史发展是漫长、曲折的，他们在历史的长河中留下了自己光辉的足迹。在当代，他们在住在国依旧活跃，在政治、经济及文化等方面做出了诸多贡献，成为国际移民大家庭的一部分。

丹麦奥胡斯大学 Mette Thunø（朱梅）教授的 *China's Diaspora Policies of the 21st Century in a Comparative Perspective* 一文，从比较研究的视角分析了21世纪中国的移民政策，探索中国经济的发展和中国国际地位的提升与中国广大海外移民之间的关系。文章指出，中国作为一个数以百万计移民的输出国，越来越依赖跨国社区和外交政策。20世纪晚期，中国政府把海外移民当作海外人才库和战略资源库来发展中国现代化，而进入21世纪，它更多地采取一种公开的政治策略，把海外移民当作一种软实力象征、一种潜在的公共外交，来支持中国的外交政策。

暨南大学国际关系学院/华侨华人研究院吴金平教授的《“侨民”一词内涵辨析》一文认为，虽然“华侨华人”这样的称谓如今已为人们所熟知，其定义也不再引人争议，但在移民与华侨华人研究领域，关于新词汇的争议还在不时涌现。有一个不容忽视的事实就是：虽然大家都在谈论侨民，但是对何谓“侨民”并无一致的定义。而百度对“侨民”的解释，无论在理论上还是实践上都衍生出一系列问题，诸如学术研究与交流的困扰、侨务工作的困扰等。文章指出，无论是从中国侨学界与国外学界平等对话的角度，还是为避免各国政府在开展侨务工作时出现盲目性，我们都有必要将“侨民”的定义修正为：侨民系指移居国外但与祖籍国保持密切联系的人及其后代，而不论其是否保留祖籍国国籍。

山东大学移民研究所宋全成教授的《论21世纪英国华人的政治参与——从2015年英国下议院议员选举诞生首位华裔议员谈起》一文，从移民社会学的视角，具体考察21世纪以来英国华人是如何从“沉默一族”成为下议院议员的政治参与进程。文章分析了英国华人参政的基本特征，并预测英国华人参政的未来发展前景：英国华人参政的热情将持续高涨，英国下议院中必将涌现出更多的华人政治家。但也指出，英国华人欲取得美国华人在政坛上所取得的成就，面临着三个严峻挑战：一是英国华人的政治认同度和政治参与率不高；二是华人分布散乱，华人社团结构复杂，缺乏内在的政党认同凝聚力；三是某些华人政治家缺乏持之以恒的政治努力。

上海商学院国际移民研究所陈志强教授的《我国海外侨民外交保护的理论与实践》一

文认为，面对出境人口的急剧增加，中国需要制定针对海外重大突发事件的应急措施，推动建立和完善侨民安全保护联席会议制度，实现境外侨民登记制度的网络化和便捷化。此外，我国现有的外交保护制度依旧有待完善：外交保护相关法律制度尚需完善；相关保护规定过于宏观宽泛，很难适应形势变化；缺乏相应的预警机制。

华中师范大学国务院侨办侨务理论研究武汉基地魏文享教授的《市场中的乡籍网络——异地商会的兴起要因分析》一文，主要就异地商会兴起的社会要因及内部可能存在之组织悖论加以讨论，并对地方政府与市场在异地商会建立过程中的互动关系加以分析。作者指出，异地商会的兴起既是宏观国民经济发展变迁的结果，也是同籍商人在市场利益驱使下的集体契约。异地商会的主体是在异乡经商的民营企业，因此，民营经济的发展及由此带来的外向型投资浪潮可以说是其组织发展的最大市场动力。

华中师范大学国务院侨办侨务理论研究武汉基地杨海副教授的《美国华侨华人高层次人才为中国服务相关问题抽样调查研究》一文，通过对美国华侨华人高层次专业人才为国服务相关问题的问卷调查发现：在“中国发展信心”方面，绝大多数美国华侨华人高层次人才的信心充足。在“交流合作意愿”方面，美国华侨华人高层次人才与中国进行交流合作的意愿非常强烈。在“合作潜在障碍”方面，最主要的障碍只有一个：中国国内办事不够公平透明。文章最后指出，侨务部门在利用美国华侨华人高层次人才资源时需要进行两方面工作调整：扩大利用美国华侨华人高层次人才资源的视野，采用多种灵活形式吸引人才为中国服务；在打造侨务资源合作平台时，可加强代表遴选工作，更精确地定位海外代表类型。

广西民族大学郑一省教授的《当代印尼华人与中国的对外投资》一文，分析了中国企业参与印尼各项大中型基建项目建设，创造了大量职位，对印尼经济有正面的推进作用。在中国对印尼的投资过程中，印尼华人社团为中国企业进入印尼牵线搭桥，印尼华商通过自身熟悉当地法律条规的优势与中国企业建立多方面的合作，许多华人入职当地的中国企业成为翻译人员、管理人员等，合力建构起链接印尼与中国经济交流与合作的网络。

华中师范大学国际移民与海外华人研究中心/国务院侨办侨务理论研究武汉基地李其荣教授、徐浩亮的《陈嘉庚的爱国主义精神与中国梦》一文，主要结合陈嘉庚所处的环境和特殊的经历进行综合考察，探析陈嘉庚在不同历史时期的爱国梦是如何与时俱进的。文章认为，陈嘉庚的一生是一个追梦的过程，他为祖国、为海外华侨华人的利益不断追寻着自己的爱国梦，在辛亥革命、抗日战争以及新中国的建立过程中都有其爱国身影。

本书围绕华侨华人与“长江经济带”“一带一路”、华侨华人与华文教育、华侨华人与国际移民等专题做了全方位、多角度阐发，不仅阐述了华侨华人在海外的发展历程，分析华文教育遇到的困境，而且把华侨华人与中国新的发展战略“一带一路”联系起来，指出努力涵养华侨华人资源，有利于在其住在国与中国之间搭建更好的桥梁，助推双方在政治、经济、文化等方面的发展，实现互利共赢的局面。

编　者

2015 年 12 月 18 日

贺词贺信

——祝贺“国际移民与海外华人研究中心”成立十周年暨第十届“海外人才与中国发展”国际学术会议召开

我国提出要把区域开发开放结合起来，加快互联互通、大通关和国际物流大通道建设。“长江经济带”是“两带一路”的关键。丝绸之路是商贸通道，“长江经济带”是商品生产基地与动力源头，是21世纪海上丝绸之路的发展依托，并将引领国家极轴发展。为了围绕中心、服务大局、与时俱进，以改革创新精神不断推动侨务理论研究，国务院侨务办公室政策法规司、湖北省外事侨务办公室、中国华侨华人历史研究所、武汉市外事侨务办公室、华中师范大学联合召开了“国际移民与海外华人研究中心”成立十周年暨第十届“海外人才与中国发展”国际学术会议（简称“双十”会议）。会议由国务院侨办侨务理论研究武汉基地承办。以下是会议前夕海内外专家发来的32封贺词贺信。

一、海外

（1）祝贺“国际移民与海外华人研究中心”成立十周年并祝第十届“海外人才与中国发展”国际学术会议圆满成功：五洲四海华人华侨汇聚，“一带一路”交流合作共赢。（陈志明，世界海外华人研究学会会长，香港中文大学教授、中山大学人类学系特聘教授）

（2）导引国际会议继往开来，推进文化交流百年树人。（沈己尧，华盛顿哥伦比亚特区大学教授，2015年9月3日于华盛顿）

（3）遥祝华中师大武汉侨务研究基地“双十”会议圆满成功！十年艰辛筚路蓝缕以启山林硕果累累，十载求索逆水行舟栉风沐雨前程似锦。（周敏，新加坡南洋理工大学陈六使讲席教授、华裔馆馆长，美国洛杉矶加州大学社会学与亚美研究学教授，美国社会学学会国际移民分会会长，2015年7月21日于新加坡）

（4）十年辛劳侨学界翘楚汇聚，十年耕耘桂子山百花争香。恭祝华中师大武汉侨务研究基地“双十”会议圆满成功！（令狐萍，华中师范大学“长江学者”讲座教授、美国杜鲁门州立大学史学教授）

（5）热烈祝贺华中师范大学“国际移民与海外华人研究中心”成立十周年！预祝“双十”会议圆满成功！愿该组织继续为中外学者的学术交流搭建桥梁和平台！（郭世宝，加拿大卡尔加里大学教授、加拿大民族研究学会会长、《加拿大民族研究》联合主编，2015年7月22日）

（6）值此华中师范大学“国际移民与海外华人研究中心”成立十周年暨第十届“海外人才与中国发展”国际研讨会召开之际，我向您及您领导的研究中心其他同事表示诚挚的祝贺，并衷心祝愿“国际移民与海外华人研究中心”今后取得更大的成绩，为侨务理论研究的理论与实践做出更大的贡献。［高佳，澳大利亚墨尔本大学文学院助理院长（中国），2015年7月14日］

（7）衷心祝贺“国际移民与海外华人研究中心”迎来十周年成立纪念！岁月如梭，“海外人才与中国发展”国际学术会议业已主办第十届，研究成果及联谊效应硕果累累。期望更多的专业人士相聚于此，以学术交流促进华人华侨研究以及侨务政策和理论研究更深更广地发展！［何彬，日中人文社会科学学会副会长、日中口述历史文化研究会副会长、第十六届（日本）华人学术奖获得者、日本首都大学东京教授］

（8）祝贺“双十”会议圆满举办，侨务研究基地再创新高。（游俊豪，新加坡南洋理工大学中华语言文化中心副主任、副教授，《华人研究国际学报》执行编辑）

（9）大洋两岸本同根，桂子山上常聚首；四海精英献良策，五洲华人话宏图。（江峡，美国北亚利桑那大学教授）

（10）欣闻华中师范大学“国际移民与海外华人研究中心”成立十周年，庆祝“海外人才与中国发展”第十届国际学术会议隆重揭幕，双十同庆日月共辉，海外华人齐聚一堂。五洲四海桂子山上，一带一路海华扬威。（梁一萍，台湾海外华人研究学会秘书长、台湾师范大学英语系教授）

二、国内

（1）敬贺李其荣教授领导侨务研究基地功业，兢兢业业十年磨剑，华师基地中部崛起，预祝华中师大武汉侨务研究基地“双十”会议成功。（庄国土，厦门大学国际关系学院院长，厦门大学南洋研究院院长、教授）

（2）恭祝华中师大武汉侨务研究基地“双十”会议圆满成功！十载联谊五洲，其志可钦可佩，经年耕耘侨史，荣耀可圈可点。（李明欢，厦门大学公共事务学院社会学系教授、博导，暨南大学国际关系学院/华侨华人研究院特聘教授）

（3）一届一主题，年年锲不舍，一步一脚印，岁岁累硕果。热烈祝贺“国际移民与海外华人研究中心”成立十周年。（赵红英，中国华侨历史学会副会长，2015 年 7 月）

（4）砥砺奋进，十载耕耘结硕果；行路致远，八面风来展宏图。（赵健，国务院侨务办公室侨务干校副校长）

（5）十年耕耘喜结丰收果，侨史研究开辟新天地——祝贺“国际移民与海外华人研究中心”成立十周年暨第十届“海外人才与中国发展”国际学术会议圆满成功！（张秀明，中国华侨华人历史研究所副所长、《华侨华人历史研究》主编）

（6）十个春秋，十届辉煌。十回相聚，十次留香。（李安山，北京大学国际关系学院教授）

（7）李其荣教授：祝贺您领导下的华中师大武汉侨务研究基地“双十”会议圆满成功：侨史研究异军突起华师，侨务理论中部崛起武汉。（龙登高，清华大学华商研究中心主任、教授）

（8）盼中国气派的华侨华人研究蒸蒸日上、流光溢彩！祝武汉侨务理论基地“双十”会议圆满成功！（吴小安，北京大学历史学系教授兼北京大学华侨华人研究中心主任，2015 年 7 月 10 日）

（9）“双十”会三律：①十年征战十年功，一带飞花一路通。硕彦欣欣来桂苑，旌旗猎猎向巅峰。人才赫赫文章秀，国梦煌煌大略雄。四海英豪逢盛会，江城月季正金风。②壮士常萦社稷情，檄书总待殿钟鸣。郑和已踏沧溟浪，玄奘再牵葱岭星。白雪千层龙裔喜，黄云万叠鬼神惊。和平崛起输长策，猛志应登紫禁城。③十年九度到华堂，捧读翰章逢栋梁。海外征人思踯躅，树中栖凤盼回翔。还将旧梦归华夏，再续新篇振纪纲。借得无垠加勒比，一泓春水祝炎黄。（“双十”会期间，余将在加勒比海诸岛国调研侨情，因无缘躬逢盛会，遵嘱赋三拙诗以贺）（高伟浓，暨南大学国际关系学院/华侨华人研究院教授）

（10）恭祝华中师大武汉侨务研究基地“双十”会议隆重召开！侨界学术交流的盛宴，同仁联谊沟通的平台。（潮龙起，暨南大学国际关系学院/华侨华人研究院教授，2015年7月）

（11）贺华中师大“国际移民与海外华人研究中心”成立十周年：十载辛勤耕耘，喜结硕果累累。（吴瑞君，华东师范大学国际移民与侨务政策研究中心主任、教授）

（12）李其荣教授：祝贺您领导下的华中师大武汉侨务研究基地取得突出成绩！祝“双十”会议圆满成功！附言两句：汇聚侨界精英十年，服务国家引智战略，培养侨史人才数载，推动研究基地发展。（陈奕平，暨南大学国际关系学院/华侨华人研究院副院长、教授）

（13）华灯长辉，桂山耀侨光，十载耕耘丰硕果；师友同举，江城展凤翼，天下桃李共其荣。祝贺贵基地“双十”会议圆满成功！（林勇，福建社会科学院华侨华人研究所所长）

（14）尊敬的李其荣教授：衷心祝贺您领衔的“国际移民与海外华人研究中心”成立十周年！衷心祝愿贵中心主办的第十届“海外人才与中国发展”会议圆满成功！十年华侨移民研究，铸就侨务学术辉煌！（宋全成，山东大学移民研究所所长、教授，山东大学哲学与社会发展学院副院长）

（15）十年耕耘华师桂花香飘四海，十年聚首侨学翘楚情结五洲！恭祝“国际移民与海外华人研究中心”成立十周年暨第十届“海外人才与中国发展”国际学术会议圆满成功！（吴金平，暨南大学国际关系学院/华侨华人研究院教授）

（16）十年盛会，十年创新！（郑一省，《八桂侨刊》主编）

（17）贺“国际移民与海外华人研究中心”成立十周年暨第十届“海外人才与中国发展”国际学术会议，孜孜耕耘恰十载，“中心”“会议”齐烁彩，一年一度群贤汇，喜集硕果继开来。（周聿峨，暨南大学国际关系学院/华侨华人研究院教授、博导）

（18）谨贺华中师范大学“国际移民与海外华人研究中心”成立十周年暨第十届“海外人才与中国发展”国际学术会议圆满召开。中国大陆海外华人研究与国际移民研究之“中部崛起”的标杆！（陈文寿，华侨大学华侨华人研究院/国际关系学院教授，察哈尔学会高级研究员）

（19）“国际移民与海外华人研究中心”暨“海外人才与中国发展”国际学术会议十周年志庆，荆楚侨研之光。（李勇，华侨大学华侨华人研究院/国际关系学院副院长）

（20）一城两“双十”，意义不寻常。昔日辛亥年，双十擎义旗，声威震寰宇。今日乙未年，“双十”迎“路带”，智库引未来。（郭剑波，浙江师范大学华侨华人研究中心主任）

（21）尊敬的李其荣教授：在“国际移民与海外华人研究中心”成立十周年与第十届“海外人才与中国发展”国际学术会议召开之际，特向您和“国际移民与海外华人研究中心”表示由衷的祝贺！并预祝本届“海外人才与中国发展”国际学术会议取得圆满成功！在过去的十年里，你们非常重视与海内外侨史学界和专家学者开展学术交流与合作，为繁荣华人华侨研究科学发展，为促进海外人才事业发展、助推中华民族伟大复兴和“中国梦”的实现贡献力量。在此祝愿“国际移民与海外华人研究中心”在未来取得更加令人瞩目的成果！（温州大学国际合作学院，2015年9月16日）

（22）九省通衢迎宾客，五洲华人聚江城。万里楚地育侨务，十载耕耘结硕果。（曾少聪，中国社会科学院国际移民与海外华人研究中心主任、教授）

目　录

前　言　连接海外华侨华人　共绘"一带一路"蓝图 …… 1

贺词贺信——祝贺"国际移民与海外华人研究中心"成立十周年暨第十届"海外人才与中国发展"国际学术会议召开 …… 1

第一编　华侨华人与"长江经济带""一带一路"

侨务资源在"长江经济带"战略中的作用初探 …… 张秀明　2

长江流域先民下南洋：历史与未来——以新马两国赣、鄂、苏、浙同胞为例 …… ［马来西亚］王琛发　17

建设21世纪海上丝绸之路的初步构想 …… 陈奉林　25

加快高层次人才引进，促进长江中部经济带的城市创新发展 …… 罗　荔　36

浅析新形势下海外华人社团与"长江经济带"的发展 …… 赵娜娜　46

丝绸之路的开辟与中国移民及文化的播迁 …… 黄英湖　51

海上丝绸之路与华侨华人——基于潮汕侨乡及海外潮人的历史考察 …… 黄晓坚　59

东南亚国家华侨华人参与海上丝路建设中的民粹主义探析 …… 刘益梅　69

整合海外华侨华人资源参与"一带一路"战略的策略研究 …… 严晓鹏　余　丹　77

中国21世纪海上丝绸之路文化软实力建设研究——基于福建海洋文化视角的探讨 …… 杨宏云　82

推进21世纪海上丝绸之路建设中发挥华侨华人作用应关注的若干关系问题 …… 林心淦　88

"一带一路"战略下中国企业"走出去"的投资机遇与风险防范 …… 廖　萌　98

第二编　华侨华人与华文教育

21 世纪海外华文教育与国际人才培养——论马来西亚华文独立中学的语文教学和素质教育 ……［马来西亚］祝家丰　王晓梅　110
日趋式微的菲律宾华文教育——菲律宾华教概况与侨教推展之影响 …… 徐荣崇　123
在日新华侨华人与中华学校——新华侨华人家长的择校动因 ……［德］储慧洁　129
海外华文教育与“一带一路” …… 周聿峨　曹雯洁　140
菲律宾华文教育：历史、改革与现状 …… 朱东芹　150
全球化下的强势英语教学对海外华文教育的冲击——马来西亚华人社会对数理英化政策的回应与抗争 ……［马来西亚］周芳萍　祝家丰　161
马来西亚华人的华文教育困境与未来展望 …… 李　祯　170
论 20 世纪 90 年代以来巴西华侨华人与中国文化的传播——机制、作用与思考 …… 程　晶　173

第三编　华侨华人与国际移民

China's Diaspora Policies of the 21st Century in a Comparative Perspective ……［丹麦］Mette Thunø（朱　梅）　184
“侨民”一词内涵辨析 …… 吴金平　212
论 21 世纪英国华人的政治参与——从 2015 年英国下议院议员选举诞生首位华裔议员谈起 …… 宋全成　216
我国海外侨民外交保护的理论与实践 …… 陈志强　226
市场中的乡籍网络——异地商会的兴起要因分析 …… 魏文享　237
美国华侨华人高层次人才为中国服务相关问题抽样调查研究 …… 杨　海　250
当代印尼华人与中国的对外投资 …… 郑一省　255
陈嘉庚的爱国主义精神与中国梦 …… 李其荣　徐浩亮　262

第一编　华侨华人与“长江经济带”“一带一路”

主题报告

侨务资源在“长江经济带”战略中的作用初探

张秀明*

几千万华侨华人是中国发展的宝贵资源和独特财富。在中国革命、建设和改革开放的各个历史时期，华侨华人为中国经济社会发展做出了重要贡献。在全面深化改革、全面建成小康社会的新时期，华侨华人的作用更应得到重视。侨务工作作为党和政府一项长期的战略工作，担负着凝聚侨心、汇集侨智、发挥侨力、维护侨益等任务。那么，在“一带一路”和“长江经济带”等国家战略中，如何更好地发挥华侨华人的作用？侨务工作如何服务于“一带一路”等战略大局？这些都是侨务工作者和华侨华人学界需要研究和思考的课题。本文拟梳理“长江经济带”11个省市的侨务资源，并从社会网络视角和中国条块管理的行政体制视角，分析华侨华人网络和侨务机构网络双重网络的互动，探讨侨务资源在“长江经济带”沿线省市协同发展中的推动作用。“长江经济带”经济发展的地区差异性，使各地的优势互补成为可能，而侨务资源应该能发挥其独特作用。此外，由于中国的发展存在着巨大的地区差异，中西部地区特别是西部地区还较落后，因此，对一系列国家战略的研究，应该国外和国内并重，不仅要“目光向外”，还要“目光向内”，真正为先发地区和后发地区协调发展、同步小康提供政策咨询和借鉴。

一、“长江经济带”战略的提出

2014年，国务院提出了《关于依托黄金水道推动长江经济带发展的指导意见》（以下简称《意见》）①。《意见》指出，长江是货运量位居全球内河第一的黄金水道，长江通道是我国国土空间开发最重要的东西轴线，在区域发展总体格局中具有重要战略地位。依托黄金水道推动“长江经济带”发展，打造中国经济新支撑带，是党中央、国务院审时度势、谋划中国经济新棋局做出的既利当前又惠长远的重大战略决策。《意见》还指出了推动“长江经济带”发展的重大意义、总体要求、指导思想、基本原则、战略定位等内容。

“长江经济带”覆盖上海、江苏、浙江、安徽、江西、湖北、湖南、重庆、四川、云南、贵州11个省市，面积约205万平方千米，人口和生产总值均超过全国的40%。“长江经济带”横跨我国东、中、西三大区域，具有独特的优势和巨大的发展潜力。改革开放以

* 作者简介：张秀明，中国华侨华人历史研究所副所长，《华侨华人历史研究》主编、编审。

① 关于依托黄金水道推动“长江经济带”发展的指导意见.（2014-09-25）. http://www.gov.cn/zhengce/content/2014-09/25/content_9092.htm.

来，“长江经济带”已发展成为我国综合实力最强、战略支撑作用最大的区域之一。在国际环境发生深刻变化、国内发展面临诸多矛盾的背景下，依托黄金水道推动“长江经济带”发展，有利于挖掘中上游广阔腹地蕴含的巨大内需潜力，促进经济增长空间从沿海向沿江内陆拓展；有利于优化沿江产业结构和城镇化布局，推动我国经济提质增效升级；有利于形成上中下游优势互补、协作互动格局，缩小东中西部地区发展差距；有利于建设陆海双向对外开放新走廊，培育国际经济合作竞争新优势；有利于保护长江生态环境，引领全国生态文明建设，对于全面建成小康社会，实现中华民族伟大复兴的“中国梦”具有重要的现实意义和深远的战略意义。

推动“长江经济带”发展的指导思想是充分发挥市场配置资源的决定性作用，更好发挥政府规划和政策引导的作用，以改革激发活力、以创新增强动力、以开放提升竞争力，依托长江黄金水道，高起点、高水平建设综合交通运输体系，推动上中下游地区协调发展、沿海沿江沿边全面开放，构建横贯东西、辐射南北、通江达海、经济高效、生态良好的“长江经济带”。基本原则包括四个方面：一是改革引领、创新驱动；二是通道支撑、融合发展；三是海陆统筹、双向开放；四是江湖和谐、生态文明。战略定位要打造“四个带”：一是具有全球影响力的内河经济带；二是东中西互动合作的协调发展带；三是沿海沿江沿边全面推进的对内对外开放带；四是生态文明建设的先行示范带。主要任务包括提升长江黄金水道功能，建设综合立体交通走廊，创新驱动促进产业转型升级，全面推进新型城镇化，培育全方位对外开放新优势，建设绿色生态廊道，创新区域协调发展体制机制。

东中西互动合作、协调发展，是“长江经济带”战略要达成的目标之一。侨务工作如何在“长江经济带”发展战略中发挥作用，值得探讨。挖掘和整合“长江经济带”省市的侨务资源并实现优势互补，是我们需要研究和思考的一个重要方面。

二、“长江经济带”省市的侨情概况及其特点

在“长江经济带”的11个省市中，既有云南、浙江这样的传统侨乡，也有上海这样的新侨乡。各地的侨情既有共同点，也有不同点。有关“长江经济带”省市的侨情，之前还未见专门系统的梳理。笔者详细浏览了国务院侨办、中国侨联和11个省市侨办（外侨办）、侨联的官方网站，从中收集有关侨情的信息资料，并根据新华社、中新社等官网报道进行资料梳理。国务院侨办曾于2011年和2013年先后两次组织全国各级侨办开展归侨侨眷数据统计，[①] 此外，还组织开展了海外侨情调研。不少地方也先后开展了侨情调查，有些省市公布了侨情调查数据，如上海、浙江。根据相关资料，“长江经济带”11个省市的侨情如下：

1. 上海

上海市先后于1985年、2004年、2011年进行了三次侨情大调查。上海市政府侨办、上海市侨联和上海市统计局联合发布的2011年上海市基本侨情调查结果显示，上海市归

① 国内归侨侨眷概况//曹云华.2013年世界侨情报告.广州：暨南大学出版社，2014：452－468.

侨、侨眷、港澳居民眷属、归国留学人员和留学生眷属共有108万人，① 海外的沪籍华侨华人、港澳居民和留学生共有102万人，分别比2004年侨情调查的数据增长47.94%和50%。归国留学人员数量已占到全国的1/4。②

上海市108万归侨、侨眷、港澳居民眷属、归国留学人员和留学生眷属中，归侨占3.02%，侨眷占64.96%，港澳居民眷属占7.06%，归国留学人员占4.84%，留学生眷属占20.13%。102万海外华侨华人、港澳居民和留学生中，外籍华人占41.22%，华侨占34.42%，港澳居民占8.66%，留学生占15.57%，0.14%的对象身份因未填写而无法归类。

上海市归侨、侨眷、港澳居民眷属、归国留学人员和留学生眷属主要集中居住在徐汇、浦东、长宁、虹口、黄浦、杨浦、普陀、闵行等中心城区，与中心城区相比，松江、嘉定、宝山等人口导入区的侨情数量增长更加明显，人数是2004年的三倍以上。

沪籍华侨华人、港澳居民和留学生分布在海外159个国家和地区，人数最多的国家依次是美国、澳大利亚、日本和加拿大，居住在这4个国家的人数占总量的71.31%。

通过上述资料可以发现，上海市侨情具有以下几个特点：一是规模越来越大。无论是海外的沪籍华侨华人等人员还是国内的归侨侨眷等眷属，两个群体的人数都有大幅增长（分别比2004年增长47.94%和50%），总计已达210万人。2011年，上海的常住人口为2 347.46万人。③ 海外的沪籍华侨华人等人员和国内的归侨侨眷等眷属，占上海常住人口的近9%。二是身份划分明确。虽然我们在进行数字统计时，习惯将华侨华人和港澳同胞、留学生等放在一起统计，但实际上他们的身份是不同的，很多地方都没有明确区分不同身份的涉侨涉外人员，而上海市的侨情调查进行如此清晰的划分，实属难能可贵。三是分布高度集中。上海籍的华侨华人、留学生虽然分布在150多个国家和地区，但主要集中在美国、澳大利亚、日本、加拿大4个发达国家（占70%以上）。四是融入当地水平高。外籍华人占沪籍涉外人员总数40%以上，显示海外上海人融入当地程度高。五是上海正成为新侨乡。上海的涉侨涉外人口已占总人口的近9%，如果按涉侨人口占当地总人口的10%就是侨乡的惯例，可以说上海正成为新侨乡。此外，上海已成为海外华侨华人、港澳居民和留学生回来投资、创业、生活、居住的主要选择地之一，特别是归国留学人员数量已占到全国的1/4。

2. 江苏

目前还未见有关江苏侨情调查的详细数据。据江苏侨网的报道，截至2015年7月，江苏籍海外侨胞有100万人，归侨侨眷有100万人；④ 侨资企业有5万多家，在江苏创新

① 上海市公布第三次基本侨情调查结果．(2012－08－03)．http：//www.chinanews.com/zgqj/2012/08－03/4080894.shtml.

② 据国务院侨办2012年数据，上海市归侨侨眷总人数为734 184人（其中归侨32 616人），两个数据之间的悬殊，应为统计范围不同所致。

③ 上海外来常住人口逾930万　占常住人口近四成．(2012－05－04)．http：//politics.people.com.cn/GB/17812705.html.

④ 据国务院侨办2012年数据，江苏省归侨侨眷总人数为489 561人（其中归侨2 048人）。

创业的非江苏籍侨商侨领及各类中高端专业人才有50万人。[①] 此外，江苏每年拨出400多万元专项资金用于补助困难归侨及企业退休归侨，使全省困难归侨人均每年补贴标准达1万元。

江苏侨情具有以下特点：一是涉侨人口虽然具有一定规模，但在总人口中所占比例较低。2012年年末，江苏省常住人口达到7 920万人。[②] 200万海外侨胞和归侨侨眷占全省总人口的2.5%。二是侨资企业多。江苏的侨资企业达5万家，遥遥领先于其他省份。这与江苏较高的经济发展水平、宽松的政策环境等因素有关。三是江苏的侨务扶贫力度较大。全省困难归侨人均每年补贴标准达1万元，这种情况估计在全国也不多见。

3. 浙江

浙江是中国传统侨乡。多年来浙江籍华侨华人、港澳同胞已经成为推动浙江省经济社会发展的一支重要力量。浙江省先后于2009年、2013年进行了侨情调查。据2009年统计，浙江籍海外侨胞和港澳同胞有150多万人，分布在170多个国家和地区，全省归侨侨眷有近150万人。[③] 2013年，以浙江省委省政府的名义，由浙江省外侨办牵头，会同浙江省侨联、浙江省委人才办等18家单位，在全省开展了一次系统的基本侨情调查。[④]

此次调查显示，浙江籍海外华侨华人、港澳同胞有202.04万人，居住在浙江省内的归侨、侨眷、港澳同胞眷属有112.42万人，[⑤] 归国留学人员有5.67万人，海外留学人员有8.96万人。浙江省各市海外华侨华人、港澳同胞按人数从多到少排列依次为温州、丽水、宁波、杭州、台州、绍兴、金华、舟山、嘉兴、衢州、湖州。他们分布在世界180个国家，其中以欧洲居多，占54.2%；亚洲其次，占20.8%。

以浙江籍华侨华人为主创办（含港澳），或以浙江籍华侨华人为骨干的社团有735个，分布在68个国家和地区，侨团数量排前五位的国家是意大利、法国、西班牙、美国、荷兰。

浙江省侨资企业约2.11万家，数量位居前三的是杭州、宁波、温州。以浙江籍华侨华人为主开办，或以浙江籍华侨华人为学校骨干的海外华文学校有87所，华文媒体有60家，其中以温州籍华侨华人开办的数量位居第一。

浙江侨情有以下几个特点：一是人数不断增长。2013年，海外华侨华人、港澳同胞比2009年增长了50多万人。[⑥] 海外华侨华人、港澳同胞、海外留学人员以及归侨、侨眷、

---

① 江苏省侨企达5万多家，将立法保护华侨投资权益．（2013－01－31）．http：//www. jsqb. gov. cn/web/docview. aspx？ docid＝453225291.

② 江苏常住人口破7 900万　增势进一步放缓．（2013－01－31）．http：//news. china. com/news100/11038989/20130131/17664915. html.

③ 浙江省基本侨情调查工作全面展开．（2013－12－03）http：//zjnews. zjol. com. cn/05zjnews/system/2013/12/03/019739246. shtml.

④ 浙江省基本侨情调查工作圆满结束．（2014－10－28）．http：//www. chinareports. org. cn/news－13－25491. html.

⑤ 据国务院侨办2012年数据，浙江省归侨侨眷总人数为1 489 000人（其中归侨2 010人）。

⑥ 据2013年数据，归侨侨眷人数比2009年有所下降。相信归侨侨眷人数实际上并没有减少，因为海外华侨华人人数增多，意味着侨眷队伍也会扩大，老归侨人数虽然会减少，但新归侨人数在不断增加。因此，相信是统计口径和统计方法的不同造成了这种状况。由于2013年的统计较为精确，后者的数字更接近实际。此外，据国务院侨办的数据，2012年底浙江归侨侨眷人数为148.9万人。

港澳同胞眷属、归国留学人员共计 329.09 万人，2012 年年末，浙江省常住人口为 5 477 万人，[①] 前者占后者的比例为 6.0%。二是高层次人才多。海外留学生和归国留学人员都有一定规模，分别为 8.96 万人和 5.67 万人，占比 4.2% 和 4.8%。虽然与上海相比有一定差距，但在其他省市中算是比例较高的。三是来源地和分布地都相对集中。从来源地看，温州、丽水等浙南地区的传统侨乡出国人数较多，杭州等大城市则为高层次人才的来源地。从分布地看，欧洲占近 55%，这与历史上形成的移民格局相一致。四是华侨华人对中国特别是侨乡经济社会发展的贡献大。浙江籍侨胞和港澳同胞在全国累计捐赠约占全国华侨捐赠总额的 1/6，其中在省内捐赠超过 45 亿元，侨捐对浙南地区侨乡的作用更是突出。在浙江投资创业的侨资企业有 3.3 万多家，总投资额 2 300 多亿美元，分别占全省外资企业总数的 63% 和外资总额的 62%。[②] 五是在海外侨社的影响力增强。以浙江籍华侨华人为主的社团越来越多，浙江人特别是温州人、青田人成为当地侨社的一支重要力量。

4. 安徽

安徽省未见详细的侨情调查数据。根据安徽省侨务办公室的统计（2014 年 12 月），皖籍华侨华人和港澳同胞有近 45 万人，归侨侨眷约有 60 万人，[③] 在安徽投资的侨资企业有 6 000 多家。安徽省与 30 多个海外侨团签订了紧密合作共建框架协议；目前在 17 个国家和地区建有 50 多个安徽商会、联谊会和科技协会等侨团组织。近 5 年来，安徽省侨务部门共邀请 50 多个国家和地区的 3 000 多名侨商侨领来皖参观考察、洽谈投资，协议投资额逾 200 亿人民币。[④]

安徽省统计局发布的安徽省 2014 年国民经济和社会发展统计公报显示，2014 年年末，安徽省常住人口有 6 082.9 万人，[⑤] 105 万皖籍华侨华人和港澳同胞、归侨侨眷占全省总人口的 1.7%。作为中部省份的安徽，侨务资源并不丰富，但安徽省侨务工作的开展卓有成效。

5. 江西

目前未见最新的江西省侨情统计详细资料。据江西省外事侨务办公室网站“江西侨情”一栏的数据，1990 年，全省共有侨务工作对象约 40 万人。其中，国外华侨华人、港澳同胞为 125 472 人，省内归侨、侨眷、港澳同胞眷属为 117 345 人，还有约 15 万人为其旁系亲属。在江西侨务工作对象中，60%—70% 的人祖籍为江西，其余为外省籍。[⑥] 该资料还比较详细地介绍了江西籍华侨产生和发展的历史脉络、江西侨务机构的演变、侨务政策的落实情况和新移民情况。

---

① 2012 年浙江省人口变动抽样调查主要数据公报.（2013 -02 -22）. http：//www. zj. gov. cn/art/2013/2/22/art_5497_594995. html.

② 改革开放以来浙江籍侨胞和港澳同胞捐赠祖国 135 亿元.（2013 -12 -01）. http：//news. xinhuanet. com/local/2013 -12/01/c_118367538. htm.

③ 据国务院侨办 2012 年数据，安徽省归侨侨眷总人数为 595 722 人（其中归侨 3 690 人），与此数字接近。

④ 安徽近五年侨商投资逾 200 亿元 凝聚侨力推发展.（2014 -12 -12）. http：//www. ahfao. gov. cn/WSBNewsxl. aspx？Id =10843#.

⑤ 2014 年安徽常住人口发展报告出炉 阜阳人口最多.（2015 -03 -19）. http：//www. ahfao. gov. cn/WSBNewsxl. aspx？Id =10843#.

⑥ 江西侨情. 江西省外事侨务办公室网站，http：//www. jxwqb. gov. cn/view. asp？NewsNo =00000485.

2008 年，江西省共有海外华侨华人及港澳台同胞 224 661 人，主要分布于美国、加拿大、欧洲、澳大利亚、日本、东南亚和中国港澳等 72 个国家和地区，行业涉及经贸、科技、文教、医疗卫生等诸多领域，有不少是住在国政界、商界、文化科技界的知名人士。留学是江西省新华侨华人出国的主要渠道。他们相对集中于欧美发达地区。①

根据江西省侨联的数据，2011 年，江西省有归侨侨眷约 20 万人，② 在海外的江西籍华侨华人约 20 万人。江西省侨联与世界 76 个国家和地区的 219 个侨社团及海外侨胞、港澳台同胞建立了友好联系。③

根据江西省外事侨务办公室的数据，2012 年，江西的海外侨胞共有约 23 万人，分布于全球 72 个国家和地区，在 36 个国家和地区成立了近 40 个江西同乡会。随着历史的发展，海外江西人的分布也发生了变化，改革开放前主要是分布在东南亚，现居于美国的最多，日本、东南亚和西欧国家也广泛分布着江西侨胞。此外，江西人在非洲地区发展迅速。仅在赞比亚，江西侨胞就有 3 000 多人，他们从事矿产、商贸等方面的投资。④

综上可知，江西省侨务资源虽然不是十分丰富，但具有新移民特别是高层次人才增长快、集中分布于欧美发达国家和地区、与家乡的联系越来越紧密等特点。

6. 湖北

湖北人移居海外的历史已有 200 多年。不过，到目前为止，尚未看到有关湖北侨情的最新详细数据。2007 年，湖北籍华侨华人约有 30 万人，其中华侨有 10 万人、华人约有 20 万人，改革开放后移居海外的新移民有 5 万多人。⑤ 据国务院侨办的调查，2012 年底，湖北归侨侨眷有 526 618 人（其中归侨 3 901 人）。⑥ 海外有 30 多个湖北同乡会，如美国、加拿大、英国、德国、荷兰、比利时、澳大利亚、新西兰、日本、马来西亚等国都成立了湖北同乡会。为加强海外湖北乡亲与家乡间的相互了解与合作，促进世界各地湖北同乡会间的交流，自 2001 年起，湖北省每隔两年举办一届“同乡联谊会”，其主题为“乡情、友情、交流、发展”。目前已经举办了五届。世界湖北“同乡联谊会”联结了乡情，凝聚了侨心，成为联系和团结海外湖北乡亲的重要平台，促进了海外乡亲更加关注湖北的建设和发展，并且积极开展各种交流和合作。

7. 湖南

据《华商》2007 年第 9 期刊载的“湖南侨情概览”可知，湖南归侨侨眷约有 34 万人（其中归侨 2 037 人），70% 散居在边远山区，30% 分布在各地城镇的中小企业、大专院校工作。湘籍华侨华人和港澳同胞约有 32 万人，分布在 89 个国家和地区，其中，亚洲 25 个国家占 31%、欧洲 21 个国家占 4.8%、美洲 21 个国家占 62.9%、非洲 14 个国家占

① 杨征宇. 坚持科学发展　做好海外侨务工作. 侨务工作研究，2008（5）.

② 据国务院侨办 2012 年数据，江西省归侨侨眷总人数为 189 950 人（其中归侨 4 468 人），与此数据接近。

③ 500 余名侨胞侨商将赴江西参观井冈山等革命圣地.（2011－06－02）. http：//news. xinhuanet. com/society/2011－06/02/c_121489342. htm.

④ 江西约有海外侨胞 23 万人　成立江西同乡会近 40 个.（2012－10－09）. http：//jiangxi. jxnews. com. cn/system/2012/10/09/012132587. shtml.

⑤ 海外湖北籍人士齐聚武汉　共谋中部发展良策.（2007－06－22）. http：//www. hb. xinhuanet. com/newscenter/2007－06/22/content_10374840. htm.

⑥ 国内归侨侨眷概况//曹云华. 2013 年世界侨情报告. 广州：暨南大学出版社，2014：452.

0.1%、大洋洲6个国家占1.2%。改革开放以来，出境的新华侨华人有1.6万人，分布于五大洲的28个国家和地区。海外有41个以湖南人为主的华侨华人社团和同乡会。改革开放以来，湖南省利用外资76.38亿美元，其中，华侨华人、港澳同胞投资总额占70%以上。此外，华侨华人、港澳同胞为家乡公益事业捐赠钱物折合人民币16亿元。[①]

据2014年湖南省第七次归侨侨眷代表大会统计，湖南有60万归侨侨眷、[②] 50余万海外侨胞。[③] 2009—2014年，全省侨联系统、归侨侨眷直接或间接引进侨资300多亿元，引进各类高层次智力人才300多名。

综上可知，湖南侨情具有以下几个特点：一是人数增长较快。从2007年到2014年，归侨侨眷人数增长了近50%，海外侨胞人数由32万增加到50多万。二是分布相对集中。近70%的湘籍海外侨胞分布在欧美地区。三是海外湖南人与家乡的联系和合作越来越密切。如2011年9月，成立了湖南省侨联海外侨社团联谊总会。该会由海外以湘籍为主的侨社团和侨胞组成，系联谊性质的非营利性社会团体，目前共有139个理事单位和个人。该会的成立为湖南更加广泛地联系海外华侨华人搭建了新的平台。该会成立后，每年都举办年会，充分利用遍布世界各地的网络优势、团结合作的群体优势及人才荟萃、智力密集、资金雄厚的独特优势，对湖南省的引资引智、对外交流等发挥了积极作用。

8. 重庆

目前尚未见有关重庆市侨情的详细资料。据不完全统计，重庆籍华侨华人和港澳同胞约有30万人，他们分布在亚洲、美洲、欧洲等国家和地区，在美国、加拿大、日本、新加坡、柬埔寨、澳大利亚、英国等国家还成立了重庆同乡会或川渝同乡会。[④] 据国务院侨办的调查数据，2012年底，重庆归侨侨眷人数为245 209人（其中归侨3 756人）。[⑤]

虽然重庆成为直辖市的时间不长，但影响力越来越大，到国外发展的重庆人也日益增多，其中多为新移民和高学历人才。如澳大利亚的重庆人从事职业横跨各行各业，包括政府议员、职业医生、护士、牙科技师、大学教师、会计师、网络工程师、电气工程师、商业智能软件工程师、商人、职业经理等。[⑥] 重庆也吸引着越来越多的华侨华人前来投资和发展事业。如来自全球17个国家和地区、110多个华侨华人社团（商会）的400余名华侨华人参加了“2010年华侨华人重庆合作交流会”。此次会议共签订7个引进海外高层次人才合作项目、23个经贸合作项目，涉及投资金额近100亿元。[⑦]

9. 四川

目前尚未见到比较详尽的四川省侨情资料。据四川省侨办的数据，2009年，在海外的

---

① 湖南侨情概览. 华商，2007（9）.

② 据国务院侨办2012年数据，湖南省归侨侨眷总人数为35万人（其中归侨2 314人），两个数据相差较大。

③ 湖南省第七次归侨侨眷代表大会召开　徐守盛林军讲话.（2014－11－26）. http：//hn. rednet. cn/c/2014/11/26/3533091. htm.

④ 现旅居在海外的重庆籍华侨华人约有30万人.（2015－02－05）. http：//www. chinadaily. com. cn/hqgj/jryw/2015－02－05/content_13183924. html.

⑤ 国内归侨侨眷概况//曹云华. 2013年世界侨情报告. 广州：暨南大学出版社，2014：453.

⑥ 详见澳大利亚重庆同乡会网站，http：//www. chongqingren. org. au/portal. php? aid＝22&mod＝view.

⑦ 2010年华侨华人重庆合作交流会　23个经贸合作项目揽金近百亿.（2010－09－26）. http：//www. 1000plan. org/qrjh/article/8152.

川籍华侨华人有60多万人，省内的归侨侨眷也有60多万人。[①] 2012年，四川籍华侨华人和港澳同胞约有100万人（其中藏族侨胞近4万人），省内归侨侨眷约有100万人。[②]

四川侨情具有以下几个特点：一是新移民人数增长快，素质高。在海外的新华侨华人有20余万人，占川籍华侨华人总数的1/3。他们主要是通过留学移民、技术移民、投资移民等方式移居海外，绝大部分受过高等教育，素质较高。二是侨资企业占四川外企的70%。侨资企业不仅是最早进入四川的外资企业，而且在四川注册的外资企业中占比极高，近70%的外资企业是侨资企业和港澳资企业。三是沿海的侨资企业和归侨侨眷所办的企业大举入川，产业向西部转移。这一批有侨资背景、侨眷背景的侨商，是四川加强与沿海和海外交流合作的重要桥梁和纽带。四是省内归侨侨眷在各个领域日益活跃，省内的涉侨社团也日益壮大，这也是对外交流合作的重要桥梁。五是四川强调“大侨务”观念。把几千万海外侨胞作为共享的宝贵资源，与上百个国家和地区的重要侨团建立了友好关系，与一大批海外重要侨领、知名华商和华裔专家建立了稳定联系，海外重要川籍侨团已发展到50余个。[③]

10. 云南

云南是传统侨乡，侨务资源比较丰富，侨情是云南的重要省情之一。但是，还未见有关云南侨情的详尽资料。2010年的资料显示，云南省归侨有8.1万人，侨眷、港澳同胞眷属有40多万人。云南籍华侨华人约有50万人，分布在60多个国家和地区，其中80%以上居住在东南亚国家，尤以缅甸、泰国居多。[④] 有关新闻报道显示，近年来海外云南籍华侨华人、港澳同胞有250多万人，分布在70多个国家和地区，主要分布在东南亚，在欧、美、日、澳也有一定数量。[⑤] 据国务院侨办2012年的数据，云南省归侨侨眷总人数为498 656人（其中归侨79 058人）。[⑥]

云南侨情有如下特点：一是归侨人数较多，其中越南归侨占一半，华侨农场归侨占1/4；二是华侨、归侨侨眷中有不少是少数民族；三是华侨华人的分布比较集中，主要分布在东南亚特别是缅甸、泰国；四是侨资企业占有较大比例。目前，有30多个国家和地区的华侨华人、港澳台同胞在云南省投资兴业，侨资企业占云南省外资企业的比重超过65%。[⑦]

11. 贵州

贵州作为内陆省份，侨务资源总量虽然不大，但规模在不断增长，分布、构成等也发生了变化。据《贵州都市报》报道，2008年，贵州在海外的华侨华人约有20万人。其

---

① 周敏谦详细介绍四川省的侨情．(2009－03－30)．http://www.gqb.gov.cn/news/2009/0330/1/13266.shtml.

② “三驾马车”拉动四川“大侨务”．人民日报（海外版），2012－10－12. 据国务院侨办2012年数据，四川省归侨侨眷总人数为975 680人（其中归侨85 628人），两个数据相差不大。

③ 周敏谦详细介绍四川省的侨情．(2009－03－30)．http://www.gqb.gov.cn/news/2009/0330/1/13266.shtml；“三驾马车”拉动四川“大侨务”．人民日报（海外版），2012－10－12.

④ 乔卫，包涛．中国侨乡侨情调查．北京：中国国际广播出版社，2010：150.

⑤ 第七届世界云南同乡联谊大会9月玉溪启幕．(2012－06－20)．http://www.chinanews.com/zgqj/2012/06－20/3976804.shtml.

⑥ 国内归侨侨眷概况//曹云华．2013年世界侨情报告．广州：暨南大学出版社，2014：452.

⑦ 东盟华商会12个项目吸金超60亿　老挝企业签约7个．(2015－06－15)．http://www.ynqb.net.cn/html-web/qiaoban/2015/0615/news_1_192921.html.

中，新移民（新华侨）有3万余人，主要分布在世界五大洲的65个国家和地区。省内归侨侨眷有20余万人，其中归侨700人左右。[①] 根据侨务部门不完全统计，目前贵州省的海外华侨华人已增加为23万多人，归侨侨眷增加为22万多人。[②]

贵州省侨务部门非常重视侨情调研工作。2014年9月，贵州省人大外事侨务委员会发布了与贵州省侨办、贵州省侨联对全省侨情及侨务工作的专题调研报告，是目前为止比较少见的对本省侨情进行调研和详细分析的官方调研报告。根据该报告可知，贵州侨情有以下几个方面的变化[③]：一是海外侨胞、归侨侨眷人数不断增加。随着对外开放的深入推进和外向型经济的加快发展，出国留学人员和投资移民不断增加，贵州海外侨胞、归侨侨眷人数也不断增长。二是华侨华人分布更加广泛。华侨华人由分布在65个国家和地区增至80多个国家和地区，除美国、加拿大、澳大利亚、新西兰等传统聚集区以外，在欧洲、南美洲（巴西、阿根廷）、东南亚及中东（阿联酋）等地区逐步增加，非洲、南亚、中亚地区也有分布。三是海外侨胞和归侨侨眷结构变化。海外新移民、新华侨明显增多，老华侨逐渐减少；新归侨逐步增多，老归侨数量减少。四是海外侨胞的实力和影响力扩大。贵州籍海外侨胞在主要华人聚居地成立了同乡会、促进会等组织，在澳大利亚、新西兰、欧洲、北美洲等国家和地区还成立了贵州商会；一批黔籍海外科学家的影响力逐渐提高。五是海外侨胞、归侨侨眷的作用增强。如近年来，大量侨资、港资企业来黔投资兴业，扩大了贵州省的投资规模和经济总量，提供了大量的就业岗位，成为助推贵州加速发展、加快转型的重要力量。在贵州外商投资企业中，80%以上是侨资企业。近5年来，全省受理或协办华侨华人和归侨侨眷捐赠公益事业项目有1 000多个，捐赠额有2亿多元，其中全省侨办、侨联系统分别受理捐赠6 000万元和5 000万元，各级民政，工会、共青团、妇女联合会及红十字会、慈善组织等也受理了大量捐赠。[④]

总之，从11个省市的侨情来看，既有共同点，也有差异性。一方面，无论侨情资源丰富与否，各省侨情变化的特点基本与贵州省相似。改革开放以来，各省的华侨华人人数和归侨侨眷人数都在普遍增长；构成也发生了变化，新移民和新归侨大幅增长；华侨华人的分布越来越广泛；各省籍的侨团越来越多，实力和影响力在不断提高；华侨华人与家乡的联系与合作普遍增强；各省对侨务资源的重视普遍加强，侨务资源的作用越来越大。另一方面，各省侨务资源也有不同的特点和优势。如上海、浙江、江苏等东部省市打造了不少侨务工作品牌，侨务资源网络互动的水平较高。浙江、云南同为传统侨乡，但是浙江籍华侨华人主要分布在欧美特别是欧洲，而云南籍华侨华人则集中于东南亚，特别是邻国缅甸。两省华侨华人对家乡的作用存在着差别。四川侨务资源虽然不够丰富，但强调“大侨务”理念，努力跨越地域藩篱，实现侨务资源共享。各省都有丰富的侨务资源网络，并且实现了内外连接与纵横互通。

---

① 20万贵州人生活在海外．贵州都市报，2008－09－25.

② 详见贵州基本侨情调研报告．（2014－09－26）．http：//www. gzrd. gov. cn/news/20140926/201409261659279598_0. html；据国务院侨办2012年数据，贵州省归侨侨眷总人数为190 466人（其中归侨823人），两个数据相差不大。

③ 详见贵州基本侨情调研报告．（2014－09－26）．http：//www. gzrd. gov. cn/news/20140926/201409261659279598_0. html.

④ 详见贵州基本侨情调研报告．（2014－09－26）．http：//www. gzrd. gov. cn/news/20140926/201409261659279598_0. html.

三、侨务资源网络及其联结

“长江经济带”包括东、中、西部地区，区域内的经济社会发展水平存在显著差异。衡量这种差异的指标有很多。在此，仅以2014年全国城镇居民人均收入为例。在“长江经济带”的省市中，东部三省市上海（1）、浙江（3）、江苏（4）名列前茅，湖南（11）、重庆（12）、湖北（13）、安徽（14）、四川（18）位居中间，江西（20）、云南（21）、贵州（27）位于后段，后8个省市人均收入均低于全国平均水平，只有东部三省市的约一半。[①]“长江经济带”战略的指导思想之一即是推动上中下游地区协调发展、沿海沿江沿边全面开放。各省市根据各自的产业特色和地区资源禀赋制定了各自的发展目标。华侨华人具有人力资源、资本资源、企业贸易网络和华商组织等资源优势。[②] 在中国实施“一带一路”和“长江经济带”战略中，华侨华人的资源优势可以与各地的发展目标和地区特点实现有效对接。其路径是多样化的，其中侨务资源网络（包括华侨华人网络和侨务机构网络）的内外互动、纵横连接，能够使各地侨务资源突破地域藩篱，实现优势互补，从而为“长江经济带”地区的协同发展发挥推动作用。

（一）华侨华人的资源优势及其网络联结

目前，海外华侨华人的规模已达6 000万人，分布在世界200多个国家和地区。海外华侨华人中蕴藏着宝贵的人才资源、雄厚的资本资源和丰富的网络资源。

一是专业人才汇聚。据王辉耀的研究，海外华侨华人专业人士数量不断增多，涉及的领域越来越广泛，产生的影响越来越明显。海外华侨华人专业人才主要由三个群体构成：通过留学而留居者、以技术移民和投资移民身份移居者以及在当地出生的华裔。如在美国受过大学及以上教育的华裔占本民族人口的41%。华侨华人专业人士具有“大集中，广分散”的特点，在欧美主要国家，华侨华人专业人士估计有379万人，其从事行业以高新技术、教育、金融等对知识和技术水平要求高的领域为主。一方面，他们融入当地的程度日益加深，在当地的影响力不断增强；另一方面，他们与中国的联系越来越密切，在回国投资创业、促进中外科技文化交流和中外文化传播等方面发挥着重要作用。[③]

二是经济实力雄厚。除东南亚地区华商外，欧美等地华商实力在不断增强，新一代华商在日益成长；除了华商传统行业外，从事高新技术行业的华商越来越多。据庄国土教授进行的课题研究，东南亚10国的华商资产约有1.5万亿美元，东南亚以外的华商资产约有5 500亿美元；东南亚与其他地区的华商资产总额在2万亿美元以上。[④] 据饶志明博士对福布斯富豪榜180强海外华商样本的研究，从1996年至2013年，海外华商的财富实

① 31省城镇居民人均收入排行公布　上海最高北京第二．（2015－02－27）．http：//finance. youth. cn/finance_gdxw/201502/t20150227_6494427. htm？ src＝sou.

② 许闲．华侨华人与中国经济转型：内涵、契机与路径//上海侨务理论研究中心．上海侨务理论研究报告集（2011—2012）．上海：上海人民出版社，2014：74－89.

③ 王辉耀．海外华侨华人专业人士发展现状与趋势研究报告//潮龙起．侨务理论研究成果集萃．广州：暨南大学出版社，2014：97－160.

④ 庄国土．东南亚华商软实力及其对中国与东南亚友好关系的贡献//贾益民．华侨华人研究报告（2014）．北京：社会科学文献出版社，2014：1－9.

力、财富来源结构等都发生了巨大变化。比如，海外华商平均财富实力处于上升态势，美国及其他地区华商超级富豪财富实力明显增强。海外华商总体财富来源发生了变化，房地产业、消费品制造业、金融业和商贸业是海外华商的主要财富来源，而以高新技术产业、商贸业和消费品制造业为财富首要来源的华商比例明显提高；海外华商传统行业和高新技术产业财富增长相对稳定。[①] 美国华商从事高新技术产业的趋势尤其显著。如 2011 年、2012 年、2013 年福布斯华人富豪榜上榜的美国华商中，50% 以上从事科技产业；2013 年，胡润全球富豪榜上榜的 7 家美国华商中，6 家从事科技产业。[②] 在欧美、大洋洲乃至非洲等地区，新一代侨商在迅速成长，不少侨商企业经营理念、管理模式、产业结构、科技含量等现代化程度越来越高。自正大集团 1979 年在深圳投资成立中国第一家侨资企业以来，侨资企业已遍及除西藏之外的各省区市，投资总额逾千亿人民币，涌现出一批享誉世界的品牌企业。[③]

三是华侨华人社团众多，形成了联结密切的网络。目前，世界性综合性、地域同乡类、姓氏宗亲类、专业行业类华侨华人社团组织超过 2.5 万个。华侨华人社团的影响力越来越大，并且形成了各种交错联结的网络。华侨华人网络联结的密度和强度[④]都极大增大，中国重新成为这种网络联结的中心节点。下面以几大国际性社团为例：

世界华商大会自 1991 年在新加坡举办首届会议以来，先后在新加坡、中国香港、泰国、加拿大、日本、澳大利亚、韩国、菲律宾、马来西亚、中国大陆、印度尼西亚等多个国家和地区举办了 13 届，其中，在中国大陆举办过 2 届（2001 年第 6 届在南京举办，2013 年第 12 届在成都举办）。世界华商大会已成为世界各地华商促进经贸合作的纽带和桥梁。同时，也有效促进了华商服务当地经济，为住在国家和地区的经济发展助力。

世界客属恳亲大会自 1971 年举办以来，已经举办了 28 届。其中，在中国大陆举办了 10 届，特别是 21 世纪以来举办的 13 届中，有 9 届在中国大陆举办。世界客属恳亲大会不仅是海内外客属乡亲联络乡谊的平台，而且已成为进行跨国、跨地区交往的重要载体。

国际潮团联谊会自 1981 年起每隔两年举行一次，至 2015 年已举办了 18 届。其中，有 4 届在中国大陆举行。第 17 届国际潮团联谊会于 2013 年 11 月在“长江经济带”的湖北武汉举行，此次大会的主题是“大潮汇荆楚、万邦展鸿图”，是首次在潮人家乡及首都以外的省份举办。

“长江经济带”省市虽然不是大侨乡，但如前所述，各地都有一定数量的华侨华人和本省籍侨团。而且华商网络和侨团网络可以跨越地域和省籍的藩篱，实现华侨华人整体资源的共享。各地都突破了按籍贯、地域来划分侨务资源的僵化观念，强调要树立“大侨务”观念，把海外数千万华侨华人都纳入工作对象。侨务机构网络穿针引线，成为连接内外网络的节点。

---

① 饶志明．海外华商财富变化趋势研究//贾益民．华侨华人研究报告（2014）．北京：社会科学文献出版社，2014：68－96.

② 参见徐爱玲．欧洲与美洲华商财富分布//贾益民．华侨华人研究报告（2014）．北京：社会科学文献出版社，2014：142－145.

③ 海外侨商资本逾 5 万亿美元　创造财富“神话”．（2015－07－07）．http：//www.chinaqw.com/jjkj/2015/07－07/55929.shtml.

④ 参见张钟鑫．华人网络与基督教网络的相互嵌入——近代新加坡华人基督教跨国网络探析．华侨华人历史研究，2015（4）．

（二）侨务机构网络及其运行

中国行政管理体制的一个特征是条块结合。所谓“条”，是指按职能进行的中央对地方的垂直管理，通过不同的系统将社会成员分为不同群体，并在系统内对成员进行组织动员；而“块”是指按属地进行的横向管理，在属地内进行资源调动。侨务系统也不例外。从中央层面看，涉侨机构主要有“五侨”——全国人大华侨委员会、国务院侨务办公室、全国政协港澳台侨委员会、致公党、中华全国归国华侨联合会（简称“中国侨联”）。地方上也有“五侨”的对应机构。本文主要以国务院侨办和中国侨联为例进行分析。

据国务院侨办网站资料的不完全统计，全国有30个省、市、自治区设有侨务（外事侨务）办公室，不少市县也设有侨务办公室。侨办还设有海外交流协会，全国各省、市设有近50个海外交流协会。2008年，国务院侨办成立了“中国侨商投资企业协会”（简称“侨商会”）。据笔者不完全统计，目前全国各地已有56家侨商会。

侨联作为群团组织，民间性是其特点之一。其组织已经形成了“四级网络”——中国侨联、省级侨联、市县级侨联、乡镇级侨联。广东、福建等重点侨乡还有村级侨联。此外，不少企业、街道、高校、政府机关也都设有侨联组织。据不完全统计，目前已有1.4万个侨联组织，形成了覆盖全国的系统网络。中国侨联系统还有不少社团组织，如“中国侨商联合会”。目前，全国侨联系统侨商会已达到85家，其中，省级29家、副省级7家、地市级35家、县级14家，会员总数1.2万人。特别是新疆国际侨商联合会和甘肃侨商联合会的成立，使西部地区除西藏外，都建立起了侨商组织。① 中国侨联还成立了青年委员会、特聘专家委员会等社团组织，各地侨联也有相应的组织。

除了这些系统性组织外，“长江经济带”各省市还有自己具特色的社团组织。如上海市侨办有上海市侨界企业家协会、上海市侨界知识分子联谊会等社团；上海市侨联系统则有上海市华商联合会、上海市海外经济技术委员会、上海市留学生企业协会等12个社团。湖北除了世界湖北同乡联谊会外，还有其他一些具有特色的社团，如湖北侨界文化交流协会、湖北新侨专业人士联谊会等。其他省市也都有自己独特的社团组织，不再一一列举。

（三）侨务资源网络的联结

华侨华人网络与侨务机构网络不仅内部运行活跃，联结密度和强度越来越高，而且实现了两大网络之间的内外交错与纵横联动，体现了侨务资源网络的强大活力和能量。

根据社会网络理论，强关系维系着群体、组织内部的关系，弱关系在群体、组织之间建立了纽带联系；通过强关系获得的信息往往重复性很高，而弱关系比强关系更能跨越其社会界限去获得信息和其他资源。华侨华人网络与侨务机构网络之间无疑属于弱关系，有助于在相互之间建立各种联系并获得跨越各自界限的信息和资源。而网络内部的信任提高了网络运行的有效性。各级侨务机构通过与华侨华人网络的内外连接以及内部网络之间的纵横联动，推动各项工作的开展，实现其服务国家重大战略实施、助力侨胞事业发展的宗旨。由于篇幅所限，仅举几例。

---

① 详见中华全国归国华侨联合会网站. http：//www. chinaql. org/sites/ql/index. html.

1. 中央层面的网络运行

侨办在推动侨务机构网络与华侨华人网络的有效对接以及侨务机构网络内部的交错互动方面，打造了众多品牌，产生了巨大影响。

自2001年以来，国务院侨办和中国海外交流协会已在北京举办了7届世界华侨华人社团联谊大会。历届大会的主题均紧紧围绕国家大局、服务侨社发展，体现出为国服务和为侨服务的统一。该大会已成为海外华侨华人社团增进联谊、加强团结、促进合作、共谋发展的盛会。这是侨务机构与华侨华人网络有效对接的典型案例。国务院侨务办公室还于2015年7月在北京主办了首届世界华侨华人工商大会。来自80多个国家和地区的211个华侨华人工商社团和专业协会的450名华侨华人代表出席大会。与会嘉宾分赴福建、广东、吉林、江苏、天津、浙江六省考察。这不仅体现了侨务网络与华侨华人网络的连接，而且体现了侨务网络内部的交错互动。

与“长江经济带”省市的互动合作收效显著。如国务院侨办、湖北省政府及武汉市政府自2001年以来共同主办华侨华人创业发展洽谈会（简称“华创会”），已成功举办了15届。华创会已经由最初的经验交流论坛发展成为集高端论坛、华创大赛、华创学院、华创基金、创新创业园区于一体，海内外联动的招才引智综合体系，产生了巨大的人才财富聚集效应，在海外的知名度和影响力不断提升。① 前13届先后吸引来自全球50多个国家和地区9 000多人次的华侨华人参会，带来6 200余个合作交流项目，中部地区省、市共签订引进人才和技术项目近1 900个，总投资额逾2 000亿人民币。②

国务院侨办和云南省人民政府自2003年以来共同主办东盟华商投资西南项目推介会暨亚太华商论坛（简称“东盟华商会”），已成功在昆明举办了13届，在东盟国家华商中产生了较大的影响力和吸引力，已成为云南和西南地区与海外侨胞增进了解、扩大交流、共谋发展的重要桥梁，成为重要的区域性经贸盛会，成为中国西部地区扩大对外开放、加快经济发展、深化与东盟合作的重要平台。前12届东盟华商会成功组织了近30场项目推介会，累计签署引资项目合同、协议近100个，实际到位资金超过50亿美元，并引进了一批世界华商500强企业。③ 2015年6月举行的第13届东盟华商会共有700余个招商引资项目进入推介洽谈，其中签约12个项目，协议总投资金额超过60亿元。④

四川省政府从1996年开始在成都举办海外华侨华人高新科技洽谈会（简称“海科会”）。2004年，该活动被确定为国务院侨办和四川省政府共同主办。截至目前，“海科会”已逐步发展成为四川省扩大对外开放合作、引进侨智侨资的重大活动和平台。

2. 地方层面的网络运行

除了前述侨务网络上下互动，实现侨务资源的共享外，各省市都打造了各具特色的侨

① 聚焦创新创业　第十五届华创会在汉开幕．(2015－07－03)．http：//www. fohb. gov. cn/xwzx/show/11470. aspx.

② 第14届“华创会”将首次增设“华创杯”创业大赛．(2014－06－20)．http：//news. xinhuanet. com/yzyd/overseas/20140620/c_1111243361. htm.

③ 第十三届东盟华商会聚焦“一带一路”建设．(2016－06－15)．http：//www. ynqb. net. cn/htmlweb/qiaoban/2015/0615/news_1_192817. html.

④ 东盟华商会12个项目吸金超60亿　老挝企业签约7个．(2015－06－15)．http：//www. ynqb. net. cn/htmlweb/qiaoban/2015/0615/news_1_192921. html.

务品牌，实现了两大网络的有效联结和运行。以下略举几例。

浙江不仅侨务资源丰富，侨务活动和侨务工作品牌也相当丰富。如浙江旅外乡贤聚会自1990年以来已经举办了18届。其从最初的互通信息、增进乡谊的联谊活动，发展成为促进海外华侨华人与浙江在经济、科技、文化、教育等方面合作交流的重要平台，是浙江省加强与海外侨界合作交流的重要载体。

江苏省也有不少侨务品牌。如江苏省自1998年就开展了一年一度的“海外江苏之友”活动，成为江苏与海外侨胞联谊交流合作的重要桥梁和平台，得到了世界各地华侨华人、港澳台胞和社会各界人士的大力支持和热情参与。据不完全统计，前17届“海外江苏之友”活动共有来自40多个国家和地区的6 000多名侨领、侨商和华侨华人专业人士直接来江苏参观考察。通过这个平台，引进了大批资金、技术、人才和先进的管理理念。①

云南籍华侨华人、港澳同胞与云南的联系日益紧密，交流与合作也日益增多。由云南省委统战部、省侨办、省侨联发起主办的世界云南同乡联谊大会，自1999年至今已召开8届，累计有2 000多名海外云南同乡参会。该会已经成为云南省汇集侨智、发挥侨力、凝聚侨心和招商引资的重要平台。

各地侨务机构网络之间的联合与互动也比较密切。如位于长江三角洲的江苏、浙江、上海两省一市侨办于2004年6月正式启动了三地联办的“相聚长三角”活动。10年来，“相聚长三角”活动取得了可喜的成果。随着市场环境的变化，“相聚长三角”活动也在不断地突破创新，其引智引资活动对整合三省市侨务资源，发挥三地侨务部门的优势，积极为海外侨胞的生存发展和海外专业人士为国服务、回国创业，促进“长三角”地区科技进步和产业升级，推进经济社会全面协调可持续发展，提供了更大、更广阔的服务空间。②

重庆侨联比较重视通过侨联系统网络的横向联合，共享侨务资源，为当地经济社会发展服务。2011年，成立了重庆市渝闽经济文化交流促进会，主要宗旨是搭建海内外闽籍人士与重庆和中国西部地区交流合作的新平台，服务渝闽两地发展。重庆侨联与广东侨联的交流互动很频繁，重庆市部分区侨联分别与广东省的市区侨联结为友好侨联；重庆华商会与广东国际华商会结为友好商会。广东省与重庆市渊源深厚，两地企业投资交流频繁。重庆市侨联立足自身实际，发挥侨界优势、挖掘侨力资源，为广东人到渝投资做了大量工作。2015年3月12日，重庆市侨联召开了“长江经济带”沿线14个区县侨联工作座谈会，提出了市侨联关于服务“长江经济带”战略的初步构想，包括建立“长江沿线侨联组织联动发展机制”“长江沿线信息资源共享平台”“重庆长江商会”，举办“长江经济带高新技术展示会”“海外文化旅游重庆周”等。③

2015年3月30日，“长江经济带”相关省市侨联工作沟通会在上海召开。会议重点研讨侨联系统如何发挥侨联优势，整合侨界力量，共同策划“长江经济带”的品牌活动，积极主动地融入国家战略。此次会议由“长江经济带”相关省市侨联共同发起，提出

---

① 500余位海内外华侨华人聚首龙城　“海外江苏之友”活动启动．(2013－10－10)．http：//news. xinhuanet. com/house/cz/2013－10－10/c_117645623. htm.

② 聚侨长三角　十年为侨情．http：//www. jsqb. gov. cn/topic/zt－xjcsj. aspx.

③ 重庆市归国华侨联合会网站，http：//www. cqhsh. cn/index. php.

《长江经济带侨联协作（上海）宣言》。①

华侨华人网络、侨务机构网络两大网络之间以及侨务机构网络内部的内外连接与纵横联动，使得侨务资源实现了有效配置和优势互补，成为“长江经济带”协作发展可资借助的宝贵资源。

四、结语

当前世情、国情、侨情都发生了深刻变化，中国进入新一轮改革开放的重要机遇期，“一带一路”“长江经济带”等战略的实施必将给华侨华人的事业发展提供更为广阔的发展空间。侨务工作如何发挥侨务资源在重大战略实施中的独特作用是需要深入思考和研究的课题。侨务资源网络的挖掘和配置是一条重要途径。在侨务资源网络与“长江经济带”等国家战略的研究中，以下问题应该引起重视：

一是现实与预期之间的关系。华侨华人是中国经济社会发展和中外友好交流的独特优势和宝贵资源。他们对中国各方面的发展已经发挥并将继续发挥重要作用。但是，这一侨务资源具有多元性、分散性、有限性，如何充分发挥海外华侨华人在资金、技术、管理、商业网络等方面的优势，使他们更广泛、更深入地参与中国经济建设，在助推中国经济转型升级的同时，实现自身事业的更大发展，仍然存在预期与现实之间的差距。

二是不同战略之间的协调发展。中国为促进各地区平衡发展，提出了有针对性的不同战略，如东部率先发展、中部崛起、西部大开发等，不同的战略有不同的政策措施和实现路径。如何将已有的战略与最新提出的战略整合协调，应该是需要思考的课题之一。“长江经济带”囊括东、中、西三个地区，不同地区有不同的资源优势。如东部有资金、技术、人才、市场等优势，中西部有区位、劳动力、自然资源等优势。三个地区的侨务资源同样存在差异。如何进一步发挥两大侨务网络的内外、上下、横向连接，实现各地资源优势互补，从而为“长江经济带”地区经济社会协调发展服务，是侨务工作面临的最新课题。

三是“目光向外”与“目光向内”之间的关系。“一带一路”战略主要面向国外，而“长江经济带”战略则主要面向国内。当下，学界和社会各界似乎更关注前者而忽略了后者。然而，由于国内各地区发展的不平衡，我们的目光不能只向外，而是应该内外兼顾。“长江经济带”省市仍有不少地区处于赤贫状态。具体到侨界而言，截至2012年底，全国贫困归侨侨眷人数为158.4万人（其中归侨9.1万人），归侨侨眷贫困率达4.7%，特别是中西部地区归侨侨眷贫困率更高。就“长江经济带”省市而言，云南的贫困归侨侨眷最多，超过10万人，江西超过7万人，湖南超过5万人。② 因此，侨务工作要兼顾“两个场域”和“两个群体”——不仅要关注海外，而且要关注国内；不仅要关注海外华侨华人，而且要关注国内归侨侨眷。这正是这些年侨务工作的新方向。

---

① “长江经济带”相关省市侨联工作沟通会在沪召开.（2015－04－07）. http：//www. shanghaiql. org/shql/n18/n19/u1ai8604. html.

② 国内归侨侨眷概况//曹云华. 2013年世界侨情报告. 广州：暨南大学出版社，2014：456－457.

主题报告

长江流域先民下南洋：历史与未来

——以新马两国赣、鄂、苏、浙同胞为例

［马来西亚］王琛发*

清末民初，先民从长江干流与支流出海下南洋，多数是源自赣、川、苏、浙、鄂、沪各省市的平民子弟。他们之中有很大部分人是从上海出洋，最初只在槟城与新加坡两地拥有共同公墓，一直到20世纪，才通过互相结合在新马建立起数家乡会组织，至今保持活动。如此现象切实反映出，长江流域先民在当地华人人口之中是迟来的少数者。可是，讨论长江流域先民为何能在南洋落地生根，就不能不考虑闽粤先民原籍地更靠近南海诸国，是他们较早从海路或陆路分散到南洋各地，形成地方华人社会，才让从长江流域下南洋的后来者有了现成的去处。进一步看，大部分长江流域先辈在南洋土地寻找新故乡，赶不上明初海上丝路的繁盛，而必须以自身安危回应清末民初国势积弱局面，先民是依赖着英荷南洋殖民地经济发展，居住人口日增，以及地方华人对文化、技术经济活动的需求日趋繁杂，才有可能到达并在陌生土地谋生，投入某些他们较熟悉的行业，甚至经营适应当地社会需要的新兴行业。

随着当代全球化进程加快，现代交通立体化、网络经济活跃，知识的整合与转让必然成为跨地域活动，先辈以自身艰辛缔造的历史，理应功不唐捐。当代人或可客观善用先辈留下的同乡网络，突破前人历史上长期遭受的客观条件限制。

一、从会馆组织看长江流域先民下南洋

以马来西亚和新加坡为例，长江先民虽然属于南洋华人人口的少数，但这些先民到了南洋各地，彼此也需要声气相通、互相照应。先民同乡互相往来、积极合作的态势，就表现在他们的组织形态。正由于长江流域先民下南洋的人数不比闽粤先民多，他们不可能像福建与两粤方言群体一样，根据清代省、府、县地缘或方言认同去成立同乡会；也不可能像闽粤人的府、县同乡会，可以在十数甚至数十城镇拥有人数众多的同质乡会，乃至与邻近各国其他同乡相互串联、相互支援。最早有组织的“长江”先民，也不一定都来自长江主干和支流经过的各省，他们最初只有江西、江苏和浙江三省先民建立联省认同的“三江公所”或“三江公会”，成为闽粤人眼中的“外江人”组织。①

从地理上说，长江除了干流流经江西与江苏两省，也有支流延伸入浙江。所谓“三江”组织，依赖的便是长江干流以及各地分支河流形成水陆连接的网络，结合海上交通，

* 作者简介：王琛发，马来西亚孝恩文化基金会执行总裁、教授。

① 三江百年文化史. 新加坡：新加坡三江会馆，2001：118.

建立起三省互相认同。在明代以前，浙江人货涉及较大规模出海，要依靠江苏扬州；到明代，江苏与江西人货大规模出海，主要使用后来居上的浙江宁波港口。三省同乡结合的历史，依稀反映了他们祖辈在明代或更早的海上丝绸之路时代，形成过海上同行商团联系。而在闽粤先民的心目中，凡属不使用华南江河通道而利用其他地域江河水道出海，再到华南上岸或其他国家地区上岸的，泛称“外江人”。

后来，新加坡三江公会在 1927 年还主动扩大组织，以“黄河、长江以及黑龙江”自我定义，纳入如湖北等其他长江流域的先民，也接受湖北、山东、华中和华北籍贯的同乡。①“三江”组织更是名副其实的“外江人”组织了。可是，马来西亚三江总会自 1975 年重新筹组，虽然延续着马、新两国 1964 成立的总会的精神②，也延续马、中两国分家以前早已扩大的“三江”定义，但马来西亚的三江总会毕竟不能不包括已经升格为“邻国”的新加坡友会。③ 而且，它至今依然并非在每州都拥有属会，更非超越州级的城镇同质公会联合体，仍然只是在槟城、霹雳、雪兰莪、沙捞越、沙巴五个州各有一组织。④ 如此，更是具体以现象反映出，即使扩大到“三江”概念，他们在当地全体华人社会仍旧属于少数人口。

实际上，“三江”的说法也不是近代才出现的。南洋三江会馆的建立与命名，并非来自当地三江先贤或其他地区，最迟在康熙年间，“三江”海上商团的说法就出现在中国本土。三江商团的活动，反映了元朝至明朝华东出海港口兴衰更替的痕迹。明洪武十四年(1381)，浙江明州府改称宁波府，其港口取代了在宋元趋向衰落的江苏扬州，一跃成为长江流域各地经过华东出海的大港。⑤ 此后，江西与江苏水陆交通路线会与宁波海上往来联系频密，乃情势使然。参考民国年间编写的《盖平县志》，当地连云岛在清道光以前曾经是东三省海运交通主要商港，虽说清朝中叶以后因港口淤浅导致贸易渐衰，可是据县志记载，直到咸丰年间，“福建、宁波之雕船、鸟船”，仍然是“岁必一至”。⑥ 而且，根据当地乾隆十七年《重修三江会馆碑记》，宁波商船取道短程海路来往当地，早在康熙年间已经是习以为常，所以才有江西、浙江、江苏三省士商在当地组织三江会馆：“盖平自开海以来，三江士商乘槎而至者络绎不绝，始于康熙四十二年同志捐资购地，于县之东南隅创建三江会馆，内供天后圣母诸神像以为久远遵崇之地，共昭诚敬焉。”⑦ 若按照日本人加藤繁引用《山海钞关榷政便览》手抄本，其记录康乾时代山海关贸易材料，在“现行事件、盖州口事宜”条记上有载：“三江会馆香资十二两，福建会馆香资八两，山东会馆香资八两。”由此可见当时“三江人”在当地的经济实力。⑧ 然而，到清朝乾隆年间，朝廷对于外舶云集宁波的状况产生诸多政治考虑，为了抑制外国船舶绕过广州直接到华中与华东交易，更是下令禁止在宁波设立西方牙行和教堂，并命令在宁波的外船转往广州，后来

① 三江百年文化史．新加坡：新加坡三江会馆，2001：118－119.
② 三江百年文化史．新加坡：新加坡三江会馆，2001：60.
③ 三江百年文化史．新加坡：新加坡三江会馆，2001.
④ 三江百年文化史．新加坡：新加坡三江会馆，2001：60－67.
⑤ 沈光耀．中国古代对外贸易史．广州：广东人民出版社，1985：166.
⑥ 盖平县志（民国）：卷八，交通志，海口．
⑦ 盖平县志（民国）：卷十六，艺文志．
⑧ 转引自加藤繁．中国经济史考证：第三卷．中译本．北京：商务印书馆，1973：146.

还关闭了浙江海关。[①] 如果这些事情没有发生，也许华中与华东人民通海，在那时候以宁波外贸状况为基础，就能结合着三江商人本有的财力与经验昌盛起来。

从同样角度看，直到鸦片战争过后，日本才在1868年出现一条记录，说明“三江人”凭借当年在神户开港，形成从长崎转往神户的贸易集体，并不是偶然的。[②] 先民早在康乾年间已经以江河水道结合沿海航行，活跃在中国东海岸各港口码头间。19世纪中叶海门打开，更促进私人商旅公开而频密地东渡与南下。那段时间，除了外敌通过鸦片战争把宁波强辟为五口通商口岸之一，最重要的是，1843年《南京条约》导致唐代本已存在的旧上海港口全新开发，一步步成为比宁波更具外贸战略优势的海滨城市，逐渐繁华发展为亚洲港口都会。近代华中与华东乡民走向海港寻找生活，乃至陆续较大规模取道华东沿岸出洋谋生，选择离他们最近的华东港口下南洋，也应该是在那期间方才活跃。

正由于三江成员多在下南洋之前先到上海谋生或学艺，也多从上海出海，南洋地区老一辈华人亦因此养成习惯，也会不论省份统称“三江人”为“上海人”或“上海佬”，以至于连湖北人也一律被当地祖籍在南方各省的先民泛称“上海佬”。自20世纪以来，除了新、马华人使用“外江人”称呼祖籍闽粤以外的同胞，“上海人”成为南洋华人另一个专称华中与华东同胞的代名词。很多从事家具业的浙江宁波与温州同仁，为强调他们的技术来源既带洋气又符合华民需求，也会称自家产品为“上海木器”。[③] 这正是由于长江流域人民涌到上海打工或者出洋，有过十里洋场的体验，由此带给南洋华人此类印象。而根据现任马来西亚三江总会会长缪进新转述的先人记忆，情形也确实如此。按他的说法，由于早期上海是一个海港，通常华人都是通过港口到马来西亚，老一辈的“三江人”确实主要都使用上海话沟通，所以上海话也就成了他们的通用语言。[④]

但看新、马“三江组织”的历史，新、马“三江人”最初于1892年在槟城成立过共同组织，到了1898年也在新加坡成立组织。这两个组织都是以当地同人创建“三江公墓”，共同负责成员养生送死、春秋二祭，作为最初组织形态的。[⑤] 这亦可旁证，相较闽、粤两省同胞，这些先辈真可能是较迟在地方上定居的一群。所以，三江会馆的创建，比起闽粤人士在19世纪初或更早以前已在两地组织公墓迟了很多。他们要等到居留港口和邻近地区的人数渐多，才有建公墓的需要。

再据新加坡的记载，当地“三江人”是在1906年发起组织三江公所，购置一栋惹兰安拔士房屋作为会所，由过去逢年过节聚会，转向日常在会所举办各种活动，到1908年获准注册。[⑥] 这也许可说明，20世纪初期，各籍贯华人面临地方社会发展日益复杂化，需要更多建制性安排，以便协调与维护同乡共同利益。同时期，原有“三江组织”目的在提倡联省互助，并非要消弭成员祖籍认同，因而在接下去的数十年，也细分出许多维护分支群体利益的组织，如宁波同乡会、温州会馆、江西会馆、上海公会、南洋湖北天门会馆、

---

① 参见张廷玉，等．清朝文献通考：卷二十七．

② 蒋海波．旅日华商团体的早期历史及其法律地位：以神户三江商业会为例的考察．华侨华人历史研究，2007（4）：39－40.

③ 区如柏．上海木器温州子弟．（新加坡）联合早报，1988－04－10.

④ 刘国伟．大马三江人何去何从，延续三江情需要好舵手．（马来西亚）东方日报，2012－11－02.

⑤ 三江百年文化史．新加坡：新加坡三江会馆，2001：137.

⑥ 三江百年文化史．新加坡：新加坡三江会馆，2001：137.

两湖会馆、南洋华北同乡会、上海西式女服同业会、星州华侨干洗公会。① 但这些组织的成立，并非为了分离“三江组织”，它们还是继续加入1927年成立的“三江人”总会，成为团体会员，派出代表参与总会活动与决策。这样的状态或许更能说明，南洋华人社会的少数群体，既需要有自己的组织，又有合抱对外的考虑。

最具体的例证是南洋湖北人会馆的组织变迁，其进一步说明南洋华人本属当地少数族群，长江流域先民又身属少数族群当中的少数群体，因此，既有必要组织同乡会，又需考虑采取何种组织状态。以南洋天门会馆为例，它在1957年成立于新加坡，原本南洋各地天门人都集中在这个唯一的共同组织，但是在1965年遇上新、马分家，新加坡独立，造成会馆此后只能接受新加坡人为会员。很快新加坡天门会馆就发现1963年购置的会所会员太少，于是决定将会所出租，以三江会馆的团体会员资格借用三江会馆作为活动场所。②而马来西亚的天门人原本稀少，他们脱离新加坡的原有总会后，要与分散在马来西亚各地的同乡组织乡会更是一路艰难，直到20世纪90年代才成功。现任会长张麒麟回顾他当年为何反对成立纯属天门人认同的组织时说：“在马来西亚本来不多湖北人，单独成立一个天门同乡会，把其他地方的人排除在外了，不利于组织老乡力量。”③

二、从职业活动看长江流域先民在南洋

长江流域先民并非南洋华人人口主流，原因错综复杂。最主要是，早期南洋经济以依赖原产品开发为主，初期确实需要大量有经验、有技术的劳动人口。但长江流域的天气和地理不像闽粤，在长江流域长大的先民，不见得有能力凭着历代习惯亚热带生活的种植与采矿经验，到南洋专事开矿或务农。更何况，早在明代末年，那些不愿接受清朝统治的闽粤先民，早已衣冠南渡，大批去往南洋，和少数更早散居在南洋的先民互相结合，在各地形成开拓聚落，此后又陆续引进在清朝不同时期南下的乡亲。因此，先到南洋的闽粤华人，正如他们在马六甲诸多碑记的自称，都是以明朝遗民自居。他们通过在地重构华夏社会文化，南迁原本在中国拥有具体地理距离的闽粤乡土社会，让不同方言群以开拓聚落的形式，加上其他民族的居住区，第一次犬牙交错地近距离接触。

至于长江流域先民，他们是在19世纪中叶以后下南洋，参与当地历史形成的本土华人社会的，当他们走入各民系社区聚落时，显然都是少数后来者，初到当地，也不一定能加入那些先到群体在当地历代相传的同业圈子。

此外，上海开港以前，作为长江流域的内陆省份，本就缺乏前往南洋的远程海路港口，这也在客观上限制了华中先民远航出海。如上所述，乾隆年间，确曾有中外商人不想通过广州贸易，直接在宁波交易，以期双边获得更大利益，那也主要是商人通海往来，并非一般老百姓出洋谋生就业。华东一带先民，亦可能宁可向近处走，前往日本或者依靠沿岸海路北上谋生。何况自上海开港以后，当地不再仅是过去的产棉区，黄浦江与吴淞江近海一带，在19世纪中叶以后不断呈现新兴都市开发景象，促使人们首先想到就近在上海

① 三江百年文化史．新加坡：新加坡三江会馆，2001：119.

② 湖北天门人移居南洋史．（印度尼西亚）国际日报，2014－11－01.

③ 石鑫，张麒麟．6 000马来西亚天门同乡情牵故里．（2015－09－13）．http：//www. cnhubei. com/xwzt/2010zt/tmzcwhj/tmzcwhjxwdt/201004/t1120365. shtml.

寻找机会，而不一定想到出海下南洋。如此，鸦片战争固然打破清廷海禁，上海开港固然提供大众出海谋生契机，在那国力民力都相对积弱的时代，辗转经由上海下南洋的“上海佬”，毕竟是少数。

在一份清朝档案中可以看到，光绪五年（1879），由于法租界洋人要在中国土地上建造码头，拆除朝野心目中保护大清帝国东西洋航路的妈祖庙，总理各国事务衙门当时上奏朝廷，转述出使大臣崇厚的建议，说：“上海旧事庙宇，嗣因洋商设立金源码头，移神像于他所，祀典逐缺……现在东西两洋使臣远涉，均赖神灵呵护，浪静风恬，应如该大臣所传，即于上海地方择地起庙，以答休贶，并以馀屋作为出使大臣行馆，为一举两得之际”。① 而皇朝官员们商议以后的回应却是：“现在出使各国事属创始，每年各处用项亦无确数，此项拨款有无盈细，当难预定。该大臣所请由出使经费项下拨款之处，似属确难匀拨，应请饬下南洋大臣另行筹款兴建，核实办理。”② 这份文件可以佐证，在当时确实是西方强势压倒东方，西方人不论南洋政治或对华贸易，都是处于主导位置。而清朝文献显示：一是当时上海来往贸易与人民出洋的事务，已经是“南洋大臣”的工作；二是清廷外交处在弱势当中，出使各国也钱财紧张，连朝野均认为足以保护官员出海的妈祖庙也保不住，更不要说兼顾自己人民出海谋生的利益与安危，此种情况下，往往只能靠该处商民自求多福。

如此历史情势下，原来长江流域先民为经济利益、为生活，只能延续他们过去向北方出海谋生和经营生意的经验，将目光转向南洋，从异地谋生到落地生根，融入祖籍多为闽粤的地方华人社会，共生共存。他们不去参与地方上原有的行业竞争，反而因应当地社会日益复杂的日常需要，带给大家新的技术、新的消费，以求立足之地。

槟城、新加坡，乃至其他地区的三江公会，之所以不再停留在设立同仁公墓以及逢年过节聚会，必须设立常驻的会馆组织，也是由于南下的人数越来越多，大家不再满足于仅是“他乡遇故知”的来往，都认为需要结社自强，帮助新到的同仁认识南洋，并照顾同乡克服各种生活困难。依据马来西亚三江总会会长缪进新的说法，早期“三江人”组织，也仿似其他闽粤府县会馆，发挥过照顾乡亲觅职谋生的功能，使得三江先民到南洋谋生，不是孤单无靠，而是有所保障。他说：“一般，来到异地的华侨会到会馆报到，他们都需要落脚地，所以三江公会就成了这群人士的聚集点。早期的公会也接待初来贵地的华侨，我们会安排他怎么去工作地，毕竟远道而来的祖辈都太辛苦了。”③ 据其回忆，要在南洋站得住脚，必须有一技之长，所以三江先民很多是技艺人员，包括手工细致、裁剪出色的上海帮，以制作、雕刻精美著称的温州家私木器帮，以及以经营药材为业的江西“老表”等。④ 而湖北天门人在南洋落地生根，则是依靠卖艺、卖跌打膏药、卖纸花等为生，再后来陆续有天门人向其他籍贯牙科技师学习拔牙和镶牙的技术，学成后传授给同乡。以后新、马天门人几乎成为两国牙科事业的主力。⑤

又据新加坡南洋天门会馆副总务陈团保说，天门人从担着扁担走乡过野为人“挑牙

① 全宗3，目录104，卷5531，号49，中国第一历史档案馆馆藏.
② 全宗3，目录104，卷5531，号49，中国第一历史档案馆馆藏.
③ 刘国伟. 大马三江人何去何从，延续三江情需要好舵手.（马来西亚）东方日报，2012－11－02.
④ 刘国伟. 大马三江人何去何从，延续三江情需要好舵手.（马来西亚）东方日报，2012－11－02.
⑤ 湖北天门人移居南洋史.（印度尼西亚）国际日报，2014－11－01.

虫”，一直过渡到现在，其后裔不乏牙科专家，整个从业集体历经艰辛，完成了由乡野巧术向当代专业的转型。陈团保本身也是牙科技师，在他的记忆中，天门人最初从事“挑牙虫”巧技，源于民国以前华人不懂牙齿健康，又普遍误认为牙痛源于“牙虫”作祟。他说，所谓“挑牙虫”，其实是在指甲中暗藏一种树叶晒干后磨成的粉末，利用挑虫的筷子或银针做障眼法，在为患者口腔挑牙时，乘机把藏粉末的指甲边一拖，让粉末遇上唾液变成虫状。后来，随着常识的增多，人们逐渐不相信“挑牙虫”，于是天门人自觉转变观念，学做牙科技师，注册领取执照，推动了拔牙、修牙、补牙等新知识的普及，以真正做牙齿功夫赚钱，缔造出天门人在牙科领域的好信用。①

到后来，尤其是民国以后，在南洋谋生的“三江人”已不一定要互相讲上海话，新到贵客往往能口操南洋人称为“华语”的普通话，于是更快融入当年已经开始流行“华语”的早期南洋华人社会。随着南洋华人人数增加，文化、技术含量较高的经济活动需求亦跟着增加，在南来“三江人”当中，有不少人曾经受过一定程度教育，正好遇上南洋现代华文学校如雨后春笋般涌现的萌芽期，成为统一采用“官话”代替各种“方言”教学的老师，满足了南洋华人自1905年追随清代“癸卯改制”的师资需要。到民国初年，南洋的“三江人”有不少是以教书为生，也有开书店、文具店的。

20世纪中叶，在马来亚首府吉隆坡，“三江人”经营有书店、钢琴店、干洗店、参茸店、丝绸店、镶牙店，以及售卖家私、地板和上海木器，其中巴都路是较多“三江人”店铺集中的一条街，苏丹街上的上海书局、商务印书馆、开明书局等也都是“三江人”开的。② 陈致超在1990年曾对在北霹雳先后任过教职的“三江人”进行调查研究，统计全体人数共107人，主要来自苏浙、湘鄂和四川。③ 除了马来西亚霹雳州，还有许多在“二战”前后下南洋的长江流域先民，他们成为民初南洋华人社会维持华夏教育的栋梁，名留南洋各地华校校史，这有待后人更全面地整理名录。

从社会发展牵涉职业类型演变的角度，长江流域先民下南洋，主要是从事技术行业，他们之所以能得到一席谋生之地，是由于他们的集体行为因应了日渐繁华的南洋社会和当地人民日益复杂的日常生活要求。相对于那些原来主要务农采矿的闽粤人，长江流域先民带给原来社会更多产品与服务选择。即使双方也有一些同行工匠、商人，也未见得是太直接的抢利竞争。当年南洋英荷殖民地依赖原产品输出与商贸经济，又一再引进人口发展生产力，一度营造出19世纪下半叶殖民地经济日趋繁荣的景象，然而原有的各行各业经营者不一定有足够的人力、财力去满足当地人口剧增、乡镇城市化的需要。既然他们不一定能扩大原有经营，或者没有经验从事其他不熟悉的新兴行业，长江流域先民以自身受过上海洋场洗礼，带来新行业或者替旧有行业引进新技术的优势，支持当地人民趋向多样化、精致化的消费选择，也在情理之中。

正如张麒麟形容，长江流域先民下南洋，不少家庭是历经数代人艰难生活，才完成整个家族在南洋社会的向上流动。在他的记忆中，当年马来西亚大多数天门老乡是靠着“挑牙虫”、打三棒鼓谋生，慢慢立足，逐渐形成一个交际圈的。到了他那代人，对家乡蒸菜

---

① 湖北天门人移居南洋史．(印度尼西亚) 国际日报，2014-11-01.

② 缪进新．“取诸社会，用诸社会”．大马华人周刊，2012 (2).

③ 刘国伟．大马三江人何去何从，延续三江情需要好舵手．(马来西亚) 东方日报，2012-11-02.

文化的回忆，是“小时候家里很苦，每年就盼着过年，这时餐桌上会摆上蒸肉、蒸鱼，那算是一年之中能吃上最好的一顿了”；然而，如今马来西亚的天门籍华人已经分散在各行各业，有出任政府要员的，也有成为产业精英、经济翘楚的。[①] 这里面最为人所熟悉的是李三春，他担任过马来西亚联合执政党马华公会总会长，在退休前的最高职务是马来西亚中央政府交通部部长，退休后也一再返回天门贡献力量。

三、从当代丝路看长江流域先民的未来

清末民初，华中与华东地区的长江流域先民并不曾见证过明朝中叶以前海上丝绸之路的繁华。他们取道上海下南洋，看到的是上海的繁华，也同时看到各国在上海租界的控制权，眼前是处于次殖民地状态的中国。那些到了清末才陆续下南洋的先民，他们的后裔如今已经是当地公民，延续着华夏文化认同，这些新生代在当代重提的全新海上丝绸之路建设中扮演着重要角色，是联系住在国与祖（籍）国的纽带。

不要认为历史上的海上丝绸之路是以大船为主进行运输。其实大船进不了很多小港口与岛屿，大船也无法从自产地一直航行到最终消费地点；由各种中型运输船只与舢板小艇近海贸易，再到中转港口或公海转手贸易，反而可以减少大船分别到各地取货的成本，又可以尽可能避开远行航路的风险。历史上的海上丝绸之路的实际状况是，不仅靠中国大船一路出海，而且依靠南海各地很多大小船，开通了许多纵横交错的航道，日常来来往往，很是热闹。

海上丝绸之路的存在，并不能单以船只往来的频密程度作为依据。从文献与文物来看，旧的海上丝绸之路从式微到结束的特征，就是失去其原有特征，自从16世纪西方殖民主义东进以后，丝路贸易不再由海上各国自主共荣，话语权也受外人主导。最显著的情况可由各地考古见证：明中叶以后，西洋银元盛行，宣告了唐宋元到明初中国、日本、越南各国铜钱混合存在的年代结束；西方文字的宗主国与商业契约，也见证了中国影响被西洋话语权取代。

历史上的海上丝绸之路结束以前，华中到华东地区其实都曾经接受过其带来的积极影响。古代上海原来的城市开发，便是由于历史上存在海上丝绸之路，使得宋、元两代官民能陆续从南海诸国引进种植棉花的良法，到元代当地的棉纺手工业已居全国首位，标志着淞沪繁荣的开端。[②] 还有中国江西的瓷器，原料也是靠丝路航线诸国供应。清代朱琰《陶说·造法》也记载过，明代正德到成化年间的瓷生产采用了南洋的“苏泥勃青”为原料。[③] 另外，明代宋应星《天工开物·陶埏》提到过阿拉伯国家青花色料和青釉技法的影响：“回青乃西域大青，美者亦名佛头青，上料无名异出火似之，非大青能入洪炉存本色也。”[④] 海上丝绸之路的鲜明特征，就是通过大小船运的海路网络，实现南海诸国河道与陆路的经济互惠与科技交流，带给各国实际利益，既促进中国本身的科技与产品发展，也

---

① 石鑫，张麒麟. 6 000 马来西亚天门同乡情牵故里.（2015-09-13）. http://www.cnhubei.com/xwzt/2010zt/tmzcwhj/tmzcwhjxwdt/201004/t1120365.shtml.

② 沈光耀. 中国古代对外贸易史. 广州：广东人民出版社，1985：171-174.

③ 朱琰.《陶说》译注. 傅振伦，译注. 北京：轻工业出版社，1984：129.

④ 宋应星. 天工开物. 钟广言，注释. 香港：中华书局，1978：206.

有利于原料产地得到长期稳定的收入。南海诸国也依靠中国市场替他们分担大规模生产同一货物的成本，形成价廉物美的供求生态，提升生活品质。

现在讨论新海上丝绸之路，除了应注意历史上海上丝绸之路的特征，还应注意中国和东盟各国的现代交通运输条件，并不只像历史上的海上丝绸之路仅依赖大小船只串联多向海路网络。更应说明的是，以历史上海上丝绸之路依靠古代内陆道路与河流交通衔接成网，给华东与华中地区带来过种棉与棉纺工业成长、古代上海镇容开发、江西陶瓷原料入口与技术国际化等利益来看，当代长江流域各地水路、铁路、公路设施四通八达，连接着海上与空中的多维通道，结合各种新兴电子媒体，足以重新构建中国内陆的对外物流枢纽网。以华中与华东如此发达的立体交通，再加上电子商务的日新月异，应该有利于重新开创古代“海丝精神”，带动长江流域与昔日南海诸国更频密、直接交流，互通有无。

在此新形势下，南洋一带祖籍为长江流域各省市的华人，其实是可以有更多作为的。不论哪一国的企业，研究开发国际市场，首先面临的最大挑战是如何全面深入地认识整体市场，正确定位自己的能力、找到自己的位置，以及寻找可以去服务的特定消费群体的特征。长江流域先民的后人，只要家教犹存，不离祖先文化，他们至少可以立足于对中国与住在国的认识，成为双边经贸或技术合作关系的观察者、促进者、投资者，或采取其他方式参与。简言之，对祖籍的地缘认同或者同乡关系，都是有利于加强从文化到经贸联系的纽带。

若从公共外交的角度，长江流域诸省加深与本省在各国先民后裔的交流，扩大交流的领域与方向，也是必要的。各国需要深入认识个体与整体的相互关系，也同样必须要正确定位自己，以及寻找出各种议题的特征，确定真正可以合作的方向。过去海上丝绸之路范围的现在诸国，既流传着对历史上海上丝绸之路之旧有印象，也重叠着中国尚未真正实现的关于新海上丝绸之路的愿景，所有国家互相之间既是寻求对话的对象，也是寻求理解的对象。生活在这些国度里的当地华人，包括祖籍为长江流域各省的华人，一方面对他们祖先的土地怀有感情，愿意善意理解中国，另一方面爱护他们生于斯、长于斯的家园，其民间团体或商业组织正是交流各方都可以信任的“第三方”，他们帮助各国华人对国家关系与各种事务做出正确的认识与判断，有助于促进双方政府和人民真正聆听对方的声音，消除许多疑虑、误解，增进更善意的相互接触。

如此看来，历史上的老会馆，过去长期目标都在照顾华侨华人在当地落地生根且不忘回馈乡梓，现在则有了新任务。老会馆若能延续先辈嘱托，关怀时势，赋予自身切合当前情势的目标，则他们不论在促进住在国与中国的文化与经贸交流，还是在促进住在国与中国从政府到民间的友好外交，都能发挥相当力量。这将使得这一代侨胞可以跟上先辈的脚步，告慰他们的艰辛与血泪，走出一条康庄大道。而问题在于，这些走过历史的地缘组织，是否有足够自觉的使命感，从历史的认识与自信出发，主动提升组织的专业能力并建构愿景，去承担当代的历史使命呢？

主题报告

建设21世纪海上丝绸之路的初步构想

陈奉林*

在中国逐步走向海洋、实现和平崛起的现实条件下，充分开发海洋、利用海洋形成自己的比较优势已经成为中国发展的战略选择。伴随着新海洋观的确立，国家已经明确提出建设21世纪海上丝绸之路的构想。近些年来，国内学术界对历史上的海上丝绸之路进行了充分的、卓有成效的研究，取得了不亚于国外同行的精湛成果，各种会议也层出不穷。但是，对建设21世纪海上丝绸之路的研究才刚刚起步。21世纪的海上丝绸之路是一个全新的概念，其意义远远超过纯粹的经济、贸易层面本身而具体深入到关系中国未来几十年发展以及全面走向世界的重大战略。因此，无论从何种意义上说，总结东方历史上海上丝绸之路的成功经验，探讨向未来发展延伸的基本走向，赋予其具有时代感的崭新内涵，直接关系到中国21世纪发展的大方向与大格局。

一、历史上海上丝绸之路对东西方经济与文化交流交汇的重大贡献

海上丝绸之路作为一个特定的历史概念与范畴，是指存在于东方历史上自中国汉代至近代的以丝绸和陶瓷为主要贸易的商路，范围东起中国，经东南亚、南亚、西亚而达于非洲与欧洲，惠及的国家和地区众多，地域广阔，可视为东方历史上对外交流与合作的典范。在人类掌握了航海与造船技术的条件下，浩瀚的海洋已经不再成为关山迢递的阻隔，而是变成无远不至的通途。从汉代起，由中国开辟的海上航线已经穿过马六甲海峡，到达印度和斯里兰卡，把南海和印度洋连接起来了。① 如果从更为广阔的视角来看，它既是中国商品走向世界的商路，也是中国与世界发生联系的桥梁与纽带，是一条重要的海上交通运输线，在中国历史乃至世界史上有着极为重要的作用。近代以前，这条商路以中国商人和阿拉伯商人为主体，以亚洲其他国家商人为主要参与者，共同缔造了古代东方国家的辉煌，并推动了社会整体进步。法国著名历史学家谢和耐在谈到汉代的贸易时曾指出：“虽则中国丝绸大部分运往近东和地中海盆地，但切勿忘记，丝绸贸易事实上扩展至整个亚洲。”② 谢和耐谈到的仅仅是汉代丝绸对外贸易的情况，后来的发展远远超出亚洲的地域。

唐宋以来，中西航道大开，华商积极参与世界贸易，国家重视，宋代的外贸收入已经

---

* 作者简介：陈奉林，北京师范大学历史学院教授。

① 彭德清．中国航海史：古代航海史．北京：人民交通出版社，1988：51.

② 谢和耐．中国社会史．黄建华，黄迅余，译．南京：江苏人民出版社，2010：110－111.

占到国家税收的1/5以上。这是中国历史上不曾有过的崭新现象。“对外贸易给中国带来了象牙、檀香木等热带地区出产的奢侈品，中国人有时使用铜钱购买这些东西。……大部分贸易平衡是通过向外输出丝绸、茶叶和瓷器等中国商品来维持的。”“在某种程度上，因为贸易给国库带来了如此丰厚的收入，所以，国家有史以来第一次积极鼓励外贸，维护（或改善）港口和运河的正常运转，修建客栈和导航设施，甚至直接出面兴建供外国商人和来自遥远省份的客商居住的旅舍。贸易也是利益之源。”[①] 从单纯的农本国力观到商贸提高国力的发展，反映了中国国力观螺旋式上升的历史过程。对于贸易致富致强，提高国家实力的重要作用，国内外有比较一致的看法，美国海军战略理论家马汉 AT 曾写道：“海上贸易对各国的财富和实力的深远影响，早在指导海上贸易的发展和兴旺的正确原理被发现之前，就已经被人们清楚地认识到了。”他极力强调海权对于国家崛起和发展的重要性，进一步写道：“（海权）涉及了有益于使一个民族依靠海洋或利用海洋强大起来的所有事情。”[②]

在近代蒸汽动力船出现以前，从事东西方经济文化交流主要是靠丝绸航路上的大型船只来完成的，虽然陆上交通也发挥着作用，但其规模、载重与作用远不及海上交通那么大。唐人贾耽在《广州通海夷道》中把自广州经南海至波斯湾巴士拉的航线称为东线，途经的国家有越南、马来西亚、印度尼西亚、斯里兰卡、印度、巴基斯坦、伊朗、伊拉克等；把自波斯湾向西经阿拉伯半岛沿岸、亚丁湾至红海口南下东非沿岸的航线称为西线。[③] 那时期，丝绸之路已经把东亚、东南亚、南亚、西亚与非洲联系起来了。贾耽所记载的航线正是中国商船、东西方使者、僧侣往来之线。随着造船和航海技术的进步，宋代中国商船的载重量超过600吨，商船结束了循岸航行状态，实现了远距离、长时间航行，贸易的触角已经伸向南亚、西亚、波斯湾沿岸各国以及非洲与欧洲，外国商人与使节也多乘中国商船来到中国沿海甚至进入内地。据成书于宋代的《岭外代答》和《诸蕃志》记载，中国对外交往的国家和地区已经有50余个，其范围东起日本、南洋各国、南亚印度的东西海岸，西到西亚、东部非洲与地中海沿岸，对外交往的扩大就意味着对外经济文化交流的增多，这种互利互惠、互通有无的交往无论对任何一方都是需要的。正因为如此，东西方社会在普遍的、不间断的交流中获得了不断向前迈进的动力。

唐宋时期，中国的丝绸和瓷器销售到东南亚、南亚、阿拉伯国家和东非。[④] 正是在这条航路上，东方市场上的商品被输入沿岸各国，同样沿岸各国的商品也被输入中国、印度、日本等国市场。宋代以后，中国政治经济重心南移，生产力发展，国内对奢侈品需求增大，仅进口的香料种类就有数百种之多。[⑤] 国际交流交往带来的不仅是参与国个体受益，更为重要的是带来社会的整体发展，引起社会面貌的整体变迁。在农业文明时代，各民族、各国家基本上是以区域为单位生活的，跨国家、跨区域的交流可迅速使人类文明的成果在短时间内实现资源共享，共同受益。宋人周去非在《岭外代答》“航海外夷”条记载，“诸蕃国之富盛多宝货者，莫如大食（即阿拉伯），其次阇婆国，其次三佛齐，其次

---

① 罗兹·墨菲．东亚史．林震，译．北京：世界图书出版公司，2012：144，145.

② 马汉 AT. 海权对历史的影响．安常容，成忠勤，译．北京：解放军出版社，2008：1－2.

③ 参见陈炎．海上丝绸之路与中外文化交流．北京：北京大学出版社，2002：82.

④ 彭德清．中国航海史：古代航海史．北京：人民交通出版社，1988：189－192.

⑤ 彭德清．中国航海史：古代航海史．北京：人民交通出版社，1988：193.

乃诸国耳。……大食国之来也，以小舟运而南行，至故临国易大舟东行，至三佛齐国乃复如三佛齐之入中国。……诸蕃国之入中国，一岁可以往返，唯大食必二年而后可。”① 这是外国商船来华的情况，也是当时中国与世界交流交汇情况的真实写照。据朝鲜历史学家郑麟趾编纂的《高丽史》记载，宋代前往朝鲜的宋代商人不下百次，人数多的时候达上百人，他们有不少是福建籍的。②

《诸蕃志》对中外经贸文化交流的记载较《岭外代答》详细得多。来自国家和民间的力量在推动区域间的大宗贸易，商品贸易的力量深入沿岸各港口城市与附近村庄，出现新的文明区域与新的经济增长点，促成古代西太平洋贸易网、印度洋贸易网与地中海贸易网的衔接与互动，极大地丰富了各国的物质文化生活。有资料统计，1050—1150 年间，中国从国外市场输入的商品进口量增长了 10 倍，亚丁（海岸）从印度和中国所获得的商品有铁、刀剑、麝香、瓷器、马鞍、生丝织品、棉纺织品、芦荟、胡椒与香料。③ 东西方贸易航路基本上是沿着自唐代以来所谓的“通海夷道”展开的，构建了东方式的和平交往方式与外交方式。在东西方贸易交流中，东方国家的对外贸易长期处于出超地位。15 世纪末，葡萄牙航海家达·伽马绕过非洲南部的好望角航行到印度西海岸卡利卡特海港时，非常惊异于从中国到埃及尼罗河的海上贸易。④ 东方国家的对外交往理念与行为是不同于近代西方国家单方面攫取利益模式的，它强调的是互利与共赢，以至于发展到今天这种交往方式仍然有着强大的生命力。

宋元时期，对外贸易与交通出现了鼎盛与繁荣。16 世纪以后，东方海上丝绸之路逐渐受到来自欧洲殖民势力的冲击与挑战，造成传统的贸易关系格局向近代由欧洲人主导的贸易关系格局转变。这个过程经历了两三个世纪之久。东南亚、南亚几乎所有国家都沦为西方国家的殖民地，在痛苦中被迫与西方“接轨”，接受西方国家的贸易体制与规则。由西方人主导的贸易在结构、性质、数量方面是不同于以前的。从东方输出的商品来看，仍然是传统的农业和手工业产品，丝绸、棉织品、茶叶、瓷器、人参、药材、香料、木材为大宗，西方国家对东方市场的输出已经变成工业革命后的商品，或经过工业革命后的思想、文化、战舰模型与其他科技产品。商品的不同反映出东西方两种国力的不同，或许是由于这个差距，形成后来东西方发展差距的天然分野。⑤ 同一条航路，往来不同性质的商品，反映出东西方社会发展的一些差距，世界历史逐渐向西方倾斜。这就是东方几乎所有国家都遭受西方侵略与掠夺的原因所在。认真研究这些鲜活的历史，对我们今天仍富有教益。

二、如何着手构建 21 世纪海上丝绸之路

21 世纪海上丝绸之路的提出、规划与建设是中国外交发展方向的重大选择，体现了

① 周去非．岭外代答校注．杨武泉，校注．北京：中华书局，2006：126－127.

② 参见黄英湖．古代福建与朝鲜半岛的交往和移民//魏楚雄，陈奉林．东方外交与朝鲜半岛问题．北京：社会科学文献出版社，2015：38.

③ 李约瑟著，柯林·罗南改编．中华科学文明史：第 3 册．上海交通大学科学史系，译．上海：上海人民出版社，2002：147.

④ 罗伯特·D 卡普兰．印度洋圈推动世界．奥山真司，关根光宏，译．东京：合同出版株式会社，2012：55.

⑤ 陈奉林．对东亚经济圈的历史考察．世界历史，2009（3）：47.

中国与时俱进的开放精神，具体涉及我国对外发展战略、战略重点及其走向等问题，必须从战略的高度予以全面规划与布局，把现实利益与长远利益、国内发展与国外利益、和平崛起与长久安全结合起来。2015 年 3 月 28 日，国家发改委、外交部和商务部联合发布《推动共建丝绸之路经济带和 21 世纪海上丝绸之路的愿景与行动》，标志着“一带一路”战略进入全面实施阶段。建设 21 世纪海上丝绸之路是我国利益攸关的大事。在目前形势下，必须解决好以下带有全局性的问题：

（一）加强和深化与东盟国家的关系

东盟现在拥有近 6 亿人口，总面积近 460 万平方千米，与中国毗邻，是一个巨大的潜在市场和新兴经济体。在经济领域，中国与东盟相互依存度在加深。2007 年，中国对东盟出口额为 941.39 亿美元，从东盟进口额为 1 083.69 亿美元，东盟成为中国第四大贸易伙伴和第三大进口来源地。① 在历史上，这里是古代西太平洋贸易网，内部经济文化联系紧密，天赋自然资源丰富，交通贸易网络发达，商业城市众多，与东亚一道构成人类文明的重要区域，地缘优势十分突出。战后，东盟国家的整体作用在上升，目前尽管仍有少数几个国家与中国存在领海争端，但从长远来说，这种争端不可能改变中国与东南亚乃至整个东亚的合作趋势。中国要走向世界，向南、向西发展，就必须在东盟国家找到战略支撑点。从近代历史来看，东南亚一直是大国力量的交汇地区，冷战时期又是东西方大国力量对峙的前沿地带。在今天看来，这里仍然是大国重点影响的地区。因此，发展与东盟国家的关系，中国具有地缘上的优势，东盟国家出于自身发展的考虑也希望借助中国经济的高速增长，改善自己的基础设施，分享中国经济改革成果的红利，提高在国际上的竞争能力。

历史的经验值得注意。历来中国与东南亚经济贸易联系密切，华侨和华商发挥了重要作用。最近几十年，这里政治稳定，投资环境改善，成为世界经济增长最快的地区之一。20 世纪 80 年代，东盟经济增长率每年达到 4.9%，高于北美和世界其他发展中国家和地区。② 应该指出，西方冲击造成了东南亚国家诸多问题与矛盾，特别是冷战时期中国与东南亚国家关系处于极不正常状态，限制了中国在东南亚的发展。在区域经济集团化加速发展的大趋势下，从地缘政治与经济上考虑，中国应该进一步加速推动东盟自由贸易区建设，在“中国—东南亚”间形成良好互动。中国积极推动东盟经济一体化，有利于中国在周边地区发挥大国作用，形成有利于中国的地缘优势。相对于其他大国，中国更具有地缘优势发展与东盟关系，“亚洲西南大陆桥”的建设使“南中国海—北部湾地区”的发展同孟加拉国湾地区的发展联系起来，使太平洋和印度洋发展浪潮互相呼应。③

（二）让东盟市场与印度洋市场联结贯通起来

自古以来，古代西太平洋贸易网与印度洋贸易网相互贯通连接，发挥出各自的作用。大约从公元前 2000 年起，印度与美索不达米亚地区建立了商业联系；从早期伊斯兰时代

---

① 陆伟．当代亚洲地区国家政治与经济．北京：中国社会科学出版社，2012：250.

② 伊东弘文，德永正二郎．亚洲太平洋经济的成长与变动．福冈：九州大学出版会，1992：1.

③ 黄枝连．东亚发展的典范转移．澳门：澳门大学出版社，2010：315.

起，中国的瓷器已经大量通过斯拉夫、卡斯卡伊斯和霍尔木兹海峡输入中东各城市，印度与东非的商业联系也早已建立。① 15 世纪，明代郑和曾率领庞大的船队多次访问印度，为扩大两国贸易做出了贡献②，开创了中国大规模海上西行的先例。在经济全球化以及竞争加剧的形势下，中国对外发展的取向就是向南和向西发展，在东南亚到南亚、西亚和非洲的广阔地区中找到战略支撑点。按照英国学者麦金德的说法，由欧亚大陆和非洲大陆的广阔地带构成所谓的“世界岛”，是“世界政治的枢纽”；美国的布热津斯基把从西欧里斯本到东亚海参崴的广阔区域视为战略大棋局，是决定世界稳定与繁荣的关键。在今天看来，他们的论断有一定的合理性，但不同的是，欧亚大陆地缘文明的重心在向东亚和南亚地区转移。世界文明发展是一个动态的过程，有一定的发展规律，文明的重心也不可能永远停留在一个地区。在现代信息文明与生产力发展水平条件下，文明区域的发展与崛起不同于农业文明时代。

贯通东盟市场与印度洋市场的另一层含义，在于保持中国与印度、西亚、非洲和欧洲航路永久畅通与安全，形成海上航路优势。按照《推动共建丝绸之路经济带和 21 世纪海上丝绸之路的愿景与行动》的设想，21 世纪海上丝绸之路不仅从中国沿海各港口延伸到印度洋和欧洲，向南还要扩展到南太平洋。这个凌越前人的计划给中国提供了更为广阔的战略空间。今天航路的意义已经不同于古代，被注入了新的时代内涵，更多地着眼于国家的安全与发展。无论东盟还是印度都是中国的近邻，“走向 21 世纪的中国外交，重点应放在对周边国家和地区的关系发展上，改变传统的远交近攻为远交近通”③。这是一个意味深长的转变。南亚及西亚地区的区域优势历来为各国政治家、军事家、经济学家所重视，为此历史上发生的战争与冲突不计其数。德国地缘政治学代表人物卡尔·豪斯浩弗曾引用拉采尔的话：“只有海洋才能造就真正的世界强国。跨过海洋这一步在任何民族的历史上都是一个重大事件。”④ 今天的海洋对于人类完全是一种新领域，丰富的天赋资源无疑成为国家崛起的重要条件，英国学者杰弗里·帕克指出：“一个有生机的国家不单需求扩张，而且能够按照这个国家的需要灵巧地介入理想的地域。重要的是应在地理上结盟，而不是树敌。”⑤ 他所说的“扩张”历来为人们所诟病，我们可以根据时代要求理解为扩大交往的范围与交往的对象，以和平、发展与共赢作为交往的准则。

经过战后几十年的经济发展，中国、印度都已成为地区性大国，形成与欧洲国家、俄国和美国竞相发展的态势，东亚和南亚两大区域有条件成为决定世界命运的关键。1947 年，尼赫鲁就提出了“印度中心论”的目标，他在《印度的发现》一书中写道：“在将来，太平洋将要代替大西洋而成为全世界的神经中枢。印度虽然并非一个直接的太平洋国家，却不可避免地将在那里发挥重要的影响。在印度洋地区，从东南亚一直到中亚细亚，印度也将要发展成为经济和政治活动的中心。”⑥ 经过几代领导人的努力，到 20 世纪 90 年

① 科特雷尔 AJ，伯勒尔 RJ. 印度洋在政治、经济、军事上的重要性. 上海外国语学院英语系，等译. 上海：上海人民出版社，1976：132.

② 阿尼鲁 K 古普塔，哈亚万. 中国、印度的战略意义——全球化企业战略的再构建. 若山俊弘，监译. 东京：同文馆出版株式会社，2010：43.

③ 黄枝连. 东亚发展的典范转移. 澳门：澳门大学出版社，2010：312.

④ 杰弗里·帕克. 二十世纪的西方地理政治思想. 李亦鸣，徐小杰，张荣忠，译. 北京：解放军出版社，1992：63.

⑤ 杰弗里·帕克. 二十世纪的西方地理政治思想. 李亦鸣，徐小杰，张荣忠，译. 北京：解放军出版社，1992：63.

⑥ 贾瓦哈拉尔·尼赫鲁. 印度的发现. 齐文，译. 北京：世界知识出版社，1956：712.

代，印度实现了经济上的快速发展，建立起与经济发展相适应的政治体制，实现了自由化、市场化与国际化的目标，在计算机技术、空间技术以及核能技术方面树起了大国形象，成为当今具有发展潜力的发展中大国之一，进入“金砖”国家行列。据安格斯·麦迪森的统计，1998 年印度的国民生产总值（GDP）已经占到世界经济总量的 5%，仅次于美国的 21.9%、中国内地的 11.5% 和日本的 7.7%。[①]

从经济发展指标来看，除了个别年份 GDP 年增长为 1.43% 外，其他大部分年份印度的经济增长一直是很高的，2006 年 GDP 增长率为 9.4%，2007 年达到 9.62%。[②] 这个速度对印度来说意义重大，它同其他“金砖国家”一起构成国际关系中的新兴力量。有资料预计，到 2025 年中国 GDP 将占世界的 15%，2050 年占到 28%，同时期的印度将从 5% 上升到 17%。[③] 若干迹象表明，地缘政治重心的大锤已经向“中国—印度”一侧倾斜。南亚次大陆和中国尽管发展程度不同，但都是在占世界人口最多的国家里启动了社会全面变革，“将来或许会看到这两个地区的势力代表两个不同的单元，而这两个单元的势力，只能越过印度支那半岛的南部从陆地和空中连接起来，以及绕过新加坡从海上连接起来。如果这是确实的话，则亚洲地中海对独立的亚洲在政治战略上将继续具有重大意义”。[④] 中国要保障来自非洲、中亚地区的石油供应，必须维护印度洋上的交通线绝对畅通。有关材料显示，中国从非洲、中东地区进口的石油、天然气有 85% 左右是经由印度洋和马六甲海峡输入国内的[⑤]，所以保障海上航线安全与畅通至为重要。

（三）推动陆上和海上丝绸之路建设，形成南北两路相互支撑

推动陆上丝绸之路和海上丝绸之路的建设是极为重要的，是落实国家丝绸之路经济带战略构想的实际步骤。“一带一路”作为一个全新的发展战略，其内涵与外延被赋予了不同于以往的崭新内容。它所涉及的绝不仅仅是经济与贸易的纯经济层面，更为重要的是涉及政治、外交、科技、交通、环保、安全、劳务输出以及文化发展等诸多方面，是一个全面演进和整体提高的过程，单一的或纯粹的经济观点是不能够解释其重大现实意义的。[⑥] 中亚和西亚地区地域辽阔，自古以来与中国关系密切，地理位置优越，交通便利，自然资源丰富，与欧洲、非洲、印度洋联系密切，是东西方文明的交汇处，历来为各大国所重视。如此重要而突出的地理位置对于任何一个大国都是重要的，在现实中可以形成一种强大的地缘政治优势。冷战时期这里是美、苏两个大国激烈争夺的地区，造成的冷战后遗症至今未能消除。对于西亚与中东地区的重要性，布热津斯基认为，它是“一个政治上混乱但能源丰富的地区，它对于欧亚大陆西部和东部的国家，以及最南部地区那个人口众多、有意谋求地区霸权的国家来说，都有潜在的重大意义”[⑦]。

---

① 安格斯·麦迪森．世界经济千年史．伍晓鹰，许宪春，叶燕斐，等译．北京：北京大学出版社，2006：121.

② 张力群．印度经济增长研究．北京：东南大学出版社，2009：87－88.

③ 阿尼鲁 K 古普塔，哈亚万．中国、印度的战略意义——全球化企业战略的再构建．若山俊弘，监译．东京：同文馆出版株式会社，2010：8.

④ 斯皮克曼．和平地理学．刘愈之，译．东京：北京：商务印书馆，1965：75－76.

⑤ 罗伯特·D 卡普兰．印度洋圈推动世界．奥山真司，关根光宏，译．东京：合同出版株式会社，2012：429.

⑥ 陈奉林．从海上和陆上丝绸之路两栖建设中寻求中国的发展．太平洋学报，2015（5）.

⑦ 兹比格纽·布热津斯基．大棋局——美国的首要地位及其地缘战略．中国国际问题研究所，译．上海：上海人民出版社，1998：47.

唐宋以来，几条商路联系着中国与西亚和南亚。大体来说，主要是从天山北路经帕米尔到达印度西北，从西域南路经克什米尔到达印度，由吐鲁番经西藏、尼泊尔到达印度，从中国西南的云南昆明抵达印度东北部，还有海上到达印度的航路。[①] 自从这里发现石油和天然气后，更加增大了它在国际政治中的重要性，因而频繁引发各种矛盾、冲突和战争。以老子所说的“祸兮福之所倚，福兮祸之所伏”来观察这个地区就会发现，优越的地理位置和丰饶的物产使其受惠，但也成为他们屡遭外敌入侵的根源，亚历山大的东侵、十字军的东侵以及战后的多次战争，都使这个地区付出了沉重的代价。今天中东、西亚地区的许多问题都可以找到历史根源。复杂的历史因缘屡屡昭示于前。

饱尝战火与大国争夺之苦的中东、西亚地区比以往任何时候都更加渴望持久的和平、稳定与繁荣，历史与现实的特殊性决定了他们需要既符合本地区民族特点，又符合世界经济发展大趋势的合作共赢模式。我们可以考虑按照循序渐进的方式构建中国与西亚地区的合作，彻底摒弃殖民主义时代、帝国主义时代单方面攫取利益的旧模式，推进与各国合作，把在国内倡导的生态文明理念纳入当地资源的开发与合作的开展上，走绿色、低碳的可持续发展道路。在对当地资源开发与合作中，要建设好“欧亚大陆桥”，发挥大陆桥的辐射与带动作用。在很大程度上可以说，陆上丝绸之路经济带是对海上丝绸之路的有力支撑，只有南北互为犄角、桴鼓相应，才能形成合力，推进中国走向世界的步伐。无论从中国的发展取向还是战略空间需求方面考虑，亚洲西部地区都与中国利益攸关，是中国努力拓展的国际区域。从能源而论，中国在西亚、中东地区具有巨大的能源利益。2008 年，中国从中东地区进口的石油占进口总量的 56%，由此可见，中东石油是中国海外石油利益的重中之重。[②] 要推进中国与西亚、中东国家的关系，除了坚持良好的政治关系外，还要以互利共赢的原则参与当地的经济开发与发展，帮助当地居民改善生活，实现共同发展的目标。

（四）推动中国与非洲关系纵深发展，尽快在非洲东西海岸建立商港

非洲战略资源和能源储备为各大国所看中，竞争在加剧。有资料统计，非洲拥有全球黄金储备的 40%，石油储备的 10%，铬和铂金储量的 80%—90%。[③] 从目前中国与非洲的关系来看，基本上以经济关系为主，更多地参与当地资源的开发与基础设施建设。这对我国来说是远远不够的，还应该进一步考虑在非洲东西海岸找到立脚点，建立适应中国发展的商港。以建立商港为依托，把自东南亚经印度洋到非洲的航路联结贯通起来，实现海上航路安全畅通。

在对待海外利益上，长期以来我们一直有着一种模糊的认识，即把合理的海外利益与殖民主义、帝国主义时代的巧取豪夺混同起来，不敢理直气壮地谈海外利益，更不敢去主动争取。在痛定思痛中反思历史，好好总结经验教训，进一步解放思想，建立一种新的视野，是当前应该做的一项工作。在走向世界的过程中，中国在海外利益的领域、规模、影响越来越大，牵涉到的国家也越来越多，再不调整心态，大胆地去争取、保护，就会很被动了。最近十几年，中国的企业已经大规模地走进非洲，参与当地的资源开发与基础设施

---

① 近藤治．东洋人的印度观．东京：汲古书院，2006：239.

② 汪段泳，苏长和．中国海外利益研究年度报告（2008—2009）．上海：上海人民出版社，2011：130.

③ 浙江师范大学非洲研究院．非洲研究．北京：中国社会科学出版社，2013：9.

建设，有了一定的基础。据统计，目前中国在非洲的企业超过2 000家，遍布50多个国家。我们奉行的是平等、正义与共赢的原则，“发展为本，和平为贵，是人类的文明交往的原则。文明交往的任务是消灭暴力交往的根源，把和平与发展结合起来，把历史交往引向法制秩序和道德规范的轨道上来。”①

三、在历史的延续中创造新的东方历史

中国既是陆上大国又是海洋大国，海岸线长达18 000千米，兼具陆上与海上两种地缘优势，这样的海陆兼具优势在世界上并不多见。经过长期生活实践之后，中国获得了对海洋属性的深层认识，国家的发展，民族的兴旺，以及重大政治、经济、文化活动向更高层次跃进都有赖于对外交流，海上交通交流无疑起了决定性作用。“海上丝绸之路虽以丝绸贸易为开端，但其意义却远远超过丝绸贸易的范围。它把世界各地的文明古国如希腊、罗马、埃及、波斯、印度和中国，又把世界文化的发源地如埃及文明、两河流域文明、印度文明、美洲印加文明和中国文明等连接在一起，形成了一条连接亚、非、欧、美的海上大动脉，使这些古代文明经过海上大动脉的互相交流而放出了异彩，给世界各族人民的文化带来了巨大的影响。”② 中国开创的海上丝绸之路穿越时空联结了古代与现代、东方与西方以及南方与北方，向未来发展延伸，给世界各国物质文化生活带来了极大便利，在利己、利人的交流中实现了公平与正义，顾及了国家间的互利与共赢，而不是单纯地为一己之利。中国把自己与世界紧紧联系在一起，显示出中国文化的强大生命力。

自宋代以来，中国出现了向海洋方向发展的新趋向。11—13世纪，宋代的海商活跃于广阔的海洋上，他们的头衔为“都纲”或“纲首”，其意为“组头”、统帅伙伴。③ 这种发展趋势到明代郑和七下西洋而达到顶峰。中国空前的海上西行走在世界各国的前面，完全有条件在南洋和印度洋地区拥有海权，发挥中国的大国作用，为世界做出更大贡献。遗憾的是，宋明以来中国强大的海军并没有永久维持基地建设和经营印度洋众多港口的意图。④ 要继承和发展中国历史上重视海洋贸易和海洋战略的传统，就必须了解中国独特的海洋观念，以及在海洋实践方面积累起来的正、反两个方面的经验。中国要重新崛起，就必须从重新认识过去、建立新的海洋观念开始。自汉代海上丝绸之路开创以来，每个时代对海外贸易的重视不同，对外开放只存在历史上少数几个时期，而不是贯穿中国历史的所有时代。明清时期张弛交替的“海禁”政策严重地阻碍了中国人走向海洋，参与世界商品流通与资本原始积累，可作为沉痛教训。因此，必须重新审视中国历史上传统的海洋观，继承成功的历史经验，以发展的、整体的和连续的观点对其予以新的总结，在历史的延续中创造新的东方历史。

海上丝绸之路直接给世界各国带来好处，实现多元受益，无论古今各国都是受惠者。在这条大动脉上，丝绸之路成为中外文化交流交汇的载体；这条丝绸之路上不仅有中国的丝绸、陶瓷、茶叶、医学及其他农业与手工技术的西传，而且有域外文明的滚滚涌入，它

---

① 彭树智．文明交往论．西安：陕西人民出版社，2002：19－20.

② 陈炎．海上丝绸之路与中外文化交流．北京：北京大学出版社，2002：52.

③ 松浦章．明清时代东亚海域的文化交流．郑洁西，等译．南京：江苏人民出版社，2009：12.

④ 罗伯特·D卡普兰．印度洋圈推动世界．奥山真司，关根光宏，译．东京：合同出版株式会社，2012：439.

们由小到大、由浅入深地融入我们生活的许多方面，包括衣、食、住、行、音乐、舞蹈、体育、杂技、思想与科技，珍珠、宝石、象牙、香料、玉米、烟草、甘薯等都是从国外传入的，极大地丰富了社会的物质文化生活。正如我国学者所指出的：“丝绸古道上的文明交汇，中华民族既是惠予者，也是受惠者。……丝绸之路也令中华民族受益良多。”[①] 社会发展、大众生活水平提高来自多方面的推动，其中文化文明交流无疑是人类社会进步的重要动力之一。我们强调人类交往的作用，与马克思主义所强调的社会进步的动力来自社会内部的矛盾运动的观点并不矛盾。东西航路这条大动脉上的交往绝非仅仅是物质层面的交往，也包括精神层面、制度层面以至于生态层面的交往，是文明从低级向高级的演进，从愚昧、野蛮向文明的升华，只有从这个高度才能理解海上丝绸之路的真正含义，把握历史的本质。对于像中国这样历史悠久的文明古国，自觉地、有选择地吸收外来文明的精华，综合东、西方两种文明之长是十分必要的。

长期以来，国内外学术界偏重于陆上丝绸之路的研究，推出的成果较多，而对于海上丝绸之路的研究远远不够，特别是对东西方通过海上交通所带来的社会重大变迁的研究更是不够。“其实，海上丝路要比陆上丝路延续的时间更长，通往的地区更广，与世界各族人民交往和影响更深，对世界文明的贡献更大。”[②] 这种评价是符合历史实际情况的。海上丝绸之路是一个巨大而开放的交通网络，像一只巨爪把沿线各国紧紧联系和聚拢在一起，涉及东西方经贸关系、物种交流、造船与航海技术、外交政策、海外移民与僧俗往来等许多方面，是一个多层次、多维度的发展过程。海上丝绸之路之所以有强大的生命力，就在于这条航路上日益增长着东西方各国对于对方商品的不断需求，日益丰富着各国的物质文化生活。仅从中国出口的瓷器来说，就有碗、碟、盆、盘、瓶、缸、盂、盔、杯、罐、壶等，极大地方便了人们的日常生活，给各国各地区社会生活增添了多样性。中国的瓷器色泽鲜艳，形制别样，不拘一格，给人以轻巧活泼之感，配以滋润的青釉，引人喜爱。[③] 据近些年的研究，近代以前从东方市场输入到西方市场的商品种类繁多，东南亚出产的香料和中国传统的瓷器、丝绸、茶叶、药材成为大宗，东方市场一直保持对西方市场的出超地位，这一优势一直持续到19世纪。从地中海市场输入印度洋地区的商品主要是银、铜、铁、铅以及各种金属、武器、工艺品及奴隶。[④] 17世纪，来自日本、西班牙美洲殖民地的金银进入中国、印度和东南亚，推动世界经济运转，加快了东方社会的发展进程。

研究存在东方历史上若干世纪的海上丝绸之路，对于理解东方历史以至于东西方关系史都具有重要意义。因为它事关东西方社会的历史进程、发展阶段、转型时间以及历史定位等一系列问题，也有助于从根本上重新审视与反思“1500年是世界历史重要转折”的传统观点。在1500年前东西方并不缺乏联系。我们不否认1500年以后世界历史进程加速的客观事实，但人类历史在1500年以前东西方绝不是没有联系的。长期以来西方一些经济学家、政治家和社会学家把东方社会看成是一个封闭的系统，与外部世界殊少联系，在东方历史研究中弥漫着西方进步、东方落后的沉闷思想气氛，始终没有把握中国、印度社会的总体发展进程。大量的研究表明，“在西方殖民者东来前后相当长的时期中，华商与

① 何芳川．中外文明的交汇．香港：香港城市大学出版社，2003：12.

② 陈炎．海上丝绸之路与中外文化交流．北京：北京大学出版社，2002：7.

③ 中国硅酸盐学会．中国陶瓷史．北京：文物出版社，1982：194.

④ 生田滋．大航海时代与摩鹿加诸岛．东京：中央公论社，1998：16－17.

亚洲各地商人就已活跃并组织着东亚和东南亚贸易，海外的华商贸易中心已经形成。民间华商担当了东亚贸易的主导角色。……中国、印度及东南亚等地的商品制造能力，构成贸易全球化所赖以运转的商品流动基础，亚洲成为商品贸易的全球中心之一”。[①] 正确认识海上丝绸之路上的东西方多种交流及其作用，是理解东方历史的关键。

丝绸之路发展到今天已经成为一个内涵广泛的概念，同时又有历史的继承性和时代性特征，将海洋与市场、技术、经济有效地结合起来，大大拓展了对原有海洋经济属性的认识。面对世界各国不断调整的海洋战略，我国应该更快地以海上丝绸之路为载体，向海洋进军，大力发展海洋经济。在历史上，我国既有“重农抑商”“重陆轻海”的传统，又有“向海洋发展、取舟楫之利”的传统，不同的时代有不同的表现。长期的自然经济所导致的历史惰性使我们的视野趋于狭窄，视海洋为畏途，最终造成由近代西方主宰东方海权的局面。海权的丧失对东方各国发展产生深刻影响：各国不仅受制于西方主导的整个世界发展格局，海洋经济受到重创，国家无法再从国外获得发展的资源，本来正当的海外商贸活动也不得不以非法的海上走私的扭曲形式表现出来，更为重要的是脱离近代以来世界文明发展的轨道，丧失历史发展的重大机遇。在历史接续当中探讨海上丝绸之路的历史变迁及其时代意义，就应该突破思想上旧有的禁锢和经济上单一的发展模式，摒弃陈旧的轻视海洋的传统思维，赋予丝绸之路以崭新的内涵。

四、总结与思考

以上对丝绸之路问题的简要回顾，可以认为是对丝绸之路发展历程的基本梳理，有助于今天认识海洋和开发海洋，挖掘“丝绸之路”的基本理念与精神，开展广泛的海上国际合作。无论是中国历史上出现的“重农抑商”“重陆轻海”观念还是在民间形成的“以海为田”思想，都应该作为珍贵的遗产加以研究，经过剖垢磨光之后再应用于今天的治世实践。认为历史上中国没有取得海洋实绩的说法是不准确的。历史发展不能随意曲解与割断，尤其在像中国这样具有悠悠 5 000 年文明历史的东方大国，历史的积淀极为深厚，思想的发展又极为复杂，因此鉴别、梳理与继承是一项艰巨的工作。传统思想中的一些惰性如何被克服，如何建立新的海洋观，完全取决于我们的理性成长与发展的程度。现在的工作是克服历史思维中的一些惰性，去腐生新，把握发展的契机，不失时机地推进 21 世纪海上丝绸之路建设。

海上丝绸之路在时间和空间上经历了漫长的历史发展过程，在内部因素与外部因素的多重作用下，形成东方历史上的奇特景象，至今仍承载着东方文明的传统。与以往不同的是，今天它所承载的任务更为繁重，发挥的作用也将更为重大。建设 21 世纪海上丝绸之路，可以大胆地借鉴和吸收历史上成功的经验，扬长避短，发挥优势。为了进一步思考未来的发展方向，现在有必要对横亘东方历史若干世纪的丝绸之路予以新的总结。它昭示了一个基本经验，就是积极参与世界经贸与文化交流，从国外获得发展的资源，国家社会发展与文明程度就能处于世界领先地位；对外闭关自守，游离于世界市场之外，国家就会发展缓慢，社会各项指标在低水平上徘徊。英国著名科技史家李约瑟这样写道：“中国人一

---

① 龙登高．郑和之后：中西比较视野下的海洋贸易与制度选择//陈奉林，魏楚雄．东方外交史之发展．澳门：澳门大学出版社，2009：430.

直被称为非航海民族，这真是太不公平了。他们的独创性本身表现在航海方面正如其他方面一样……中国的海军在1100—1450年之间无疑是世界上最强大的。”① 在1500—1800年，中国和印度商人控制着亚洲的大部分贸易活动，欧洲人只有用从美洲攫取来的白银购买亚洲的商品，才能参与到全球贸易当中。② 可惜的是，中国这样强大的海上优势并未成为促进航海贸易、开拓国外市场的有力工具，给中国带来长久发展。

自16世纪大航海时代开始，东西方历史面临重大转折，传统的自然经济开始发生一些变化，东西方都有条件进入近代社会。为什么中国有如此强大的国力而在进入近代以后却不能实现再次崛起呢？这是一个极为复杂的问题，不是单一的原因可以解释的，必须从多方面加以具体分析，以提高整个民族的历史自觉。中国长期形成的自给自足的自然经济使“重农抑商”“重陆轻海”观念不断强化，把农业看成是国力的唯一来源，轻视工业和海外商业的作用。在西方国家大力拓海时，东方国家却日益收敛，逐渐从海洋上退缩，与西方外争海权的政策形成鲜明对比。要知道，葡萄牙、西班牙、荷兰、英国、法国加入并最终控制东方贸易体系，是一个长期的逐步的过程，并不是一蹴而就的。贸易与武力相伴，巧取与豪夺同行，在这个过程中欧洲逐渐变强变大成为海权的主导者。由此可引出一条重要的历史经验，即国家的发展是多方面条件促成的，其中对外交流与交通无疑是很重要的条件，它不仅使文明的成果在短期内实现共享，更为重要的是使社会的文明程度在新陈代谢中由低级向高级演进，直接提高国家的对外竞争力，尤其在海路大通之后，文明交流交汇的成果甚至可直接深入穷乡僻壤。

海上丝绸之路兴衰涉及多方面因素，除了欧洲殖民者挟火与剑对东方既有的政治、经济秩序进行长期的冲击外，东方国家内部的经济运行规律也在发生作用，内部缺乏政治的、经济的和科技的持久动力支持，国家政治权力不能持续发挥有效作用，思想观念陈旧落后、国力衰败是导致东方丝绸之路让位于西方近代殖民贸易的主要原因。英国学者赫德逊深刻地指出：“亚洲在海上成就的记录并不差。亚洲国家那么轻易地就把海上霸权让给了欧洲人，就尤其值得瞩目了。虽然亚洲人在印度洋和太平洋的水域发展了规模很大的海上贸易，却不能与新来的人争夺海上霸权；这是因为在他们企业的背后没有政治上强而有力的商业主义的推动力，没有对于海外扩张的不懈的国家支持，没有积极的海上雄心来促进造船和战术方面的革新。”③ 我们反思过去并不是责备过去，也不是割断过去的历史，而是通过深入探讨、彻底看清千百年来所走过的道路，为当前建设海洋战略提供新的理论借鉴。经过千百年曲折发展之后，我们已经形成对海洋意义的清醒认识，进而将其上升为国家战略。以海为田，经略海洋，建设21世纪海上丝绸之路已经成为中国当前的重大课题。

---

① 潘吉星．李约瑟文集．沈阳：辽宁科学技术出版社，1986：258.

② 杰克·戈德斯通．为什么是欧洲？世界史视角下的西方崛起（1500—1850）．关永强，译．杭州：浙江大学出版社，2010：63.

③ 赫德逊．欧洲与中国．李申，王遵仲，等译．北京：中华书局，2004：13. 我国学者指出，重商主义的西欧各国“在殖民主义政权的统一组织领导下，进行有计划、有组织、有系统的航海贸易活动，显示出强大的竞争威力。……葡萄牙、西班牙、荷兰的航海贸易势力，正是在本国海军与殖民政权的支持下，才压倒了中国航海贸易势力，称霸西太平洋的”。东西方对海洋的两种态度相较，判然有别。见杨翰球．十五至十七世纪西太平洋中西航海贸易势力的兴衰//吴于廑．十五十六世纪东西方历史初学集．武汉：武汉大学出版社，2005：308.

加快高层次人才引进，促进长江中部经济带的城市创新发展

罗　荔*

“长江经济带”覆盖我国东、中、西三大区域的上海、江苏、浙江、安徽、江西、湖北、湖南、重庆、四川、云南、贵州11个省市，面积205万平方千米，人口和生产总值均超过全国40%，是我国综合实力最强、战略支撑作用最大的区域之一，具有独特的优势和巨大的发展潜力。长江中部经济带包括安徽、湖北、湖南、江西四省，如今正值长江中部经济带的快速发展期，尤其是我国正处在经济结构转型的关键发展时期，需要大量的高层次人才，尤其是海外高层次人才。在新常态下抓住机遇，引进产业结构调整、科技创新所需的经营管理、技术开发等领域的高层次人才，尤其是海外高层次人才，对促进长江中部经济带城市经济转型和创新发展有着巨大的研究价值和现实意义。①

一、引进高层次人才尤其是海外高层次人才的意义②

国际竞争的核心是人才的竞争，人才已经成为推动世界经济发展的主要动力，决定着一个国家的国际竞争力。重视对海外高层次人才的引进，能更有效地吸引和吸收国外先进技术，使国外先进技术尽快地转化为自身先进生产力。而引进的国外先进技术在人的智力的保驾和润滑下能够更好地发挥作用。引进海外高层次人才的地域范围，既包括各个发达国家，也包括发展中国家，同时还包括港澳台地区。引进海外高层次人才的对象不仅包括外籍专家、华人华侨，还有一个重要的来源就是归国留学生。

长江中部经济带建设需要庞大的人才支持，尤其是高层次人才。引进国外高层次人才，就是通过各种途径把国外高端的科学技术知识、先进的经营管理经验以及一切有价值的成果引进来，为长江中部经济带的经济社会发展服务。这将极大地促进其社会进步和经济发展，加速产品和技术的更新换代，缩短长江中部经济带与沿海发达城市的差距，使长江中部经济带能够在较好的基础上发展和创新，最终实现区域振兴目标。

---

* 作者简介：罗荔，湖北第二师范学院马克思主义学院副教授。

① 习近平．习近平谈治国理政．北京：外文出版社，2014.

② 赵建．绿色通道：重点引进海外高层次人才．光明日报，2007－07－26.

二、长江中部经济带海外高层次人才引进中存在的问题及原因分析

（一）现状及存在的问题①

改革开放30多年来，中部各省均高度重视人才引进工作和引进智力工作，特别是2008年中央提出实施引进海外高层次人才战略以来，出台了一系列加强人才工作的政策措施，引进海外高层次人才和智力工作取得了较好的成绩。但是长江中部经济带同东部相比，仍然存在一些不容忽视的问题，如海外高层次人才总量还不能满足经济发展的需要、人才引进费用高、经费比较短缺等。

1. 引进总量少，创新人才少

海外人才引进总量少，创新人才少，创新型、研发型、管理型高端人才尤其缺乏。根据海内外经验，基础研究固然重要，但其过程漫长，需要资金较多。据测算，很多产业若从基础研究做起，从实验室到市场，至少需要10年时间。但如果增加创新人才的引进，带动基础研究，则可事半功倍。

2. 创业吸引力不足

据留学人员反映，中部各省对留学人员来创业的扶持政策基本上以创业园的支持为主。这些政策有其局限性：对资金支持、税收优惠、人事政策缺乏系统的支持。刚毕业的年轻留学生深感回国创业的步履艰难。创立企业的留学生管理团队学历普遍较高，其中以硕士以上学历为主，所创立的企业规模较小，皆为小微企业。这些企业多数集中在留学生创业园内，企业模式或技术都较为先进，所涉及的行业集中在互联网、新材料及生物制药等高新技术行业。但由于留学生回国创业有自身的缺陷，主要是资金紧张、融资难；对国内的社会环境和市场运作缺乏理解，适应性较差；过于迷信技术和模式，对市场营销和资金管理不熟悉、不重视。这些因素叠加，导致企业有的孵化期延迟，有的孵化失败。

（二）原因分析②

1. 缺乏长远规划，政策落实不到位

海外高层次人才引进是一项系统工程，需要政府根据市场经济特点和实际情况，制定长远规划和不同时期的对策、措施，避免盲目行为。长江中部经济带没有建立统一的海外高层次人才引进平台，没有完善相关制度，没有制定长期规划，没有建立海外人才市场，使得人才信息沟通不畅，海外人才流动率不高，不能实现海外人才资源共享。

目前，对于“百人计划”③ 的人选，各省财政提供50万—100万元的资助，用人单位提供不少于100平方米的住房和工作室。用人单位反映，对于自主引进的没有纳入“百人计划”的海外高层次人才，无法享受上述优惠待遇，还有在项目立项、资金支持上，完全

---

① 葛庆华．我国引进留学人才存在的问题浅析．科学与管理，2007（1）．

② 李星云．新形势下我国高层次人才引进的思考．江苏行政学院学报，2010（6）．

③ 各省（区、市）结合本地区经济社会发展和产业结构调整的需要，有针对性地引进一批海外高层次人才，即地方“百人计划”。见 http：//baike. baidu. com/view/4830032. htm.

靠个人去跑、去争取，难度大。海外高层次人才引进后持续发展政策有待完善。一些海归博士、硕士反映，用人单位往往只考虑出成果、出业绩，没有提供进修或出国培训等机会，为此感到有些困惑。有海归人员反映，目前行政审批手续较烦琐。各省海外高层次专家服务窗口的主要服务对象是“千人计划”① 和“百人计划”专家，对于大批未纳入此计划的海外高层次人才来讲，无法享受“一站式”服务，深感行政审批手续较烦琐。引进的海外人才长期在国外学习生活，回国后很多人存在“水土不服”的问题，对政策不了解，对市场不熟悉，对文化不适应，在工作生活方面急需全方位的服务。但一些政府机关政务公开不到位，相关信息不公开，服务态度较差。不少海外人才反映，在办理企业生产手续时，有的工作人员不一次性告知应准备的资料，造成他们无所适从，一个环节往返多次，深感周期长，办事难。同时一些海外人才普遍反映，与沿海地区比，目前中部各省的海外人才创业公共信息交流机制、融资支持机制和权益表达机制建设等方面都还有不小的差距。

2. 海外人才服务保障工作相对滞后

服务保障工作水平还不够高，资源比较分散，服务的手段和形式比较单一。海外人才由于长期生活在国外，回到国内很不适应，产生“水土不服”的现象。现有建立的人才服务中心，缺乏懂产业、懂科技、懂企业管理和商业运营的专业人员，不能为其提供专业化的服务。

从客观上讲，由于引进海外人才与引智工作没有纳入各级政府及有关部考核目标责任制，没有量化指标，少个“紧箍咒”，工作缺乏主动性。在一些地方，引进海外人才与智力工作尚未列入当地党委和政府重要议事日程，既没有纳入政府年度工作计划，进行统筹安排，也没有纳入部门工作要点，制定具体办法和措施。应当说，海外高层次人才引进工作在中部各省已开展多年，从了解情况来看，各地重视程度不一，工作开展不平衡。一些地方对海外高层次人才引进工作存在片面理解，认为海外高层次人才引进工作都是上面的事，海外高层次人才引进项目和资金由上面安排，地方给予配合就行了。

3. 资金投入不足

资金投入严重不足，成为制约引才工作的瓶颈。中部各省从启动“百人计划”以来，省财政每年安排省级人才工作专项经费达几千万元；安排海外高层次人才引进经费只有一千万元左右。海外高层次人才引进工作是一项庞大复杂的系统工程，需要投入大量的人力、物力和财力，资金不足成为制约引才工作的瓶颈。相比之下，近年来东部对引才工作普遍加大投入，增长幅度大，与中部形成反差。以北京、福建为例，北京市从 2011 年开始，集中了全市每年约 100 亿元的支持资金，支持人才创业和重大科研项目产业化，5 年将投入 500 亿元。福建省规划在“十二五”期间，省财政每年安排高层次人才专项经费 2 亿元，主要用于引进海外创业创新人才补助、引进团队奖励和专项工作经费、产业高地领

① 2008 年 12 月，中央决定实施引进海外高层次人才的“千人计划”，围绕国家发展战略目标，用 5—10 年时间，在国家重点创新项目、重点学科和重点实验室、中央企业和金融机构、以高新技术产业开发区为主的各类园区等，有重点地引进并支持一批海外高层次人才回国（来华）创新创业。截至 2014 年 5 月底，“千人计划”已分十批引进 4 180 余名海外高层次人才，在科技创新、技术突破、学科建设、人才培养和高新技术产业发展等方面发挥了积极作用，正成为创新型国家建设的一支重要生力军。见千人计划网，http：//www.1000plan.org.

军人才补助和“开放式创新岗位”科研经费、高水平研发机构资金支持、海归创业英才奖励等。

4. 信息平台建设滞后

目前，全国建有100多个与留学人员回国创业相关的网站（页），除中央组织部海外高层次人才引进工作专项办公室主办的千人计划网、教育部主办的中国留学人员创业网外，绝大多数省市区都创办了为留学生创业服务的网站，甚至有很多地方创办了市级信息网站，如深圳市留学人员创业网、西安创新网、海角网、海归创业网等，其中浙江省办的海角网，被称为海归创业求职生活工作、留学生第一门户网站，栏目设置科学，信息量大，实用性很强，点击量高，受到留学人员的广泛关注。中部相关省还没有建立省级统一的海外高层次人才引进信息平台，受其地域性和局限性影响，无法从宏观上提供相关政策咨询以及留学生创业园信息。这些充分说明在互联网迅猛发展和资讯发达的今天，一旦存在信息盲区，势必会给留学人员创业造成被动局面。

5. 留学人员创业的政策措施不完善

目前，中部省份引进的海外人才主体构成为留学人员，但对留学人员仍处于多头管理、各自为政的局面，各相关部门沟通协调、交流合作不够；留学人员资源底数不清，尚未有效盘活；留学人员服务机构与海内外留学人员组织合作机制、留学人员创业服务工作协调机制还不健全。不少想回国创业的海外人才存有种种疑虑，犹豫不前。当前不少省市前往硅谷延揽人才，很多人才等不到回家乡工作创业的机会，而转投沿海地区。吸引和支持留学人员回国创业工作的政策研究、宏观指导和组织协调还有待进一步加强。

三、国内外高层次人才引进的经验及启示

（一）国内外其他地区或省份引进海外高层次人才的经验

1. 国内的部分城市引进高层次人才的经验①

（1）出台引进海外高层次人才的相关政策。深圳市出台了《关于鼓励出国留学人员来深创业的若干规定》，进一步明确规定了引进海外高层次人才的优惠政策，开创了重金资助海外高层次人才归国创业的先河。2003年出台的《深圳市海外留学人才居住证管理办法》，为留学人员发放海外留学人才居住证，并且在其申请安居房、就医、创办企业和其子女入学等方面都有优惠政策。为外籍海外人才提供国民待遇。北京对在中关村创办高新技术企业的海外人才也配备了一系列优惠政策，包括政府采购政策、科技金融改革创新试点政策、税收政策、产业政策等。对于开展技术标准制定工作的企业，给予一定的资金支持。青岛先后出台了《关于加强青岛市引进国外智力工作的通知》《关于引进留学人员来青工作的若干规定》《中国青岛留学人员创业园区管理暂行办法》《关于加快我市留学人员创业园发展的意见》《青岛市留学人员企业认定办法》《青岛市市级留学人员创业园认定办法》等一系列优惠政策。

（2）搭建吸引海外高层次人才的工作平台。青岛举办了“海外博士创业与投资青岛

---

① 潘辰光．人才蓝皮书：中国人才发展报告（2014）．北京：社会科学文献出版社，2014.

行”“港口经济与国际航运论坛”“高等教育国际化中美大学研讨会”等活动，吸引一大批海外高层次人才和专家学者参加。在海外，青岛也举办了各种活动，吸引海外优秀人才来参加，并通过介绍青岛的发展，争取优秀人才到青岛发展。

（3）优化海外高层次人才的工作环境，积极为海外高层次人才提供优惠政策。各省市都对海外优秀人才的出入境审批手续、子女的入学、配偶的入户定居和税收等方面做出了明确规定。天津市对海外高层次创新人才和引进海外高层次创业人才提供资助，还鼓励用人单位和主管部门配套资金，改善海外优秀人才的生活和工作条件。

2. 台湾地区引进海外高层次人才的具体措施①

台湾一直以其流出的人才学术层次高以及人才外流规模大而受到密切关注。大批优秀人才外流，使得台湾缺乏人才资源，不利于台湾的科技发展和社会经济建设。因此，吸引海外高层次人才成为台湾当局的一项迫切任务。台湾与大陆相比，所处的国际环境类似，纵使经济发展程度不同，但是，台湾吸引海外高层次人才的经验和教训非常值得学习和借鉴。台湾以制造业为主的传统外向型经济发展由于遭遇20世纪70年代的国际石油危机遇到瓶颈，面临经济转型，而主要依靠就是60年代前往发达国家的海外高层次人才。台湾当局为此采取了一系列措施：

（1）建立高科技工业园区，以园区来吸引海外高层次人才。台湾在20世纪70年代末建立科技园区，以硅谷模式为参考，提供大量的优惠创业条件和良好的生活环境。1980年12月新竹工业园建立，初创时期公司较少，只有7家公司，于是台湾当局采取了很多措施。为了吸引海外高层次人才到园区创业，台湾财政金融部门提供优惠融资渠道，海外高层次人才提出经营计划后，可由“国家青年委员会”推荐，申请高达100万台币的贷款。园区内有一大批研究所和院校，提供了良好的中层科技人才资源供应和基础研究设施。这些政策对吸引海外高层次人才到台湾就业和创业起了良好的推动作用。新竹工业园目前约有396家高科技厂商进驻，主要有半导体业、通信业、光电业、电脑业等高技术产业。大批海外高层次人才在工业园区凭借他们先进的管理观念和科学技术推动了园区的建设。

（2）加大宣传攻势，依靠民间社团组织力量。台湾很注重联系海外华人学术团体，密切关注海外优秀华人学者，有针对性地宣传引进海外高层次人才政策，通过举行各种联谊和学术活动来增加海外优秀人才对台湾建设的了解。如台湾常常组织访问团到日本和美国等发达国家，向海外华人团体如美中华人联谊会、中国工程师学会纽约分会等宣传台湾的建设情况和殷切需要延揽人才的信息。每年台湾都在美国组织留学生成立“国建会”等联谊团体，召开延揽优秀人才的研讨会。在台湾成立的贝尔人俱乐部和杰出人才基金会等组织在行政部门的资助下，协助台湾各部门招聘海外优秀人才。台湾还在发达国家设立办事处，搜集保存来自台湾的电脑专家和工程师的资料。

（3）加速产业升级，充分利用海外高层次人才。台湾非常注意把吸引海外高层次人才和产业升级问题联系在一起，台湾行政主管部门在1978年召开第一次科技会议，决定重点发展高科技项目，如新材料、自动化、能源、生物技术、光电等，制订了科技发展方案，推动产业的升级。制订执行该方案的首要条件是引进一大批海外高层次人才。台湾灵

① 汪怿．引进海外高科技人才比较研究：以新加坡和我国香港台湾上海为例．上海：上海社会科学院出版社，2012.

活运用各种方式，如组织海外高层次人才利用假期讲授台湾经济和社会发展急需的相关知识和课程、吸引海外高层次人才到台湾参与当地重点发展项目的研究计划等，争取海外高层次人才的智力支持。

（4）实施税收减免，设立风险投资基金。台湾当局对兴办高科技产业的海外优秀人才采取了很多优惠措施，提供全方位的服务，如设立风险投资基金和税收减免等措施，提供无息或低息短期贷款，运用市场和政府的力量保证引进的海外高层次人才在台湾扎根发展。

3. 新加坡高层次人才引进的主要做法①

新加坡自然条件匮乏、多民族共存、国土面积狭小，但是它的经济建设发展非常迅速，其中海外高层次人才起到了巨大的作用。新加坡一直重视开发人力资源，大力引进国际高级人才。新加坡前总理李光耀指出，新加坡第一要务就是要开发人才、尊重人才、依靠人才，用最高的工资吸引顶尖人才。新加坡在企业投资集中的中国、越南、缅甸等国家广泛招募人才，培训人才，就地使用人才，实现了借才扩张发展。新加坡经常面向全世界招聘人才，新加坡国立大学现任校长就是从瑞典招聘的。遍揽海外人才进入新加坡经济和社会发展各个领域，是该国人才战略中的一个亮点。新加坡引进海外高层次人才的主要经验有：

（1）新加坡在中国内地、印度和东盟国家分别设有专项奖学金，全额资助这些国家的资优学生赴狮城修读大学本科。根据奖学金合同条款，学生毕业后需留在新加坡工作，一般以3—6年为限。即便有为数不少的学生最后选择离开狮城，但是在这个南洋小岛旅居近10年的经历在他们的生命里留下抹不去的印记，从而使新加坡进一步拓展了自己的跨国网络及社会资本，也成为这个小国彰显其软实力的一个重要元素。

（2）在生物工程、电子、医学领域设立一流的科研机构，同时增加科技投入，聘用世界一流的专家学者担任责任人，让科研机构与国际学术界保持交流，为国际高级人才提供优良的工作环境。从西方发达国家引进了大量师资，建立尖端的实验室。

（3）放宽移民政策。新加坡非常重视海外华裔优秀人才，并为此修改了有关移民的规定，施行税收减免政策，提供住房、再次培训和高薪，尽可能为国际高级人才留在新加坡创造条件。

（4）政府建立吸引海外高级人才的机构，搜集国际高层次人才的信息。新加坡设立了吸引国际人才委员会，寻求新加坡需要的人才，并且派遣人员到欧美国家科研机构和高等学府招聘，扩大国际优秀人才来源，择优录用。

（5）新加坡与西方发达国家合作创办7个高级人才培训中心，也建立了日本—新加坡软件工程学院、法国—新加坡电子工程学院、德国—新加坡生产工程学院和新加坡—麻省理工学院。

4. 日本高层次人才引进的主要做法②

日本引进国际高层次人才的主要措施有：

---

① 杨阳．新加坡引进外来人才的现状与前景．东南亚，2002（3）．

② 周建华．发达国家吸引海外高层次人才的主要做法．中国人才，2011（2）．

（1）高薪聘请专家。日本以其雄厚的经济实力，在世界范围内招纳贤才，甚至不惜给数十万甚至数百万美元的年薪，其主要是短期聘用，以求降低引进国际层次人才的成本。

（2）日本不仅投资国外的研究机构，而且在国外设立研究机构。日本高薪聘请英美国家的高科技专家为其开发研究，已在海外设立了数百个研究基地，其主要研发人员都是外国人。

（3）日本经常邀请外国科学家到日本讲学参观，广泛地吸引国际精英人才到日本做学术交流。日本将促进留学生等具备高级专业知识和技术的外国人在日本就业提升到国家级雇佣对策的高度，规定雇主有义务改善雇佣管理，使海外人才获得适当的受聘机会，并能够发挥自己的能力。

（4）日本在海外通过国外办厂、项目投资等形式，大量雇佣当地管理和科技方面的人才。日本还形成了一套适合本国国情的“重金”招揽人才的方法，即通过购买、吞并外国企业或公司，将其中的人才据为己有。

（二）国内外高层次人才引进经验对长江中部经济带的启示

通过总结国内外发达地区引进海外高层次人才的经验可以看出，良好的工作环境、丰厚的薪资待遇以及生活保障是各国各地区在吸引人才时应用最广泛的手段。随着长江中部经济带的不断发展，各行业尤其是高科技行业对高层次人才的需求增大，而长江中部经济带的人才远远满足不了这一需求。因此，借鉴国内外发达地区的先进经验来吸引高端人才来长江中部经济带发展刻不容缓。结合长江中部经济带海外高层次人才引进工作的现状以及引进过程中出现的问题，有以下启示：

1. 建设和完善引进海外高层次人才的法律制度

应该加强引进海外高层次人才的法制建设，以适应社会经济建设和发展的内在要求，为海外高层次人才的流入创造良好的法制环境。各级政府在制定人才政策时应该常规化和制度化，要放宽移民政策，尽快制定出台条文细化、操作性强且行之有效的法规政策。

2. 投入研发资金，积极参与国际前沿技术研究

当前我国的综合国力大幅度提升，财力物力显著增强，应该加大对科研资金的投入，主动寻求与国外高校、科研院所的合作，积极组织或参与符合我国经济社会发展需要的科研项目，投入必要的科研经费，获取一批尖端技术和专利，为科技的迅速发展奠定基础。

3. 采取措施挽留优秀海外留学生

很多国家把优秀海外留学生也作为重点“争取”的对象。例如新加坡规定，政府公立学院录取的国际学生只需签订毕业后留在新加坡工作数年的服务协议就可享受政府助学金。英国政府规定，全球 50 所顶尖商学院的毕业生可直接申请英国高技术移民计划。

4. 引进海外高层次人才形式多样化

一是对能引进国内就业创业的，应该提供丰厚的待遇，包括创业启动资金、创业条件、居住环境、社会保障等。二是由于各种原因不能来华的，可以借由国内提供科研经费，利用国外的先进研发条件，从事我国需要的各种研究工作，并与国内的科研人员进行定期的技术交流。例如日本在国外设立研究机构，高薪聘请英美国家的高科技专家为其开展研发工作。

四、提高“长江经济带”中部城市海外高层次人才引进水平的对策①

目前，长江中部经济带经济外向度不断提高，外商投资规模扩大，正成为海内外投资热土，迫切需要一大批高端人才作为智力支撑。必须把海外高层次人才引进工作当作一项重要的战略任务抓紧、抓好，要遵循人才工作的普遍规律，按照“培养是基础，引进是补充，使用是关键”的原则开展这项工作。

（一）确定引进海外高层次人才工作的战略目标和工作重点②

1. 抓紧制定海外高层次人才专项规划

根据战略性新兴产业、支柱产业和基础产业重点区域和人才培养需要，制定重点区域和重点领域引进海外高层次人才和智力专项规划。明确引进海外高层次人才的优先行业和岗位标准，重点围绕先进装备制造、生物技术、新材料技术、新能源等方面具有世界一流水平的专家，引进金融、贸易、管理方面的高级人才和基础研究方面的紧缺人才。创造条件，积极对接国家组织实施的“千人计划”，争取更多“千人计划”项目在中部落户。在国家启动“国家特聘科学家”全球招募计划、“外专千人计划”③ 时，抓紧做好前期准备工作，为适时争取引进人选赢得主动权。拓宽引进海外高层次人才渠道，以引进创新人才为导向，重点瞄准战略性新兴产业引进海外高层次人才。要采取灵活的策略，科学运用各种方式引进人才：一是用高精尖研究项目吸引人才。挑选一部分重点项目，配以较为充分的研究经费，进行国际招标，聚集高水平的国际人才进行攻关。二是不求所有，但求所用。如请高层次人才来进行考察、访问、讲学、科研合作。三是发挥区域高等院校、科研院所的优势，招收海外研究人员来工作，吸引外国优秀人才为我所用。

2. 重视华人智力资源，鼓励留学人员到中部地区创业发展

要创造和利用更多支持条件，全方位、多渠道、多层次对留学人员来中部地区创业予以扶持。有关部门要把支持留学人员创业的工作提上重要议事日程，将创业留学人员纳入重点人才服务对象的范围。加强创业载体建设，依托区域经济技术开发区、高新技术产业开发区、留学人员创业园、大学科技园、农业科技园区等，吸引留学人员回国创业。充分发挥人力资源和社会保障部门的留学人员回国创业工作综合管理职能，明确专门机构负责支持留学人员创业工作，建立以各级人力资源和社会保障部门为主体，其他部门及用人单位人事机构为支撑的海外留学人员回国服务工作组织体系，逐步形成以留学人员服务中心、留学人员创业园、留学人员工作站为主体的一批服务机构，切实改变现有服务工作中存在的资源分散、渠道不畅、水平不高、手段单一、产品缺乏等问题。

---

① 夏中南．引进用好高层次人才要把握好四个关系．中国人事报，2009－03－13.

② 叶延禄．国际视阈下我国人才引进存在的问题分析与思考．科技管理研究，2012（13）.

③ “外专千人计划”是“千人计划”中的高层次外国专家项目，面向非华裔外国专家，目前重点引进长期项目专家，即至少连续来华工作3年，每年不少于9个月.

（二）加强海外人才服务保障机制建设[①]

一是完善海外高层次人才评价机制。选择一批国内外知名专家、企业家、风险投资专家等，建立高层次人才评审专家库，随机抽选相关领域的专家组成评审小组，对海外人才进行综合评议。建立海外人才专业技术职称评价绿色通道，推动职业资格认证制度与国际接轨。二是创新海外人才创业投融资机制。设立政府创业投资引导基金，引导和鼓励各类社会资本参与创业投资事业，鼓励担保机构和再担保机构为海外人才创办企业提供贷款担保和再担保服务，拓宽海外人才创业融资渠道，加强对海外人才创业的金融服务。三是建立海外人才科研创新扶持机制。鼓励和支持海外人才申请专利，海外人才的技术成果可按国家有关规定作价入股投资。积极鼓励海外人才及企业申报设立博士后科研工作站，支持博士后科研工作站招收海外博士后进站开展科研活动，并对进站的海外博士后给予经费资助。设立技术产权服务平台，为海外人才创新创业提供中外技术专利信息数据库检索、国家重点行业数据库检索和技术产权网上交易等服务。四是优化海外人才工作生活服务机制。设立专门服务窗口，开设“绿色通道”，全面覆盖海外人才在出入境、通关、居留、落户、薪酬、税收、医疗、社保、职称、住房、购车、配偶安置、子女入学等方面的需求，确保海外人才工作舒心、生活放心。

（三）完善海外高层次人才创新创业扶持政策[②]

要围绕国家制定的人才规划确定的重大人才工程，制定和完善相关政策，增强中部对海外高层次人才的吸引力和竞争力。探索建立与国际接轨的吸引和利用海外高层次人才模式。要完善准入政策，强化优待政策，实行重用政策，坚持来去自由，营造宽松、宽容、宽厚的引才和用才环境。抓紧制定与国家相关引进高层次人才政策相配套的具体措施，在重大项目评审、境外股权和返程投资、结汇、科研项目启动、税费优惠、购房安家等方面给予支持和补助。对接国家即将出台的高层次人才创新创业特殊支持计划，及时制定重点支持科技和产业发展紧缺的创新创业人才、高层次领军人才的配套政策。鼓励海外人才申报各级各类科技计划和科研基金项目，鼓励高等院校及科研机构实验室向海外高层次人才开放，支持海外高层次人才建立企业技术中心，或与高等院校、科研院所联合组建工程技术研究中心，并享受相关优惠政策。鼓励有发明专利或科研成果的海外高层次人才申报国家和省部级有关科技奖项。

（四）建立政府财政投入的稳步增长机制[③]

经费投入是引进海外高层次人才的基础，也是引进海外高层次人才取得发展的保障。但是，各级政府的财政投入有限，必须通过吸引社会闲置的有用资金，与政府资助的引进海外高层次人才的项目资金结合，才能建立多元化的引进海外高层次人才的经费投入渠道。政府应切实加大投入，建立稳定增长的财政投入机制。政府要加大对引进海外人才和

---

① 崔伟．各国吸引海外科技人才的物质激励政策研究．科技与法律，2012（3）．

② 范巍等．留学人员回国创业政策比较研究．技术经济与管理研究，2014（8）．

③ 俞立平．金融支持、政府与企业投入对科技创新的贡献研究．科研管理，2015（3）．

智力专项经费的投入，同时扩大省级引进海外高层次人才项目配套资金规模。政府要把引进海外高层次人才的经费列入本级财政预算，并与国民经济的发展同步，增加对引进人才的投入。对急需人才的引进，可以参照国外的高薪聘请政策，提高工资标准，增加工资福利待遇，用优厚的物质生活条件吸引人才。

（五）搭建好公共服务平台体系[①]

要按照适应发展需要、扩大人才规模、拓宽引才渠道、支持创新创业的思路，搭建好各种公共服务平台，大力实施海外人才集聚和开发工程。一是建立中部省份海外高层次人才信息库。广泛收集海外人才信息，按海外高层次创新创业人才、海外留学人员、海外专家智力三个层面，建立并逐步完善门类齐全、层次管理、重点突出、规模较大的海外人才信息库。市州和部门也要建立相应的人才信息库，按照共建共享的原则，逐步推进信息联网，为引才工作提供便利高效的服务。二是建立健全海外高层次人才联系与服务窗口。建立中部海外人才市场，开通专门网站，加强信息网络建设，宣传引才和创业政策，提供项目需求信息。建立和完善相互贯通的省、市和各部门海外人才服务网络体系，促进人才、项目、政策、资金等信息资源的交流与共享。在中部各省应成立海外高层次人才引进工作专办，建立海外高层次创新创业人才联系窗口，为中部海外高层次创新创业人才提供信息政策咨询。三是建立海外引才引智基地。考察并选择合适的海外华侨华人社团、留学生组织等团体组织，在北美、西欧、澳新、日韩、俄罗斯等地建立海外引才引智基地，掌握人才资源信息，提供政策咨询，为海外高层次人才创新创业搭桥铺路。四是组织开展针对性强的赴海外引进高层次人才活动。注重将引进海外高层次人才工作与招商引资和领导干部出访紧密结合，共同努力做好引进海外高层次人才工作。五是建立海外高层次人才创新创业基地。在中部地区选择一批符合条件的大中型骨干企业、高等院校、科研机构以及高新技术产业开发区等，聚集一批海外高层次创新创业人才和团队，通过项目、资金、政策支持等措施，吸引大批海外人才来创业发展。

① 邓坤烘．科技创业公共服务平台建设及运行机理探究．科技创业月刊，2010（2）．

浅析新形势下海外华人社团与“长江经济带”的发展

赵娜娜*

2014年9月12日，国务院发布了《国务院关于依托黄金水道推动长江经济带发展的指导意见》，“长江经济带”的建设成为我国经济发展的重大战略。促进“长江经济带”的发展，更大程度地扩大对外开放成为重要内容。在改革开放30多年的历程中，海外华人的积极参与和无私奉献成为最浓墨重彩的一笔。海外华人社团作为海外华人社会的三大支柱之一，在我国的对外开放和经济建设中发挥了举足轻重的作用。“长江经济带”一直以来就是海外华人社团关注的区域重点，分析近年来海外华人社团的变化和特点，对于“长江经济带”进一步建设改革开放的新高地，以及促进产业升级、区域协调发展等方面都发挥着重要的作用。

一、当今海外华人社团的变化与特点

近年来，随着经济全球化进程的加快和科技的迅猛发展，海外华人社团发生了巨大的变化并呈现出新的特点，对与我国的经济文化交流产生了深刻的影响。

（一）社团的组织结构发生变化，高学历高素质的新生代移民成为社团的主力军

改革开放以来，移民数量不断上升，社团中不断涌入新鲜血液。新社团成员与老社团成员最大的区别是，他们是在国外受过良好高等教育的移民新生代和中国以知识、技术、经济或者说商业移民为主的新移民。这些高学历高素质人才的加入大大地提高了华人移民社会的整体文化素质和技术水平。他们表现出高学历化和学术化的特点，使华人社团更具时代特色，在参与本地事务，协助成员建立外部商业网络方面发挥更大的作用。另外，社团的构成更加年轻化，一些融合当地华裔和新移民的青年社团不断成立，在华人社会和国际交往中发挥更大的作用。“在近两年的新加坡晋江会馆的执委中，来自大陆的新移民几乎占了四分之一，且平均年龄只有32岁。”① 愈加年轻化的特点使海外华人社团拥有超强的适应性和应变能力，日益强化的创新意识和先进的管理理念使社团更加注重科技创新和经济发展，在与我国的经济文化交流中发挥了重要影响。“长江经济带”作为众多侨乡所在地，一直是海外华人社团交流服务的重点。以高素质化、高学历化和年轻化的新移民为主力军的社团将在“长江经济带”产业创新、区域协调发展中发挥更大的作用，同时也使

---

* 作者简介：赵娜娜，暨南大学硕士研究生。

① 新加坡宗乡联合会．晋江会馆新执委就职　四分之一为新移民．宗乡简讯，2010，5（3）．

“侨智”的引进成为“长江经济带”侨务工作的重要内容。

（二）社团的商业功能日益显著，商业性社团不断增加，经济发展与外贸交流逐渐成为社团最为重要的内容

随着经济全球化进程的加快和我国经济的不断腾飞，海外华人社会商人人数和商业组织数量快速增加，社团的商业活动日益增多，各种商业性社团逐渐建立并得到迅猛发展。“仅在2013年上半年就有9家商业社团相继成立，例如意大利都灵华人工商联合会、美国奥兰多华商经贸联谊会、美加青年华商总会和日本浙江总商会等。”① 同时，世界华商大会在各地如火如荼地召开，成为各地华侨华人进行经贸合作的纽带和桥梁，也是社团商业趋向日益明显的有力证明。2013年9月24日至26日，第十二届世界华商大会在中国四川成都举行。“海外参会的华人社团或组织达到了279个，其中，与商业直接相关的团体有125个，且这一数字还不包括诸多带有明显商业取向的地缘或血缘等社团。”② “这一事实再次说明，在海外华人社会，尤其是在华人新移民大幅增长的国家或地区，商人人数快速增加”③，在社团内部则表现为商业功能的日益显著。这是我国经济崛起的直接效应，同时又加快了海外华人社团与我国的经济贸易交流，对我国的经济建设产生深远影响。

（三）跨国活动不断增多，跨国网络的建设日益完善

全球化时代的来临使经济一体化速度加快，华人社团的国际化伴随着这股浪潮得以迅速发展。海外华侨华人将中华文化与经济活动相结合，以业缘、地缘、血缘、神缘和文缘五种社会网络为基础建立和发展起一种经营关系网络，为世界各地华人之间的经济文化交流提供更为便捷的渠道。正如约翰·奈斯比特在《亚洲大趋势》里说的：“华人社团是宗族和同乡组成的公司和企业网，各企业之间层层连接，规模不断扩大，直至覆盖全球，用个形象的比喻，它就像当今的互联式电脑网络。”④ 借助“网络”的建立，华人社团的跨国活动不断增加，最大限度地促进了经济发展，进行了资源整合，有效地弥补了经济发展中信息不灵、资金不足、人才单一、管理不当等方面的缺陷，同时与我国的经济文化交流无论从广度上还是深度上都得到了前所未有的拓展和延伸。“英国中华总商会自2012年成立以来，先后到中国北京、山东、江西、四川等地考察，并与中国内地的湖南总商会签订了友好合作协议”⑤，中国政府官方支持平台力度的加大也为海外华人社团跨国网络的建设提供了稳固的政治保障，最大限度地推动了海外华侨华人与我国的经济文化交流，也使我国的对外开放达到了一个新的高度。

二、针对新形势下海外华人社团的特点，促进“长江经济带”的全面发展

一直以来，“长江经济带”就是海外华人社团重点关注的区域，作为众多侨乡的所在

① 任娜．海外华人社团发展现状与趋势．东南亚研究，2014（2）．

② 任娜．海外华人社团发展现状与趋势．东南亚研究，2014（2）：98.

③ 国务院侨务办公室，中国海外交流协会．第六届世界华人华侨社团联谊大会文集．2012：67.

④ 转引自茅根红．海外华侨华人世界的新变化及其对中国未来发展的影响．广州：暨南大学，2006.

⑤ 任娜．海外华人社团发展现状与趋势．东南亚研究，2014（2）：101.

区，“长江经济带”拥有得天独厚的侨务资源。针对海外华人社团在新时期的新特点制定相应措施，有利于推动长江流域与海外华侨华人的经济贸易交流，促进长江沿岸侨务工作的有力展开，实现“长江经济带”的全面建设和经济腾飞。

（一）将引进“侨智”作为“长江经济带”侨务工作的重要内容

伴随着改革开放的深化发展，留学生迅速增加，同时海外华人社团组织结构发生变化，高学历高素质人才成为华人社团的主力军，科技创新成为社团的重要内容。促进“长江经济带”的全面建设需要大量的高科技高素质创新人才，“侨智”的引进不可避免地成为“长江经济带”侨务工作的重点。引进“侨智”需要各方面共同合作，以下仅从政府工作方面提出几点建议：

（1）针对“侨智”出台优惠政策，为海归人员和为国服务的华侨华人提供政治保障。目前，大部分省市都有自己的人才引进计划，但是没有特别针对“侨智”引进的优惠政策，这使很多“侨智”对归国服务产生担忧。另外，已出台的相关政策中，由于缺乏合适的宣传渠道，使得很多海归人员并不完全了解相关政策。“长江经济带”拥有引进“侨智”的“硬环境”优势，应该大力发展相应的“软环境”建设，加快营造科学的人才发展机制，扩大宣传渠道，为海归“侨智”提供政治支持和政策保障。

（2）建立海外人才沟通互动的平台，完善海外网络资源库和人才需求库。以成熟的网络技术为依托，配合相应的体制机制，建立及时沟通双向互动的人才交流平台；利用长江沿岸各地的侨乡优势，建立一个集信息储存、沟通联络、信息发布为一体并与网络相结合的海外人才数据库和联络站，并在此基础上建立专门分类的高层次专业人才信息库。可以由“点”连“线”，以浙江、江苏、湖南、四川、重庆等侨乡为依托，以各自的人才交流信息库为节点，将“长江经济带”的内部人才网络与海外人才数据库相结合，实现内外联动，促进“长江经济带”的全面发展。

（3）不断完善户籍制度，促进海外华人科技人才自由跨国流动。目前，双重国籍仍然不被认可，在这种情况下，政府应放宽户籍管理，完善户籍制度，对于愿意以各种方式以智报国的海外人才，合理发放中国绿卡，方便其在国内外自由流动。这就需要“长江经济带”的各行政区域加强沟通与协商，减少行政壁垒，为归国的各类侨胞提供宽松的工作环境和人身自由。

（4）加强配套服务，消除海归“侨智”的后顾之忧。对海归“侨智”的家属应根据情况加以安排，提供相应的优惠政策和配套服务；对于“长江经济带”留学出国和技术移民的科技人才，应加强对其家属的关注度，并通过家属及时了解海外人才在国外所遇到的各种问题，通过驻外机构的协调和帮助予以解决。

（二）加强与海外华人社团的经济合作和交流，促进产业升级和区域协调发展

我国经济的不断崛起和经济全球化的发展促使海外华人社团商业趋向日益明显，商业活动增多。作为海外华人社团进行经贸交流的重点区域，“长江经济带”正处于区域整合、协调发展的关键时期，应该充分利用其拥有众多侨乡的优势，加大政策支持力度，完善市场功能，推动“长江经济带”和海外华人社团的经济交流，促进产业升级和区域协调

发展。

（1）加大官方支持力度，推动“长江经济带”和海外华人社团的经贸交流和合作。近年来，随着对外开放力度的不断扩大，为了进一步引进侨资，各地的政府不断加大官方支持力度，促进经济发展。“2013 年 9 月在中国成都召开的第十二届世界华商大会，得到了中央政府和成都地方政府的高度重视和大力支持，是历史上层次最高、代表性最强、海外华人社团参与最多的一次世界华商大会。大会期间，共签约合作项目 241 个，总投资额达到了 1 323 亿元。”① “长江经济带”各地区应借助诸多侨乡优势，加强合作，打造优势平台，最大限度地促进长江沿岸和海外华人社团的商业合作和经济发展。

（2）进一步完善市场，实现资源的优化配置。“长江经济带”贯通我国东中西部地区，各地区经济发展水平差异较大，经济政策不统一，市场经济体制不够完善。要进一步扩大海外华人社团与长江地区的经济合作，必须促进市场的完善与发展，突破地方封锁壁垒，优化资源配置。“流域各地区要形成合理的产业分工与合作，为要素的自由流动和各类经济主体的合作竞争提供良好的政策环境和发展条件，培育统一开放大市场，实施错位发展，避免同质化竞争”②，为海外华人社团与“长江经济带”的经贸交流提供良好的环境。

（3）促进“长江经济带”各地侨联组织的交流、互动与整合，实现各地经济的协同发展。侨联组织是由归侨、侨眷组成的人民团体，是党和政府联系广大归侨、侨眷和海外侨胞的桥梁和纽带。海外华人社团与“长江经济带”的经济文化交流离不开侨联组织的作用。“长江经济带”跨越东中西部地区，包含九省二市，区内自然环境复杂，区域差异较大，要实现“长江经济带”区域的协调发展，更好地引进侨资，必须加大长江沿岸各地侨联组织彼此之间，以及它们与各种市场力量、各级政府及媒体之间的交流，促进各地侨联之间开展包括跨领域、跨地区、跨部门的重大公益活动的各种项目的联合行动与合作，实现“长江经济带”各地经济的综合进步与协同发展。

（三）借助海外华人社团的跨国网络，进一步扩大对外开放，实现“长江经济带”的全面发展

建设改革开放新高地，扩大改革开放，已成为“长江经济带”建设的重要内容。应利用海外华人社团的跨国网络，将引进来与走出去更好地结合起来，同时，借助“黄金水道”和大通关的建设以及“一带一路”的战略部署，将海外华人社团的跨国网络进一步扩大，促进全球化进程的加快和“长江经济带”建设的深入发展。

（1）利用海外华人社团的跨国网络，加强“长江经济带”的对外合作与交流。海外华人社团的跨境活动具有跨越时空、跨越文化、跨越产业交流协作的“三跨越”特点。“它能利用联结祖籍国与居住国以及相关的其他国家与地区的天然桥梁作用，为双边、多边乃至全球的经贸合作穿针引线，促进中国与其他华人居住国的经贸合作与科技交流。”③拥有众多侨乡的“长江经济带”具有得天独厚的优势，要凭借海外华人社团的跨国网络，不断促进“长江经济带”与世界各地区的经贸合作交流，招商引资，兴办实业，实现资源

① 刘林鹏．华商大会四川签约项目 241 个总投资额 1 323 亿．每日经济新闻，2013－09－27.

② 陈耀．长江经济带发展的若干重大问题思考．优化空间格局研究，2015，25（1）：26.

③ 罗向阳．当代华人社团跨境活动研究．广州：暨南大学，2010.

的合理配置，促进长江区域经济的发展与繁荣。

（2）完善区域综合交通体系，扩大国内市场，实现海外华人社团与“长江经济带”经贸合作的深化发展。应大力推进沿江港口建设，加强航道建设，提高航道通过能力，打造长江全流域“黄金水道”，加强东西向铁路、公路建设，发展江海铁联运，建立横贯东西、南北畅通的高效路网体系，促进国内市场的扩大和“长江经济带”市场一体化的发展，为华人社团与“长江经济带”各地的经济合作拓展更大的空间。

（3）在“一带一路”战略的带动下，开拓对外开放的新高地，扩大海外华人社团的跨国网络，实现“长江经济带”和海外华人社团的互利共赢。新丝绸之路经济带和21世纪海上丝绸之路的对外开放战略，与“长江经济带”的区域发展密切相关。“长江经济带”是连接陆上丝绸之路和海上丝绸之路的通道，能够将中国对外开放的两翼更好地贯通起来，对于实现中国对外开放的全球布局具有重要影响。在“一带一路”战略的带动下，“长江经济带”将拓展对外开放的新高地，把东南和西南、西北的市场联结起来，同时扩大海外华人社团的跨国网络，搭建经济全球化的内循环系统，促进“长江经济带”的整体建设和海外华人社团跨国网络的深化发展。

综上所述，随着我国改革开放的推进和世界经济的迅猛发展，海外华人社团发生了新的变化，高学历高素质的新移民成为社团的主力军，商业功能日趋显著，另外，在经济全球化的推动下，海外华人社团的跨国网络日益成熟，这些均对我国的对外开放和经济建设产生了深远的影响。“长江经济带”作为众多侨乡的所在区，分析新形势下海外华人社团的变化所带来的影响，并制定相应措施，已成为“长江经济带”各地侨务工作的重要内容。要充分地认识到海外华人社团是海外华人社会的核心和纽带的地位和作用，在新形势下，以人为本，关注侨情，凝聚侨力，汇聚侨智，对于推动“长江经济带”区域的协调发展，促进产业创新升级，建设改革开放的新高地，实现内外联动和互利共赢，都有着举足轻重的作用，也必将对“长江经济带”各地经济社会的发展做出更大的贡献。

丝绸之路的开辟与中国移民及文化的播迁

黄英湖*

中国与丝绸之路上的中亚及西亚地理相近，山水相连，中间虽然隔着广袤的戈壁和沙漠，但是，至少从先秦时代开始，双方就有了一些互相了解和往来。到了汉、唐时期，中国在西域和北庭设立都护府，统治范围远及葱岭之外的中、西亚不少地方。在这期间，一些中国人由于各种原因或主动或被动地迁徙到那些地方，成为流寓于那里的中国移民。移民人数虽不是很多，却在中国文化的向西传播中，发挥了重要的媒介作用。中国的造纸、冶铁和凿井取水等先进的生产技术，都是通过他们而传入中亚和西亚地区的，有的技术甚至还传入欧洲地区，对那里乃至世界的经济、文化和社会等方面，都产生了积极而深远的影响。

一、汉、唐时期丝绸之路的开辟和发展

丝绸之路是中外经济、政治、文化等交流的大动脉。这条线路所经过的地方，在古代都被统称为“西域”。早期我国对西域的地理认识，仅指甘肃玉门、阳关以西，葱岭以东，天山南北的新疆地区。后来，随着中外交往的深化和人们视野的开阔，西域的地理范畴就越过葱岭，逐渐扩展到新疆之外的中亚、西亚、印度半岛乃至欧洲东部和非洲北部的广大地区了。

（一）先秦时期中国人对西域的认识和往来

我国以中原为中心的历代王朝虽与西域相距甚远，但在先秦时代就对新疆乃至更远的中、西亚地区有一定的了解。据西晋太康二年（281 年）出土的《穆天子传》竹简记载，西周第五代国王穆天子西征犬戎，擒拿其五王后，又亲率六师进行西巡。穆天子远行至“飞鸟之所解羽”的“西北大旷原”，最终到达现在的中亚地区。他们沿途见到茫茫的戈壁和干涸的河道，一望无际的荒凉沙漠和一小块一小块绿洲，也见到山上长着参天大树，漫山遍野长满绿葱，潺潺溪水中有五彩玉石的葱岭——帕米尔高原。

《穆天子传》中对通往西域的路线，沿途的地理、民情、气候、物产等都做了不少记载，从中可以了解当时西域各民族的习俗、分布、迁徙，以及他们之间互相交往等情况。这说明远在先秦时期，就有一条从中原经新疆翻越葱岭，通往中亚地区的中外交往途径了。早在汉武帝派张骞出使西域以前，中国人对葱岭以西的中亚等西域地区就已经有一定的了解，并开始有经济、文化等方面的接触和往来。穆天子西游时，也和沿途各民族进行

* 作者简介：黄英湖，福建社会科学院华侨华人研究所教授。

一些物资交流，如珠泽人“献白玉石……食马三百，牛羊二千”，穆天子赐“黄金环三五，朱带贝饰三十，工布之四”等等。但是，由于当时西域分布着许多小国，存在着各种政治和地理上的割据阻隔，因此，早期中国与西域地区的经济、文化等交往，也只能是间接的、传递式的。

（二）汉朝对丝绸之路的开拓和经营

到了西汉时期，在中国与西域关系史上，有一个意义和影响都十分重大的事件——汉武帝派张骞出使西域。建元三年（前 138 年），张骞受命出使西域的目的是联络大月氏，以图形成东西夹击之势，共同抗击不断侵扰的强敌匈奴。张骞历经磨难，最后终于到达大宛（今乌兹别克斯坦的费尔干纳盆地）、康居（在阿姆河北，咸海与巴勒喀什湖之间）、大月氏（今阿富汗北部阿姆河流域）等国。汉朝通过张骞的出使，知道了新疆和葱岭以西的中、西亚许多情况，也沟通了与这些地区的联系，加强了往来，使中国和西域的关系从此进入一个新阶段。

从公元前 127 年至前 119 年，西汉经过 3 次战争，打败匈奴夺得河西走廊，从此打开通往西域的道路。所以，元狩四年（前 119 年）张骞第二次受汉武帝派遣出使西域时，带领的使团随员多达 300 人。到达乌孙后，张骞分遣副使到大宛、康居、大月氏等国。元鼎二年（前 115 年），张骞和乌孙国使者共几十人，带着其国王答谢的几十匹良马，在他们派出的向导和翻译护送下首先回了国。一年多后，张骞派往各国的副使也大多和所去国家的回访使者一同回到中国。这些国家的使者到中国后，目睹了中国疆域的辽阔和国力的强盛，纷纷产生钦羡和内附之心。以后，西汉又派出许多使团到更远的安息（在今伊朗、伊拉克等地）、身毒（印度）、奄蔡（在咸海与里海之间）、条支（阿拉伯半岛）、黎轩（塞琉古王朝，今地中海东岸）等地，建立和加强与这些国家的联系。于是，中国与中、西亚各国开始了频繁的政治、经济和文化等方面的交往。

汉朝是中国历史上最强盛的王朝之一，汉武帝在取得对匈奴的胜利后，又于元封三年（前 108 年）打败亲附匈奴的楼兰、姑师。太初三年（前 102 年），降服了葱岭以西的大宛，巩固了对西域的统治。汉宣帝神爵二年（前 60 年），朝廷任命郑吉为西域都护，管理今新疆以及巴尔喀什湖以东以南的广大地区。《汉书 · 郑吉传》中说：“吉于是中西域而立莫府，治乌垒城，镇抚诸国，诛伐怀集之。汉之号令班西域矣，始自张骞而成于郑吉。”① 西域都护府设立后，葱岭东西两侧分布的 36 个小国纷纷内附。以后它们虽然分裂为 55 国，但仍属西域都护府统辖。据《汉书》记载：“最（举）凡国五十。自译长、城长、君、监、吏、大禄、百长、千长、都尉、且渠、当户、将、相至侯、王皆佩汉印绶，凡三百七十六人。”② 从中可知，这些小国的王、侯、将、相等官员都为汉朝所任命，“佩汉印绶”者多达 376 人。

《汉书》还记载：“而康居、大月氏、安息、罽宾、乌戈之属，皆以绝远不在数中，其来贡献，则相与报。”③ 就是 50 多国之外那些“绝远不在数中”的国家也都派员前来

---

① 班固．汉书：傅常郑甘陈段传．北京：中华书局，1962：3006.

② 班固．汉书：西域传．北京：中华书局，1962：3928.

③ 班固．汉书：西域传．北京：中华书局，1962：3928.

“贡献”，和中国保持着密切的联系，中国也与它们进行“相与报”的各种友好往来。如安息是西亚的大国，汉朝使者到达该国时，安息王命人率领二万骑兵，到与其王都相离数千里的东部边境迎接。汉朝使者归国时，国王派使者随往，还把大鸟蛋和黎轩国善变魔术的艺人贡献给汉朝。大宛西边的驩潜、大益等国，也都派人随汉朝使者进贡和拜见汉朝天子。另外，公元前2世纪以前，分布于伊犁河流域及伊塞克湖附近中亚塞种的一些国家也与中国有友好的往来。如嚈哒直到公元516—558年，仍与中国的梁、北魏、西魏、北周有友好的往来。大宛直到西晋时，仍继续派遣使者向中国进贡汗血宝马。

公元1世纪前半期的西汉末年和东汉初年，由于中国改朝换代的战乱，致使中央统治力量衰落。于是，在中亚地区，罽宾、大夏、高附、天竺都转归大月氏，匈奴也乘机骚扰天山南路，企图控制东西商路。公元73年，东汉派兵北伐匈奴，重新统一西域，并在第二年再设西域都护府。这些情况都说明，至少到两汉时期，中国的版图已经到达新疆，乃至葱岭以西甚至更远的中亚和西亚部分地区。可是，汉朝之后的魏晋南北朝时期，中国除西晋51年的短暂统一外，300多年间一直处于分裂的状态，国力逐渐衰弱，势力范围也从中、西亚地区收缩。到隋代和唐朝初期，西域葱岭内外的几十个国家，都受西突厥或大食（今阿拉伯）的统治。

（三）唐代丝绸之路发展的鼎盛

唐朝是中国历史上的强盛王朝之一。公元7世纪时，国力强大起来的唐朝打败西突厥，在西域设置龟兹、于阗（今和田）、疏勒（今喀什）和碎叶四个军事重镇，并在这四镇之上设立安西都护府统辖。其中的碎叶在今哈萨克斯坦境内，据郭沫若先生考证，唐代大诗人李白就出生在碎叶城内一个富商之家，一直到五岁才离开。因此，唐朝强盛时，疆域曾达到中亚地区的楚河和锡尔河一带，版图比汉朝时期还要大。除西突厥余部外，原西域各国又都归属唐朝管辖。如隋唐时的中亚大国康国（西汉时名“康居”），6世纪后依附于西突厥，唐高宗永徽年间（650—655年），康国等皆内附于中国，唐于其地分置南谧、佉沙、贵霜、安息等州，又设康居都督府（今乌兹别克斯坦撒马尔罕城）进行统管。

吐火罗在今乌兹别克斯坦和塔吉克斯坦之南，阿富汗东北的阿姆河上游，公元2世纪起先后臣服大月氏、嚈哒、突厥，之后也内附于唐朝。武德、贞观年间一再遣使通唐朝，永徽时送来鸵鸟，后来又送来3尺多高的玛瑙灯树，以及名马、异药、红玻璃、碧玻璃、生玛瑙、金精等特产。高宗时也派王名远出使其国，并于其地置吐火罗道月氏都督府，封其王为持节月氏等二十五州诸军事的都督，双方在经济、文化上的交往频繁。

护密地处安西四镇入吐火罗要道，王居塞迦审城（今阿富汗巴尔赫）。该国原属大食，唐高宗显庆时内附。唐以其地为鸟飞州，封其王沙钵罗颉利发为都督，唐肃宗时赐姓李。矩吒在隋时名漕国，唐时称诃达罗支，武后时改名漕矩。王都鹤悉那（今阿富汗加兹尼），唐朝也在该地设条支都督府。还有俱密在盛唐时内附，唐高宗于其地置至拔州都督府，任命其国王为都督。

波斯（今伊朗等地）在吐火罗西边，贞观二十一年（647年）派使者来唐。开元、天宝年间，前后又派十多批使节前来中国。龙朔元年（661年）波斯王卑路斯因该国屡遭大食侵扰，派使者到唐朝请兵求援。唐高宗因此于其地置波斯都督府，任命卑路斯为都督。咸亨年间，卑路斯亲带其子泥涅斯一起来唐朝，唐朝先后封其父子为右武卫将军和左威卫将军，后来他们俩都在中国病逝。

另外，还有一些中亚和西亚的国家，与中国保持着友好的外交关系。如中亚以昭武为姓的康、安、石、米、钹汗、史、曹、何、穆、乌那曷等国，在隋代都派遣使节东来，通好于中国，隋炀帝也遣使交好这些国家。到了唐代，它们继续向唐朝遣使，甚至成为唐朝的羁縻州。现阿富汗境内的漕国、缚喝、梵衍那也都曾向隋、唐两朝互派使节。大食在西亚崛起后，也于唐永徽二年（651 年）派使者前来通好；开元初年（713 年）又派使者送来良马、宝钿带等特产，唐玄宗封其使者为果毅都尉，并赐以绯袍银带等东西。

唐朝国力的强盛，使中亚、西亚的许多国家都被纳入中国版图，或者内附于中国，丝绸之路也因此变得畅通无阻。各种中外商队络绎不绝地往来于中国与中亚、西亚之间，大量地进行丝绸等中外商品的贸易，使丝绸之路的历史发展达到一个空前鼎盛的时期。但是，自怛逻斯战役中被阿拉伯人打败之后，中国的政治势力被迫退出中亚和西亚地区，加上青藏高原吐蕃势力强大后，截断了通往西域的河西走廊，使原本顺畅的丝绸之路变得梗阻不通，并且从此衰落下去。与此同时，海上丝绸之路却兴盛了起来，并且逐渐取而代之，到宋代已成为中西方交往的主要通道，一直延续到西方殖民者东来。

二、丝绸之路沿线的中国移民

经过从强汉到盛唐各王朝对西域的开拓经营，中国的统治所及扩展到中亚和西亚不少地方，并和势力范围之外的许多国家建立起政治、经济和文化等方面的联系，相互之间进行了各种友好的往来。在这样的历史背景下，至少从张骞通西域以后，就开始有中国人循着丝绸之路，经由新疆前往中亚和西亚地区，与当地各民族进行贸易和宗教等方面的交流。其中的一些人则由于各种原因，或主动或被迫滞留在那里，成为早期的中国移民。

（一）联姻西嫁的中国公主及其随从

出于政治目的的联姻或者被迫“和亲”，都是我国古代对外交往中屡屡采用的有效办法。汉武帝在位时，乌孙国王猎骄靡要求用良马千匹的大礼，前来迎娶汉朝的宗室之女。汉武帝为了联合乌孙断匈奴的右臂，以江都王刘建的女儿细君为公主嫁之，乌孙国王尊她为右夫人。细君公主西嫁 5 年后逝世，汉武帝又应继位的乌孙国王军须靡的请求，以楚王刘戊 17 岁左右的孙女解忧公主，接替细君公主远嫁乌孙国王。以后，解忧公主又按照该国的习俗，先后嫁给继位的乌孙国王翁归靡和泥靡，生下 4 个儿子和 2 个女儿。唐天宝三年（744 年），唐玄宗改大宛国为宁元，也封宗室女为和义公主，出嫁大宛国王。

我国古代官宦人家和富家女儿出嫁，都有服侍的丫鬟和老妈子等佣人陪嫁，少则一二人，多则数人乃至十多人。而作为公主或郡主，她们出嫁异域当然会带去更多的随从人员。细君公主西嫁时，汉武帝为她派去的侍御达数百人。解忧公主出嫁时，同样也带去众多的陪嫁人员。多才多智的宫室侍女冯嫽，就是随解忧公主远嫁到乌孙国的。泥靡在位时联合匈奴，违反了与汉朝结好的协定。冯嫽就协助解忧公主，毅然协同西域都护府等汉军将领平定内乱，确保了乌孙和西域的稳定，为汉朝和乌孙的友好关系做出重大贡献。在和泥靡兵戎相见时，解忧公主也是依靠从中国带去的众多侍卫的有力保护，才能免遭于害。这些陪嫁服侍公主的随从人员到国外后，必然要和其主子一样，在那里嫁娶并且定居生活下去，最后终老于异国他乡，如冯嫽就嫁给该国地位显赫的右将军为妻。

（二）征战西域的中国军人

出征西域后滞留在当地的中国军人，应该是中国移民中为数最多的一部分。

首先是离散或逃亡的军人。汉武帝太初元年（前 104 年），汉朝派车令率领使团，携黄金千两和金马一只，前往大宛交换好马。但是，该国拒绝交换并遣送汉朝使者离开，然后命令其东边的郁成国王杀死他们，夺取财物。汉武帝闻讯大怒，派贰师将军李广利率汉朝属国的 6 000 名骑兵，以及从国内征集的几万人前去讨伐。可汉军因为粮食供应不济，饥饿疲劳之下一路掉队减员，到达郁成时只剩下数千人。接着攻打郁成时又被打得大败，死伤了很多人。两年后，他们退到敦煌时，剩下的士兵不过十之一二。太初二年（前 103 年）夏天，汉武帝调派 6 万士兵前往增援，还罚全国 7 种犯罪之人载运军粮供应贰师将军。这次进军虽然打败了大宛，但校尉王申生所率领的一支 1 000 余人的部队，却又被郁成打败，只有几个人逃归贰师将军。汉朝军队虽然得胜班师，但是，回到玉门关的却只有 1 万多人。据杜佑的《通典》记载：“自大宛以西至安息，……其地皆无丝漆，不知铸器。及汉使亡卒降，教铸作兵器。”① 从中可以得知，教当地人铸造技术的除了汉朝使者外，还有逃亡的汉朝士卒。

其次是缴械投降的军队。公元前 99 年，汉朝将军李陵率领的 5 000 名步兵被 3 万名匈奴骑兵包围，寡不敌众投降了匈奴，被单于任命为右校王，居于坚昆，即叶尼塞河。坚昆居民是柯尔克孜族的祖先，后来该族中仍有关于他们是李陵后裔的传说。到了唐朝，安西都护盖嘉运的《西域记》中说：“坚昆国人皆赤发绿睛，其有黑发黑睛者，则李陵之后，故其人称是都尉苗裔。”② 公元前 90 年，汉朝将军李广利率军 7 万出击匈奴，由于卷入汉朝内部的政治斗争，其夫人等被朝廷逮捕，恐惧不安的李广利也投降了匈奴。

再次是被俘的军人。唐天宝十年（751 年），安西节度使高仙芝率西域唐军及蕃国兵共 7 万人，与大食阿拔斯王朝的军队在怛逻斯发生了一场战争，结果“高仙芝大败，士卒几乎死光，仅仅剩下几千人”③。战争中许多唐兵被俘虏，《通典》作者杜佑的族子杜环就是其中之一。《通典》中记载：“族子环随镇西节度使高仙芝西征，天宝十载至西海，宝应初，因贾商船舶自广州而回，著《经行记》。”④ 由此可知，杜环在阿拉伯滞留 11 年后才回到中国，而其他被俘虏的将士，都只能无奈地留在当地。在杜环的《经行记》中，就记有“京兆人樊淑、刘泚”“河东人乐憬、吕礼”⑤ 这几个中国人的姓名。这些怀有各种技艺，又有具体籍贯和姓名的工匠与杜环很熟悉，可能也是同时被俘的唐兵。

（三）奉诏出使的中国使团成员

据司马迁的《史记》记载，张骞首次出使西域时，带去的堂邑父等随员有 100 多人。在被匈奴扣留十多年后，终于找到一个机会逃脱，一帮随员跟他西走数十日前往大宛，然后经康居到达目的地大月氏。回来时他虽然走另一条路线，沿着昆仑山北坡穿过羌族地

① 杜佑．通典：卷一九二：边防八．北京：中华书局，1984：1035.

② 王溥．唐会要：卷一百．北京：中华书局，1955：2372.

③ 黄锦鋐．白话资治通鉴：卷二一六：天宝十年．长沙：岳麓书社，1994：1246.

④ 杜佑．通典：卷一九一：边防七．北京：中华书局，1984：1029.

⑤ 杜佑．通典：卷一九三：边防九．北京：中华书局，1984：1044.

区，但在路上又被匈奴拘留，一年多后才趁其内乱之机逃脱。在离开汉朝13年后，当年随他一起出发的100多人的使团成员中，最终只有他和堂邑父两个人回到汉朝，其余的那些人都一路离散流落，全都滞留在西域各地。

公元前119年，张骞第二次出使西域，所带领的使团成员更是多达300人。此后，汉朝和西域的联系和往来密切了起来，每年都要派出许多使团前去访问。当时，汉朝每年派出的使团多则十余批，少则也有五六批。“使者相望于道。诸使外国一辈（批）数百（人），少则百余人。”[①] 这些派出的使者，远的地方要八九年才能回来，近的也要数年，“从中国打着出使的旗号而去西域的人，也并不都是由政府正式派遣的外交人员。或者说主要是商人和企图效法张骞而致富贵的人”[②]。在这些使团成员中，留居当地不归者应该会更多。在上述的杜佑《通典》记载中，那些教大宛等国铸铁的“汉使”，应该就是归“降”了的汉朝使团成员。

（四）从事贸易的中国商人

丝绸之路开辟之后，在这条贯穿东西方的商贸大通道上，中外商旅络绎不绝。张骞第二次出使西域时，“将三百人，马各二匹，牛羊以万数，赍金币帛直数千巨万，多持节副使”[③]。从带去“万数”牛羊和价值“数千巨万”金帛的情况看，他们此行带有与沿途各国进行商业贸易的性质，而不单纯只是肩负外交使命。除了这些朝廷派出的官商之外，更多的是民间商人。他们用牲畜满载丝绸等货物翻越葱岭，频繁地往来于中国与中、西亚之间，使漫长的丝绸之路上，出现中外商旅和使团“相望于道”的景象。由于路途遥远，路况不佳，这些商人和朝廷派出的使者一样，远的地方要八九年才能回来，近的也要数年。其中必然会有一些人由于各种原因，成为滞留于当地的“住藩”华侨。

（五）被掳西去的中国百姓

在古代的农业社会里，人是最主要的生产力，所以，掳掠人口往往成为战争的主要目的之一。隋唐之际，兴起于金山（阿尔泰山）的游牧民族突厥经常扰乱边境，掳掠中国的边民。据史书记载，“隋末，中国人很多沦没于突厥。等到突厥投降，皇上派使者用金帛赎回他们。五月，乙丑日（初七），主管官员上奏，共赎得男女八万人”[④]。仅贞观五年（631年）这一次就赎还8万人，可见当时被掳掠到中亚的中国人口数量是很多的。

而这被赎还回到中国的8万人，只是被掳掠人口中的一部分，肯定还会有一些人没有被赎还，而被迫滞留并终老于异国他乡。在玄奘的《大唐西域记》中，就有一条关于这方面的记载：由怛逻斯城“南行十余里有小孤城，三百余户，本中国人也，昔为突厥所掠，后遂鸠集同国，共保此城，于中宅居。衣服去就，遂同突厥；言辞仪范，犹存本国”[⑤]。该地在今哈萨克斯坦的江布尔城，那些被突厥掳掠的中国人，就是没有被唐朝赎还而被迫定居在中亚的。

---

① 司马迁．史记：大宛列传．北京：中华书局，2014：3848.

② 王治来．中亚史：第一卷．北京：中国社会科学出版社，1980：90.

③ 司马迁．史记：大宛列传．北京：中华书局，2014：3846.

④ 黄锦鋐．白话资治通鉴：卷一九三：贞观五年．长沙：岳麓书社，1994：805.

⑤ 玄奘著，季羡林等校注．大唐西域记：卷一．北京：中华书局，1985：87.

（六）滞留西域的中国僧侣

释迦牟尼在印度创立的佛教，首先是通过西亚和中亚进入新疆，进而传播到全中国的。因此，包括印度在内，被通称为“西天”的西域地区佛教兴盛，一直是信徒心目中的宗教圣地，也是他们前往“取经”的终极目的地。据冯承钧《历代求法翻经录》及其他书中统计，从西晋到南北朝期间，就有140多名佛教信徒循着丝绸之路，为了宗教的目的而去“西天取经”。① 东晋隆安三年（399年），法显和同伴从长安出发，翻越葱岭经克什米尔、阿富汗、巴基斯坦到达印度，然后从海路乘船于义熙九年（413年）回到中国，历时15年。和他一起出发的有四个人，可最后回来的却只有他一个人。

三、中国文化在丝绸之路沿线的传播

中国是世界文明的发源地之一，古代中国的科学技术等，一直处于世界的领先地位。移居中亚和西亚的中国人，把各种先进的技术和工艺传播到当地，成为中西文化交流的使者。

（一）中国造纸技术的西传

东汉的蔡伦改良造纸术后，经济实用的纸张制造技术一直是中国的专利。在唐代中国与大食的怛逻斯战役中，有许多中国士兵被俘虏。大食人发现，这些俘虏中有不少掌握各种制作工艺的专门人才，其中就有一些掌握造纸技术的工匠。于是，中国的造纸技术就以他们为媒介，向西传入大食。公元751年，大食在撒马尔罕建立造纸厂，以后又在大马士革及该国沿海城市陆续建立一些造纸厂。这些造纸厂生产出来的各种纸张，不仅满足了本国的需要，还成为重要的出口商品，行销到欧洲各地。

公元1150年，中国的造纸技术经由这些地方，传入非洲的埃及和欧洲的西班牙，并逐渐传播到法、意、德、英等欧洲各地。那些用中国造纸技术制造出的纸张更漂亮实用，并且携带方便，价格便宜。因此它被大量地生产，完全取代当地质地脆弱的埃及莎草纸和造价昂贵的羊皮纸，大大推动了思想文化、科学技术的广泛传播和普及，对欧洲从黑暗的中世纪进入启蒙时代和对世界文明的发展，产生了十分重要的推动和促进作用。

（二）中国铸铁技术的西传

据杜佑的《通典》记载：“自大宛以西至安息，……其地皆无丝漆，不知铸器。及汉使亡卒降，教铸作兵器。”② 这条记载使我们得知，从大宛以西到安息，都没有生产丝和漆这两种东西，当地人也不懂得铸造铁器，是汉朝的使者和逃亡的士卒，教会他们铸造兵器的。

中国是最早掌握铸铁技术的国家，最迟在公元1世纪，中国的铁器就远销到罗马帝国。因为“汉使亡卒”把铸铁技术传入大宛以西至安息的西域地区，使那里成为较早能铸铁的地方之一。随后，安息出产的铁器也运销到罗马帝国。不过，他们生产的铁器质量仍次于中国所产的。罗马帝国博物学家老普林尼在其《自然史》中说：“在所有各种铁之

① 方豪．中西交通史：第一册．台北：华冈出版有限公司，1968：234－235.

② 杜佑．通典：卷一九二：边防八．北京：中华书局，1984：1035.

中，以中国铁为最好。中国人把它连同各种丝品和皮货输送给我们。”“其次佳的要推安息的铁，其他没有别种铁是由纯金属锻造的，因为其他所有的铁器都含有较软的合金。”①

（三）中国其他科学技术的传播

除了对人类生活和社会发展影响很大的造纸和铸铁技术外，还有一些中国的科学技术也通过丝绸之路在中、西亚和欧洲等地得以传播。据《汉书》记载：“宛城中无井，汲城外流水。”公元前103年，贰师将军李广利率兵围住大宛城，并断其水源时，“闻宛城中新得汉人知穿井，而其内食尚多”②，只好解围而去。从这些记载中可以得知，大宛人原来只知道饮用山上流下的雪水，而不懂得就地掘井取水。在大宛城被围的危急时刻，那些迁居当地的中国人把凿井技术传授给大宛人，不仅解除了大宛被围之困，而且改变了当地人长期以来饮用雪水的习惯。

著名的怛逻斯战役失败后，被大食俘虏的中国士兵中，还有一些掌握中国丝织、画法、金银等制作技术的人。在上述杜环《经行记》中，就有从事“绫绢机杼”的“织络者”，以及“起作画者”的“画匠”，还有打制金银器的“金银匠”，他们分别是河东人乐隈、吕礼，京兆人樊淑、刘泚。从该书的记载可以得知，中国的纺织、金银器制作技术和绘画工艺，也都在大食得到传播。

唐朝后期，中国制造火药的主要成分硝随着炼丹术也传入大食，被那里的人称为“中国雪”，后来被他们用于医学、烧制玻璃和琉璃。据杜环《经行记》记载，我国的切脉术和一些重要的医书，也传到中亚和西亚，影响了当地的医学。

张骞通西域之前，中国生产的丝绸就通过匈奴等西域民族，间接地辗转输出到中、西亚和欧洲地区，深受人们的喜爱。公元前四五世纪时，希腊人就称中国为“塞里斯”（意为“丝国”）。丝绸之路的开通，促使更多的中国丝绸向外输出，它们主要是靠安息商人进行传输。公元6世纪末，中国的养蚕技术也通过波斯传入罗马帝国。除此之外，中国工农业产品也被传输到中、西亚和欧洲地区。

参考文献

［1］司马迁．史记．北京：中华书局，2014．

［2］班固．汉书．北京：中华书局，1962．

［3］玄奘著，季羡林等校注．大唐西域记．北京：中华书局，1985．

［4］杜佑．通典．北京：中华书局，1984．

［5］黄锦鋐．白话资治通鉴．长沙：岳麓书社，1994．

［6］黄文弼．西北史地论丛．上海：上海人民出版社，1981．

［7］周连宽．大唐西域记史地研究丛稿．北京：中华书局，1984．

［8］王治来．中亚史：第一卷．北京：中国社会科学出版社，1980．

［9］黄力平．浅述中国先民经由新疆移居中亚、西亚的开始 // 梁初鸿，郑民．华侨华人史研究集：二．北京：海洋出版社，1989．

① 转引自戴裔煊．中国铁器和冶铁技术的西传．中山大学学报，1979（3）．

② 班固．汉书：张骞李广利传．北京：中华书局，1962：2701．

海上丝绸之路与华侨华人

——基于潮汕侨乡及海外潮人的历史考察

黄晓坚*

华侨华人与海上丝绸之路的关系，是个历久弥新的研究课题，在我国新时期海洋发展战略中具有特殊的借鉴意义。近年来，习近平总书记陆续提出建设新丝绸之路经济带和21世纪海上丝绸之路的战略构想，学术界又陆续推出了一批相关研究成果。这些研究多以泉州及闽商的海外贸易为中心，甚少涉及海外潮人及潮州商帮。① 本文尝试从潮汕侨乡及海外潮人的视角，对海上丝绸之路与华侨华人的关系进行一番纵向的考察，以揭示华侨华人在中外经贸关系中的历史地位和重要作用。

一、海上丝绸之路的拓展及潮州支点的形成

华侨华人与海上丝绸之路的关系，源远流长。早在汉代张骞出使西域、开辟丝绸之路之前，中国已与周边国家和地区发生海上交通和人员、商贸往来，并留下箕子去朝、徐福东渡等传说，由此也产生了最早的华侨。而在汉武帝于公元前111年平定南粤后，中国进一步开拓了与海外国家的贸易联系，形成一条通往印度，连接东南亚、南亚诸国的海上交通航线。这条航线大致由今广东雷州半岛起始，沿中南半岛、暹罗湾、马来半岛、苏门答腊岛、马六甲海峡、印度洋至印度东南海岸和斯里兰卡，然后折返。② 不过，在此后的两三百年间，由于波斯人操纵了中国丝绸的欧亚贸易，中国与罗马的海上交通还是间接的，直到公元162—165年罗马征服安息、控制波斯湾后，这条海上丝绸之路才由印度延伸到了罗马。

海上丝绸之路在晋至唐代得到进一步的拓展，其重要标志是海外联系区域的扩展和中

---

* 作者简介：黄晓坚，广东省韩山师范学院华侨华人研究所负责人、研究员，中国华侨历史学会副秘书长。

① 例如，郑山玉．华侨与海上丝绸之路——部分侨乡族谱中的海外移民资料分析．华侨华人历史研究，1991（1）；李天锡．从泉州华侨看泉州港在海上丝路的历史地位．泉州师范学院学报，2003（1）；孔远志，杨善康．郑和下西洋与东南亚华侨华人．华侨华人历史研究，2005（3）；林勇．释放华侨华人能量，促进海上丝绸之路建设．福建理论学习，2014（7）；李庆新．海上丝绸之路．北京：五洲传播出版社，2006.

② 《汉书·地理志》记载：“自日南障塞、徐闻、合浦，船行可五月，有都元国；又船行可四月，有邑卢没国；又船行可二十余日，有谌离国；步行可十余日，有夫甘都卢国。自夫甘都卢国，船行可二月余，有黄支国，民俗略与珠崖相类，其州广大户口多，多异物，自武帝以来皆献见。有译长属黄门，与应募者俱入海，市明珠、璧流离、奇石异物，赍黄金杂缯而往，所至国皆禀食为耦，蛮夷贾船，转送致之。亦利交易，剽杀人。又苦逢风波溺死，不者数年来还。大珠至围二寸以下。平帝元始中，王莽辅政，欲耀威德，厚遗黄支王，令遣使献生犀牛。自黄支船行可八月，到皮宗；船行可二月，到日南、象林界云。黄支之南有已程不国，汉之译使自此还矣。”上述记载表明，自西汉始，中国官商即已携带黄金丝绸出南洋贸易，购回珍宝，开通中国至印度的海上丝绸之路。

国外贸港口的增多。有唐一代，以巨港为中心的苏门答腊岛东南海岸兴起了室利佛逝（即“三佛齐”）王国，成为东西方海上贸易的重要商品集散地；而西亚阿拉伯帝国崛起，臣服阿拉伯帝国的波斯人常常驾驶远洋帆船成群结队地来到中国，更促成海上丝绸之路的发展，广州、泉州、明州和扬州成为当时中国的四大对外贸易港口。

潮州地区僻处粤东一隅，依山傍水，河海相通，自古以来便有舟楫之利，民众的海上交通和贸易活动可以追溯到西汉时期。六朝以后，中国陶瓷外销不断增多；到了唐代，瓷器已成为海上丝绸之路上仅次于丝绸的大宗出口商品，远销东南亚、印度、阿拉伯和东非地区，其中就包括潮州北郊窑。其他窑口的瓷器，主要是湖南、浙江所产青瓷和白瓷，以及梅县水车窑，南海、新会官冲、三水、广州西村、廉江、遂溪窑厂生产的外销瓷。[①] 据考古发掘，潮州陶瓷生产在唐朝以后确实有了很大的发展，潮州城北郊的上埔、南郊的洪厝埔和西郊的凤山等地都曾发现瓷窑，并有瓷器出口外销。如泰国发现的一种“青釉碗”，其碗口作葵瓣形，碗内壁起四棱，碗底圈足为实底，器边有四块渣饼垫烧的痕迹，与汕头市博物馆收藏的潮州北郊窑上埔出土的唐“青釉碗”完全一样，证明唐代潮州瓷窑的产品确已外销至泰国。[②]

宋元时期，海上丝绸之路趋于空前繁荣。随着中国经济中心加速南移，东南沿海地区对外交流日渐频繁，新兴的港口如雨后春笋般涌现出来，潮州即是这一时期东南沿海众多外贸港口链条上的重要一环。[③] 诚然，潮州在海上丝绸之路地位的上升，除了仰赖它的海上贸易传统和难以替代的航线区位（东西洋海上贸易中继站）、港口条件外，还有其独特的优势所在：

首先，贸易商品种类齐备。海上丝绸之路上的大宗贸易商品，是丝绸、瓷器、茶叶、红糖及其他工艺品，[④] 而这些商品潮州一带都能大量提供。

以陶瓷来说，北宋即是潮州陶瓷的黄金时代，无论其产量抑或工艺水平均居于岭南前列。潮州宋瓷窑区广泛分布于韩江下游流域，主要分为韩江东岸的笔架山窑、韩江西岸的附城窑和今澄海隆都程洋岗一带的港口窑。特别是笔架山窑区，南北逶迤3公里，民间传说有窑99条，窑长二丈八尺，俗称“百窑村”。新中国成立后，考古部门曾经在笔架山发掘出逾10座宋窑，其中一座残长79.5米（缺炉门火膛），估计每年可烧制碗碟器皿60万件以上，火候可达1 250—1 300摄氏度。20世纪80年代初，潮州文物部门又对笔架山古窑部分遗址进行清理，发掘出大量瓷器和窑具，内中有一种长颈、圆腹的瓷瓶，东南亚各地土著居民用它来装水或作为祭祀用品；还有一些深目高鼻的洋人造像和短脚垂耳的哈巴狗瓷像，均仿自西洋形象，专为外销而做。[⑤]

---

① 广东省博物馆．广东唐宋窑址出土文物．香港大学冯平山博物馆，1985：11.

② 陆集源．潮州古瓷与海上丝绸之路．潮州日报，2014－06－12.

③ 北宋时，潮州海岸线在今庵埠至程洋岗、东陇一带，对外贸易口岸是凤岭港（又名岐岭港、旗岭港）。

④ 《宋会要辑稿》记载，南宋初年通过海道进口的货物有400余种，而输往海外的货物则有如下几类：一是纺织品，如锦缎、绢、帛等；二是陶瓷，如青白花碗、水坛、大瓮、小罐、盆、砵、水埕等；三是金属及其制品，如铁（铁条、铁块）、铁器（鼎、锅、碗）、金银器皿、铜器（鼎、锅）等；四是各种日常用品，如漆器、草席、雨伞、针、帘子、木梳、绢扇等；五是农产品、副食品，如粮食、酒、盐、茶、糖；六是药材，如大黄、干良姜、川芎、白芷、樟脑等；此外，还有染料（朱砂）、玩具、马匹、武器等。参见陈高华，吴泰．宋元时期的海外贸易．天津：天津人民出版社，1984：46，54－57；漆侠．宋代经济史：下册．上海：上海人民出版社，1988：1046－1048.

⑤ 陆集源．潮州古瓷与海上丝绸之路．潮州日报，2014－06－12.

再以其他畅销的大宗外贸商品来看，潮州地区的桑浦山盛产丝绸，凤凰山盛产茶叶，红糖也是潮州地区的特产。这些商品都通过韩江水路汇集到凤岭港，然后通过海上丝绸之路销往世界各地。

其次，更为重要的是，潮州拥有众多海外侨民。唐宋年间，国人通常于秋冬之际顺着东北季风扬帆南下，而在春夏之交依托西南季风返航。由于辗转贸易或错过季风时节，往往需要流寓“驻冬”，因此出现短期侨居的行商甚或“住番”“十年不归”的住贾，[①] 这其中自然包含潮州商人。宋元之际，南宋小朝廷避难于东南沿海，有不少潮人忠义护国，勤王抗元，并于崖山兵败后流寓海外。这些海外潮人多定居于东南亚地区，从事商贸活动。他们无论是作为商人水手还是贡使通事，对于推介潮州商品、扩张潮州外贸的辐射地域，把潮州打造成海上丝绸之路的重要支点，无疑都起到了特殊的作用。

二、明代潮商武装集团与海外贸易

明代，为防止倭寇侵扰和沿海军阀余党、海盗的滋扰，朝廷断续厉行海禁，严令“片板不许下海”“禁革双桅大船”，对倚赖传统对外贸易为生的东南沿海人民产生了极大影响，亦对海上丝绸之路的中西贸易造成了巨大障碍。在潮州地区，民众遭遇嘉靖、隆庆年间几次飓风之灾，饿殍遍野，这迫使他们铤而走险，纷纷群聚海上从事走私贸易。而明代以后因海禁政策导致朝贡贸易的衰落，使得中外贸易奇货可居、有利可图，更进一步刺激了潮州民众下海一搏，到国外进行自由贸易、以牟利为目的的私人海上贸易活动遂迅速兴盛起来。成化、弘治年间（1465—1505 年），“闽广奸商，惯习通番，每一舶推豪右者为主”“豪门巨室间有乘巨舰贸易海外者”，并成为走私贸易的主力，由此也可见当时海外贸易利润之高。[②] 从此，中国海商的海上走私贸易一发不可收拾。

但是，潮州私人海上贸易却招致官方的镇压。如正统九年（1444 年）二月，有潮州府民纠集 55 人私自下海到爪哇贸易，其中 22 人滞留爪哇不归，余者回国后准备再次下海时，被官府捕获入狱。[③] 成化二十年（1484 年）十二月，潮州府界泊有到南洋贸易的大船 37 艘，遭海防官军追捕，被斩者 85 人，活捉 30 余人。[④]

严厉的海禁政策，促使潮州海商集团采取武装手段乃至联合倭寇势力对抗朝廷和官府。嘉靖四十三年（1564 年），倭寇自福建流入广东，寇掠惠州、海丰等地，遇飓风，倭船自相撞击，覆溺几尽。南澳海盗巨头吴平乃将其余众收集，于是倭寇与海盗合流，纵横海宇。仅《潮州志・大事志》中记载的明代潮州盗寇倭祸及官军平寇御倭事，就有一百多宗。潮州海盗与外来倭寇相依倚，纵横闽粤沿海，肆行劫略。通观有明一代，潮州海盗可谓“能人”辈出：先有吴平（南澳人），后有林道干（澄海人）、林凤（饶平人）、张琏（饶平人）、萧晚（大埔人）、林朝曦（梅县人）等，都是潮州府属沿江、沿海一带的人。

海盗猖獗，威胁到明朝政府的地方统治和海疆秩序，导致海禁律例、禁令的严格和官军的严厉镇压。嘉靖年间，明世宗即着官府“出给榜文，禁沿海居民毋得私充牙行，居积

① （宋）朱彧《萍洲可谈》卷二：“北人过海外，是岁不还者，谓之住蕃。”

② 周玄炜．泾林续记//孙毓修等．涵芬楼秘笈：第八集．北京：商务印书馆，1925.

③ 明英宗实录：卷一一三．台北：“中央研究院”历史语言研究所，1967.

④ 明宪宗实录：卷一〇二．台北：“中央研究院”历史语言研究所，1967.

番货，以为窝主；势豪违禁大船，悉报官拆毁，以杜后患，违者一体重治”①。嘉靖四十四年（1565年），戚继光与俞大猷联合作战，在南澳消灭了吴平海盗集团，吴平“窜海外，莫知所往，党羽溃散”。② 其他海盗集团也被强大的朝廷官军所镇压或被迫流落海外。如活跃于嘉靖至万历年间的海上“强人”、抗明武装集团首领林道干，率部二千活跃于南海一带与朝廷官府为敌，失利后在暹罗（今泰国）③ 南部北大年港定居拓殖，被北大年国王招为驸马，乐不思蜀；其妹林姑娘南下寻兄，劝其回国未果，乃以死相谏，至今仍留下受人进香膜拜的坟冢和美丽凄婉的传说。再如活跃于粤闽台一带的饶平海盗林凤，隆庆、万历年间活动于粤、闽两省沿海及澎湖、台湾、海南等地，全盛时统辖船舰三百余艘、人员四万人以上，不时与明朝军队对战；他曾率战船62艘，战士2 000多名（其中有许多农民和工匠）、水手2 000名、妇女儿童1 500名，装载大量的农具、种子、牲畜向马尼拉扬帆进发，武力殖民吕宋，后因不敌西班牙殖民者而退回中国东南沿海。其他如聚集义军10万、联合海上武装力量与明廷为敌的“飞龙人主”张琏，失利后亦远遁南洋，据三佛齐（今苏门答腊岛），“列肆为番舶长，漳泉人多附之，犹中国市舶官”。④ 获益于濒临海洋的优越地理条件，潮州人民将出洋谋生作为摆脱官军剿杀的一种避难方式，海盗集团亦由此成为潮州海外移民的先驱。

关于明代海盗，历史上一直存在着争议。就潮州海盗来看，无论其实质和形式，都有别于杀人越货的一般海盗和倭寇。确切地说，他们是未取得国家特许的海商集团，其身份特征和行为方式处于不断的转化之中。随着形势的发展，明朝的海禁政策和海盗势力亦不断发生变化：海禁政策时张时弛，海盗集团也呈现出“亦商亦盗”的特征。明朝官员谢杰在《虔台倭纂》中指出：“寇与商同是人，市通则寇转为商，市禁则商转为寇，始之禁禁商，后之禁禁寇。禁之愈严而寇愈盛。片板不许下海，艨艟巨舰反蔽江而来；寸货不许人番，子女玉帛恒满载而去……于是海滨人人皆贼，有诛之不可胜诛者。”⑤ 所以，明代海盗问题的核心，还是在于朝廷的海禁政策。

关于海禁政策的是非，早在明朝中叶即有过激烈争论。嘉靖八年（1529年），提督两广侍郎林富上《请通市舶疏》，列举番舶贸易于国于军、在官在民凡有四利：番舶朝贡之外抽解，足资御用；抽解之外，可充两广军饷；变卖番货，兼可调济广西；小民借番货辗转交易，可以自肥。经林富疏请，嘉靖帝准开广东海禁，而闽浙沿海仍如前禁。至万历初年，明朝政府开放海禁，采取变通的方式寓禁于征，结果“市通则寇转为商”。正如有学者所指出的：“明代潮州的海盗集团，在以特有的形式和方法代表和争取潮州自身经济利益的活动内容中，不单单是掠夺和杀戮的残暴行为，也包括商品经济和海外贸易等其它要素；既体现了中国16世纪发展的趋势，也反映了潮州区域社会的梦想与哀愁。因此称其为潮州‘海上盗商’更为贴切。”⑥

---

① 明世宗实录：卷一〇八．台北：“中央研究院”历史语言研究所，1967.

② 林大春．上谷中丞书．（光绪）潮阳县志：卷二十·艺文上．

③ 暹罗正式国号最早出现于1856年。1939年5月23日改国号为“泰国”，1945年2月恢复“暹罗”的称呼。1949年5月11日再次改名“泰国”至今。

④ 明史·外国传·三佛齐．

⑤ 陈子龙．明经世文编：卷四〇〇．北京：中华书局，1962.

⑥ 冷东．明清潮州海商与区域社会．东北师大学报（哲学社会科学版），2003（1）：15.

从区域经济来看，潮州自唐宋开始发展起来的陶瓷制造等业，在明代以后也得以继续发展，而这无疑在很大程度上依托于私人海上贸易的支撑。15 世纪以后，葡萄牙、荷兰等国商人来华贸易，常采取预付订金、来样加工、期货贸易等方式，促成了东南沿海的浙江、江西、福建、广东等地形成一批颇具规模的瓷器生产地和外销集散地，并直接导致东南沿海的窑址与港口之间形成了兴衰与共的局面；同时，它也使东南沿海各窑出产的瓷器在种类变化、产品特征乃至生产、销售方式等方面都与海洋经济文化圈的异动、海外消费习俗的变迁等密切相关。① 潮州的外销产业亦不例外。而所有这些，都离不开海外潮人的向导和中介，离不开潮州海商的冒险和博弈。

潮州武装海商集团的滥觞，无疑有其广泛的社会基础，也是一场当地民众争取区域社会利益的持久抗争。考虑到明代对中外朝贡贸易的限制和民间贸易的打压，以潮州武装海商集团为代表的民间对外贸易力量，对于沟通东西洋商贸和人员往来、繁荣海上丝绸之路，其重要意义同样是不言自明的。而潮州武装海商集团将遁匿海外作为退身之路，化“盗”为“侨”，则为清朝海外潮商集团的出现奠定了基础。

三、清代红头船贸易与海外潮商集团的形成

清朝入主中原后，为防范反清复明势力的复辟，不仅沿袭了明朝海禁政策，还采取了迁界徙民等一系列抑制措施。康熙五十六年（1717 年），政府又下诏禁南洋贸易。不过，清朝禁止海外贸易的禁令并未奏效。据荷兰方面资料记载，1723 年到巴达维亚的中国商船有 21 艘，翌年有 18 艘，已超过了禁南洋前每年 16 艘的规模。② 而在康乾年间，东南沿海因人稠地狭、旱涝频频，粮荒的情况日趋严重。在此情形下，从乾隆七年（1742 年）始，清廷方重启自雍正二年起断续进行的中暹大米贸易，并允广东、福建、浙江商民出洋购粮以济内地民食之需。乾隆十二年（1747 年），清政府发给内地商民往暹买米造船印照，潮人终于获准领照到暹罗购买大米和木材（或直接在暹罗造船），③ 由此开启了红头船贸易④的新时代。

红头船最初是以申请购入暹罗大米而营运的，但是这项生意因米重价廉而“获利甚微”，因此，洋船主们就从南洋改运那些有利可图的货物回来，如象牙、珠宝等奇珍异物，犀角、肉桂等贵重药材，暹绸、胡椒香料、番藤等物产，而只象征性地运载点大米以备查验。南洋的高级木料，如柚木、酸枝、铁梨木等，也作为压舱物而运了进来。由潮州运往南洋的物产，则有潮州本地的陶瓷品、潮绣、雕刻、蒜头、麻皮、菜籽等，以及从北方转来的人参、鹿茸、兽皮、丝绸等。这些货物在南洋各地很受欢迎，获利丰厚。数年间，船业就蓬勃发展起来了。

伴随着红头船贸易的兴起和繁盛，潮州府澄海县境内的樟林渔港迅速发展为繁华的“粤东通洋总汇”，成为经历雍正、乾隆、嘉庆、道光、咸丰数朝百余载，辐射粤东、闽西

① 李庆新．明代海外贸易制度．北京：社会科学文献出版社，2007：471－486.

② 吴建雍．清前期中国与巴达维亚的帆船贸易．清史研究，1996（3）.

③ 康乾时期，暹罗盛产大米，价格低廉。其柚木和楠木，尤其适合制造海船，故清廷为救内地粮荒计，开放大米及木材贸易。

④ 清制，福建出海民船船头一律涂青（绿）漆，浙船着以白色，粤船则涂红色，以示区别。据考，红头船一般长 30 余米，宽 10 余米，有舱房若干层，分三桅和双桅。船头画大眼，冀能识水路。

南和赣东南的远洋大港，并造就了一批富豪——“船主”和“舵公”。饶平县隆都前溪村（今澄海区隆都前美村）人陈焕荣，年轻时到樟林港高元盛属下的红头船做水手，后来购船经营汕头往返曼谷的航线，做起“南北洋贸易”，除了运载“过番”的移民外，还把汕头、上海、青岛、烟台和天津等地的物品运到香港、新加坡、曼谷等地贩卖，再将暹罗的大米、木材及土特产品运到新加坡、香港、汕头、上海、青岛、烟台和天津等地销售，由此发财致富，成为当年樟林港最著名的红头船船主，人称“船主佛”。盛时，樟林港拥有100多支远洋船队，每支船队有10～20艘船，每艘船可载三四千包红糖。潮梅乃至闽西南商民，人货多由此装船出海。

中暹大米贸易在乾隆中期达到最高峰，直到乾隆四十年（1775年），才因暹缅战争及中国东南沿海海盗势力的再一次崛起而中止。值得注意的是，在此后的一百年间，潮州商民与暹罗的海上交通与商贸、人员往来不仅没有因之萧条，反而愈趋密切，这不能不说跟旅暹潮人有莫大的关联。

与大米输入同时的，是内地商民的移出。通过出洋从事大米贸易，许多潮州商民移民定居到了暹罗，形成潮州人向东南亚移民的第一次高潮。嘉庆朝的地方志书即指称，“澄海县商民领照赴暹罗买米接济内地民食，虽行之已阅四十余年，但此项米船据称回棹者不过十之五六。”[①] 特别是在1767—1782年暹罗吞武里王朝期间，由于在位的是御缅复国、创建吞武里王朝的潮人混血后裔——郑信大帝[②]，而旅暹潮人又在暹罗复国战争中做出了突出贡献，因之号称“王室华侨”和“红顶商人”，备受王室优待并享有某些特权，由此造就了一批颇具实力的潮商。而无数能工巧匠参与建都的各项工程，更促成了大批潮人移民及后续连锁移民的到来。暹罗成为潮州人在海外的最大聚集地。

中暹海上交通和商贸的持续发展，进一步拓展、推动了潮州与东南亚各地的联系。国际商贸与自由移民同步发展，成为清代潮人海洋活动的重要形态。有关志书对此有诸多翔实的记载：隆都前埔人许可均等先民，即于彼时“合伙租船往暹罗贩运大米，每年农历八、九月从樟林港扬帆出海，翌年春季才运载回归；碰到天时不利无法按时归棹，有的人看那里地缘好，便设法藏匿起来”，[③] 此为隆都最早侨泰的乡民。此后零星过番或成批下海往暹罗谋生的隆都乡民渐多。如嘉庆二十三年（1818年），后溪人金罗星乘红头船抵暹，创“宝记”号经营航运、进出口贸易及土产，该商号现仍坐落在曼谷吞府湄南河边；道光二十年（1840年），前溪陈村沟头人陈少林因家贫“过番”去暹罗，一年后即开始有“番批”寄回家，其父母妻儿在村中引以为豪；咸丰四年（1854年），前埔黄厝堤段崩溃，洪水冲毁家园，灾民纷纷设法到暹罗，至清末时共达180人。[④] 据粤海关文献统计，从1782年至1868年，潮人乘红头船出国谋生者，多达150万人。他们主要分布在暹罗（泰国）、石叻（新加坡）、柔佛、麻坡和安南（越南）、真腊（柬埔寨）、荷属东印度（印度尼西亚）等地。

大约从19世纪开始，潮州人追逐着闽南人的足迹来到石叻，成为当地华人的第二大

---

① （嘉庆）大清一统志：第四十一册．上海：商务印书馆，1986.

② 郑信祖籍为今广东省汕头市澄海区上华镇华富村，其父郑镛因家境贫寒，于雍正年间移居暹罗为生。至今，华富村仍然遗存郑信的衣冠冢。1999年，泰国诗琳通公主曾专程前往拜谒，并参访隆都镇前美村陈慈黉故居。

③ 澄海市前埔乡志谱理事会．澄海市前埔乡志谱．1997：28.

④ 《隆都镇华侨志》编纂委员会．隆都镇华侨志．2013：1.

方言群。他们将中国的丝绸、锦缎和茶叶、瓷器等物品运到石叻，销售给欧洲的私营商人，然后将来自印度等地的商品带回中国。石叻河上的驳船码头和中国城牛车水，成为东南亚商船贸易活动的中心及全世界的贸易集散地。在殖民地时期，东南亚的潮人作为中介商，在沟通东西洋商贸、活跃海上丝绸之路上发挥了重要作用。

诚然，海外潮人扮演的角色远远不止于此，他们还大规模参与到殖民地的开发之中，并从中构筑起潮人的商业网络。在马来半岛北部，大约从18世纪末起，就已有潮州人在槟城种植胡椒等香料作物。甘蜜膏可用于制革业的鞣皮，是丝绸布匹的重要染料，西方工业革命后纺织业迅猛发展，对其需求甚巨。早在18世纪，廖内群岛就已经有华人在从事甘蜜的种植。1819年英国人莱佛士登陆新加坡时，新加坡甘蜜和胡椒的种植已经很普遍，种植者绝大多数是潮州人。在甘蜜种植全盛期的1848年，全岛共有甘蜜店整百家，甘蜜和胡椒种植占全岛总耕地面积的76%以上。从1844年起，柔佛苏丹大力推行港主制，吸引新加坡华人前去开发。新加坡潮人秘密会社义兴公司首领之一陈开顺率先取得了柔佛地不佬河流域港主身份，此后大力招徕潮人前往垦殖，大量种植甘蜜和胡椒。据估计，在实行港主制的时期（1844—1917年），华人一共在柔佛开发了138条港，其中大多数港主是潮州人，如陈开顺、陈旭年、林亚相、黄亚福等，柔佛绝大多数地区都是潮州人开发的；柔佛所产甘蜜和胡椒，源源不断地输入新加坡转销世界各地，其产量在19世纪80年代更跃居世界第一——这期间，潮人实居功厥伟。[①] 与此同时，柔佛潮人也开始向商业发展，垄断了主售糖米粮食的京果杂货（兼营侨批）和布匹、罐头、烟酒、鱼菜及陶瓷等行业，并逐渐由零售商向批发商（中间商）、进出口商发展，构筑起一个层级分明的商业网络：众多的零售商是这一网络的基点，以商店、巴刹（即市场）和行商贩卖的形式展开最基本的商业活动；批发商处于枢纽的关键位置，是这一商业网络不断扩张的推动者；而华人大资本家则处于网络的中心，通过经营航运业同其他国家和地区开展进出口贸易，控制了整个商业网络。[②]

通观红头船贸易，潮州人不仅延续和发扬了海上丝绸之路的历史传统，还通过大量侨居东南亚，投身住在国或殖民地开发，直接参与到世界资本主义贸易体系的生产环节中来。在此过程中，他们编织起一个井然有序的商业网络，最终形成了一批具有雄厚财力的海外潮商。他们在繁荣侨居地经济、促进国际贸易上做出了独特贡献，为海上丝绸之路增添了浓墨重彩的一笔。

四、“香—叻—暹—汕”贸易体系的繁荣

鸦片战争后，资本主义打开了古老中国的大门。通过第二次鸦片战争后签订的不平等条约，西方列强取得了招募华工出洋、增开通商口岸等特权。随着1860年汕头的开埠和稍后通往东南亚及国内各埠定期蒸汽轮船的开航，以及“猪仔”贸易的合法运营，潮汕地区与海外的联系借助于快捷、安全的新型交通运输工具而得以强化。此外，获益于上一波海外移民潮形成的血缘、地缘宗乡网络和连锁移民链条，大批潮人新客蜂拥来到东南亚，移民人数剧增。据统计，1860—1949年经汕头口岸移民港澳和东南亚等地的人数在140万

① 安焕然．论潮人在马来西亚柔佛麻坡的开拓．汕头大学学报（人文社会科学版），2002（2）．

② 参见魏建峰．早期马来西亚柔佛潮人商业网络探析——以柔佛新山为例．东南亚纵横，2010（7）．

左右，其中多属潮汕人。[①] 在此形势下，传统的红头船贸易及人员往来日渐式微，在20世纪初便很快销声匿迹。

1860年后潮汕人大规模移民东南亚，其结果，一是促进潮人族群华侨社会的形成；二是导致了潮汕地区向侨乡的转型。从此，海外潮侨社会与潮汕侨乡的经济联系更加紧密，并首先表现在国际性商业网络和贸易体系的构建上。

自红头船贸易时代以来，移居泰国的潮侨多从事繁重的体力劳动谋生；而在汕头开埠后，在泰潮侨纷纷加入到日趋兴旺的米业中来，从事收购、加工、包装、运输等业务，在城乡内地充当收购稻谷的小贩。“……稻谷运输至碾米场，经加工碾制后，再运往批发商，或码头装船输出，这些环节均为潮商营业，洋商自然无法插手……”[②] 潮人在泰国米业出口商中也占据很大比例，航行于中泰之间的运米商船更是以潮州籍居多。[③] 鉴于以大米交易为基础的中暹贸易关系一直是中国与东南亚经济关系的主体，暹—潮（汕）贸易的重要性自不待言。19世纪中后期，石叻（新加坡）崛起成为东南亚的贸易枢纽和金融汇兑中心，潮人族群为数众多，与中国甚至潮汕的经济关系愈加密切，叻—汕之间的转口贸易也日趋活跃。然而，随着香港于1841年成为自由港，允许商人、资金、商船自由进出，大量潮汕人也被吸引过去从事商业活动，香港逐渐成为东南亚地区的转口贸易中心。于是乎，在汕头取代樟林成为潮汕侨乡的主要对外贸易港口后，海内外潮人便编织起一个以香港为中心，范围几乎涵盖整个南中国海域的多角贸易关系网——“香—叻—暹—汕”贸易体系。在这一体系中，有直接贸易，主要是暹汕；也有转口贸易，以香港为主，新加坡次之。[④] 从19世纪80年代至20世纪40年代太平洋战争爆发前，这一多边国际贸易体系进入全盛时期，再续了海上丝绸之路的辉煌。而它的主要开拓者，正是自红头船贸易以后发家致富的海外潮侨。

以潮汕侨乡近代华侨第一大家族——陈黉利家族为例。早在1851年，前述樟林港红头船船主陈焕荣即仿效高元盛家族在香港文咸西街设立中转基地元发行的做法，创办干泰隆行，经营北至辽东半岛，南至东南亚各地的“南北洋贸易”，是香港转口贸易的创始者之一。干泰隆行除开展一些替海外华侨寄送侨批赡养家乡亲人的中介活动外，主要业务是把中国的土特产如大豆、食油、杂粮、红糖等出口到东南亚各地，再进口东南亚各地的土特产如大米、海味、木材等，部分批发给香港的华洋商人，部分转口到中国华南和日本等地。贸易的方式小部分为自营，大部分是“代客买卖”。这种买卖方式非常独特，它不用自己出资，货物由南北各地客商提供，干泰隆行只负责联系香港本地及南北各地的买主，代为发货转运，收取2%的佣金，这种方式当时称为“寄售取佣”或“九八扣佣”，做这一行生意的则称“九八行”。从事寄售取佣不需要太多自有资金，风险较小，但利润较薄，必须有众多相对稳定的客户和相当大的货运量。凭着陈焕荣当红头船船主时走南闯北对行情的了解和积累的人脉，加以他一贯以诚待人，有良好的商业信誉，干泰隆行开张后客户便接踵而至，生意兴隆。此后，一批南洋、广州、汕头等地的商人纷纷转移到香港，在其

---

① 饶宗颐．潮州志·户口志下·统计图表．汕头：潮州修志馆，1949.

② 李国卿．泰国华人经济的演变与前瞻．台北：世华经济出版社，1988：87.

③ 据统计，在20世纪初期，从事中泰两国商贸运输的近百艘传统帆木船几乎全为潮州人所有。参见聂宝璋．中国近代航运史资料（第一辑）：上册．上海：上海人民出版社，1983：55.

④ 林风．“香叻暹汕”贸易体系的形成及其历史作用，汕头侨史，1989（1）.

商行附近开设商号或联号，于是以元发行、干泰隆行和合兴行为中心发展出一处热闹的商业区，形成潮州商帮。由于这些商家都经营南北转口贸易生意，所以人们称其为“南北行商”，其聚集的街区则称“南北行街”。南北行商实行的都是寄售扣拥的买卖方式。这种方式决定了行商与客户之间必须有相当高的信任度，因此，南北行商的买卖双方往往都是非亲即故。旅居香港及海外从商的潮州人为数众多，凝聚力强，自然南北行的商家就大多是潮州人了。正因南北行生意是建立在血缘、地缘和业缘基础之上的，以致连拥有政治、资本优势的英国商人，竟也无法插足其间。

同治十年（1871 年），陈焕荣之子陈慈黉由香港移居暹罗，在曼谷创设黉利行，经营出入口贸易及火砻业（机器碾米加工、运销和批发）、船务、银庄，并相继把事业扩展到南洋各地，将暹罗黉利行与新加坡陈生利行（后改组为陈元利行）、香港干泰隆行和汕头黉利栈连成一体，生意火爆，富甲南洋，吸引前美村人相继“过番”，很多人侨居暹罗。陈慈黉之子陈立梅、孙陈守明继承先辈事业，再续辉煌。至第二次世界大战前，该家族共拥有近 20 个商号，遍布汕头及泰国、新加坡、越南，经营领域涉及大米输出、土特产品进出口、航运、金融、房地产业及保险等行业，被列为泰华八大集团之首。该家族生意“掌门人”陈守明曾四度出任泰国中华总商会主席，并被国民政府委任为外交部驻泰国商务专员，负责联络中泰商务事宜，抗战前期还曾出任两届国民参政会参政员，惜 1945 年因卷入侨社政治纷争而遭暗杀。

跟广大华侨一样，陈黉利家族由于受到“光宗耀祖”“落叶归根”等传统思想的影响，祖孙几代相继在原乡广置房地产。至 1949 年，该家族“在家乡拥有出租土地近 3 000 亩和 7 座大院落，其中有 4 座是从 1910 年至第二次世界大战期间新建的，占地共 25 000 多平方米，计有大小厅房 506 间。此外，在澄海东里镇建有铺店 18 间。在汕头市拥有房地产业 226 宗，其中地 21 宗，3 800 多平方米；房产 205 宗，建筑面积 48 000 多平方米。”① 其中，位于汕头繁华商业区的“四永一升平”店铺及在家乡修建的大片“中西合璧”式精致院落，备受世人瞩目，它们不仅见证了该家族在近现代海外潮人“香—叻—暹—汕”贸易体系中的实力和地位，也为今人留下了一份弥足珍贵的历史文化遗产。

随着潮人族群在海外的不断扩张与立足发展，其与家乡的联系也日益密切。在 20 世纪 30 年代以前，潮汕一带批馆林立、侨汇可观，华侨不仅在家乡买地盖房，投资有以潮汕铁路为代表的铁路、公路、水路运输业和以汕头“四永一升平”为代表的房地产业，兴办有不少教育、卫生和社会公益事业，促进了潮汕地区的经济社会繁荣和汕头区域中心城市的形成。即以航运业来说，当时不仅有泰国陈黉利公司租赁轮船、代理船务，航行于中国汕头、香港和暹罗、新加坡、马来亚、缅甸各地达四十载，而且有陈振敬集资经营的五福轮船公司，穿行于中国和东南亚各主要港口。在这一进程中，以陈慈黉家族为代表的海外潮州商帮，实贡献良多。

20 世纪初至“二战”之前，潮商面对洋商的激烈竞争，将传统的中泰大米贸易扩展为“香—叻—暹—汕”国际贸易，并长期处于垄断地位，诚然，这一成功在很大程度上还应归功于其遍布海内外的业缘性公所（公会）、商会组织。如在暹罗，有 1867 年前后暹罗潮商在曼谷成立的“汕头郊公所”，20 世纪初设立的“火砻公会”，以及 1910 年创办的

① 袁伟强．陈黉利家庭发展史及其社会功绩．陈黉利家族史料汇编．汕头华侨历史学会，1997.

“中华总商会”；在香港，有1868年潮州商帮成立的“南北行公所”；在汕头，有1886年由经营南洋线的出口商成立的“南商公所”及后来相继成立的“南郊”“和益”和“暹商”三大经营土特产品出口的行业组织。这些商人行业组织，其成员一般都拥有雄厚财力，在促进同业间的互助合作、排解纠纷、规范竞争、对外交涉等方面都起到了重要作用。特别是曼谷的“汕头郊公所”，起先它的出现只是在暹潮商为延续潮州红头船商人的南北行贸易，建立区域性商业网络，巩固其在中暹贸易中的地位。随着暹罗潮侨在中国香港、新加坡贸易的与日俱增，为适应时代环境所需，它于1925年改名“香叻汕公所”（俗称“三郊公所”），1966年又更名为“曼谷泰华进出口商会”，对推销国货、促进中泰贸易繁荣不遗余力，做出了卓越贡献。众多公所（公会）、商会组织的存在，不仅巩固了潮人在传统优势行业中的地位，更重要的是，它们成为整个潮人海外商业网络的重要支点，同时也为所在地商业秩序的稳定提供了保障。

五、结语

华侨华人之于海上丝绸之路，是相伴相生的历史产物。从潮汕侨乡及海外潮人的历史考察中，我们可以清楚地看到，无论是宋代以前流寓住番的行商、明代窜匿南洋的海盗，还是清代暹罗的“王室华侨”、垄断贸易的南北行商，侨居海外的潮人都对海上丝绸之路的拓展或延续发挥了独特作用，做出了很大贡献，是沟通中西方文明的使者。值得注意的是，与19世纪遍布全球的华工移民一样，海外潮人不仅仅是海上丝绸之路上的贸易经营者，他们也曾扮演过工程建设和商品生产者的角色，这在18世纪下半叶的暹罗和19世纪中叶以后的新加坡及柔佛王国尤为突出。潮侨拓殖生产的胡椒、甘蜜、菠萝、橡胶等热带作物，源源不断地供应世界资本主义市场，同时也促进了侨居地的经济繁荣和社会发展，他们是开发东南亚的有功之臣。

由海外潮侨与海丝关系的发展进程我们还可以看到，海丝贸易及海丝贸易带的开发，对于中国、西方和东南亚来说都是双赢的结果。借助于华侨华人的经营与拓殖，一方面，西方社会和东南亚侨居地取得了高品质的消费品和原材料，刺激了当地经济社会的发展；另一方面，大量的侨汇也源源不断地回馈中国原乡眷属，从而促成了中国乡土社会向侨乡的转型。近代以来，海外潮人主要集聚在中国香港和泰国、新加坡、马来西亚等东南亚地区（数千万华侨华人绝大多数定居于东南亚），皆成因于长达两三个世纪的自由移民，而这与海外潮人的海上贸易传统和商业贸易圈无疑是息息相关的。

战后70年以来，东南亚华侨社会业已完成向华人社会的转变，华侨华人早已融入当地社会，成为各住在国政坛和经济领域举足轻重的力量。然而，中华文化和商贸的传统，依然深深地扎根于东南亚华人社会之中。在新时期海上丝绸之路的构建中，我们应该利用香港作为传统商贸枢纽中心的优势，重视并善于发挥华侨华人对华友好力量在中国—东盟睦邻友好、经贸合作和文化交流上的作用。

东南亚国家华侨华人参与海上丝路建设中的民粹主义探析

刘益梅*

自2013年10月倡议建设海上丝绸之路以来，中国与东南亚国家的合作取得了一些进展：与老挝、越南商定共建跨境经济合作区，与印度尼西亚开展产业园区合作，与马来西亚合作的“两国双园”形成模式，与印度尼西亚、柬埔寨、缅甸深化港口营建合作，而中老铁路、澜沧江—湄公河国际航道二期整治，以及中国—东盟海上合作基金所支持的项目也各有进展。随着亚洲基础设施投资银行和21世纪海上丝绸之路的进一步发展，包括美国的“死忠粉”菲律宾在内，诸多曾长期对中国保持警惕，甚至在领土上存在纷争的东南亚国家纷纷调整了立场，试图将国家发展战略与海上丝绸之路进行捆绑。尽管如此，东南亚一些国家仍然对“海上丝绸之路”建设有着深深的焦虑，正是在焦虑与纠结的碰撞与担忧中，东南亚国家的民粹主义再度抬头。

民粹主义是一个多义性、模糊性的政治概念。自从19世纪下半叶在北美和东欧兴起以来，民粹主义常常改头换面，以各种形式在历史时期、国家地区和文化环境中出现。“民粹主义是一种周期性的复发现象，它常常在新的社会历史条件下与新的社会问题相结合，而后以新的面目出现于世。”[①] 无论是从历史角度还是从现实情况来看，民粹主义总是出现在社会转型时期，出现在阶层矛盾、地区矛盾、各利益群体之间的冲突较为激烈的地区，出现在政治家、思想家、新闻记者的言论之中，俨然已成了一个万能的术语而无所不包、无所不在。

一、东南亚国家民粹主义背景：“海上丝绸之路”建设带来的纠结

21世纪海上丝绸之路的设想不仅有深厚的历史渊源，也具有坚实的现实基础，对促进中国的改革开放以及海上丝绸之路所经地区及相关各国的经济发展、文化交流和政治稳定，都有着极为重要的意义和作用。建设海上丝绸之路是中国融入世界经济的重要举措。随着海上丝绸之路建设的进一步升温，东南亚一些国家在得到一些“实惠”的同时，也产生了一些纠结：他们既舍不得拒绝来自中国的巨额投资，又担心与中国的互联互通会影响其自身的产业结构和政治结构。

---

* 作者简介：刘益梅，上海商学院国际移民研究所副教授、博士后。

① 俞可平．现代化进程中的民粹主义．战略与管理，1997（1）．

（一）互联互通带给东南亚国家的机遇

中国与东盟国家之间互联互通的远期规划以及以交通基础设施为主的规划理念已经得到海上丝绸之路沿线国家较为普遍的认同。中国与东盟国家之间合作领域的进一步深化，使得中国与东盟被纳入新兴经济体的发展版图之中，双方开始了共谋经济转型与进一步发展共同利益。

1. 国家层面：互联互通促进经济利益的增长

中国与东盟经济互补性强，合作潜力巨大，在双向投资、经贸领域、互利合作以及自贸区谈判等方面都取得了积极的进展。

（1）双向投资快速增长。

中国与东盟之间的双向投资快速增长。2002 年年底，中国与东盟双向投资额累计为 301 亿美元。2003 年后，我国对东盟的直接投资迅速增长，东盟已成为我国企业“走出去”的重要目的地。近年来，中国对东盟的投资发展非常迅速，2010 年之后对东盟新增的投资占中国对外投资总量的 60% 以上。截至 2014 年底，中国和东盟累计双向投资额超过了 1 300 亿美元，其中东盟国家对华投资超过 900 亿美元。东盟已成为中国对外直接投资的第四大经济体、中国第三大外资来源地、第三大贸易伙伴、第四大出口市场和第二大进口来源地。同时中国也是东盟第一大贸易伙伴。

（2）经贸领域合作进一步加深。

中国与东盟国家山海相连，自古以来就有密切的经济和社会往来。进入 21 世纪，中国与东盟国家的关系更加紧密，双方是天然的合作伙伴，多年来中国同东盟国家相互尊重，共享发展机遇，积累了许多合作经验，各领域合作取得丰硕成果，开创了双方合作的“黄金十年”。2010 年 1 月 1 日，中国—东盟自由贸易区全面建成。2002 年，中国与东盟贸易总额是 547. 67 亿美元，2012 年，双边贸易额超过 4 000 亿美元，2013 年全年超过 4 436亿美元，2014 年上半年，双边贸易额达 2 206. 9 亿美元，同比增长 4. 8%。随着中国—东盟自由贸易区的发展，双方投资合作逐步加快，在基础设施建设、制造业、农业、通信、电力、劳务合作、工程承包等诸多领域的投资合作进展顺利。目前，中国成为东盟第一大贸易伙伴，东盟成为中国第三大贸易伙伴和第四大出口目的地。东盟计划于 2015 年建成共同体，实现互联互通的一体化建设目标。为此，东盟需要进行一批大规模的建设计划，如开展庞大的基础设施建设，增加商品、物资、人员往来等方面的便利。

21 世纪海上丝绸之路的建设，亚洲基础设施投资银行的成立，可以在一定程度上为东盟国家的基础设施建设提供所需的资金。习近平主席在印度尼西亚国会演讲时，提出中国愿提高中国—东盟自由贸易区水平，争取使 2020 年双方贸易额达到 1 万亿美元。随着中国和东盟国家经贸往来的进一步加深，双方所提出的 2015 年实现双边贸易额 5 000 亿美元的目标有望实现。中国与东盟正在升级中国—东盟自贸区，自 2014 年 8 月中国—东盟自贸区升级谈判启动以来，双方已举行三轮升级谈判，在货物贸易、服务贸易、投资、经济技术合作等领域展开了深入磋商，取得积极进展。中国—东盟自贸区升级版，将为整个区域的经济发展提供更加强大的动力、更加广阔的市场空间以及更多的商机，提高东盟国家发展经济和抵御外部经济风险的能力。

2. 族群层面：华侨华人经济势力的进一步壮大

海上丝绸之路建设任务艰难，需要多方协作，丝路沿线国家的众多华侨华人由于熟悉当地和中国的贸易规则、经济状况、人文环境等长处，既能为住在国企业到中国发展牵线搭桥，加强贸易人文交流，又能帮助中国企业到住在国兴业发展，为中国企业有效抵御跨国经营风险、提高投资成功率保驾护航。华侨华人自身的优势，使得他们可以在海上丝绸之路建设中发挥独特的作用。据史籍记载，在唐朝以后，就有大批华人因躲避战乱和徭役，迫于生计而劈波斩浪到俗称“南洋”的东南亚地区谋生。他们之中的许多人定居当地，并与当地妇女结婚，繁衍子孙。明末清初以及 19 世纪中期以后，由于政治、经济等多方面原因，更是出现了多次华人大规模移居东南亚等地的高潮，使这一地区至今仍是海外华人数量最多的地区。东南亚地区有大量的华侨华人，全世界 80% 的华侨华人聚居于此，定居在“海上丝绸之路”沿线各国的华侨华人与当地民众和睦相处，艰苦创业，为当地的经济社会发展做出了巨大贡献。

在海上丝绸之路建设的过程中，侨胞只要遵循和平合作、开放包容、互学互鉴、互利共赢的精神，就一定能在推动中国与沿线各国在交通基础设施、贸易与投资、能源合作等领域加深合作的同时赢得商机，从而进一步壮大他们本已雄厚的经济实力。

（二）海上丝绸之路建设带给东南亚国家的纠结

海上丝绸之路建设不可避免地会带来一些困扰。对一些东南亚国家而言，“海上丝绸之路”在带给东南亚国家和民众经济利益的同时，也带来了社会结构层面的变化，这种变化直接助长了东南亚国家民粹主义的再度抬头。

1. 经济结构层面：新丝绸之路建设所带来的产业结构的变化

一国的产业结构体现了国民经济中各个产业间的关系，即生产要素在各产业部门间的构成比例及其相互关系。在“一带一路”倡议引领下，我国与东盟确定了农业、信息产业、人力资源开发、相互投资、湄公河流域开发、交通、能源、文化、旅游、公共卫生和环保等 11 个重点合作领域。

中国与东盟各国的合作已经得到明显的推动。中国和缅甸的基础设施合作涉及电力、交通等领域。中国和马来西亚在两国分别有两个政府间合作的工业园区，也得到快速发展。在泰国，中泰之间围绕基础设施建设、经贸投资方面的合作也在稳步推进，其中，铁路合作是重点领域。在“一带一路”倡议引领下，双方在基建、经贸、投资等领域的合作都有巨大的潜力，也有可持续发展的前景。泰中罗勇工业园区总裁徐根罗说，“一带一路”倡议带来的开放型经济的纵深推进，可营造活跃的市场氛围，提供更多机会。泰国政府不失时机地鼓励投资，正在掀起新一轮投资热潮。热门的电子商务也是中国和东南亚合作活跃的领域之一。“淘宝”在东南亚有众多的用户，阿里巴巴集团入股新加坡邮政，二者有意合作拓展电子商务物流市场。

中国与东南亚各国在各个领域的合作，必然会改变东南亚各国的产业结构。产业结构的变化和调整，会引起劳动力市场的变化，同时也带来了各国商业运行模式、投资环境和投资风险的变化。

2. 政治结构层面：东南亚华侨华人的参与对当地族群的权力秩序的挑战

除泰国外，东南亚国家基本上都是“二战”后才独立的。而它们去殖民化的过程，多数与华人政治的变迁有关。在英法统治时期，华人由于经济能力较强、受教育程度较高，成为殖民当局主要依靠的地方精英。如在马来西亚，英国殖民政府一直与华商保持着密切的联系。“二战”时期，日本占领军扶持了与自己合作的当地土著势力，对华人进行了有组织的蓄意屠杀，从而改变了东南亚的权力结构：包括马来族、缅族在内的所谓本土势力成了地方统治精英。因此，华人的崛起与壮大对土著民族来说，仍然是他们挥之不去的阴影。

对东南亚各国的土著民族主义者而言，遍布东南亚的华侨华人更熟悉中国的游戏规则，也更可能在中国对东南亚地区的经济反哺中获利。此外，这些国家维系其主体民族识别的意识形态曾经与“排华”有着直接的联系。随着更能吃苦、更加精明的中国小商人、小工厂业主进入东南亚，东南亚国家各个不同民族之间的权力均衡模式可能会被打破。极端民族主义者以及部分政治精英、普通民众认为华人、华企的进入侵害了他们的利益，挑战了他们的权威，这也可能构成对当地不算公正的权力秩序的挑战。

二、东南亚海丝建设过程中民粹主义的具体表现

“我们正迎来一个新时代，这不是民主的时代，而是民粹主义的时代。”近年在越南、菲律宾、缅甸等地近年都爆发了针对中国或者当地华侨华人的激烈冲突乃至骚乱，或多或少都与夹杂着种族情绪、仇富情绪的民粹运动有关。

（一）草根性：当地部分民众对华人阶层的怨恨

近代以来，东南亚各国的历史变迁，与华人地位的变迁有着密切的关系，他们与华人有着天然的隔阂。在一些土著看来，华人的经济成功虽然离不开自身的吃苦耐劳，但更多是由于华人社群内部的社交网络所带来的经济机会与贿赂腐败统治者的便利。比如在一些地方，在当地华人眼中，他们的经济成功更类似于盎格鲁—撒克逊式的新教徒的成功，它的本质是一种吃苦耐劳的企业家精神。而一些当地土著，往往把华人的成功视为贪婪、算计、腐败的结果。在一些国家，部分土著对于华人阶层长期垄断经济权力也怨恨不已，他们往往固执地认为华人阶层更可能从与中国的良好关系中不公平地获益。由于巨大的心理落差以及担心华人阶层趁机争取被压抑的政治权力，加上部分东南亚国家一些群氓运动组织者的挑唆，部分底层民众怨恨作为富裕阶层的华人与通过实力进入东南亚的中国企业，从而做出一系列不理智的行为。如 2014 年 5 月发生在越南平阳省、河静省等地的游行示威活动演变为针对中资企业和华商的打砸抢烧事件。在这一严重暴力事件中，参与者多为普通民众，他们不明真相，被一些别有用心的人所利用。那些别有用心者打着维护国家利益和民族利益的旗号，对华人实施暴力，从而把看似普通的游行示威演变为暴力恐怖事件。同样，2014 年 8 月 27 日到 9 月 3 日发生在缅甸曼德勒贝京县的中国金矿被数百人持枪打砸抢事件也是当地群众情绪发泄的一种表现。这两起暴力恐怖事件，均是一种典型的民粹主义的宣泄。

（二）从民众抗议到政府对中国企业的控制都呈现出非理性特征

基础设施互联互通是推进贸易便利化、扩大双边贸易投资规模和构筑“海上丝绸之路”的物质基础。在基础设施互联互通的具体推进过程中，由于越南、缅甸、老挝等陆上

邻国经济发展水平低，基础设施落后，导致实现国际大通道便捷高效畅通的难度很大。2013 年，一条长约 2 380 千米、连接中国昆明和缅甸皎漂的油气管道横贯中缅大地，来自中东、非洲的原油以及大量产自缅甸的天然气，每天都在向中国输送。为了全面推进与缅甸的合作交流，彻底打通通向印度洋的陆上通道，中缅之间决定修筑皎漂—昆明铁路。铁路经过缅甸、马来西亚可以最终到达新加坡，进而连接印度洋。该铁路贯通后，将成为中国运送物资到海外的大通道，同时也将大大降低缅甸的物流成本，促进东南亚内部贸易的发展，对缅甸甚至整个东南亚区域的发展都将起到不可估量的作用。然而，2014 年 7 月，缅甸铁道运输部宣称，原计划于 2015 年前建成的中缅皎漂—昆明铁路工程计划搁浅。

项目之所以搁浅，主要是由于近年来缅甸国内公民组织和民众的反对声音较大。民主改革之后，缅甸境内出现了大约 29 股少数民族武装力量，他们长期与缅政府对抗，“民地武”问题成为影响缅甸社会稳定与发展的最大隐患。民主改革之后，各国投资者、媒体、非政府组织纷纷进入。缅甸一些民间组织为了自身的利益，在西方国家的资助和影响下，大肆宣传铁路项目将给沿线地方造成负面影响，煽动缅甸国内本已存在的民族对立和民众不满情绪；缅甸媒体甚至发出中国可能借由基础设施建设“干涉缅甸内政、威胁缅甸国家安全”的警示。这些故意丑化中国的投资等行为，给原本就很复杂的缅甸局势增加了混乱。而中国企业在缅投资时过于发展与缅军方的关系，也使缅民众难以参与。多种因素的共同作用，使得缅甸国内容易形成民粹主义的温床，民众的情绪和意愿很容易被利用和诱导，从而出现排华思潮。部分缅甸民众认为中资项目仅使军政府受益，民间获益甚微甚至利益受损，于是通过游行、示威，并且以环保、民生为由干涉合作项目。因此，在所谓的遵循民意之下，缅甸宣布暂停木姐—皎漂铁路的建设。项目的暂停，对缅甸经济的发展以及皎漂经济特区的建设都是重大的打击。

从 2011 年密松水电站建设的搁浅，2014 年 7 月缅甸皎漂—昆明铁路工程的暂停，2014 年 8—9 月曼德勒贝京县中国数家金矿被砸，以及 2014 年年底莱比塘铜矿的扩建计划引发新一波民众抗议导致 1 人死亡 20 人受伤的事件中可以看出，缅甸的反华情绪和排华思潮正在蔓延。“在曼德勒的 100 万左右居民中，如今一半都是中国人，居民普遍抱怨中国资金、商品和人员的流入导致该市房地产和生活用品价格飞涨……将当地人‘赶’出了市中心。”① 排华思潮和反华情绪给缅甸的经济发展和居民的生产生活带来了很大的影响。据报道，自从 2011 年以来发生一系列排华、反华事件之后，中国在缅甸的投资额呈直线下降趋势，从 2010 年、2011 年的 43.5 亿美元和 82.7 亿美元直接降到了 2012 年的 4.07 亿美元；华侨华人的担忧和恐惧与日俱增，曼德勒华侨商会发出公告要求华侨在参加聚会时尽量不要乘豪车，少出现在高档场所，甚至有些华侨在过春节时都不敢贴对联以示庆贺。② 当然这也许有夸张之嫌，但是从一个侧面反映了排华思潮所带给当地华侨华人的冲击。

无论是普通民众的抗议、游行，甚至暴力的演化，还是政府迫于民众的压力在经济领域里所实施的对中国企业的控制，都可以看出行为主体的非理性成分。勒庞在研究群体行

---

① WALKER B. Anti Chinese Sentiment on Rise in Myanmar.（2014 - 05 - 13）. http：//www. china dia-logue. org. cn/article/show/single/en/6969.

② 孙广勇．中国对缅甸投资下降　中企在缅发起形象公关战．环球日报，2013 - 08 - 12.

为与理性判断之间的冲突时认为：“是幻觉引起的激情和愚顽，激励着人类走上了文明之路，在这方面人类的理性没有多大作用。虽然理性的意志与义务的责任感可以规制不合理的利己欲望，引导正确的发展方向，但是，在同人类的各种作为文明动力的感情——譬如尊严、自我牺牲、宗教信仰、爱国主义以及对荣誉的爱……的对抗中，理性在大多数时候都不是赢家。”①

（三）精英阶层对普通民众的控制与利用

精英主义是民粹主义潜藏着的逻辑。② 在民粹主义大行其道的年代，“平民主义”完全有可能成为“精英主义”的装饰品。不过需要注意的是，由于在政治上基本无行政权力，经济上一般仅能维持生存，文化上缺乏教育机会，缺乏表达自己的能力，普通民众在平时积累起来的忿恨和不满，如果没有精英阶层的精心设计和大力支持，充其量只是一种情绪的发泄。东南亚国家的极端民族主义者和部分政府精英、民众对中国的担忧由来已久，他们认为中国提出的海丝建设是对自己国家新的经济殖民，因此在有别的国家进行投资的过程中，他们会有意排斥和疏远中国，以减少对中国的依赖。所以我们可以看到，在缅甸以及越南所出现的排华、反华事件中，尽管民众是排华的主体，但是少量的政党、政府官员以及非政府组织也起着推波助澜的作用。他们在西方势力的支持下，利用民众的“无知”，煽动民众的情绪，进一步加大华人与当地族裔之间的鸿沟，甚至发动和组织民众进行示威和抗议。密松水电站建设的搁浅、莱比塘铜矿扩建遭到的抗议本来是小范围的区域性事件，但是由于个别非政府组织以及地方精英的不断引导，从而将地区事件演变为全国性事件。精英阶层是民粹主义政治动员的设计者和主导者，民粹主义的形成与精英阶层的参与与设计有必然的联系。

因此，中国—东盟基础设施互联互通不仅仅是一个经济问题，同时也是一个政治问题，基础设施的互联互通，既影响中国与东盟未来的产业链分工、产业升级方向，又影响东南亚与中国在全球的经济与政治地位。

三、谨防海上丝绸之路建设中民粹主义的破坏作用

在民粹主义生成条件和潜藏机会充分的当代，国际社会仍然存在针对华侨华人的排华、反华现象，我们要看到民粹主义所具有的理想化色彩的批判意识，常常使其道德主义的思维模式陷入非理性的逻辑中，从而出现集体无意识，失去推动社会进步的价值，进而成为一种具破坏性、非理性的极端政治宣泄。由于“海上丝绸之路”建设需要沿线各国华侨华人以及民间力量的支持和拥护，因此，在建设过程中要想把民间力量更有效地凝聚起来，避免较高程度的对抗性，就必须警惕丝路沿线各国民粹主义的情绪发泄，消解其潜在的危机，反对激进的民粹主义。

（一）避免投资的政治化趋势，增强战略互信

新加坡南洋理工大学学者艾琳·陈称，即使大多数国家承认提高地区连通性的好处，

---

① 古斯塔夫·勒庞．乌合之众．北京：中央编译出版社，2004：93－94.

② Nadia Urbinati. Democracy and Populism. Constellations，1998，5（1）：p. 113.

中国也不应该对区域国家针对海上丝绸之路战略产生的担忧感到惊讶。尽管中国强调“一带一路”战略的开放性和包容性，注意了与相关国家发展战略的互补性，同时也充分考虑了东盟各国的利益，但是问题犹存：第一，东盟国家一些人士对中国倡导“海上丝绸之路”建设抱持疑虑，怕这一倡议背后隐含某种特别的政治意图。马来西亚国立大学学者郭清水指出，从长远来看，中国的支持机制一旦成熟起来，可能会削弱东盟的中心地位，弱化东盟的凝聚力。有印度学者明确提出，对于中国的这一倡议必须谨慎，中国驱赶在南海地区参与合作开发的印度能源公司，印度怎么可以信任中国提出的建议。[①] 中国与东盟之间的战略互信不足，导致一些合作倡议受到东盟国家政府或民间组织的质疑，从而使得具体的合作项目难以落实。第二，互联互通计划设想中的利益让渡与东盟各国提出的利益要求之间存在差异，而新的合作倡议与原有的合作倡议（如泛北部湾合作）、相关合作机制（如海湾国家合作委员会）之间存在对接问题。第三，“海上丝绸之路”建设更侧重于经济、文化的整合而不谋求军事上的霸权。“走出去”的企业与公民很多时候缺乏国家直接的保护，其经济与人身安全主要是通过所在国的安全机制予以保障。

多方面的因素促使中国在深化与东南亚国家合作的过程中，首要一点便是与东盟充分沟通和协商，建立良好的合作模式。要吸取中缅经贸合作受益者仅仅是中资企业和缅甸政府而把普通民众排斥在外的教训，增强战略互信，让丝路沿线国家民众和官员相信，丝路建设仅仅是中国融入世界经济的措施，而不是中国为掌握话语权或者建立一套独特制度的幌子，从而确保互联互通不受所在国反华势力和民粹主义的干扰。

（二）经济利益上的适当让渡助力东南亚国家走出纠结

在与东盟的贸易关系中，中国长期以来一直呈现贸易逆差状态，中国的贸易逆差大约占双边贸易额的15%，有些年份甚至超过了20%。如2003年中方贸易逆差是164亿美元，占当年双边贸易总额的21%。2011年中国对东盟的逆差是227亿美元，约占当年双边贸易额的6.3%。中国对东盟持续逆差的状况，到2012年才得以改变。2012年，中国—东盟双边贸易额是4 001亿美元，其中中国出口额是2 043亿美元，进口额是1 958亿美元。中国的顺差是85亿美元，占双边贸易额的2%。从2012年以后，中国与东盟的贸易状况发生了很大的改变，贸易顺差从85亿美元提高到445亿美元，再到638亿美元。中国对东南亚国家的贸易顺差连年增长引起了东南亚国家的顾虑。如果中国的顺差持续扩大，经济上相对弱势的东盟无疑会更加敏感，贸易争端和摩擦更容易浮出水面。

为了减少海上丝绸之路建设的阻力，遏制民粹主义，中国在与东南亚国家的经贸交往中，应该充分考虑到国内各经济区域与东盟各国的产业落差，要让东南亚国家切实获得经济利益，打破东南亚国家成为中国产品倾销地的观念。在开展互联互通的过程中，要充分考虑到华侨华人所在国的利益诉求，尤其是对非华裔群体的利益诉求，应该给予一定的重视，以便减少“海上丝绸之路”建设中的政治和经济噪音。

（三）尊重各国历史和价值观差异，促进民心相通

“海上丝绸之路”建设需要考虑民意。家庭、种族或者社会群体对某一历史事件的集

---

① 蔡鹏鸿．为构筑海上丝绸之路搭建平台——前景与挑战．当代世界，2014（4）．

体记忆，或者长期作用于本群体的认识具有传承性。① 东南亚国家排华思潮的产生与其发展历史有较大的关联性。征诸历史，东南亚大部分地区先后经历过英法殖民时期、日本占领时期和民族国家时期几个阶段。在殖民地时期，华人由于有较强的经济能力以及较高的受教育程度，因此一直与殖民当局保持着较好的联系。只是到了日本占领时期，当地土著势力才有了特权而成为地方统治精英，这种局势一直延续到独立建国时期。而他们去殖民化和独立的过程，多数与华人政治的变迁有关。这种历史背景和历史记忆，使得一些东南亚国家普遍对外国人尤其是华侨有着深深的不信任。

东南亚十国区域复杂，经济发展水平差异很大，国内政治、经济政策以及发展潜力各不相同。在政治制度上，既有极具西方化民主制度的菲律宾、军人政权笼罩的缅甸，又有一党独大下的新加坡、越南；文化上也呈现出多元性、多样性的特点，既有穆斯林聚集的印度尼西亚，又有佛教徒众多的泰国、缅甸，还有天主教国家菲律宾，不同的人文背景对各国民众的价值观和世界观有着很大的影响。在21世纪海上丝绸之路建设中，核心和关键的要素是民众的支持。民众对于政府借债修路以及把巨额负债推给后任的做法非常担心。如何在环保、宗教习俗以及居民安置等方面做出合理安排、求同存异，争取各国民众的理解和支持，加强东南亚民众对中国政府的信任，是遏制民粹主义的一个关键。现有建议如下：

第一，进一步加强与华侨华人的沟通联系，通过召开多层次多形式的交易会、恳亲会、联谊会等，引导华商和侨资企业、海外华侨华人专家学者回乡开展经贸、科技和文化等多方面的交流合作；通过华侨华人的努力，使沿线国家人民了解中国现行政策，把社会文化交流提升到足够的高度。

第二，针对海丝建设中政府层面交往较多，民间交流较少，不利于形成区域共识的实际情况，政府应出台相关政策，动员民间力量，鼓励民间资本参与建设，这既可以在一定程度上缓解资金压力，增强民间的互动，又有助于基础设施互联互通更快发展。

第三，民间交流需要民心相通。可通过政府间的互动与协调，积极为民间交流创造条件。民间交流的重点是做好文化、教育、医疗卫生以及学术研究等领域的人文交流，如鼓励高校科研院所以及非政府组织之间的交流合作，积极推进双边人员交流和往来，进一步提高东南亚国家签证的便利化程度。在合作共建中，如何让普通民众能直接获益，以确保普通民众的利益，也是民心沟通的一个关键。此外，在合作交流中，合作共赢环境的进一步营造，可以为构建更广阔领域的共赢关系创造新的机遇。

“为政以德，譬如拱辰，居其所而众星拱之。”在海上丝绸之路建设的过程中，中国只有与沿线国家构筑合作共赢的产业链，才有可能消除沿线各国民众的疑虑，铲除当地的民粹土壤，从而为华侨华人参与海丝建设提供良好的氛围和环境。而这也将是一个非常重大的挑战。

---

① 哈布瓦赫．论集体记忆．毕然郭，译．上海：上海人民出版社，2002：1－7.

整合海外华侨华人资源参与“一带一路”战略的策略研究

严晓鹏　余　丹*

习近平总书记在2013年9月和10月分别提出建设新丝绸之路经济带①和21世纪海上丝绸之路②的战略构想，这是以习近平同志为总书记的党中央主动应对全球形势深刻变化、统筹国内国际两个大局做出的重大战略决策，它对推进我国新一轮对外开放和沿线国家共同发展意义重大。

“一带一路”战略构想，就是通过我国和周边国家实现政策沟通、道路联通、贸易畅通、货币流通、民心相通，构建区域利益共同体和命运共同体，为亚洲国家探寻区域一体化和区域治理机制绘制蓝图，符合各方根本利益，蕴藏着巨大的发展机遇和潜力。这对广大海外华侨华人来说，更是难得的发展机遇。拥有资本和技术的海外华侨华人，可以将自己的事业同这一战略对接，直接参与到“一带一路”区域建设中，实现个人或团体事业的升级和腾飞。

一、海外华侨华人是国家实施“一带一路”战略的重要资源

海外华侨华人作为中华民族族群中一支特殊的力量，其特殊性体现在连接中国同自身移民目的国的中介性。华侨华人一方面拥有中国强大的人文资源、政策背景作为支撑，另一方面拥有在海外社会中积累的各种资源，因此，有效地凝聚和整合华侨华人这股重要资源将为“一带一路”建设注入更强大的活力。海外华侨华人的资源性表现在以下几个方面：

（一）海外华侨华人数量众多，侨团组织触角庞大

据不完全统计，6 000多万华侨华人分布在全世界198个国家和地区，与此同时，还有3 000多万归侨侨眷生活在我国各省市及自治区。因为人文环境和历史遗留因素，亚洲成为华侨华人最主要的覆盖区和移民聚集区，其中有4 000多万海外华侨华人生活在“一

* 作者简介：严晓鹏，温州大学国际合作学院院长、副教授、博士；余丹，温州大学国际合作学院研究助理、硕士。

① 习近平．弘扬人民友谊　共创美好未来：在纳扎尔巴耶夫大学的演讲．（2013－09－08）．http：//politics. people. com. cn/n/2013/0908/c1001－22842914. html.

② 习近平．携手建设中国—东盟命运共同体：在印度尼西亚国会的演讲．（2013－10－04）．http：//politics. people. com. cn/n/2013/1004/c1024－23102653. html.

带一路”沿线各个国家[①]，他们都将成为“一带一路”建设的主力军和受惠者。因此，“一带一路”区域有着人缘和地域得天独厚的优势，并且集中于东南亚的华商在“一带一路”沿线各国的经济体中都占据着举足轻重的地位。[②]

同时，一些侨团组织具有一定的组织规模并且渗透到所在国社会的各个层次，其中有较大影响力的各类华侨华人社团逾2.5万个。以日韩为例，在日韩的华侨华人规模虽不足200万人，但是他们已盘根错节地根植于日本社会的经济、科技、教育、传媒等各个领域，具有人数众多、层次较高、组织健全等特点和优势。[③]

（二）海外华侨华人具有雄厚的经济资本

“一带一路”主要覆盖区的亚洲华商经济实力占世界华商经济的2/3以上，世界华商500强中约1/3分布在东盟各国，在许多国家中华商成为当地经济的重要支柱。[④] 长期以来，华侨华人积极拓展自身事业，积累了大量财富和资本，华商经济实力增强，在许多国家成为当地经济的重要支柱。中国改革开放以来吸收的很多外来直接投资都是来自华侨华人，如今中国全面深化改革，建设“一带一路”同样需要华商深入参与。

长期以来，广大实力雄厚的华商致力于住在国与中国的经济合作与友好交往，并在中国大陆实施改革开放政策的关键时期率先在华投下巨资，为外资大规模引入起到了示范带头作用。改革开放以来，中国吸收的外来直接投资有相当大的部分来自华侨华人及港澳同胞。双方还将发展货币互换、建立基础设施投资银行、互联互通等自贸区合作。这些均可为华侨华人的投资创造许多商机；反过来，华侨华人的踊跃投资也必将促进未来丝绸之路上的经济合作。

（三）海外华侨华人具备双重或多重文化背景的智力资本

海外华侨华人是中国现代化建设的独特资源，因为他们长期生活在祖（籍）国以外的地方，掌握双重或多重语言系统，可以客观地比较、了解各国社会、法律、文化环境与风土人情。同时，他们拥有华人社会血脉传承的文化背景，是连接中国与周边国家的“天然桥梁和纽带”，在提供语言翻译、法律服务、传播中国文化、向世界说明中国、推动民间交流、化解偏见和误会乃至抵制敌意的媒体宣传、促进两国民众间的互信等方面，可发挥不可替代的作用。海外华侨华人的智慧和力量汇集起来将产生极大的效应，形成特殊的侨胞智库，其作用和影响力都是不容忽视的。

（四）海外华侨华人是促进中外资本流动的重要渠道

近年来，出现一股股海外华侨华人返乡置业投资的趋势和热潮，广大海外侨胞将其在海外积累的大量资本带入中国，促进中国相关产业的快速发展。同时，华侨华人长期在海外经营大量的涉外贸易，又有利于带动我国的资本流向海外，实现我国对外贸易的发展，

---

① 陈经纬．充分发挥港澳台和海外华侨华人在实施“一带一路”战略中的独特作用．四川统一战线，2014－04－05.

② 杨会祥．以侨为桥建设21世纪海上丝绸之路的思考．南方论刊，2014－12－13.

③ 林跃勤，张小欣．“一带一路”连接海外华侨华人——访暨南大学校长胡军、泰国商业部前高官谢捷魁等．中国社会科学报，2015－03－09.

④ 蔡建国．华侨华人与“一带一路”战略．文汇报，2015－03－12.

促进贸易往来，实现全球范围内资本的多向流通，在盘活我国经济的同时推动经济的全球化进程，使“一带一路”的建设更为顺利。中国经过改革开放以来30多年的发展，从开始的引进外资，到形成如今“走出去”和输出资金相结合的局面，海外侨商起了很大的作用，他们为中国经济“走出去”开辟了更广阔的道路。

暨南大学华侨华人研究院张应龙教授指出，侨商一方面对国家经济社会的现代化建设起了非常大的作用，另一方面，中国经济的发展也促进了海外华人经济事业的进步，形成一种双赢互动的局面。①

二、整合海外华侨华人资源参与“一带一路”战略的主要策略

（一）引导海外华侨华人回国打造“一带一路”国内平台

海外华侨华人通过长期艰苦的奋斗，在海外积累了雄厚的资本，包括物质和人脉等。应通过有效手段，完善相关贸易政策，营造良好的制度环境，鼓励和促进华商融入“一带一路”建设。另外，要维护侨胞在国内外的权益，鼓励侨胞将自身事业发展同参与“一带一路”建设有效结合起来。② 只有对这些海外资本合理整合，才能使这些海外资本“为我所用”，发挥出强大作用力。

在“一带一路”建设中，我国应该尽快建立和出台相关规划建议，用以指导海外华侨华人到中国投资，将资本引入中国，将海外华侨华人的力量注入“一带一路”发展战略中，更好地发挥华侨华人的力量。应鼓励以及推动这些拥有海外资本的华人以及各个社团参与到该战略建设中。特别是在海外华侨华人擅长、有发展经验或者有其他物质基础的商业、工业领域，比如深海远洋的运输行业、物流仓储、货运代理、能源开发等行业，可加强对相关有实力的海外商会进行指导和扶持，开拓国际经济科技合作，建立中外合作关系并创造出更具活力的激励模式，发挥海外资本的活力，推动国内经济转型升级。

（二）汇聚侨资打造“一带一路”海外平台

“一带一路”的战略方针不仅旨在引入海外资本加快国内各方面建设，实现国内经济大环境的转型升级，更旨在推动我国与全球大范围的联系与发展，而海外华侨华人更应该发挥其桥梁作用，提供一个可供借助的海外平台，让我国的各类企业能够登陆并融入海外的产业和市场中，实现与全球大环境的无缝对接。

在欧美各国或者中东等地的华侨华人可以直接在海外注册成立公司，直接向“一带一路”沿线各个国家进行注资，同时整合带动国内的产业资源，比如建立更加多样化的物流链、保税仓、银行等，引导国内商业资本一同融入海外市场，促成我国商业资本在更大范围内进行更加活跃的流动，盘活资本，促进我国商业资本与侨资更繁荣、健康地发展。

通过整合华侨华人资源参与“一带一路”海外平台建设，可以实现我国海外资本的有效利用，同时实现内外资本互相融合更加快速和高效，从而实现我国的“走出去”战略。

---

① 杨婧如，陈文标．发挥侨商作用　助推“一带一路”．（2014－11－24）．http：//sztqb. sznews. com/html/2014－11/24/content_3071449. htm.

② 蔡建国．华侨华人与“一带一路”战略．文汇报，2015－03－12.

（三）发挥侨技实现“互联网 +”的“一带一路”战略

李克强总理在2015年的政府工作报告中针对“一带一路”战略，提到了一个可以让新一代华侨华人发挥更大作用的词，就是“互联网 +”。① 这意味着“一带一路”战略拥有了更加广阔的时空舞台，扩展了我们关于“一带一路”战略的思维。在互联网下，我们可以针对更多专门化的细分市场，利用跨境电商的形式推动“中国制造”；同时，通过“侨媒”实现中国信息世界同全球信息世界的交融与对接。

跨国和跨境互联网电子交易平台的出现使得全球间各国距离不断缩小，国界的概念界限越来越模糊。中国要抓住这一轮机遇，使我国制造业不再局限于线下的实体生产，而是将传统贸易模式通过互联网与现代化的电子商务无缝对接，利用侨智和侨资，打造更便捷高效的互联网跨境平台，为国内生产企业提供全球营销推广、出口代理、物流运输、海外仓储及配送、在线供应链金融、外贸及电商培训等一站式外贸服务，打造网上丝绸之路，服务中国外贸发展。通过电子商务产业的发展，中国生产的商品通过互联网销售到全球，进一步完善了全球贸易的发展格局。因此，跨境电商也是“一带一路”战略的重要载体。海外华侨华人要抓住“一带一路”的战略机遇，实现转型。

同时，利用互联网建立“侨媒”，可以发挥华侨华人在海外社会的优势，加快中华文化在世界范围内的传播，为中国在世界舞台上建立起正面的大国形象。

（四）通过侨智培育文化市场并推动中华文化的输出

“一带一路”战略的发展愿景不仅仅局限于经济上，它是一个政、经、文三者交融的战略。因此，它也是实现中华文化伟大复兴的重要手段之一。一些高素质、高层次的海外华侨华人正为我国社会各方面的建设提供智力支持和决策参考，在全面实施“一带一路”战略的新形势下，我们要把这个侨胞智库打造得更好。我们要把握好这些华侨华人资源，加强沟通交流，开展各种形式的政治、经贸、文化、教育等往来，达到互通有无的目的。

在国际格局发展日益复杂化的今天，华侨以及部分华人可以通过民间外交、公共外交，在中国和住在国政府及民众之间架起沟通的桥梁。可通过这些熟悉住在国并拥有双语或多语思维的华侨华人人才，结合有效的沟通和舆论宣传，动员更多华人和当地人了解中国，推动当地人对中国的认识，并增加对当地孔子学院的建设和支持，培育“一带一路”沿线国家的华文教育市场，推进“一带一路”战略。应让海外华侨华人成为推动侨务公共外交、人文交流最积极的参与者，并成为传播中华文化的重要窗口和平台，让遍布全球的2万多所华文学校、2万多个华人社团及1 000多家华文媒体发挥更大作用，在将世界文化“引进来”的同时，加快我国文化“走出去”，实现中华文化伟大复兴。

总结以上策略，我们必须明确，在实施“一带一路”战略中，海外华侨华人的利益同我国利益是息息相关的。海外华侨华人社会地位的提升与事业发展壮大与“一带一路”建设互为借力、相辅相成。我们只有把握这一点，才能充分整合海外侨务资源，发挥侨务资源的巨大作用。为了达到同“一带一路”沿线各国更高水平的沟通互联，要依靠海外华侨

① 政协委员：海外华人华侨在“一带一路”建设中大有可为.（2015－03－12）. http：//www. scio. gov. cn/zxbd/wz/Document/1396347/1396347. htm.

华人自身的优势，与其住在国达成更高层次的沟通，打通该战略下部署的各个关卡，用好这个资源。同时，伴随着“一带一路”建设与海丝沿线各国建立新层次的战略合作关系，也能够为海外华侨华人社会提供新的机遇，对华侨华人在当地的生存与发展提供保障，并辐射到当地华侨华人自身事业发展，反向提升华侨华人在住在国的社会地位和影响力。

长期以来，广大海外侨胞为支持中国的现代化建设、推动中国和平统一大业和两岸关系和平发展做出了重要贡献。只有合理整合海外华侨华人资源，把握住“一带一路”发展的机遇，才能更好地为“一带一路”战略的推进和实施助力。这是实现“中国梦”，也是助推新世纪“一带一路”战略的强大源泉。

中国21世纪海上丝绸之路文化软实力建设研究

——基于福建海洋文化视角的探讨

杨宏云*

21世纪是海洋的世纪。这已成为人类共识。由此，中共十八大提出海洋强国的战略目标，并于2013年推出了21世纪海上丝绸之路建设作为重要国策，体现了围绕海洋发展的宏观决策。毫无疑问，面向海洋发展，需要海洋科技、海洋信息、海洋经济等硬实力支持。然而，影响未来海洋国家和地区经营海洋战略及态势的却是海洋文化。它是人类经略海洋的精神动力和智力支持，是巨大的、潜藏的软驱力。作为一种先进的文化类型，海洋文化将深刻影响着21世纪海上丝绸之路建设的成功与否。

福建作为21世纪海上丝绸之路建设核心区，蕴含丰富的海洋文化内涵。它既是福建新海丝建设的实践之源，也是中国与新海丝沿线国家合作的根基和保障，是一种文化软实力资源。因而，梳理福建海洋文化的内涵与特征，面向新海丝沿线国家建设以海洋文化为主体的文化软实力，将能为中国推进21世纪海上丝绸之路建设提供重要的协助，是经济与文化互动的必然举措。

一、福建的海洋文化赋存及其特征

福建海洋文化历史悠久，渊源深厚，古代《山海经》称“闽在海中”，明末学者顾炎武曾概述海洋对福建人的重要性：“海者，闽人之田也。”这凸显了海洋在福建区域文化的重要性和普遍性。长期以海为生，面向海洋生产生活的习性，孕育了福建深厚的海洋文化内涵。

（一）海神信仰

福建民间众多的涉海类民间信仰，是民间海洋生活的最直接体现。其中尤以妈祖信仰最为普及，影响深远。其他还有陈容创（长乐显济庙），“水部尚书”（陈文龙）、通远王、拿公、临水夫人、“千里眼”“顺风耳”等信仰，所供奉场所皆建有“神堂”“祠”“庙”等，星罗棋布，散见于福州、厦门、泉州、漳州等沿海区市，且方位直面海洋或港口，表达了福建与海洋的紧密联系。

（二）海洋民俗

福建沿海居民以渔业和贸易为生，具有独特的渔村、渔港和渔民风俗。独具特色的湄

* 作者简介：杨宏云，福州大学闽商文化研究院副教授。

洲女、惠安女与浔埔女是福建沿海最具特色的海洋民俗风情。此外，沿海各种各样崇敬海洋的节庆礼俗、婚嫁礼俗、生活习俗等，皆与海洋生产生活关联甚深。其中，福建独特的渔业习俗是海洋生活民间性的集中体现。譬如造船，除要选良辰吉日，敬拜神灵方能动工外，安钉“龙骨”的仪式最为隆重。在钉“龙骨”时，人们先把一块数尺长的红布钉在“龙骨”料上，象征红红火火，之后要在“龙骨”缝隙中塞进数枚铜钱以驱邪。船头要刻画一对“龙目”，以把握方向。渔船或商船出海，一般要到妈祖庙进香，求问出海佳期。船上设有神龛，奉祀妈祖和关帝。出海时船上的物品不许倒放，因为倒放意味“翻船”。煎鱼只能煎一面，不能把鱼翻过身煎。吃鱼时吃了上面的鱼肉，要吃下面的鱼肉必须把骨头剔开，不能把鱼翻过来。船工解手不能站在船头，那是对海神的大不敬。凡此种种，体现了福建独有的区域海洋民俗文化。

（三）涉海类建筑

海洋在福建人的艺术生活中有着重要的作用。它塑造了福建人的审美观和艺术观，构成了福建人精神生活的一部分。闽南一带独特的红砖、石材、飞檐翘角的大厝建筑，体现了沿海渔村的温暖风情。尤其是蚵壳厝，更是临海渔民充分利用渔村自然资源的一种具体体现。此外，分布在厦门、漳州、泉州等地的骑楼和洋楼等，是中国近代建筑史上中西海洋文化碰撞的杰出成就。而石筑民居，无论是墙基、墙身、柱础、柱子、楼板、楼梯还是门窗、石栏杆、石阶梯等皆充斥着海洋生活气息。此外，福建民居雕饰形态丰富的海涛龙纹、波浪纹，以及螃蟹、章鱼等海洋生物纹样，是福建特殊的靠海地理、历史、人文背景凝结的一个结晶。

（四）历史悠久的造船技术

早在闽越时期，福建先民已掌握先进的造船技术，开展近海或远海航行。及至明代，福州已成为抗倭战舰、使船、册封船的重要生产基地，造船技术日臻成熟，形成了一支实力雄厚的造船技术队伍。在中国航海史甚至是世界航海史上，到处都可以看到福船的身影。今天分布于福建闽东、闽南沿海一带的福船建造工艺，已成为福建海洋文化的重要历史记忆。而福建造船文化的集中体现则是福州马尾船政局，它集中体现了福建海洋文化在中国的地位。

（五）古代海上丝绸之路的文化遗存

古代海上丝绸之路的形成，源自以福建为代表的东南沿海制造业发达和远洋商贸的兴盛。海洋商贸带来的福建沿海诸港口如福州、泉州、漳州，乃至近代五口通商后的厦门，它们承前启后的繁盛，在福建近海海域留下许多文化遗存。譬如瓷器制造遗址、古集市、古港口、古码头、海底沉船，福州台江区的琉球馆、烟台山，泉州的开元寺、漳州的月港，以及生活于世界各地的海洋移民，构成了海上丝绸之路的实物见证，它们记载了千百年以来福建海洋文化与世界互动的轨迹。伴随物质流转的是福建涉海性人文艺术，如闽剧、南音、布袋戏、木偶戏及涉海饮食等，也构成福建典型的海洋文化遗风。在众多的古代海丝遗存中，郑和下西洋遗迹所蕴含的海洋文化，对今天中国的海洋崛起具有重要的启发和教育意义。

（六）海洋族群——南岛语族的文化遗存

南岛语族是主要分布于岛屿上的一个大族群，其分布地区东到太平洋东部的复活节岛，西到印度洋的马达加斯加，北到夏威夷和我国台湾，南到新西兰。据统计，南岛语系包括1 000—1 200多种语言，是世界上唯一主要分布在岛屿上的语系，说南岛语系语言的人口约有2.7亿。国际学术界对南岛语族的最新研究表明，南岛语族最早发源地与福建渊源深厚。而平潭壳丘头遗址，闽侯昙石山遗址，霞浦黄瓜山、屏风山，以及东山岛太阳纹岩画遗迹等，也为“福建是南岛语族最早发源地”的学术观点提供了有力明证，也确证了中国海洋文明悠久的历史。

长期的海洋生活习性，培育了福建开放包容、国际化、诚信与尊重契约、团队拼搏、与时俱进的海洋文化特性，并深深镌刻于福建文明化生活内涵中，深具文化软实力的特质。

二、福建海洋文化是构成新海丝建设的文化软实力

海洋文化作为福建先进、独特的区域文化，不仅是闽人经略海洋、塑造自我的驱动力，也构成福建海上丝绸之路核心区建设的软实力。

（一）海洋文化过去是古代海上丝绸之路发展的驱动力

文化软实力是指在一个国家或地区基于文化而具有的感染力、凝聚力、吸纳力、创新力和传播力，以及由此而产生的竞争力和影响力。在当今区域竞争白热化的世界，文化软实力越来越成为一个区域稳定、繁荣和持续发展的不竭动力和重要源泉，成为衡量区域综合实力和区域竞争力的重要标尺。因为文化在本质上不是一种强制性力量，它的力量发挥，根源于文化所蕴含的内在精神、思想、情感、价值观，以及由此所呈现出来的视野、胸襟、气魄等所形成的独特魅力，包括吸引力和感召力、煽动力和影响力。

海上丝绸之路既是贸易之路，也是文化之旅。而构成古代海上丝绸之路持续、深入发展的惯性则是得益于海洋文化的支撑。自唐宋以来，福建海洋经济风生水起，沿海诸港口如福州、泉州、漳州及厦门，陆续成为海外交通和海洋商贸的重要港口。这恰是福建海洋文化形塑的重要见证。而近代西方自福建窥探中国，中国从福建认识海外，链接海洋世界，亦是福建海洋文化的驱动力使然。至改革开放，长期浸润海洋文化的福建人，借由改革开放的机遇，先行先试，南上北下，国内国外奔波，开创了生机勃勃的外向型民营经济，凸显了海洋文化敢为天下先的冒险精神。

展开福建经济史的历史长卷，我们可以发现，福建经济一直是与海外紧密关联的，是一部受海洋文化驱动的经济奋斗史。由此，可以说，福建海洋文化高度契合着中国21世纪海上丝绸之路建设方略，二者相携共进，相得益彰。

（二）福建海洋文化与海上丝绸之路沿线国家有着诸多共同点

海上丝绸之路沿线国家民族不同、信仰不同，存在巨大的文化差异，必须在文化方面找到“求同存异”之处。依靠共同的文化着力点，更易于将所有人凝聚在一起，共同做一件事情，达成民心相通的目标。

相比较而言，福建的海洋文化元素已更多地进入海丝沿线国家，成为它们文化多样性的源头之一。譬如，东南亚南岛语族与福建南岛语族发源地的渊源；郑和文化在东南亚、南亚伊斯兰信仰国家有着广泛认可和深远影响；福州、泉州、莆田等地遗存的阿拉伯文化遗址，可为对接阿拉伯国家的合作提供历史参考。而且，福建海洋文化长期发展所蕴含的开放包容、国际合作等特质，也在海丝沿线国家普遍存在。福建与海丝沿线国家基于海洋文化构成的共同价值观、道德伦理、审美趣味等，对消解合作中的文化差异和歧见，有着莫大的帮助。同时，它也易于在海上丝绸之路沿线国家找到合作的共同点，能够快速形成共同认知，从而实现经济合作共赢目标。一定程度上，它也能帮助中国推进 21 世纪海上丝绸之路建设的国家战略。

（三）福建海洋文化在海上丝绸之路沿线国家有着逐步增长的消费群体

福建与海上丝绸之路沿线国家的海洋文化渊源和共同点，构筑起福建与海丝沿线各国紧密的文化关系，形成一定数量的福建海洋文化消费群体。这成为其他省份所不可替代的优势。譬如，福建的茶叶和茶道文化，在海丝沿线国家广为流行；福建德化瓷器不仅过去受到海丝沿线国家群众欢迎，今天也有广大的消费群体；福建佛教的对外交流，带动佛事用品大量出口海丝沿线国家。福建的文化艺术，如闽剧，自民国时期开始已经在南洋开始巡演；南音进入了菲律宾国立大学音乐学院、菲律宾女子大学音乐艺术学院课堂；源自福建的印度尼西亚布袋戏在民间广受喜爱。这都构成福建海洋文化在海丝沿线国家的重要消费市场。

而且，福建海洋文化旅游的消费群体，也主要来自海丝沿线国家。根据福建省旅游局统计，来自海丝沿线的新加坡、马来西亚、印度尼西亚、菲律宾，及南亚巴基斯坦、斯里兰卡及西亚诸国等，已是福建重要的入境旅游客源市场。因而，福建应抓住联合国世界旅游组织打造海上丝绸之路旅游路线的契机，依托海上丝绸之路建设目标，充分挖掘自身有关海上丝绸之路丰富的海洋文化内涵，在注重保护的前提下进行可持续性的开发，促进福建与海丝沿线国家的海洋文化交流，提升文化的经济意义、经济的文化内涵。

三、实现福建海洋文化的软实力支持需要政府制定保障措施

具有先进性、富含时代价值的海洋文化，是福建海上丝绸之路建设的软实力。然而，现实中却因海洋重要性意识的缺乏，导致海洋文化的作用和地位未能得到彰显。由此，如何积极发挥海洋文化的软实力作用，政府顶层设计尤为重要。

（一）弘扬海洋文化，落实海洋文化资源保护与可持续利用政策

对于软实力资源来讲，只有建立一个适合它发挥的环境和有效的制度才会有助于它发挥张力。为充分彰显海洋文化软实力的效力，政府应明确海洋文化软实力建设的价值定位，要有海洋文化建设的理念和思路，评估海洋文化应用于福建软实力建设的重点领域，开辟利用海洋文化推进福建软实力建设的有效途径。具体而言，就是政府要以核心领域为重点，实行点面结合，构筑海洋文化促进海丝建设软实力的主体架构。同时，政府应通过实施若干重大、具针对性的海洋文化资源保护和可持续利用项目，譬如福建海洋民族——南岛语族遗址、福建沿海水下沉船遗存、福建船政文化遗存、郑和文化遗址等，凸显海洋

文化与福建海丝建设的紧密联系和时代价值。

（二）支持、培育和科学发展海洋文化产业

开发、利用好各类海洋文化资源是提升海洋文化软实力正能量的基础，其核心是要为文化软实力建设提供物质载体和“硬支撑”。具体来说，就是要大力发展关涉海丝建设的海洋文化产业：第一，政府应完善法制，加强对海洋文化资源的保护；第二，努力建设一批与海洋文化紧密相关的文化产品，譬如海洋文化公园、海洋文化雕塑、海洋民俗博物馆、海洋文化旅游节等；第三，搞好海洋文化产业规划、基础设施建设、品牌宣传等工作，明确涉海丝建设相关海洋文化产业发展的框架、目标和主攻方向；第四，加大对海洋文化旅游的投入，通过海洋文化旅游带动海洋文化的产业化、市场化，以确保区域海洋文化可持续发展；第五，以新近成立的海丝基金为依托，支持和鼓励各类市场主体开展与海丝沿线国家合作推进海洋文化相关产业，从而为福建海丝建设奠定合作基础。

（三）制定文化传播战略，构建立体化传播体系，加大对福建海洋文化在海丝沿线国家传播的认知

丰富的海洋文化资源和创新性的海洋文化产品，应借助高效迅捷的现代传播体系，提高文化的辐射力和影响力。为提高海洋文化在海丝沿线国家的软实力效用，政府应强化“大传播观”，构建高效迅捷、覆盖沿线国家的现代化、多层次的传播体系。可运用现代科技手段，如网络、数字媒体及空间信息等，实现海洋文化的立体化传播，使福建海洋文化深入社会各个层面。同时，政府还应加强组织和引导，利用社会力量，依靠市场推动，不断提高福建海洋文化产业产品的对外贸易，拓展福建海洋文化产业产品的消费市场。应借助传播和市场两大手段，大力彰显福建海洋文化的独特性和时代性，提高区域海洋文化的知名度和认可度，成为中国推进新海丝建设的响亮文化名片。

（四）发展海洋文化教育，培育共同的海洋文化人才

人的素质是最根本的竞争力，也是提升文化软实力的关键。海洋文化软实力的发展只有以人的发展为目标，才具有真正的现实意义。随着中国启动海丝建设的宏伟战略，对海洋文化人才的需求也急剧增长。为此，政府与海丝沿线国家协商，共同加强关于海洋文化建设和发展的人才培养战略：一是要大力发展与海丝沿线国家的学校教育合作，进一步加大对海洋文化教育的投资力度，实施海洋文化教育进教材、进课堂，实现彼此认识和接受各自的海洋文化传统；二是加强各自海洋文化的社会推广工作，注重提高福建与海丝沿线国家民众的海洋意识，使民众感知和认识彼此海洋文化的伟大内涵与先进特质，为合作发展提供可持续发展的动力；三是要实施平台集聚建设战略，加快海洋文化科研平台建设，着力提升海洋文化的教育与研究水平；四是应加强海洋文化研究的学科建设，培养适应海丝建设需要的海洋文化基础研究和应用开发人才。只有加强海洋文化的教育和人才培养，提高彼此的海洋文化认识，海洋文化发展才能转化为海丝建设的软实力。

（五）把握“互联网 +”技术，创新海洋文化与海丝沿线国家应用与互动平台

“互联网 +”是把互联网创新成果与经济社会各领域深度融合，推动技术进步、效率提升和组织变革，提升实体经济创新力和生产力，形成更广泛的以互联网为基础设施和创新要素的经济社会发展新形态。互联网与各领域的融合发展已成为不可阻挡的时代潮流。基于福建海洋文化与新海丝建设沿线国家的共同性与高度契合性，除经济合作外，中国应以海洋文化为媒介，借助软硬技术，尤其是“互联网 +”的创新成果，构建一个中国与海丝沿线国家海洋文化体验与海洋文化创意产品生产、销售平台，譬如游戏、影视、旅游等内容的源数据库，实现中国包括福建与新海丝沿线国家共同认可的海洋文化交流平台。

四、结语

历史经验表明，任何一个国家或地区要把合作意志和力量凝聚起来，除硬实力以外，软实力的支撑必不可少。文化则是软实力的前提和重要载体，是其灵魂所在。深具典型性的福建海洋文化，不仅是古代海上丝绸之路建设的驱动力，亦是中国推进 21 世纪海上丝绸之路核心区建设必不可少的软实力要素。历史和时代使命迫切需要我们重视海洋文化所蕴含的创造、创业、创新精神，以促进福建海丝核心区的全面、协调、可持续发展。一定程度上，它也决定着中国 21 世纪海上丝绸之路建设的具体实践，关乎中国海洋强国崛起的重大目标。因而，需要重视和充分发挥福建海洋文化对海丝建设的软实力作用。

推进21世纪海上丝绸之路建设中发挥华侨华人作用应关注的若干关系问题

林心淦*

本文着重探讨推进21世纪海上丝绸之路（又称“新海丝”）建设中发挥华侨华人作用应关注的若干关系问题。华侨华人具有较深厚的经济实力、较成熟的生产经销网络、广泛的政商人脉关系、较牢固的中华文化语言传播平台，同时具有融合中外的平台优势，是重要的力量。要高度重视和充分发掘华侨华人的巨大潜力，发挥华侨华人作为“一带一路”的见证者、参与者和建设者的作用。“新海丝”沿线各国特别是东南亚国家，是华侨华人的集中地区。因此，发挥华侨华人的作用，重点在这些国家。

一、历史上的华侨华人与海上丝绸之路

历史上，海上丝绸之路不仅仅是一条商贸之路，同时也是一条人员往来、文化交流和公共外交之路。华侨华人在其中扮演了多种角色，成为海上丝路的见证者、参与者和建设者。海丝沿线国家也就成了华侨华人聚集最多的国家和地区。

（一）华侨华人是海上丝绸之路建设的见证者

作为一条交通要道，海上丝路同时也必然是一条人员往来之路。在海上丝路开辟之后，闽粤等地沿海民众出于生计、安全、发展等需要积极投入到海丝之路的移民流中。尽管早期移民规模不大，其引领作用却极为重要。近代以来，中国沿海大规模海外移民，正是循着“海丝”印记，漂泊海外艰苦奋斗，华侨华人社会因此得以形成。

以福建为例，福建人走向世界之路与海上丝绸之路息息相关，其生息繁衍的历程也见证着海上丝绸之路的发展历史。由于环境的影响，福建人自古就与大海结下了不解之缘。当年许多福建人沿着海上丝绸之路远涉重洋，闯荡世界，不少人定居海外，成为最早侨居海外的华侨，为海上丝绸之路的发展做出杰出贡献。郑和七下西洋，船队中的主力船员是福建人；在郑和航海活动偃息之后，许多福建商人整家整族汇聚航海力量，开展了有声有色的海上贸易活动。现聚居于东南亚的福建籍华侨华人，大多是不同历史时期沿着海上丝绸之路出去的福建人及其后裔。据不完全统计，目前福建拥有海外华侨华人1 580万人，分布在世界188个国家和地区，其中东南亚地区占76%，有1 200万人。闽籍华侨华人经过长期艰苦创业，许多人不仅融入当地社会，更成为居住国经济发展的重要力量，他们职

* 作者简介：林心淦，福建社会科学院华侨华人研究所副所长、副研究员，主要研究领域为中国区域经济、华侨华人经济。

业分布广泛，以从事商业贸易、餐饮服务、制造等传统行业为主。如今，闽商已成为海外华商中实力最强的一支。据“2013 闽商百强榜（全球榜）”的数据，仅百强闽商在 2013 年的累计财富值就高达 16 280. 66 亿人民币。①

（二）华侨华人是海上丝绸之路建设的参与者

侨居海丝沿线国家的华侨秉承重商务实、开放兼容的优良传统，长期从事于中国与海外各国的长途贸易。海上丝路主要有东海航线和南海航线，东海航线主要是前往日本列岛和朝鲜半岛。明朝海禁形成的月港时代（1450—1627），中国海商全盘代理了日本的海外贸易。南海航线主要是往东南亚及印度洋地区。东南亚是华侨的主要移往地，他们惯用中国国货，因此，在中国与东南亚之间从事远洋贸易的华侨较多，并形成独特的华商网络。月港时代也是东南亚近现代华商网络形成的阶段。这一时期明朝实行海禁，民间海外贸易沦为走私贸易，沿海港口中的漳州月港成为东南沿海第一大私商港口。中国海商很快掌控了菲律宾与中国、日本间的大帆船贸易，大帆船不停往来于中国与菲律宾之间，贸易不断。西洋航线中的印支—马来半岛的航运贸易也掌握在华商手里。也正是在这一时期，华商网络和华商社会开始形成。之后的郑芝龙时代，海外华商仍然可以与西方人在东南亚海域展开对等竞争。月港时代过后，华侨的海上垄断地位有减弱，但海外华侨从事中外商贸的传统却一直得以延续。民国时期，南洋各海外华埠还以国货展销的方式来推动中国国货在东南亚的销售。②

新中国成立后，在改革开放前，华侨华人促进中外经济合作的重要平台是每年春秋两季在广州举行的中国进出口商品交易会（简称“广交会”）。广交会初创于 1957 年，许多华商不离不弃，多年来坚持参加广交会，并在海外广为宣传，争取其他外商来中国做生意。改革开放以后，华侨华人也积极参与到家乡举办的各种招商引资活动中，与家乡工商界人士互通信息，团结协作，共促中外商贸业的发展。一些华侨华人团体还为中外经贸合作尽心尽力。如泰国中华总商会每年都会接待数以百计的中国商贸代表团去泰国考察合作，并协助中国各地政府及企业在泰国举行展览及推介活动。此外，在中国企业“走出去”的过程中，华商同样发挥了中介和桥梁作用。如印尼三林集团与中国银行合资设立福建亚洲银行，开展中国企业对外投资的中介业务，该集团还与中资华闽集团共同开发印尼石油。近年来，在中国与东盟自由贸易区经济一体化的进程中，华商凭借其雄厚的经济基础以及与中国的血脉关系，成为推进区域经济一体化的桥梁和纽带。③

（三）华侨华人是海上丝绸之路沿线国家和地区的建设者

华侨华人秉承“爱拼才会赢”的优良传统，以主人翁精神，为侨居国和祖（籍）国的建设事业做出了杰出的贡献。对于侨居地而言，早期中国的生产力水平较高，广大华侨带去先进的技术、生产资料，促进了当地的生产力发展；他们与当地居民并肩劳作，拓荒垦殖，建设村镇，兴办文化教育事业，加快了当地经济的发展和社会的进步。例如，为了

① 林心淦．打好“侨”牌助力“新海丝”建设．海峡通讯，2015－04－21.
② 林心淦．打好“侨”牌助力“新海丝”建设．海峡通讯，2015－04－21.
③ 林心淦．打好“侨”牌助力“新海丝”建设．海峡通讯，2015－04－21.

从事垦荒和开发，许多闽商曾从福建各地组织大规模的移民前往东南亚各国。闽商率先经营的诸多产业奠定了侨居国经济的基础。东南亚许多重要产业都是由闽商首先经营的，比如马来西亚的橡胶业和锡矿业。同时，他们与侨居国民众荣辱与共，积极参与、支持当地人民反抗殖民统治、争取民族独立的斗争。当侨居国获得独立之后，他们绝大多数先后加入该国国籍，成为该国公民。当代海外侨胞更加注重回馈当地社会，也积极参与祖（籍）国建设，不仅积极投资，而且大量捐资修建桥梁、道路、学校、医院、公园和其他基础设施。例如，菲律宾华社“三宝”已成为关爱并回馈当地社会的典范。在日本发生灾情时，海外侨胞积极捐款捐物，反映出一个负责任的华人群体形象。一些华人因表现积极还受到主流社会的高度评价。①

对于祖（籍）国，海外侨胞会以侨汇、捐赠、投资、参加革命等方式予以回报。如早期华侨多只身出国，赚了钱之后就以侨汇的方式寄回来赡养家眷。此后，侨汇就成了侨眷家庭的主要经济来源，以及政府的重要外汇收入。一些富裕侨商还心系桑梓，不忘支援家乡建设。自晚清以来，政府对侨胞投资国内多有鼓励，华侨华人就开始在家乡投资办厂、兴学育人或捐资慈善公益事业，推动了中国经济、社会事业的发展。新中国成立后尤其是改革开放之后，华侨华人恋祖爱乡的情结不减，不仅回祖（籍）国投资兴业，也慷慨解囊扶贫助学，兴办教育和各种慈善事业，以造福桑梓，回馈社会。

二、海外华侨华人参与“新海丝”建设中可能面临的挑战与风险

在21世纪海上丝绸之路战略推进过程中，因沿线地区的地缘政治关系错综复杂，政治博弈敏感，会遇到许多困难、挑战甚至风险；同时，也给海外华侨华人参与“新海丝”建设带来许多不确定性。

（一）“新海丝”推进过程中面临的挑战与风险

在21世纪海上丝绸之路战略推进过程中，会遇到许多困难、挑战甚至风险，包括部分国家政局不稳，一些国家法制不健全，投资贸易风险较大；多边合作项目，特别是基础设施互联互通，推进难度比较大；少数国家在大国间搞平衡，对我国抱有既合作又防范的矛盾心态，甚至是抵触态度。而且，各国的情况也比较复杂，官方、民间、不同群体，因了解程度不同，利益和立场不同，还存在着复杂各异的心态。通过海外学者了解到，东南亚各国对中国倡议的“一带一路”有不同看法，疑虑很多，甚至多是从负面的角度去解读。这些国家普遍认为，“新海丝”只是中国用来改善与周边国家关系、增强中国的区域影响力、与美国等区外大国进行战略竞争的工具。比较极端的，比如一些越南精英和外交圈子对中国的意图深表怀疑，认为中国希望利用“新海丝”把自己塑造成为地区的霸权国家。

近年来，中国企业的海外投资屡次因政局变动而遭遇挫折。例如，缅甸国内政治局势的变化导致中缅密松水电站工程和中缅合资的莱比塘铜矿项目被叫停，中缅皎漂—昆明铁路工程计划搁浅；泰国政局动荡导致中泰“高铁换大米”计划流产；斯里兰卡新政府上台可能导致中国交建承建、总投资为15亿美元的科伦坡港口城项目面临不确定的政治风险；

① 林心淦．打好“侨”牌助力“新海丝”建设．海峡通讯，2015－04－21.

最近，希腊新政府叫停向中远集团出售比雷埃夫斯港口多数股权的私有化计划，柬埔寨首相下令暂停建造中柬合作大坝，以及墨西哥政府无限期搁置高铁招标计划，并勒令中资坎昆龙城项目停工，引发了社会各界对于中国海外投资所面临的政治风险的高度关注。①

中国企业海外投资之所以因政治因素频频受阻，原因是多方面的，既有东道国政治社会经济变化的因素，又有中国企业行为不规范和国内政策体系不完善的因素，还受投资行业、地缘政治等因素的影响。国外的政治阻力是中国企业海外投资最容易遭受的障碍，而“国家安全”则成为他们惯用的理由。“国家安全”的背后实际上大多是商业利益在作祟，是商业竞争政治化的表现。中国企业作为对外直接投资领域的后来者，存在着明显的“后发劣势”，在投资机会选择和市场机会开拓方面处于明显的不利地位。由于优质资源几乎全被发达国家企业所占据，中国企业不得不到那些政治风险高、社会制度体系不完备、经济发展水平低、投资环境较差和基础设施匮乏的国家去寻找投资机会。中国企业对国际市场不熟悉，国内中介机构发展程度较低，难以有效地对投资项目进行尽职调查和风险评估。国内很多企业缺乏海外投资经验，企业经营人员不通晓当地语言和文化，缺乏具有国际经济专业知识和熟悉当地法律法规、税收制度的经营管理人员。

（二）发挥海外华侨华人作用，助力“新海丝”建设中可能面临的挑战与风险

1. 可能引起当地人特别是官方对中国意图的猜疑

在一些族群关系比较敏感或者对中国怀有戒心的国家和地区，如果中国企业“走出去”的投资合作过于依赖当地华侨华人，特别是绕开与当地政府的协议框架而直接找当地华商合作，就容易引起当地各界的猜疑、嫉妒，甚至对中国倡议“一带一路”的意图表示怀疑，从而可能对“一带一路”的全面推进产生更大的阻力。

2. 可能遭遇所合作华侨华人的失信行为

中国企业面对陌生市场，在对外合作过程中，往往会找当地华侨华人在中间牵线。但是，一些华侨华人投机者会利用信息不对称，不断地加价、捞取回扣，最终给中国投资方造成很大损失。例如前两年终止的中国援助菲律宾的北吕宋铁路项目。关于这个耗资5亿美元的项目遭到终止的原因，中国与菲律宾方面各有说辞，其中一个原因是，由韩国政府单独援助的铁路南段部分，耗资仅为5 000万美元，而南部铁路的地质条件比北部还要差，加上作为中国援助项目，还要由菲方负担一半费用，因此遭到菲律宾政府叫停，并把款项退还给中国。这就是由于华人牵线人的中间加价造成的。

还有就是直接合作者的欺骗行为。比如，中国有些民营的矿业企业在某个国家开矿，30多家矿业企业找了同一个华人，都被这个华人骗了。他所持有的矿业准证都是真实的，但是因为中国企业对当地不了解，所以都被他骗了。很多企业，包括国有企业、援助项目，即使是找到当地大规模的华人企业，也会有上当受骗的风险。②

3. 可能面临华侨华人利益站位不一致带来的风险

一部分侨胞身份变了，他们已经在当地入籍，所以他们的政治认同可能不是中国，而

① 焦东雨．共建一带一路，中企该如何与华人华侨打交道？（2015－06－30）．澎湃新闻．

② 焦东雨．共建一带一路，中企该如何与华人华侨打交道？（2015－06－30）．澎湃新闻．

是他们的入籍国。在大的原则上，他们会站在所在国利益上，而不会站在中国一边。这点一定要分清楚。所以中国企业在“走出去”过程中，选择中介人要慎重，最好有自己的翻译人才。不能认为跟华侨华人都能用汉语沟通，就直接依靠当地华侨华人来做沟通，这对企业来说就存在一定的风险。

三、海外华侨华人参与“新海丝”建设中需要关注的若干关系问题

面对国际社会的不解、疑惑、观望甚至对抗，中国要推进21世纪海上丝绸之路建设，应官民结合，有效引导民间力量参与，并促进民间力量、市场力量成为21世纪海上丝绸之路的最重要依托力量。华侨华人作为最为直接的民间力量，曾经和正在发挥着重要的、积极的作用，但同时也应认识到，海外华侨华人面临的情况也比较复杂，一些国家的族群关系复杂，尤其对华人有排斥的心态甚至行动，也由于一些华侨华人的失信行为，或一些新侨不恰当的方式方法和偏激的商业行为等，造成一些负面影响，因此，应当总结经验教训，合理引导华侨华人发挥好积极的作用。期间，大致上要关注以下若干关系问题：

（一）中国企业“走出去”与当地华商企业的竞合关系

1. 通过与当地华商企业合作进入海外市场

广大海外侨胞热烈响应中国倡议的“一带一路”战略，他们是连接中国与周边国家天然的桥梁，也是助力“一带一路”建设的一支重要力量。东南亚是21世纪海上丝绸之路的一个核心，集中了全世界80%的海外华人，有许多十分成功的华人企业。华侨华人有融入全球化的经验，与当地国家有深入交流的基础，可对推进21世纪海上丝绸之路建设起到一个非常重要的纽带或链条作用。所以，应该充分利用他们的优势。

具体来讲，应注重借助海外华侨华人优势，帮助中国企业“走出去”，在参与海上丝绸之路建设过程中发挥独特作用：一是借力海外华商企业，走强强联合发展道路；二是借助海外华商成熟的商业网络，进行终端渠道合作，顺利进入当地市场；三是借助海外华侨华人了解所在国民风民俗，与当地政界、商界有密切往来的优势，聘请有经营管理经验的高端人才，实现企业文化与当地接轨，减少投资摩擦。

2. 通过与当地华商企业合作防范投资风险

应充分借助海外华商及社团，特别是与海外华人智库合作，搭建中国企业海外发展的风险预警及沟通平台。可由我国驻外机构主导，广大海外华商及团体广泛参与，以优惠条件聘用中国留学生特别是有发展中国家学习经历、会当地语种的留学生，加强海外投资风险分析师队伍建设。该平台是集海外华商与国内“走出去”企业的沟通交流和预警信息发布功能为一体的综合性平台。一方面，在风险问题较小的时期，该平台是政府和企业沟通交流的纽带；另一方面，在风险问题较为突出的时期，该平台会利用信息获取渠道较多、信息发布覆盖面较广的优势，实时发布预警信息，指导华商如何应对相关风险，成为风险规避经验交流与预警的平台。

3. 在进入产业选择上避免对当地企业特别是华商企业产生大的冲击

在推进21世纪海上丝绸之路建设的主要区域，如东南亚地区，其产业结构尤其是当

地华商企业所从事的产业结构，与中国企业有许多相近之处，因此，中国企业“走出去”必然与当地华商企业处于竞争态势。华侨华人最担心中国企业特别是国有大型企业到当地后，会不会冲击当地产业，会不会对当地移民造成冲击，会不会跟当地企业形成竞争关系。所以，中国企业“走出去”，更多的还应致力于跟当地企业、华商企业合作双赢，而不是一种零和游戏。有些国家，如印尼的政策要求有些产业必须有当地股份，中国人跟华人合资，就比较有优势，语言也没有障碍，华人也可以帮着办当地各种手续，出一部分资金。

（二）以华侨华人为桥梁、纽带与合作投资经营的关系

1. 桥梁、纽带角色与合作对象应相对独立

以侨力资源为进入海外市场的桥梁、纽带与选择合作投资经营可以结合，但必须是相对独立的不同程序。有的适合作为牵线搭桥的纽带，但并不一定适合作为合作投资经营的对象。华侨华人跟中国有亲近感，很容易接触，刚开始对当地不熟悉的话，他们是一座桥梁，但是不能将此作为“一带一路”建设的核心内容。

2. 从桥梁、纽带角色发展到合作对象需遵循市场规则

热衷于给你牵线搭桥的华侨华人，往往希望而且有能力成为合作对象。不过，这个过程要慎重，需遵循市场规则，有的华侨华人可能会利用信息不对称的机会，从中牟取不正当的利益。

华人是很好的桥梁，但做生意有很多规则，还是要按商业规则来。华侨华人很多时候只是中间商，他们是要赚钱的，这就需要评估。跟他们接触时，还是要按照法律条文来进行。民营企业与华侨华人合作一定要甄别，最重要的是不能想当然，还是要带自己的翻译人员去，这样才能真正了解对方的实际情况。但也不是说仅仅把华侨华人当作桥梁，通过甄别确实有条件合作的，应作为首选的合作对象，只是要按规则来。

（三）让华侨华人从项目推进中受益与引导其塑造中国国际形象的关系

1. 整合海外华商资源优势纳入“新海丝”建设盘子

可将海外华商已经或正在进行的国际合作项目予以整合、提升、拓展，纳入“新海丝”建设的盘子。可通过海外华商整合世界前沿和先进的技术与管理经验，进一步发挥其运用资金、科技、人才、管理等方面的优势，并融入其可能参与的项目中，通过升级的方式在其住在国的经济大发展中寻找新机遇。

2. 引导海外华侨华人深入了解、宣介中国“一带一路”理念和机会

避免误解，达成谅解，是合作建设的起点。中国必须首先掌握“一带一路”建设的话语权，通过华侨华人这一桥梁与纽带向相关国家讲好“中国故事”，让其了解丝绸之路的根本宗旨。随着中国在亚洲的和平崛起，一些东南亚国家华人不再隐藏自己的族群身份，而是公开参与一些族裔文化传承活动，并对保持华人民族性产生兴趣，他们既是中国形象的塑造者，又是传播者。人数超过 1 000 万的新移民已经成为海外华侨华人群体的重要组成部分。他们一般在中国国内完成中等教育，对中国的政治和文化认同度比较高，愿意并且已经成为中国构建创新型国家人才库的中流砥柱，成为向世界说明中国发展与变化方向

的重要力量。海外华侨华人特别是新移民，应该成为政策沟通的桥梁，做好双向沟通，向相关国家传递开放包容的合作理念，同时也要向中国传递相关国家的需求。应引导海外华侨华人智库和媒介向相关国家讲好“中国故事”，传播21世纪海上丝绸之路的和平发展、开放包容、共商共建共享的合作理念。

3. 通过与华侨华人的合作示范促进民心相通

在项目推进比较困难的国家和地区，可以首先通过与华侨华人合作并取得早期收获，传递以经济合作为基础和主轴、以人文交流为重要支撑、开放包容的合作理念，发挥正面的示范引领作用，让当地人更多地了解中国的诚意，促进民心相通，进而推动深入的合作。

4. 引导华侨华人成为中国国际形象的正面塑造者

有一个现象，即使是已经入籍的华人，当地其他族群也仍然会将其言行与中国的形象联系起来。鉴于海外华侨华人在住在国与祖（籍）国之间互动的天然优势，涉侨部门应该积极引导海外华侨华人成为塑造中国国家形象的重要担当者。通过侨务工作引导华侨华人合理定位自身角色，注意维护中国国际形象，在与中国企业合作投资中多考虑当地的发展、当地人的利益，使其成为中国国际形象的正面塑造者。要做好“新海丝”沿线国家重要侨商、新华侨华人和华裔新生代的工作，全面提升华侨华人素养。侨务部门应组织相关的培训，让新移民初步了解住在国的法律法规、风土民俗。应该鼓励海外华人努力融入当地的主流社会，积极投资回馈当地，在当地政府层面争取一定的话语权，为华人在当地生活争取更大的权益。应通过各种宣传形式，引导广大海外华商关注国家的“新海丝”建设战略，强化他们的责任意识和家国情怀。

（四）依托华侨华人推进“一带一路”项目落地与维护其发展机会的关系

1. 在与当地官方协商合作项目时，可以借力华侨华人重点人士的社会资本

就历史而言，华侨华人是海上丝绸之路的见证者、参与者、建设者，现在和将来仍然如此。如今海外华侨华人的数量与日俱增，重点侨商足以影响当地的社会发展，“新海丝”沿线各国特别是东南亚国家的华侨华人具有较深厚的经济实力、较成熟的生产经销网络、广泛的政商人脉关系、较牢固的中华文化语言传播平台，同时具有融合中外的平台优势，是重要的力量。随着经济实力不断增强，不少侨胞与住在国上层人物的交情深厚，关系密切，在涉及中国与住在国之间重大合作项目方面，他们有能力、有实力、有意愿推动与促成。在构建21世纪海上丝绸之路的过程中，华侨华人将起到举足轻重的作用，比如，在构建政治互信中可以发挥释疑解惑作用，在双边经贸合作中可以发挥桥梁、纽带作用，在区域经济发展中可以发挥牵线搭桥作用，在中外文化交流中可以发挥融合发展作用。

2. 为了避嫌，在与华侨华人合作中应注意当地人的情感舒适度

在对中国态度消极的国家，发挥华侨华人作用时应注意低调行事，否则可能会引起当地政府或民众的警觉，担心华侨华人控制当地经济，从而影响华侨华人在当地的生存发展。在族群关系比较敏感或国际关系比较复杂的国家，依托华侨华人推进项目应慎重，要注意当地人的情感舒适度，以免造成不必要的误会，进而影响华侨华人与其他族群的和谐关系。一些地区的华人，主要是华裔，甚至不愿提及自己是华人，担心影响其在当地的发

展，或者干脆表态不与中国站一边（如部分新加坡华人）。然而，即使是这类人，其中许多人并不拒绝与中国国内进行各方面合作，因为有利可图。所以，不管什么心态，都应尊重其选择，只要积极推进友好合作，双方共赢就好。

3. 应尽量将与华商合作纳入与当地官方协商的框架内

可利用好华侨华人已有的与住在国政府官员的良好关系，挖掘侨商的民间外交作用，促进中国与其住在国的国际关系，通过官方与民间联合的方式，推进“新海丝”建设项目落地。鼓励侨商与国内企业在交通运输、港口与产业园区建设中强强合作，借助华商力量实现产业的转移和转型升级，借助并支持华商参与一些海上支点、重要港口、能源资源开发等重点项目。但是一些比较敏感的项目，应首先与当地政府进行协商，尽量将与华商合作纳入与当地官方协商的框架内。可由政府搭建合作平台，以企业为行为主体，其中海外华商可以成为直接行为主体，或者成为中国企业和“新海丝”建设沿线国家企业的中介纽带。这样既有利于项目合作的顺利进行，也有利于维护海外华商与当地的关系，有利于华商获得更多发展机会。

（五）助力“新海丝”建设与整合侨力资源的关系

1. 在助力“新海丝”建设中实现华侨华人自身发展

分布在海上丝绸之路沿线国家的华侨华人，因其在商业领域的卓越表现，为推进“新海丝”战略起到了桥梁、纽带作用。“新海丝”沿线国家的华商熟悉中国与沿线国家双方的政治、经济、文化等投资环境，对沿线国家市场有更深的认识，长期积累许多人脉和资讯，可以成为国内企业进入目标市场最直接也是最佳的合作伙伴；可以助推中国与“新海丝”沿线国家的政府间合作，推动“新海丝”规划落地；通过直接合作，实现共商共建共享，在帮助中资企业顺利转型的同时实现自身发展。

2. 通过侨乡互动关系推动侨力资源整合

要调动华侨华人的积极性，发挥其在助力“新海丝”建设中的作用，但是，个体力量毕竟有限，需要有组织地整合。华人社会内部的团结与否也将决定侨力资源对“新海丝”建设支持力量的强弱。比如马来西亚马华社团与政党之间的分歧始终存在，主要表现为以董教总为主的马华社团和以马华公会为代表的华人执政党之间在争取并维护华人权益等问题上的矛盾，其中华文地位和华文教育等问题是矛盾的焦点所在。马华政党之间的对立也使得马华社会一直是个分裂的社会。这些华人社会自身因素的羁绊将阻碍华人社会与中国互动的资源整合，无益于华侨华人在“新海丝”建设中的作用发挥。可通过邀请各界人士开展双向的恳亲联谊、社团联络、招商宣介会、智库论坛等交流活动，将分散的、个体的资源整合为集聚的、团体的力量，增强海外乡亲建设家乡的情怀，进而引导海外华侨华人在各自住在国发挥助力“新海丝”建设的积极作用。

3. 通过社团融入当地社会拓展侨力资源优势

海外社团是华侨华人联络乡情和互助发展的平台，目前全球华侨华人社团已经达到20多万个，海外华侨华人社团当地化的趋势进一步加强，社团功能也逐渐发生变化，正在由团结互助、传承中华文化向为当地主流社会提供服务方面倾斜。这种趋势也有利于华人与当地社会的融合，发展与当地的政商人脉关系，拓展融合中外的平台优势，从而助力“新海丝"建设。

4. 加强与侨界商会的交往，深入挖掘侨力资源

应发挥海外侨社的桥梁作用，传达当地投资环境、投资新政策、市场需求等真实信息，提供实地考察的便利，牵线项目合作洽谈等。注重与"新海丝"沿线国家华侨华人社团建立密切的联络渠道，通过组织工商团体互访及联合举办双向研讨会、专题招商会和展览会等方式，推动国内各级各类商业协会与境外商业协会结盟，实现资金、人才、信息、人脉、项目、消费等方面的合作，共同提高开拓"新海丝"沿线国家市场的成效。

5. 打造服务华侨华人参与"新海丝"建设的平台载体

可择处开辟华侨产业园，重点打造国内产业跨国转移的对接区，海外侨商承接产业转移的示范区，海外侨商承接产业转移和经贸交流的金融服务区、技术后援区、人才培育区，构建侨商海外发展的综合后援基地、领袖俱乐部和总部基地。还可筹建21世纪海上丝绸之路侨商大会，设立海外华侨华人寻根谒祖综合服务平台等。

（六）华侨华人参与人文交流与民心相通的关系

1. 华侨华人在海外播迁是和平友好的人文交流历程

华侨华人在海外播迁的历程，本身就是一个和平友好、与当地人民共同发展的过程，其中相当部分伴随丝绸之路发展历程，并为历史上的丝绸之路建设做出了重要贡献，也受益于丝绸之路的发展。在推进"一带一路"建设中，海外华侨华人也必然发挥独特的积极作用。正因为丝路精神是文明的，所以也是文明播迁之路，在实现经贸交往的同时也促进人文交流，增进民众之间的友谊；相对地，民众之间情感融洽，也有利于经贸交往。人文交流促进了各地民众之间的情感交融，使之建立了人际应有的信任，增进了信息沟通，降低了交易成本，又反过来促进经贸发展。许多华侨华人已经较好地融入当地社会，与当地民众有了一定的情感基础，同时，他们又有对侨乡社会的根植性，与祖（籍）国民众有亲近的心理基础，因此，华侨华人是民心相通的重要纽带，而民心相通是"一带一路"建设中其他"四通"的基础。

2. 让华侨华人积极参与国际人文交流活动，促进民心相通

海外华侨华人与侨乡社会的"五缘"关系，有利于发挥华侨华人在国际人文交流中的作用，从而促进中国与"新海丝"沿线国家的民心相通。这是华侨华人应有的积极作用。"一带一路"倡议，不是以中国国家利益作为出发点，而是大家共商、共建、共享的战略，所以只要是出于公道，对中国能够有所了解的，就比较容易沟通。尽管因情况复杂而有所不同，但总的来说，海外华侨华人在情感、语言、理念等文化要素方面，具有与中国国内社会沟通方便的优势；同时，华侨华人与住在国社会有不同程度的融合，相对于中国国内来说，又有与当地人沟通方便的优势。因此，发挥华侨华人作用，重要的是让其积极参与国际人文交流活动，促进民心相通。反之，如果华侨华人住在国与中国的民心相通基础比较好，那么，当地人就会更加愿意了解中国，愿意找华侨华人进行各方面的交流。同时，也要注意到，一些华侨华人的思想和行为可能是消极的，他们可能会对当地人了解中国产生消极甚至负面的影响，从而一定程度阻碍了住在国与中国的民心相通。消除这些负面影响的办法之一就是多举行正面的人文交流合作项目。要继续支持、服务海外华文教育、华

人社团及华文媒体等开展工作，发挥其传播中华文化、传递中国声音、塑造中国形象的重要媒介作用。要多方举办有海外华侨华人参加的研讨会、恳亲会，重视发挥海外华侨华人智库、媒体、友好协会的作用，掌握一定范围的话语权，将中国“一带一路”倡议的良好意愿传播开来。

四、结语

当然，在发挥海外华侨华人作用，助力 21 世纪海上丝绸之路建设实践中，会不断出现新的问题，需要关注的关系问题也必然发生变化。本文只是列举当前需要关注的一些问题，尝试从辩证的角度思考华侨华人的作用，以助力 21 世纪海上丝绸之路建设。

“一带一路”战略下中国企业“走出去”的投资机遇与风险防范

廖　萌*

2013 年 9 月习近平主席访问哈萨克斯坦时提出共同建设丝绸之路经济带的倡议，10 月在访问东盟国家时提出共同建设 21 世纪海上丝绸之路的战略构想，由此，“一带一路”作为中国一个新时期对外大战略浮出水面。2014 年 3 月 28 日，国家发改委、外交部和商务部联合发布了《推动共建丝绸之路经济带和 21 世纪海上丝绸之路的愿景与行动》，标志着“一带一路”步入全面推进阶段。该愿景与行动勾勒出“一带一路”路线图：“一带”指丝绸之路经济带，在陆地，有三个走向：一是从中国出发，经中亚、俄罗斯到达欧洲；二是经中亚、西亚至波斯湾、地中海；三是从中国到东南亚、南亚、印度洋。“一路”指 21 世纪海上丝绸之路，重点方向是两条：一是从中国沿海港口过南海到印度洋，延伸至欧洲；二是从中国沿海港口过南海到南太平洋。“一带一路”贯穿亚欧非大陆，一头是活跃的东亚经济圈，一头是发达的欧洲经济圈，由此带动中亚、西亚、南亚以及东南亚的发展，并且辐射到非洲。目前，已经有 60 多个国家和国际组织积极响应“一带一路”的倡议，这些国家的总人口约 44 亿，经济总量约 21 万亿美元，分别约占全球的 63% 和 29%。① 这些国家多数为新兴经济体和发展中国家，普遍处于经济发展的上升期，外资的流入量每年分别增长 13.9% 和 6.5%，② 高于全球平均水平很多。如此巨大的经济增长空间，为中国企业加快“走出去”提供了千载难逢的机会。

一、中国企业“走出去”现状及特点

自 2001 年“走出去”战略正式写入《中华人民共和国国民经济和社会发展第十个五年计划纲要》以来，中国企业“走出去”取得了引人注目的成绩。

（一）对外投资高速增长，中国成为资本净输出国

1990—2000 年，中国企业对外投资处于起步阶段，年均对外投资额仅 22 亿美元（见图 1）。2001 年在“走出去”战略推动下，一大批中国企业走出国门，参与国际市场竞争，中国企业对外投资快速发展。2002 年，我国对外直接投资只有 27 亿美元，2014 年增至

---

* 作者简介：廖萌，福建社会科学院助理研究员。

① 王优玲，陈炜伟．构建对外开放新格局　推进“一带一路”战略．光明日报，2014－12－07.

② 文昊．中国“一带一路”战略起航　重磅出击这五个国家．（2015－05－10）．http：//www.ce.cn/cysc/newmain/yc/jsxw/201505/10/t20150510_5323576.shtml.

1 160 亿美元，12 年里增长了近 42 倍，连续三年位列全球三大对外投资国。据商务部和国家外汇管理局统计，2014 年我国实际使用外资金额 1 195. 6 亿美元，同比增长 1. 7%（未含银行、证券、保险领域数据，下同）；实现全行业对外直接投资 1 160 亿美元，同比增长 15. 5%。2014 年，我国对外直接投资规模与同期我国吸引外资规模仅差 35. 6 亿美元，这是我国双向投资按现有统计口径首次接近平衡。事实上，如果加上第三地融资再投资，2014 年我国的对外投资规模在 1 400 亿美元左右，大约高于中国实际利用外资 200 亿美元，也就是说，实际上中国的对外投资已经超过了外资输入，即中国已经进入了投资输出超过投资输入的“新常态”，而这也将成为中国新时期开放型经济的重要特征。

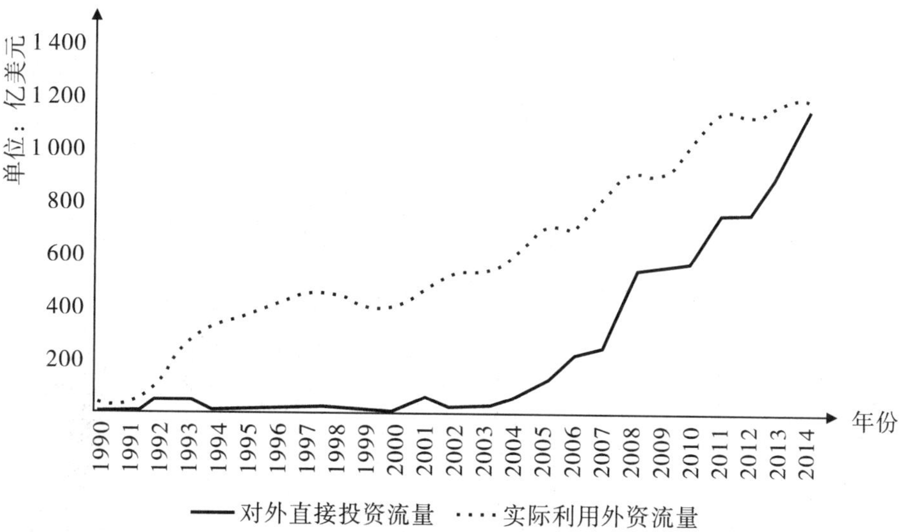

图 1　1990—2014 年中国企业对外直接投资和实际利用外资发展趋势

数据来源：1990—2002 年的数据来自各年联合国贸发会议的《世界投资报告》，2003—2014 年的数据来自各年商务部的《中国对外直接投资统计公报》。

2014 年我国对外投资主要有以下特点①：一是投资领域呈现多元趋势。能矿领域继续成为投资热点，五矿资源等企业联营体以 58. 5 亿美元收购秘鲁拉斯邦巴斯铜矿；国家电网公司以 21. 01 亿欧元（折合 25. 4 亿美元）收购意大利存贷款能源网公司 35% 的股权。制造业领域并购活跃，联想集团以 29. 1 亿美元收购美国摩托罗拉公司移动手机业务；东风汽车有限公司以 10. 9 亿美元收购法国标致雪铁龙集团 14. 1% 的股权。农业领域跨国并购取得突破，中粮集团以 15 亿美元并购新加坡来宝农业公司和以 12. 9 亿美元并购荷兰尼德拉公司，成为迄今农业领域对外投资最大的两个项目。二是投资产业结构继续优化。2014 年对外直接投资产业门类广泛，涉及租赁和商务服务业、采矿业、批发和零售业、建筑业、制造业、房地产业、交通运输、仓储和邮政业等 15 大类，其中租赁和商务服务业 372. 5 亿美元，采矿业 193. 3 亿美元，批发和零售业 172. 7 亿美元，上述 3 个行业成为对

① 吴菁 . 2014 年中国非金融类对外投资 $ 1028. 9 亿　呈现五大特点 .（2015 - 01 - 21）. http：//intl. ce. cn/specials/zxxx/201501/21/t20150121_4395941. shtml.

外直接投资的主要领域。三是地方企业对外直接投资发展迅速。2014 年，地方企业对外直接投资 451.1 亿美元，同比增长 36.8%，占同期对外直接投资总额的 43.8%，较上年比重增加 7.2 个百分点。其中广东、北京、山东位列前三，对外直接投资额分别为 96.01 亿美元、55.47 亿美元、44.11 亿美元。

（二）对外承包工程业绩喜人，62 家企业入选全球 250 大国际承包商

2014 年，我国对外承包工程业务完成营业额 1 424.1 亿美元（见图 2），同比增长 3.8%；新签合同额 1 917.6 亿美元，同比增长 11.7%。新签合同额在 5 000 万美元以上的项目 662 个，合计 1 578.2 亿美元，占新签合同总额的 82.3%。其中上亿美元的项目 365 个。截至 2014 年底，对外承包工程业务累计签订合同额 1.4 万亿美元，完成营业额 9 351.6 亿美元。①

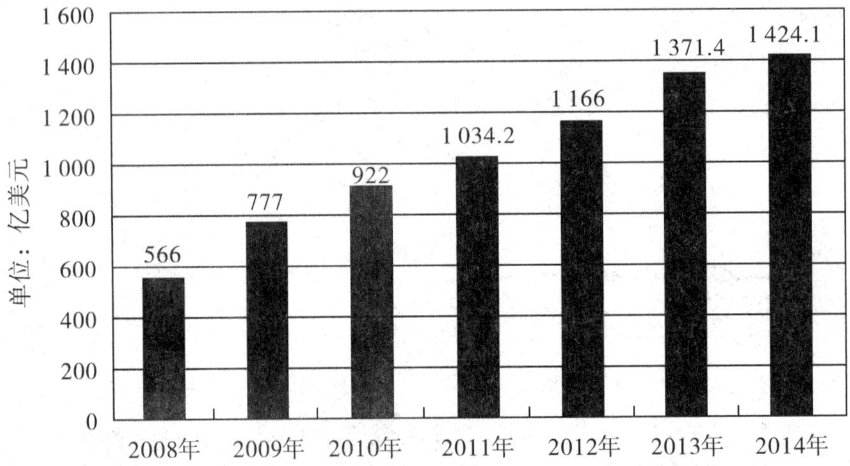

图 2　2008—2014 年我国对外承包工程业务完成营业额统计

数据来源：商务部的《2014—2019 年中国对外工程承包市场调查与投资前景评估报告》，2014 年 4 月。

2014 年 9 月，美国麦格劳·希尔建筑信息公司发布 2014 年度 ENR 全球最大 250 家国际承包商排名，中国入选企业最多，为 62 家，欧洲为 58 家，其他入围较多的国家是：土耳其 42 家、美国 31 家、日本 14 家、韩国 13 家。我国入围的 62 家承包商呈现几大特点：一是海外业绩进一步增长。62 家内地企业共完成海外工程营业额 790.13 亿美元，比 2013 年 671.8 亿美元增加了 17.8%。平均营业额为 12.77 亿美元，相比去年平均营业额的 12.21 亿美元增长了 4.59%。② 二是我国企业整体排名基本保持稳定，部分企业业务增长迅速。入选企业中有 29 家排名提升，3 家企业排名与去年持平，中国万宝、沈阳远大、安徽外经、中国电子、中国有色、北京城建等 11 家企业重回榜单或首次入选。中国交通建

① 2014 年中国对外投资和经济合作情况．（2015－01－24）．http：//www. mofcom. gov. cn/article/i/jyjl/k/201501/20150100877244. shtml.

② 王铭辉．2014 年度 ENR 全球最大 250 家国际承包商揭榜　我国内地 62 家承包商榜上有名．建筑时报，2014－09－11.

设股份有限公司连续六年排名中国企业首位；中国石油天然气管道局 2014 年排名第 63 位，比 2013 年（第 98 位）提高了 35 位，名次提升最快。三是与国际著名大型承包商相比，我国企业实力仍有一定的差距。全球最大 250 家国际承包商平均完成海外营业额为 21.76 亿美元，比 2013 年的完成额（20.44 亿美元）提高 6.46%，比中国企业平均海外营业额提高 70.4%。

（三）对外劳务合作范围广泛，社会效益明显

随着中国改革开放的不断深入和对外交流的日益增多，越来越多中国人和中资企业走向海外。根据商务部统计数据：2014 年我国共派出各类劳务人员 56.2 万人（见图 3），较 2013 年同期增加 3.5 万人，同比增长 6.6%；其中承包工程项下派出 26.9 万人，劳务合作项下派出 29.3 万人。2014 年末在外各类劳务人员 100.6 万人，较 2013 年同期增加 15.3 万人。截至 2014 年底，对外劳务合作业务累计派出各类人员 748 万人。① 目前我国对外劳务合作有以下几个特点：一是行业较为集中。中国对外劳务合作的行业领域主要分布在制造业、建筑业、农林牧渔业、交通运输业和饮食服务业。少数外派劳务人员涉及设计咨询管理、科教文卫体、计算机技术服务等高级技术领域。二是合作范围广泛。在巩固传统市场的基础上，中国分别与塞班、俄罗斯、巴林、马来西亚、毛里求斯、英国、约旦、安哥拉签署了双边劳务合作协定，市场分布日趋多元化。一些劳务人员成功进入德国、奥地利、挪威、瑞典、荷兰、澳大利亚等国市场。目前，中国对外劳务合作的范围已扩展到全球 160 多个国家和地区。三是社会效益明显，中国外派劳务每年汇回和带回的外汇收入改善了外派劳务人员的家庭经济状况，并带领身边的人一起创业发家致富。

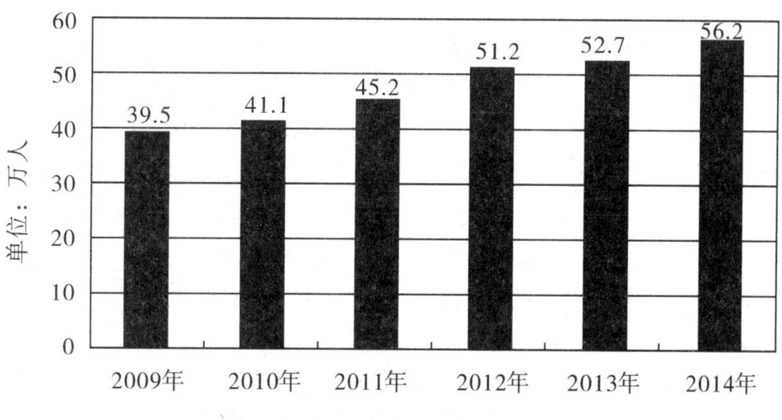

图 3　2014 年我国对外劳务合作派出劳务人员数量统计

总的来看，中国企业“走出去”形成以下几个特征：其一，中国已成为一个对外投资增长较快的国家。2012—2014 年，中国企业对外投资增速均在两位数，2013 年达到 20% 以上，在今后较长时期，将继续维持高位增长。其二，中国企业将全方位、多领域“走出

① 2014 年中国对外投资和经济合作情况．（2015－01－24）．http：//www.mofcom.gov.cn/article/i/jyjl/k/201501/20150100877244.shtml.

去”。中国企业对外投资已经覆盖发展中经济体、新兴经济体和发达经济体；在以资源为目标的同时，以技术为目标、以营销网络为目标、以研发平台为目标的“走出去”成为常态，进而构筑中国的全球生产网络和全球供应链。其三，大型对外并购投资成为“走出去”的重要途径，并呈现投资领域多元化的趋势。其四，中国企业“走出去”将促进产业的国际转移，尤其是在高水平上的转移，同时将在一定程度上消化和缓解产能过剩问题。其五，在今后的对外投资中，利用人民币境外投资的比重将不断上升，也就是说，中国企业对外投资一方面将减轻目前过大的外汇储备压力，另一方面将从一个特定的角度加快人民币的国际化进程。

二、“一带一路”战略下中国企业“走出去”的投资机遇

随着经济的腾飞和国力的增强，我国已经成为拉动世界经济前行的一个重要引擎。据国际货币基金组织统计，2014 年中国经济对世界经济增长的贡献率为 27.8%①，是对世界经济增长贡献最大的国家。世界银行预测未来 15 年中国经济仍有巨大的增长潜力。可以预见，随着“一带一路”战略的持续推进，将会创造出更多的商机，市场范围也将扩大，区域间的投资经贸往来必然愈发密切。可以说，“看着世界地图做企业，沿着‘一带一路’走出去”将成为中国企业未来发展的“新常态”。

（一）走出去的重点领域：基础设施

基础设施的互联互通是共建“一带一路”的优先领域。基础设施不只包括修桥建路，还有油气管道、输电网、跨境光缆建设等。2012 年，亚洲开发银行研究所在《亚洲基础设施互联互通》一书中测算，亚洲地区从 2010 年至 2020 年间，需要超过 8 万亿美元的基础设施投资费用②，才能维持目前的经济发展水平。而据经济合作与发展组织（OECD）报告预测，2013—2030 年全球基础设施投资需求将达 55 万亿美元，其中港口、机场以及铁路运输设施需求量 11 万亿美元，航空客运到 2030 年要增长 2 倍，港口集装箱吞吐量增长 3 倍，才能满足全球经济发展的需要。③ 目前，在基础设施领域，欧美发达国家基础设施面临更新换代，推出了庞大的基础设施改造和建设计划，旨在促进经济复苏和推动就业。发展中国家基础设施建设普遍薄弱，在工业化和城市化发展过程中，对基础设施投资有着强劲的资金与技术需求。中国基础设施的设计建造水平已跃居世界前列，中国对外承包工程业务遍及 180 多个国家和地区，涉及道路、桥梁、电站、港口、通信、石化、水利等基础设施建设的各个领域。在“一带一路”战略背景下，中国将与“一带一路”沿线各国在交通基础设施、能源基础设施和通信干线网络三个方面加强合作：一是加强与相关国家和地区交通建设规划、技术标准体系的对接，优先打通缺失的路段，疏通瓶颈路段，提升道路的通达水平，共同推进国际骨干通道的建设。二是共同谋求输电管道等运输通道的安全，推进跨境的电力和输电通道建设，积极开展西南和中俄输电通道建设，还有电网升级改造合作。三是共同推进跨境光缆干线网络的建设，加快推进中缅、中老等国际光缆

① 社科院报告：中国仍将为全球经济“第一推手”. 人民日报（海外版），2015－01－02.

② 福蒙蒙. 十年间亚洲基础设施投资需 8 万亿美元 “亚太梦”下的中国机遇. 华夏时报，2014－11－14.

③ 博思数据研究中心. 2014—2019 年中国对外工程承包市场监测及投资前景研究报告，2014.

建设，启动建设中国东盟信息港，提高国际通信互连互通水平，打造信息之路。这给中国企业“走出去”开展基础设施领域的互利合作带来巨大的机遇和发展空间。

（二）“走出去”的核心目标：投资贸易合作

投资贸易合作是共建“一带一路”的核心目标。可通过经贸合作扩大资源、要素的配置空间，充分释放“一带一路”沿线各国的发展潜力，给沿线人民带来实实在在的好处。“一带一路”沿线国家经济结构互补性很强，经贸互利合作潜力巨大，贸易与投资齐头并进的局面正在形成。从贸易方面看，2004—2014 年，中国与“一带一路”沿线国家的贸易额年均增长 19%，较同期中国外贸额的年均增速高出 4 个百分点。[①] 其中，2014 年中国与“一带一路”沿线国家的贸易额达到 1. 12 万亿美元，占中国外贸总额的 1/4。而未来 10 年，这个数字将翻一番，突破 2. 5 万亿美元。[②] 今后我们将深化与沿线国家在海关、质检、电子商务、过境运输等方面合作，努力消除关税和非关税壁垒，为货畅其流创造条件；创新贸易方式，大力发展跨境电子商务，完善区域营销网络；坚持进口与出口并重，促进与沿线国家的贸易平衡；积极发展服务贸易，推动服务贸易和货物贸易协调发展。从投资方面看，2004—2014 年，中国企业对海上丝绸之路沿线国家的直接投资额从 2. 4 亿美元扩大到 92. 7 亿美元，年均增长 44%。[③] 2015 年习近平主席在博鳌亚洲论坛上提出，未来 5 年中国对外投资将超 5 000 亿美元。[④] 在这一目标指引下，我们将继续引导轻工、纺织、建材等传统优势产业和装备制造业“走出去”，投资设厂，带动“一带一路”沿线国家产业升级和工业化水平的提升，促进当地就业和民生改善。可以预见，在“一带一路”的战略背景下，扩大投资贸易合作将给“一带一路”沿线国家带来更大的市场空间、更多的就业机会和更广的合作领域，当然也给中国企业“走出去”带来很大机遇。

（三）“走出去”的重要抓手：产业合作

“一带一路”沿线大多数国家和我国同为发展中国家，产业互补性强，市场潜力大，未来相互之间产业合作的空间十分广阔。今后我们一方面将顺应沿线国家产业转型升级的趋势，继续鼓励和引导企业到沿线国家投资兴业，设立研发中心，提升产业层次，增加当地就业机会，壮大企业的实力。另一方面，将加强与沿线国家能源、资源开发合作，实现开采、冶炼、加工一体化发展。深化海水养殖、远洋渔业加工、海洋生物制药、海洋工程和海上旅游等海洋产业合作，促进海上资源共同开发。在沿线主要交通节点和港口共建一批经贸合作园区，吸引各国企业入园投资，形成产业示范区和特色产业园。此外，我们将进一步扩大并用好中国—东盟海上合作基金，深化农业渔业互连互通，海洋环保、航道安全，海上搜救防灾减灾等领域的合作，积极推进以海水养殖、远洋渔业加工，新能源和可再生能源、海水淡化、海洋工程技术环保产业和海上旅游等领域为重点，合作建立一批海洋经济示范区、海洋科技合作园、境外经贸合作区和海洋人才培训基地等。

---

① “一带一路”激活全球机遇．国际商报，2015 - 04 - 14.

② 商务部．中国对外贸易形势报告（2015 年春季）．2015 - 05 - 05.

③ 康森，黄鹏飞．共建 21 世纪海上丝绸之路：中国与“海丝”沿线国家贸易投资齐头并进．（2015 - 02 - 12）. http：//news. xinhuanet. com/2015 - 02/12/c_1114354332. htm

④ 习近平．迈向命运共同体　开创亚洲新未来——在博鳌亚洲论坛 2015 年年会上的主旨演讲．2015 - 03 - 28.

（四）“走出去”的金融支持：“一丝一行”

为“一带一路”沿线国家基础设施、资源开发、产业合作和金融合作等与互联互通有关的项目提供投融资支持，2014 年 11 月中国发起设立亚洲基础设施投资银行（简称“亚投行”）和丝路基金。习近平主席指出，发起并同一些国家合作建立亚投行是要为“一带一路”沿线国家的基础设施建设提供资金支持，促进经济合作。设立丝路基金是要利用我国资金实力直接支持“一带一路”建设。亚投行和丝路基金同其他全球和区域多边开发银行的关系是相互补充而不是相互替代的，将在现行国际经济金融秩序下运行。[①] 目前，中国出资 400 亿美元设立的丝路基金已经顺利启动，由中国人民银行主导，注册资本 1 000 亿美元，其中中国提供 500 亿美元成立的亚投行由财政部主导，吸引超过 50 个国家和地区申请加入，遍及亚洲、欧洲、非洲、南美洲和大洋洲。亚投行和丝路基金的目的是一样的，即通过支持基础设施建设推动地区经济发展与合作。此外，相关部门正指导筹建“海上丝绸之路银行”。海上丝绸之路投资基金管理中心是“海上丝绸之路银行”筹建的主要参与机构。“海上丝绸之路银行”的拟注册资金达到 50 亿人民币以上。[②] 目前，多个东盟国家表示将参与该银行筹建。

总的来看，“一带一路”建设将为中国企业“走出去”提供新契机。中国企业“走出去”将出现投资重心区域转移、投资重点行业转移、资金融通方式转移以及国企民企角色转移四大变化。具体而言，中亚、东欧、东南亚、北非等发展中国家将代替北美、西欧发达国家成为“走出去”的新热点。而高铁、电力、通信、工程机械、汽车和飞机制造以及电子装配加工也将吸引大量资金的投入。在资金融通方式上，丝路基金、亚投行及金砖银行将为中国“走出去”企业提供更多元化的配套融资服务，而未来人民币国际化的实现也将为中国企业“走出去”带来更具想象力的融资渠道。在“一带一路”新形势下，国企的大型基建项目作为先导，民企的制造业项目随后跟进，从而形成“国企搭台，民企唱戏”的共进格局。

三、“一带一路”战略下中国企业“走出去”的风险

当前世界经济仍处于国际金融危机后的深度调整期，地缘政治局势复杂性更加突出，“一带一路”沿线又大多是新兴经济体和发展中国家，中国企业“走出去”存在一定的风险，比如部分国家政局不稳、经济状况不佳、法律制度不健全等；有些国家国有化和征收风险高、通货膨胀严重、经济结构单一，金融体系欠发展；还有一些国家的安全局势受到恐怖主义或宗教极端组织的负面影响等。具体可以归纳为以下几个方面：

（一）政治风险

中国企业“走出去”面临的最大挑战来自于当地政策和政治变动等企业不可控的风险。近来备受关注的“科伦坡港口城”项目和希腊比雷埃夫斯港项目就是典型代表。2014 年 9 月，习近平主席在访问斯里兰卡期间，见证了由中国交建主导的“科伦坡港口城”项

① 设丝路基金支持“一带一路”建设．新华日报，2014－11－07.

② 倪铭娅．民资筹建“丝路银行” 地方版“丝路基金”酝酿推出．经济参考报，2014－11－13.

目的开工。但2015年1月斯里兰卡新总统西里塞纳上任后没多久，就宣布暂停“科伦坡港口城”项目。[①] 斯里兰卡新政府认为该项目涉嫌规避当地法律和环境要求，需要重新评估，并要求中方公司提供政府部门颁发的相关有效许可证明。与此同时，斯里兰卡专门成立由总理维克勒马辛哈及总检察长、财政部、港务局和环境部门等多个部门的官员组成的项目评估委员会，将发布“科伦坡港口城”的最终评估报告，如果报告表明该项目对国家不利，就有可能会被叫停。与“科伦坡港口城”项目类似，中远集团投资的希腊比雷埃夫斯港项目也经受着当地政权更迭带来的挑战。2015年1月希腊右翼政党更替为左翼政党后，开始反对此前政府的一些决策，叫停包括比雷埃夫斯港口项目在内的所有私有化项目，这导致中远集团在后期的收购过程中面临不小的障碍。

（二）低质量的海外投资风险

目前我国的对外投资主要有四种形式：第一，并购资源、能源；第二，收购国际市场；第三，收购国际品牌；第四，获得先进技术，提高研发和管理能力。其中资源类的投资最为集中，据统计，41.3%的海外投资项目都集中在自然资源上，占了所有投资金额的51.3%。[②] 虽然中国海外资源投资能为中国经济的发展提供稳定的能源和矿产供应，但是长期大规模、低质量的海外资源投资不利于国内经济发展方式的转变和经济制度的调整。因为这种对外的投资并购，会强化国内现有的不合理经济结构。甚至可以说，过度投资能源、资源类行业，是一种低质量的海外投资。尤其是最近国际大宗商品价格全面下滑，资源、能源投资在这种形势下的风险和矛盾明显爆发出来。

（三）我国企业的外部印象一般所带来的风险

过去十几年，我国有些企业在快速推进“走出去”过程中过于粗放，在一些国家留下负面印象：漠视环境成本、对劳工权利的无知、为获得合同向当地官员施贿……这些造成了中国一些企业在当地“水土不服”，项目无法持续，亏损严重。2013年度爱德曼全球信任度调查之中国报告指出：中国企业在发达国家信任度仅19%，在发展中国家信任度为58%，在中国本土信任度为79%。[③] 目前，随着“一带一路”战略的推进，中国企业“走出去”将面临全球化时代新的竞争环境和竞争规则。不少企业缺乏适应全球竞争和经营所需要的全球战略、全球治理管治结构以及全球责任理念，由此导致海外投资失败。例如，在吉尔吉斯斯坦，部分企业利用当地法律漏洞和社会局势混乱牟取暴利，抢占市场，频频与当地居民发生纠纷，影响恶劣，给中国企业今后的进入带来困难。此外，已经有包括中交股份等国企在内的12家中国企业因被世界银行认定违反国际采购规定（即通过行贿等商业腐败行为而获得海外业务）等而上了该行的黑名单，受到3年至8年不得承接世界银

---

① “科伦坡港口城”项目是中国在斯里兰卡数个海港和基建项目中最大的一个，也是斯里兰卡史上最大规模的外商投资，需要8年时间完成建设。项目由中国交建集团和斯里兰卡港务局合作开发，一期投资14亿美元。二期将吸引世界各地的投资，投资额有望达到130亿美元。项目包括在科伦坡港口附近填海造地，建造购物中心、水上运动区、高尔夫球场、酒店、公寓、游船码头等商业、居住以及休闲设施。建成后，科伦坡港口城可供约27万人居住生活，同时将为斯里兰卡创造超过8.3万个就业机会。2016年3月，该项目已全面复工。

② 刘世昕．中国企业走出去：有钱也不能任性．中国青年报，2014－12－29.

③ 周凯．中国企业在发达国家信任度仅为19%．中国青年报，2013－02－04.

行等国际银行支持的国际项目的处罚。[①] 这些公司不仅因此失去“走出去”承接国际项目的机会，而且给中国企业的声誉带来了负面影响。

（四）“一带一路”沿线国家经济文化发展差异带来的风险

“一带一路”沿线各国文化各异，民族宗教复杂，经济发展水平差异显著，各国人民利益诉求不一。“一带一路”沿线国家基本覆盖了四大文明古国的全部区域，各国间文化差异明显，中国企业在这些国家投资时很容易遇到文化融合的问题。保加利亚总领事 Irina Vladimirova Beleva 指出：“最早来保加利亚投资的企业都是北京、天津最大的国有企业，没有了解保加利亚市场，没有了解本地的法律，没有本地的工人，不了解本地的技术，不说英语、保加利亚语，根本无法成功。”[②] 土耳其总理府投促局的国家顾问 Henry ZHAO 也表示，每个国家的文化都有差异，例如在土耳其做生意，最重要的一点就是要找到当地可靠的而且是有本领的合作伙伴。此外，“一带一路”沿线各国经济发展水平差异显著，像吉尔吉斯斯坦的人均收入只有 990 美元；而人均收入最高的卡塔尔为 7.8 万多美元，[③] 是世界上人均收入最高的国家；巴基斯坦和斯里兰卡是中等收入国家，马来西亚是中上等收入国家。而中国企业“走出去”之前的国别研究比较薄弱，基本没有具体有针对性的研究，这样很难与对象国文化、制度、风俗等方面充分融合，从而容易带来比较高的风险。

（五）金融汇率风险

中国企业在境外缺乏信用基础，导致其在向境外银行贷款时面临门槛高、利率高、额度小、期限短等困境。而国内金融机构由于刚刚开始“走出去”，海外运作能力和经验不足，海外分支机构少且分布不均，对企业的支持跟不上企业“走出去”的步伐，难以满足企业的金融需求。不少企业的国际业务经营难以获得充分的资金支持和配套服务，不得不独自承担“走出去”的各种风险。此外，中国企业在“走出去”过程中还会遇到汇率风险。因为国际汇率市场的变动非常大，“一带一路”沿线国家的币种分为可兑换和不可兑换的，在投资融资结算过程当中，对整个币种未来的汇率变化要有事先预测，否则汇率风险造成的损失有可能把所挣的钱都给对冲了。

总之，在“一带一路”战略背景下，中国企业“走出去”面临的风险既有外部因素，也有内部因素。外部因素主要是对于中国高速发展的遏制力量始终存在、对中国快速发展的不适应，以及传统和非传统的安全因素等。内部因素则可以分为四大类：第一，中国企业在法律责任、社会责任和道义责任层面比较欠缺；第二，目光短浅，不愿意展开合作；第三，管理经营粗放；第四，对行为缺乏正确把握，从事商业贿赂，不尊重当地风俗等。

四、“一带一路”战略下中国企业“走出去”的风险防范

“一带一路”战略契合沿线国家的共同需求，将为沿线国家实现优势互补、开放发展提供新平台，在满足“一带一路”沿线国家发展利益诉求的同时，也给中国企业“走出

① 有国企腐败搞到海外，上了世界银行“黑名单”. 新华每日电讯，2015-05-05.

② “一带一路”战略启动利好中企“走出去”. 21 世纪经济报道，2015-04-25.

③ “一带一路”战略启动利好中企“走出去”. 21 世纪经济报道，2015-04-25.

去”带来机遇与挑战。2015 年 3 月 5 日，国务院总理李克强在政府工作报告中明确指出，要“加快实施走出去战略”，要“健全金融、信息、法律、领事保护服务；要注重风险防范，提高海外权益保障能力，让中国企业走得出、走得稳”。这对中国企业“走出去”的风险防范提出了要求：

（一）发挥政府的作用

一是建议“十三五”规划将“走出去”战略规划作为重要组成部分，包括发展定位、产业选择、区位抉择、投资趋向、合作方式，并制定主要行业的“走出去”规划，包括高铁、石油、装备制造等。二是对“一带一路”沿线国家的政治情况、经济状况、国家文化状况、政治稳定等各方面做评估，并在此基础上将“一带一路”沿线国家分为三类：积极进入的，谨慎进入的，暂停、暂缓进入的。三是政府对外投资的导向应侧重紧跟产业技术革命前沿的先导性投资、布局性的对外投资，将中国的市场、原料来源以及安全运输路线固化，把基础设施和产能转移等传统优势做大做强。四是进一步加强金融支持，无论是政策性金融支持，还是商业性金融支持，都需要不断改善，切实起到应有作用。

（二）发挥企业的作用

一是进一步重视和提高拟推进海外项目的前期论证，尤其是针对东道国政治、法律环境的独立性、全面性分析。国企要摒弃依赖政府名义、用政府层面沟通协调去保障交易安全的传统意识；民企应建立当地化经营企业的社会责任意识，尊重当地民情习惯，避免追逐涉嫌违法违规的短期利益。二是“走出去”的中国企业与个人，应充分重视、理解并正确使用中国与 100 多个国家已签署的双边投资保护协定。作为当前国际投资法律规则的新常态，投资保护协定正为跨境投资者提供国际法意义上的市场准入、投资者地位、争端国际化与独立化解决等多种有力保障和高效机制。三是中国企业“走出去”尤其须关注和应对好东道国的税务、劳工、海关和反腐方面的法律实体规定与程序要求，还要注重加强与当地政府部门的沟通，合理运用知名律所、咨询机构等专业中介的评估与应对能力，提前化解不必要的风险。此外，企业应加强对“走出去”人员特别是企业高管的公共外交知识的教育，主动接触当地媒体，积极塑造企业正面形象。

（三）发挥海外华商的作用

海外华商在帮助中国企业“走出去”中，具有独特的优势和作用。一是借助海外华商的雄厚实力，开展企业间合作，走强强联合的发展道路，可以帮助中国企业节约成本。二是借助海外华商熟悉住在国国情和市场运作规则，对市场发展有相对准确的预测和判断的优势，可以帮助中国企业把握投资方向，避免盲目投资。三是借助海外华商商业网络比较成熟，在住在国人脉广泛、熟悉经济环境等优势，可以帮助中国企业更加顺利地进入当地市场，迅速打开营销渠道。四是借助海外华商了解住在国民风民俗，与当地政界、商界有密切往来的优势，可以帮助中国企业融入当地主流社会，消除文化差异，减少投资摩擦。五是借助海外华商具有国际经营管理经验等优势，可以帮助中国企业提高管理水平，尽快与国际接轨。

（四）发挥自贸区的作用

自贸区在中国企业对外投资中发挥了积极作用，主要表现在：一是简化自贸区内企业境外投资的审批程序，逐步推行人民币资本项目可兑换，为企业的跨境资本流通提供便利。二是通过政策鼓励境外金融机构落户自贸区，为企业提供“走出去”的并购贷款，拓宽企业融资渠道。加强并购融资工具的创新，鼓励信贷融资向票据融资、融资租赁及债券融资的多元化转变，并积极为企业提供良好的汇率风险管理工具。三是在自贸区内实行境外投资所得税分期缴纳，为企业提供更好的现金支持。

（五）发挥智库的作用

智库不仅具有专业研究能力及对政府和公众影响力方面的优势，而且具有独立、超脱的地位，是政府与公众、政策与学术研究之间的桥梁。一是通过智库的专业研究，帮助政府制定政策，并通过媒体等来介绍他们对政策的判断，帮助企业和社会组织以及公众了解和理解政府的政策，特别是在“一带一路”建设中，能够缩小双方在认知方面的差距。二是通过智库为企业提供投资评估咨询，尤其是如何权衡经济利益与社会公益，帮助树立良好的企业和国家形象。三是各国智库通过深化交流合作，能够增信释疑，互学互鉴，对促进各国政策沟通、民心相通具有独特而重要的意义，从而更好地引导企业“走出去”。四是要促进全球智库之间、智库与政府部门之间、智库与企业之间的合作机制化建设，共建“一带一路”智库国际合作网络，为推进“一带一路”建设，促进各国共同发展提供政策支撑。

第二编　华侨华人与华文教育

21 世纪海外华文教育与国际人才培养

——论马来西亚华文独立中学的语文教学和素质教育

［马来西亚］祝家丰　王晓梅*

前　言

华侨华人自 17、18 世纪离开中国华南地区漂泊到世界各地谋生后，由于需适应不同的国情而衍生出各种不同的调适方式和文化。这些海外华人的文化在居住国受到不同程度的涵化，有的甚至面临被同化的危机。但现今许多海外华人群体的文化内涵依然是中华文化。随着中国的崛起和欲通过软实力来增强其国际影响力，中华文化在海外的发展有了更好的机遇。但从另一方面看，中国应妥善利用海外华人群体来协助其拓展软实力。这是因为海外华人不只是一股经济力量，其网络与凝聚力亦十分强大。其实早在 1995 年美国学人西格雷夫（Seagrave）在其著作 *Lords of the Rim*（中译本《龙行天下：海外华人的巨大影响力》，海口：海南出版社，1999 年）已阐述海外华人的重要性。马来西亚华人作为海外华人的一分子可在这方面扮演一定的角色，因为其传承中华文化和华文教育的案例非常特殊。

马来西亚华人不忘根本，在赚取温饱之余，不忘华文教育。在他们当中流传着这么一句话：“再穷也不能穷教育。”他们在没有得到政府的资助下，出钱出力，艰苦兴办华文教育，承传华文教育的精神颇令人感动。而华文教育的传承正是华族传统思想的传承，因此，凡是接受华文教育的马来西亚华人一般都继承了源自中华民族的传统思想。在这样的情境下，自小接受华文教育的华裔毕业生一般都受到中国传统思想与中华文化的熏陶。马来西亚的华文教育若从 1819 年在槟城建立的第一所私塾五福书院算起，至今已有 196 年的历史。其悠久的历史说明华校与华文教育一直以来都受到华人社群的重视。2012 年的马来西亚教育部数据显示，有 96% 的华裔家长把其子女送进华文小学（华小）以接受母语教育。自 1957 年马来西亚独立以来，虽然华小已被纳入国民教育体系之中，但它一直不能享有与国民小学（马来文小学）同等的地位，华小也因此存在一系列的问题。从拨款不足、不能增建新学校、校舍简陋与年久失修、课室的拥挤到师资的不足等问题一直困扰着华小。此种状况的华文小学并不能提供良好的学习环境，但这无阻华裔家长把子女送进华小以接受母语教育的决心。

马来西亚独立至今已有 58 年，但其依然存在国族构建之困扰。在教育领域，政府实施单元的国民教育政策以形塑以马来族为主导的国族，使得华文教育受到了一系列国家教

---

* 作者简介：祝家丰，马来亚大学中文系高级讲师；王晓梅，马来亚大学语言暨语言学院高级讲师。

育政策与法令的冲击。马来西亚华文教育虽然长期受到各种不利其发展的因素的束缚，但得到华人社群的鼎力支持与抗争，并且衍生为令人敬佩的华教运动。马来西亚华人这种捍卫华文教育的精神，主要源自他们把华校与华文教育视为传承中华文化和语言及赓续华人族裔认同的最重要载体。马来西亚华人虽受到国家机关实施之单元教育政策的深巨影响，但能发展出一套独特且蕴含着非凡韧力的华文教育体系，此现象实属罕见。马来西亚的华文教育体系可谓是在中国大陆、中国香港与中国台湾以外发展得最完善的。马来西亚已有小学、中学至大专院校的华文教育体系，因此中华文化一直能在华人社群里赓续与发展。本文主要是探讨马来西亚的民办学校，即自力更生的华文独立中学（独中）之办学特色及其培养人才的特点。

一、马来西亚华文教育的草创和初期发展

华人在19世纪中叶后开始大量移入马来亚。他们当时胼手胝足，从事开采锡矿，种植甘蜜、树胶和胡椒等各种经济活动。虽然他们是华南地区的底层农民，本身甚少受教育，但认同教育的重要性。因此他们在辛劳地赚取生计之余，亦尽其所能在当地兴建华文学校，让他们的子女有机会接受华文教育。通过华文教育，他们希望子女能学习方块字和受到中华文化的熏陶，尤为重要的是把子女培养成才。在他们当中乃至现今华社里流传着这么一句话："再穷也不能穷教育。"他们在没有得到政府的资助下，自己出钱出力，艰苦兴办华文教育，最终实现了马来西亚境内华人聚居的城镇处处都有华文学校的目标。

马来西亚华文教育的滥觞可追溯至19世纪初叶，当时华人私塾教育已经在华族聚居的槟城、马六甲及新加坡等地陆陆续续地出现了。[①]为了解决子女接受学校教育的问题，华人就在会馆、宗祠、神庙或其他简陋的地方建立私塾。这些私塾以方言教授《三字经》《百家姓》《千字文》或"四书"、《孝经》之类的经典古籍，以及书法、珠算等。新马第一所私塾是于1819年在槟城创办的五福书院。马来西亚华文教育的发轫一般都以这所私塾的设立为开始。接着由于大量妇女的到来而促成华人新生代激增，因此私塾在教育需求的压力下纷纷在各地设立。根据海峡殖民地政府1884年的《海峡教育年报》，当时槟城有私塾52所、新加坡有51所、马六甲有12所。[②] 由于这些在海峡殖民地开始兴盛的私塾不符合英殖民政府的意愿和利益，因此政府从来不认真考虑为华人设立华文学校，也不认为设立华校是他们的责任。虽然殖民政府对当时的英校与马来学校提供各种援助，但对于华社里的华文私塾学堂，政府实际上并未照顾它们。英政府对发展初期的马来亚华文教育的态度是放任、漠视与看轻的，但也不严加干预。

由于这些早期华人私塾各自招收自身方言群的子弟，这使得当时的华人生活在各自的帮群里而出现隔阂的现象。此现象一直持续至1888年槟城南华义学的设立，才带来了革新。[③]当时槟城的闽、粤华人社会为了改善私塾教育的帮群缺陷而在光绪十四年（1888年）创办了南华义学。南华医院的闽、粤董事们以方言群合作的方式创办这所学校。此所义学的设立不但使闽粤籍贫家子弟亦有受教育机会，尤为重要的是，该校能通过各方言群之间

① 郑良树．马来西亚华文教育发展史（第一分册）．吉隆坡：马来西亚华校教师会总会，1998：9.

② 郑良树．马来西亚华文教育发展史（第一分册）．吉隆坡：马来西亚华校教师会总会，1998：30.

③ 郑良树．马来西亚华文教育发展史（第一分册）．吉隆坡：马来西亚华校教师会总会，1998：52.

的合作，制定出一套具规模的管理制度，使该校除了在管理上趋向系统化和制度化，同时又吸收其他民族学校的现代管理精神和方法，成为一所极富时代气息的学校。[①]

20世纪初叶为马来亚华校走向现代化的开始，其导源来自中国内地所进行的教育改革。中国清政府在经历了甲午战争（1894—1895年）的战败耻辱后，当时的光绪皇帝已觉悟到要富国强兵及走向现代化，改革教育正是当务之急。于是清政府在1898年采纳维新派的主张，进行教育改革以建立现代式的教育制度和新式学堂。这一连串的教育改革措施，不但在中国国内实施，同时还推广到海外。马来亚的华人便在这种情况下受到中国教育改革之影响而展开兴学运动，筹办新式学校。

马来亚第一所现代化华校是1904年在槟城设立的中华学校。那一年，当各地旧式私塾教育还普遍流行之际，在富商张弼士的领导及一批侨领的策划下，槟城的华社创办了此所学校，为马来亚于南洋地区华文教育掀起新的一章。[②] 随着槟城中华学校的开办，马来亚各地华人竞相仿效，纷纷成立新式华文学校。旧有的私塾也一所接着一所地改为新式学堂，因此兴起了华社的全民办学的热潮。作为新马华人聚居的重镇，槟城华校如雨后春笋般地设立。譬如，紧接着中华学校的创办，槟城华社于1905年设立了慈善学校，1906年更创办邱氏新江学校、广福学校及林氏两等学校，1908年则建立了商务与崇华学校。[③] 槟城名校——钟灵学校（小学）亦于1917年建校，其中学则在1923年创办。

二、华文独立中学的诞生与发展：从挣扎求存到复兴

英殖民政府在1920年以前对马来亚华校基本上是采取放任的态度，也不加以管制并让华校自由发展。但随着《1920年学校注册法令》的颁布，英殖民政府显然对华校的蓬勃发展存有戒心。此项法令表面上说用来管制所有学校，实际上乃蓄意以它控制和监管华校。英殖民政府强行实施此项法令是因为当时马来亚的华校深受中国政治思潮，特别是具有鲜明反殖民主义与民主意识的五四运动的影响，这是英殖民政府所不能容忍的。因此此法令背后目的是要阻止各种政治思潮影响华校和阻止师生参加政治活动，以免危害英殖民政府的利益。

虽然英殖民政府在1924年开始给华校津贴，但数额却微不足道。第二次世界大战后，英殖民政府还继续给予符合补助条例的华校津贴，但英殖民政府给予津贴是要达到控制华校的目的。“二战”后当英殖民政府重新掌管马来亚，其教育政策亦开始有了变化，即于1946年和1950年发布了两份教育改革报告书。[④] 由于社会上各族群的反对浪潮持续不断，

---

① 张晓威．华文中学教育的发展及其对国家的贡献//文平强，许德发编．勤俭兴邦：马来西亚的华人贡献．吉隆坡：华社研究中心，2009：79.

② 郑良树．马来西亚华文教育发展史（第一分册）．吉隆坡：马来西亚华校教师会总会，1998：97.

③ 郑良树．马来西亚华文教育发展史（第一分册）．吉隆坡：马来西亚华校教师会总会，1998：162.

④ 首先，由马来亚的教育总监于1946年提出的基斯曼（Cheeseman）报告书建议政府须公平对待各源流的学校，并提供它们6年免费的小学教育。由于巫统的反对及马来亚联合邦的成立，英殖民政府于1948年9月设立一个中央咨询委员会（Central Advisory Committee）来检讨当时的教育政策。此委员会由当时的教育总监候革尔（M. R. Holgate）出任主席。委员会首次正式提出单一源流学校的概念以团结和整合马来亚国民，于1950年发表的首份候革尔报告书亦阐明马来亚最理想的教育源流是英文学校。在这单一源流的制度下，所有的马来亚学童须接受单一的授课媒介语——英语，“最终目标”（Ultimate Objective）的字眼也首次在该报告书出现（TAN，1997：48－49）。它亦建议在过渡期间政府应只允准英文与马来文小学。

英殖民政府所提出的两份教育报告书并不能付诸实践。过后当局于 1950 年 7 月 25 日委任巴恩教育委员会以检讨当时的马来源流学校与其制度。该委员会在 1951 年 6 月提出了那份对华文教育影响深远的报告书——巴恩报告书。此份报告书首次在马来西亚教育史上提出了“国民学校”的概念。委员会的成员们把国民学校定位为“国族建构之校”（Nation - building school）与“公民之校”（Schools for Citizenship）。[①]为了促成单一源流的国民学校，巴恩报告书更否定了华文学校与淡米尔文学校的存在价值。巴恩报告书的重要性在于它所推介的国民学校概念。独立后的马来西亚的数份教育报告书都一直沿用此概念。例如对马来西亚教育政策影响很深的《1956 年拉萨报告书》之“最终目标”就阐明教育部必须把各族群的孩子，集中在一个以国语（即马来语）作为主要教学媒介语的国家教育体系。[②] 这正是国民学校概念的体现，它将是达到国家教育政策“最终目标”的最有效工具。其后 1960 年的《拉曼达立（Rahman Talib）教育报告书》为了强化所有学校使用马来语作为主要的教学媒介语，更建议：“为了达致国民团结……要消灭种族性中学（指华文中学）……同时，要确保各种族的学生进入国民中学和国民型中学就读。”[③]尤为重要的是这个概念深植于马来政治、教育与文化精英的思维里。例如政府现今所推行的教育政策——强化国民学校的理念可说是源自巴恩报告书和“最终目标”之精神。巫统领袖就用团结各族人民之名来推展国民学校概念与“最终目标”。这是他们要贯彻单元化教育政策的凭据。

马来亚是在民族协商和团结精神下得到独立的，但其华文教育发展并不因此进入坦途。马来亚独立后颁布的《1957 年教育法令》虽正式接纳华文小学为国家教育体系的一环，华文中学却在四年后面对严峻的考验。当时联盟政府颁布的《1961 年教育法令》在 1962 年 1 月 1 日开始实施。在此法令下，政府停止向华文中学提供部分津贴，只提供全面津贴给那些愿意接受改制的华文中学。拒绝接受改制的学校便被排除在国家教育体制之外，成为华文独立中学；至于那些接受改制的华文中学则成为马来西亚独有的国民型中学。[④] 实际上政府在 1960 年 8 月 3 日发表《拉曼达立教育报告书》后，多方呼吁全国华文中学接受报告书的建议，申请改制为国民型中学。这项呼吁很快就获得了槟城华文中学的响应，影响所及，吉打、霹雳、雪兰莪的华校亦纷纷接受改制。

说起 1961 年的华文中学的改制浪潮，我们必须提到钟灵中学在更早的时候就已接受了改制。在《1961 年教育法令》实施之前，槟城的钟灵中学 1956 年接受英殖民政府的津

---

① TAN LIOK EE. The politics of Chinese education in Malaya 1945 - 1961. Kuala Lumpur: Oxford University Press, 1997: 58.

② “最终目标”的字眼自 1950 年出现在候革尔报告书后就一直被马来西亚政府在其各种教育报告书与计划中引用。该国的华教人士担心政府会通过各种教育政策和计划来改变华文小学的教学媒介语以达到“最终目标”，所以这个词汇一直是华教人士的梦魇。有关“最终目标”的应用与其对华文教育的影响，可参阅陈松生之报告［五十年不变——简述“最终目标”//董总 50 年特刊（1954—2004）. 加影：董总，2004：1249 - 1251］。

③ 马来西亚华校董事联合会总会. 董总 50 年特刊（1954—2004）. 加影：马来西亚华校董事联合会总会，2004.

④ 马来西亚现有 79 所国民型中学。虽然这类学校仍然保有华校的作风，但由于其教学媒介语已改变为马来文，因此和独中是迥然不同的学校。

贴而成为全面津贴学校之例，[①]此事对该州和全国华校尔后接受改制影响很深。[②]因此在法令生效后，当时槟州一共有9所华文中学接受改制，即钟灵、槟华女中、中华、菩提、协和、恒毅、修道院、圣心及日新国民型中学。在一个多元语言、文化及民族的环境里，槟城人希望在英校及华校之间开辟出第三种学校，即钟灵路线。[③]这种心态造成槟城的华裔家长把注重三语教学的国民型中学列为其子女的首选学校。所以槟州的国民型中学在以往都存在学生爆满之忧，独中却需苦苦经营。该州独中的窘境须待至2000年后才有所改善。

但在马来半岛的南端，即柔佛州的新山，其华文中学就有另一番发展趋势。当钟灵中学改制事件造成华社焦虑不安，华文中学面临失守的危机时，宽柔中学董事部毅然于1957年12月18日召开会议讨论决定拒绝改制并对外宣布从1958年1月1日起，宽中不再接受政府分文津贴，全部校务经费由董事部自筹及承担，实现自力更生的范式并成为马来西亚第一所独中。拒绝改制，宽柔中学董事部的此项议决，在马来西亚华教发展史上意义深远，在华文中学改制问题上扮演着极具关键的带头作用。当时其坚毅地留在华教的阵营可说是激发和增强了该国其他华文中学“独立”的决心。[④]宽柔中学的果敢行动启示了芙蓉的中华中学，使之成为第二所拒绝改制的华文中学。因此宽柔中学可谓独中的先行者，它力抗华文中学改制的狂澜，为当时处于劣势的独中留下香火。

在槟城钟灵中学、芙蓉振华中学和昔加末华侨中学接受改制及《1961年教育法令》的冲击下，当时马来西亚各所华文中学的董事部需做出艰难的抉择。有鉴于许多华文中学仍需要政府的经费才能继续办学，因此在种种诱劝、约束和妥协的情形下，许多学校改变了原本不愿改制的态度。[⑤]当时马华公会领导层利用其在各地华校董事部的影响力，大力宣传改制后的中学将保有三分之一的课程以华文作为教学媒介，并鼓励华文中学接受改制。[⑥]在这样的局面下，不接受改制的中学兵败如山倒，70所华文中学中只有16所坚持独立，其余54所接受改制。[⑦]马来西亚华社也因此断送了54所华文中学。

在改制大浪潮的冲击下，20世纪60年代的独中顿时陷入困境。由于当时华裔家长的经济条件不那么好，他们的子女没有能力入读需要缴交学费的独中，一般他们都选择国民型中学或国民中学。这造成独中的学生数量剧减，因此学校也缺乏经费。为了生存，许多

---

① 钟灵中学自1956年接受改制后，校名改称“钟灵国民型中学”。1961年，董事会鉴于超龄学生受到法令限制，进校无门，复创设非津贴的“钟灵独立中学”。有关钟灵中学成为马来亚最早接受改制的华文中学之详细过程，可参阅郑良树［马来西亚华文教育发展史（第三分册）. 吉隆坡：马来西亚华校教师会总会，2001：392－408］和Tan Liok Ee（1997）的研究。

② 钟灵中学改制事件后的第二年，即1957年9月28日，芙蓉振华中学的董事部亦接受改制，但其事件报道迟至10月初才见报。接下来，柔佛州昔加末华侨中学也在同年10月27日接受改制。郑良树（2001：429－431）称这两所华文中学的改制犹如在当时的华社投下两枚原子弹。

③ 郑良树. 马来西亚华文教育发展史（第三分册）. 吉隆坡：马来西亚华校教师会总会，2001：397.

④ 安焕然. 坚毅的信念：拒绝改制与宽柔董事//安焕然，郑良树. 宽柔纪事本末. 新山：南方学院出版社，2005：164.

⑤ 张晓威. 华文中学教育的发展及其对国家的贡献//文平强，许德发编. 勤俭兴邦：马来西亚的华人贡献. 吉隆坡：华社研究中心，2009：86.

⑥ 当时的马华公会领袖如李三春、李孝友和李润添都曾上国家广播电台宣传改制的好处。但李孝友于2000年在隆雪华堂就华文中学改制事件公开向华社道歉，承认当年上当，做错了事。详见郑良树［马来西亚华文教育发展史（第四分册）. 吉隆坡：马来西亚华校教师会总会，2003：79－80］的论述。

⑦ 马来西亚华校董事联合会总会. 独中今昔. 加影：马来西亚华校董事联合会总会，1985：31.

独中大量招收政府考试的落第生，沦为补习班。独中的声誉也每况愈下，各地的独中都在凄风苦雨中挣扎求存。到了 70 年代，由霹雳州一批爱护华教的人士所发起的复兴运动扭转了独中的困境局面。[①]就在霹雳州独中复兴运动办得有声有色而且达到示范性作用的时候，1973 年 12 月 6 日，董教总召开了一个全国性的大会——全国发展华文独中运动大会，成功地把独中复兴运动推向全国各个角落，为各地的独中带来新生机。该次大会接纳了董教总所提出的《华文独立中学建议书》，该建议书可谓马来西亚华教发展史的一份重要文献。它是独中的一个新的转捩点，标志着独中扬弃了追随国民型中学的尾巴路线，厘清了华文中学应该以华文为主要教学媒介语，而不是中英并行的双语路线，确立了华文中学应是华小教育的延续，而且是一贯的母语教育系统。[②]当董教总主办的第一届独中统一考试（统考）于 1975 年 12 月 11 日至 17 日分别在东、西马 42 个考场同时举行时，华文教育由小学至高中的教育系统，基本上就已完全恢复了。随着统考的成功举行及董教总教育工作者的努力，统考的文凭为国内外所承认，[③] 独中水准越办越高，学生越来越多，设备也越来越齐全，它已成为马来西亚国内优良教育体系的一部分了。

三、独中现今的发展概况：稳健成长

随着独中复兴运动的成功和统考品牌的创建，马来西亚独中的总人数在 1973 年后逐年稳健地攀升。在 1994 年，其人数达到了顶峰；过后独中学生总人数开始逐年下滑，见下表：

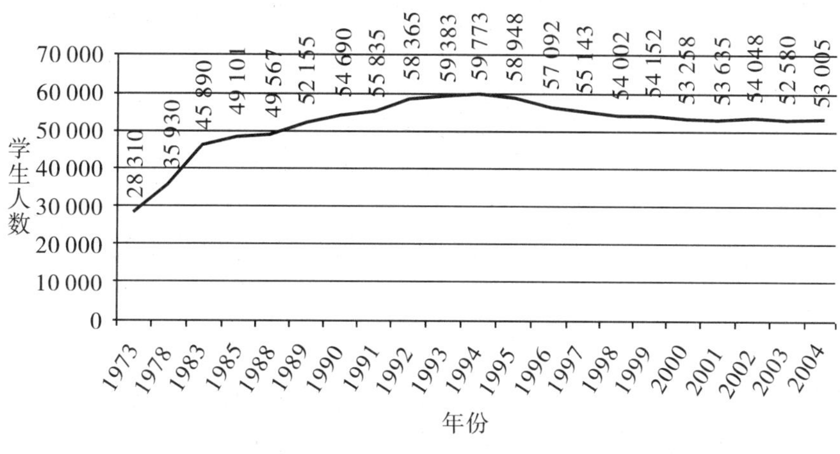

图 1　马来西亚华文独的中学生人数（1973—2004 年）（教改前）

资料来源：笔者整理自《董总 60 年会庆特刊（1954—2014）》（加影：马来西亚华校董事联合会总会，2014：1308）。

---

① 1973 年 4 月 1 日，霹雳州一批爱护华教的人士在华裔企业家胡万铎的呼吁和领导下在该州发动了独中复兴运动。当时由他领导的霹雳独中复兴工委会发动筹款马币一百万令吉以支援州内九所独中，该项行动获得该州的华裔企业家、小贩和老百姓的积极响应。该运动过后席卷马来西亚各地的独中，成功给独中带来生机，相关详情可参阅王瑞国［马来西亚华文中学的改制与复兴：以霹雳州为例（1962—1985）．怡保：王瑞国，2014］和甄供［播下春风万里：霹雳州华文独中复兴运动纪实（1962—1985）．加影：马来西亚华校董事联合会总会，1996］的研究。

② 郑良树．马来西亚华文教育发展史（第四分册）．吉隆坡：马来西亚华校教师会总会，2003：166.

③ 统考文凭虽然受到中国和西方许多大学的承认，但马来西亚政府至今依然拒绝承认。

在董教总于2005年正式推展独中教育改革（教改）行动后，独中才能有今天欣欣向荣的发展局面。在过去的10年（2005—2014年），马来西亚61所独中的学生人数，取得高达48%的显著成长。2005年的独中学生人数为53 402，而2014年则达到79 264，增加了25 862。[①] 在这10年里总共有7个州其所属独中的学生人数增幅超过50%，包括雪兰莪（93%）、霹雳（78%）、槟城（73%）、森美兰（73%）、吉打（68%）、沙捞越（78%）和吉隆坡（51%）。到了2015年，全国独中学生总人数冲破8万大关，创历史新高达到83 042人。下图详列独中学生总人数2005年过后11年来的增长趋势：

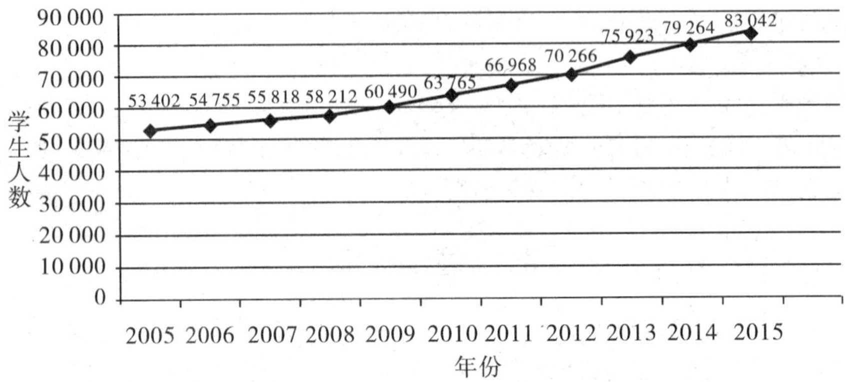

图2　马来西亚华文独中的学生人数（2005—2015年）（教改后）

资料来源：笔者整理自《董总60年会庆特刊（1954—2014）》（加影：马来西亚华校董事联合会总会，2014：1308）

自独中推展素质教育和注重三语教学后，华裔家长竞相把子女送进独中升学。但城市地区独中的学生名额有限，[②]这造成许多华裔学生望门兴叹。例如在2014年就有5 502名新山华小毕业生须通过入学考试以争取进入只能提供1 550个名额的宽柔中学校本部和古来分校。[③]

四、面向国际的人才培养：独中的素质教育

马来西亚的独中经历了没落、复兴、成长和展翅高飞的颠簸历程。这个历程彰显了马来西亚华人强韧兴办民族教育的决心和积极投入建设华文教育的付出。从华人民间力量的动员和参与、董教总的领导到华社精英的献策与规划，这景象一一显现了马来西亚华社团结一致地办好华人文化和教育堡垒的决心与行动。有了这些人的参与，独中教育才有今天展翅高飞的发展景象。独中能有今天欣欣向荣的局面，应归功于董教总所推动的独中教育

① 东方日报，2014-10-05（A4）.

② 这是因为马来西亚政府限制独中的增建，独中在1962年教育法令落实后，只剩下60所。时至今日，政府只允准一所新独中的设立，即位于新山的宽柔中学二校。该校是在1999年大选前因执政党战情吃紧而批给新山华社的礼物（“政治糖果”），该校于2005年正式开办。

③ 东方日报（前线版），2014-09-15（A8）.

改革（教改）行动。1994 年马来西亚全国独中学生人数达到前所未有的高峰，但其人数在 1994 年之后就开始下滑，独中也面对全球化背景下英文教育至上的挑战，这时候独中办学者开始思考提高独中教育质量的问题。其实独中的教育改革是承先启后的工程，并非始于近几年。独中一路来都因应时代变迁和教育发展趋势，不断进行教育改革，并在延续过去独中教育的基础上，进一步提升办学的质量和内涵。

为了更有效地发展和规划马来西亚的独中，1996 年董教总全国华文独中工委会明确指出独中应踏上教改之路，全面开展“素质教育”的路线图。①该工委会经过数年的意见收集、研讨、教育考察等活动，于 2003 年 7 月发表了《独中教育改革纲领（草案）》，但其教改完整纲领是在 2005 年 1 月 9 日正式发布的。②过去，独中办学者群策群力，为了建立一个完整的独中教育体制，以回应及落实《华文独立中学建议书》中“为什么办独中”和“办怎样的独中”这两大议题。但《独中教育改革纲领》要实现的是“独中要培养什么样的人才”和“如何培养出这些人才”的议题。③在“培养人”的议题上，独中将根据成人成才的教育目标，着眼于学生的全面发展。此教改纲领认为学生是教育主体，应让全体学生通过母语学习，获得全面发展，吸取信息科技与文化，奠定终身学习的基础和条件以成为新时代的主人。④ 此教改纲领认为独中应朝“素质教育”的方向办学以加强家长对独中的信心，把孩子送到独中就读。独中必须以体现本身的办学质量和成果，作为吸引学生就读独中的根本原因。此外，教改纲领建议个别独中需发展其学校特色。虽然部分独中的办学条件也因所处地理位置而受到限制，但是相对于国民学校而言，独中的办学自主性强，各校除了遵循《华文独立中学建议书》所提的办学使命与方针，仍有极大的空间可以发展自己的特色。例如，槟城的钟灵独中除了在 2001 年开始实施独中办学路线，它自 2009 年所引进的《弟子规》教育已成功树立了口碑。⑤

从《独中教育改革纲领》发布至今，马来西亚独中的发展可谓进入了一个新的里程碑。其飞跃式的发展说明了其素质教育的办学路线是正确的，它成功吸引该国的许多华裔家长竞相把子女送入独中就读。由于独中的口碑越来越好，除了友族学生也入读独中以外，国际学生也来报读。譬如槟城韩江独中近年来就迎来印尼、韩国与日本等国家的学生。⑥槟城的另一所独中，钟灵独中已有 20 多名泰国学生入读。⑦ 在《独中教育改革纲领》

---

① 此建议是 1996 年 6 月 13 日至 15 日在沙巴举行的“全国独中校长研讨会”所达成的共识，参阅陆庭谕文章（回顾与展望：《华文独立中学建议书》落实 25 周年//2007 年华文独中董事交流会资料汇编．加影：董总，2008：127－130）。

② 关于《独中教育改革纲领》的详文，可参阅《董总 60 年会庆特刊（1954—2014）》（加影：马来西亚华校董事联合会总会，2014：779－790）。

③ 马来西亚华校董事联合会总会．2007 年华文独中董事交流会资料汇编．加影：马来西亚华校董事联合会总会，2008：28.

④ 马来西亚华校董事联合会总会．董总 60 年会庆特刊（1954—2014）．加影：马来西亚华校董事联合会总会，2014：781.

⑤ 该校校长吴维城指出，《弟子规》教育已有效地提升钟灵独中的学生纪律并成功塑造一个充满礼仪和爱心的学习环境。该校也因此成为马来西亚各地的华文小学、独中和国民型中学学习的对象（2013 年 8 月 27 日于钟灵独中访谈吴维城校长）。

⑥ 2013 年 8 月 26 日于韩江独中访谈江美俐校长。

⑦ 2013 年 8 月 27 日于钟灵独中访谈吴维城校长。

领航下，各地独中都纷纷实施素质教育，其学生人数也大量增加。[①] 独中的学生不只在学术上有优异的表现，在联课的活动上，学生都能根据自己的兴趣选择参加各种活动，他们的才华也得到充分展示。在独中成人成才的教育理念下，学生得到全面发展，多语的训练使他们成为面向国际的学生。

马来西亚的独中一般都采取和坚持务实的办学理念。由于区域传统和历史因素，全国61所独中的办学方向和路线不尽相同，因此各有办学特色。独中的办学路线大致上可分为所谓的单轨制和双轨制。实行单轨制的独中只在学校里提供统考课程，不强迫学生参加政府考试；实行双轨制的独中则要求学生参加统考和政府考试。有的双轨制的独中更硬性规定学生必须参加两种考试，如吉隆坡中华独中。一般提倡双轨制的独中的办学者是为了让其学生在参加了两种考试后有更好的出路，但学生同时学习两种课程往往给他们带来过重的学习压力，所以此类课程只适合优秀的学生。近年来，由于马来西亚教育部落实校本评估，实践双轨制的独中面临各种问题，因此有些独中已决定放弃双轨制。另一方面，个别独中拥有办学的自主权，这让办学者能办出特色。例如，吉兰丹中华独中就展现了其发展学生个性专长、有教无类和培养学生尊重关爱的办学特色。独中的多样性发展给马来西亚学生提供了不同的就学选择。

在提倡素质教育和统考文凭受多国大专院校承认的情况下，独中毕业生都能顺利地在马来西亚或国外大学继续深造。根据董教总的调查，近年来独中毕业生的升学率颇高，达75%—80%。例如2007年有高达80%（国内55%，国外25%）的毕业生继续深造；[②]到了2011年，其毕业生的升学率微跌至74.42%，但其到外国升学的毕业生则猛升至41%。[③]独中毕业生到海外升学的比例从2007年的25%剧增至2011年的41%，这数据说明了独中教育已成功培养出面向国际的毕业生。董教总的调查数据也显示，独中毕业生的升学目的地已不再局限于中国，他们开始到西方国家如澳大利亚、英国等国家深造（参见下表）。

2011年马来西亚独中毕业生国外升学分布人数及百分比表

国家/地区	人数	占升学人数（4 851人）的比例（%）	占国外升学人数（2 007人）的比例（%）
中国台湾	1 225	25.25	61.04
新加坡	388	8.00	19.33
澳大利亚	112	2.31	5.58
中国大陆	86	1.77	4.29
英国	59	1.22	2.94
爱尔兰	32	0.66	1.59

① 2013年8月28日于日新独中访谈陈奇杰校长。陈校长认为除了素质教育外，“独中的师生关系密切”“校园文化非常好”“老师有献身精神”亦是促成其学生猛增的因素。

② 星洲日报，2010-01-03（12）.

③ 东方日报，2014-12-14（A13）.

（续上表）

国家/地区	人数	占升学人数（4 851 人）的比例（%）	占国外升学人数（2 007 人）的比例（%）
中国香港	29	0.60	1.44
日本	21	0.43	1.05
美国	18	0.37	0.90
新西兰	10	0.21	0.50

资料来源：笔者整理自《东方日报》，2014 - 12 - 14（A13）.

五、三语人才的培养：独中的语言教学特色

马来西亚独中虽然自 1961 年教育法令实施后就选择自力更生而遭摒弃于国民教育体系外，但由于马来西亚是多元民族国家且其毕业生须在多语环境下谋生，因此独中的教学语言政策不能只专注于母语教学。在此国情下，独中一般都采用双语或三语教学以让其毕业生在职场上更有竞争力。独中的教学语言政策虽然有争议，①但近年来独中一直受华人支持和肯定，这说明其办学方向是正确的。马来西亚全国 61 所独中的教学语言模式之考量，不外是如何在“一个传统、两大考试、三种语文”之间取得平衡，而各校对此各有理解。②独中所实践的“一个传统”，是指华校对马来西亚华社来说不仅仅是华文教育，还是追求平等权利和抗拒同化的象征，华校与中华文化密不可分，所以教学语安排的底线，要避免损及独中的文化特征。所谓“两大考试”之间的顾虑，则是统考与政府考试孰轻孰重还是两者并重的问题，至于“三种语文”之轻重取舍，更是独中不得不面对的宿命。③虽然董教总贵为华社的“民间教育部”，但其对独中各校的办学方针和路线并没有约束力。各校独中的校长和董事部是决定独中办学方向的决策人。另外，马来西亚独中的办学模式亦受所处区域和历史因素的影响。在此状况下，独中的办学路线和教学语言政策可谓五花八门，有各种模式。无论如何，个别独中的办学模式能否持久与成功，这就取决于当地家长是否认同和支持。

从历史的脉络来看，马来西亚的华裔家长对子女的语言教育是务实的，这可从早期槟城钟灵中学的教学语政策看出来。④从钟灵中学路线到现今剑桥英文在许多独中的教学里落

---

① 独中“以华语为主要教学语”究竟该推进到什么程度，迄今其办学者并无共识。各校在教学语的实践上，多年来从未一致，模式各异，争议不断。有关独中教学语政策的争议，可参阅王国璋（2015：146 - 153）的评述。

② 王国璋．反思独中的教学语政策：本土模式、新加坡模式与香港模式的比较//挑战与革新：2014 年马来西亚华文教育研讨会论文集．吉隆坡：林连玉基金，2015：154.

③ 王国璋．反思独中的教学语政策：本土模式、新加坡模式与香港模式的比较//挑战与革新：2014 年马来西亚华文教育研讨会论文集．吉隆坡：林连玉基金，2015：154.

④ 钟灵中学在改制前就已特别重视英文科，例如 1954 年其高中部除了华文一科外，其他数理化及史地商等全是英文课本，并以英语教学［郑良树．马来西亚华文教育发展史（第三分册）．吉隆坡：马来西亚华校教师会总会，2001：393］，其学生参加政府公开考试成绩斐然，因此成为其他华文中学仿效的对象。另一方面，在一个多元语言、文化及民族的环境里，槟城人希望在英校及华校之间开辟出第三种学校，即钟灵路线［郑良树．马来西亚华文教育发展史（第三分册）．吉隆坡：马来西亚华校教师会总会，2001：397］

实，不难发现马来西亚的华裔家长把子女送进独中除了是为注重民族教育以传承中华文化外，还在于他们更希冀其子女能掌握好国际语言英语。例如槟城两所重要的独中，即韩江独中和日新独中都推行多语教育，既有民族语言华语，又有国际语言英语，而且还有国家语言马来语，此种教学语取向满足了槟城华人在语言学习方面的需求。①这些学校大都推行三语教学的语言政策，即注重华文，强调英文，鼓励马来文。有的独中聘请以华语和英语为母语的外国老师执教，以改善学生的语言学习效果。韩江独中校长认为英语不但是国际语言，还是主导整个世界的语言。它更应该被看作人们的生存技能，掌握英语能使学生们的生活多姿多彩、拓宽他们的人际关系，进而增加学生们各方面的机会。②

不论是钟灵独中还是日新独中的教师，都一致认同英语的重要性。英语是国际语言，所以学生掌握了它将更具竞争优势；即使是马来文科主任也认为英语不但是国际语言，也是科技语言。而英语主任认为学生们如果掌握了这个语言，以后他们在私人的会议上或提呈的时候都会用上它。一般来说老师们都认同英语为国际语言的地位。该语言是华语在外的主要沟通工具，日新独中英语科主任还认为掌握了英语可以有一语走天涯的优势。③此外，这两校的学生认为英语除了是国际语言外，也是他们在马来西亚日常生活中的沟通工具，还被一些学生看作“撒手锏”，如果掌握了英语，那么以后他就能立于不败之地了。④回到沟通的用途上，英语除了在口语沟通时用得着外，在与银行的书信来往方面，它也是主要的媒介语。从独中学生前途的角度来看，英语的重要性是不容置疑的。这是因为英语的掌握程度将会左右以后他们前往深造国家的选择。一些有意要去欧美国家深造的毕业生如果英语掌握程度不够好，就只能选择中国的大专院校。

马来语是马来西亚的国语，是国家的象征。华族学生在马来西亚生活也必须使用马来语。虽然独中的马来语上课节数不比华语多，但有很多独中的学生报考了政府考试，一些学校以双轨制办学，学生也掌握了马来语，因此独中学生在马来西亚生活是没有问题的。日新独中校长认为，马来语除了是马来西亚的国语，它还是民众之间的沟通语言，可以避免各族间许多误会的发生。身为韩江独中校长兼马来语科主任的江美俐校长认为马来语是马来西亚公民应该认同的语言，所以学习马来语是学生们不能推卸的责任。它不但是其公民用来和友族团结、沟通的工具，也是华族要了解马来文化的工具。⑤

接受访谈的槟城两所独中的校长、教师或学生，他们对于华语、英语和马来语的认识并没有太大的差异。⑥他们都认为华语承载着华人的文化，也是华人的根，华人至少要能听、能讲华语才能达到沟通的目的。一些学生可能认为毕业后不再需要使用华语，但是随着最大的汉语使用国——中国的崛起，华语的经济价值也相应提升。如果要让华语继续传承下去，需要学生们珍惜马来西亚所拥有的多元的语言学习环境。一些教师从前因为家庭

---

① 相关研究，可参阅王晓梅、孙招娣、祝家丰的研究报告（槟城华文中学的语言管理//2014 年第二届马来西亚华人研究国际双年会论文集．吉隆坡：华社研究中心，2014）。

② 2013 年 8 月 26 日于韩江独中访谈江美俐校长。

③ 2013 年 8 月 28 日于日新独中访谈英语科主任 Khoo 先生。

④ 王晓梅，孙招娣，祝家丰．槟城华文中学的语言管理//2014 年第二届马来西亚华人研究国际双年会论文集．吉隆坡：华社研究中心，2014：469.

⑤ 2013 年 8 月 26 日于韩江中学访谈江美俐校长。

⑥ 王晓梅，孙招娣，祝家丰．槟城华文中学的语言管理//2014 年第二届马来西亚华人研究国际双年会论文集．吉隆坡：华社研究中心，2014：471.

和环境的因素缺乏接受华语教育的机会，但是他们都坚持学习华语。另一方面，英语是现今主导国际经济和通行世界的语言。学校深信英语可以提升学生毕业后的竞争能力和达成国际化的宏愿。不论在国内或国外，英语既是经济语言也是科技语言。掌握了英语对学生来说将会是一项优势，不论是升学或工作方面也让独中毕业生有更多的选择。这项调查发现，虽然学生们的英语掌握能力不是非常强，但已达到沟通的水平。韩江独中和日新独中的英语科是三语中拥有最多节数的语言科。这种语言实践反映了师生们认同英语的国际语言的地位以及学生们掌握了英语便在国内或国外拥有优势的心态。这两所独中为了加强学生的英语掌握能力，在校内的硬体设施方面建立了英语中心，而且英语科每周至少有 8 节课。日新独中的学生每周甚至上 10 节英语课，韩江独中则聘请外教来教英语。

通过对其他地区独中的调查，①笔者发现几乎所有独中都采用类似槟城独中所采用的多语教学语政策，但一般都不是三语并重。这是因为三语并重的政策并不实际，极可能牺牲不少受困于语言转换和适应的中等资质学生。这项全国性调查发现，华文依然是独中的主要教学媒介语，但由于意识到英文在国际上的重要性，多数独中现今都采取强化英文教学以培养面向国际的毕业生。独中三语兼用的特点成为马来西亚特殊的语言教育现象，这些学校所培养的三语人才也应该成为马来西亚的特殊人才，理应受到政府的重视，并在政策上给予支持。然而，目前政府的语言政策似乎并不重视三语教育，而三语人才也未人尽其才，不能不说是一种巨大的浪费。②这些人才不被政府重视，但邻国新加坡和国际大企业却视之如宝，大量吸纳独中毕业生进入其国家和公司服务。有鉴于中国的崛起和其经济发展的前景，在国际大公司纷纷进军中国的当下，马来西亚独中的多语人才正可解决其求才若渴的问题。

结　语

马来西亚华校不仅仅是中华文化的传承渠道，更是马来西亚华人身份认同的塑造者。因此任何尝试要否定或关闭华校之举往往被视为触动了华社的神经及破坏其对华族身份之认同，必引来华社的声讨与抗衡。当年英殖民政府通过发布巴恩报告书欲关闭华校催生了一场历久不衰、波澜壮阔的华教运动。时至今日，马来西亚华文教育在该国扎根已有 196 年的历史并在东南亚绽放出亮丽的花朵。其华文教育体系可说在中国以外发展得最完善和肩负着传承中华文化重任的体系。但该国的华文教育发展之路却是一条坎坷路，满途荆棘。马来西亚独立前，华文教育受到以英殖民政府的严厉管制；独立后，华文教育受到马来民族主义为内涵的国家单元教育政策的摧残。虽然由巫统主导的国阵政府一直边缘化和打压华文教育，该国华文教育却能在夹缝处存活并与之展开抗争。本着华文教育能传承中华文化和赓续华人族裔身份认同，该国的华人社团组织和华教人士坚强不屈地捍卫华文教育。

作为马来西亚华文教育重要的一环，独中是在华校改制大浪潮冲击下独存的华文中学体系。当时在华教先贤的坚持下，独中拒绝了政府的任何津贴而成为自力更生的民办学

---

① 笔者和研究助理于 2013 至 2014 年期间考察了在中马、南马、东马（沙巴和沙捞越）及东海岸的多间独中。

② 王晓梅，孙招娣，祝家丰．槟城华文中学的语言管理//2014 年第二届马来西亚华人研究国际双年会论文集．吉隆坡：华社研究中心，2014：471.

校。在20世纪60年代，独中面临学生大量流失而陷入挣扎求存的困境。1973年的独中复兴运动成功扭转了其命运。过后独中虽然一直被国家教育发展边缘化，但历史发展显现了其坚韧的生命力。追溯独中从复兴运动到《独中教育改革纲领》的发展历程，我们不难发现马来西亚的独中经历了从体制建立到人才培养的过程。在独中教育改革的领航下，独中所落实的素质教育和多语教学培养了许多优秀和面向国际的人才，且成为办学的楷模。可惜的是，由于独中是民办学校，马来西亚政府一直拒绝承认其文凭，这造成大量华裔人才的流失。一国的语言政策之制定应为国家发展服务，三语兼顾的独中毕业生是不可估量的资源，政府应该正视这项资源，让其在马来西亚走向国际化的过程中发挥应有的作用。

日趋式微的菲律宾华文教育

——菲律宾华教概况与侨教推展之影响

徐荣崇*

菲律宾华文教育有相当长的历史，早年华侨学校相当普遍。唯在20世纪70年代以后，菲律宾政府放宽外侨入籍的规定，使大部分华侨及其子女均加入菲国籍，菲律宾政府并于1976年实施侨校菲化政策，规定华侨学校招生不可只限华人子弟，并且限制华文上课时间及华文教材，华侨学校遂逐渐菲化成为菲律宾人的华文学校，并随着菲律宾华侨子女逐渐融入当地社会，华侨学习华文的意愿也渐渐降低，很多侨校的学生都在逐年减少，华文教师也严重不足。在今天，菲律宾华文教育更加式微，引起菲律宾华侨的极大忧虑。

一、菲律宾简史

14世纪前后，菲律宾群岛的土著部落和马来族移民建立了一些割据王国，其中最著名的是苏禄王国。1524年，麦哲伦率领西班牙远征队到达菲律宾群岛。1565年，西班牙侵占菲律宾。1898年6月12日，菲律宾宣告独立，成立菲律宾共和国。同年，美国依据对西班牙战争后签订的《巴黎条约》占领菲律宾。1941—1945年，菲律宾被日本占领。“二战”后，菲律宾重新沦为美国殖民地。1946年7月4日，美国被迫同意菲律宾独立。1996年9月2日，菲律宾政府与国内最大的反政府组织摩洛民族解放阵线签署和平协议，结束了南部长达24年的战乱局面。

二、菲律宾侨校发展

1899年（光绪廿五年），中国驻菲领事陈纲①征得诸侨商同意，在“甲必丹”衙署校舍创立小吕宋中西学堂，开启菲律宾新式华侨教育。

1912年，中西董事会倡议成立菲律宾华侨教育会，推动华侨教育。1914年，菲律宾华侨教育会成立。1917—1922年，社团、教会、热心人士等在马尼拉先后创办普智、溪亚婆中西分校、圣公会、爱国、闽商、华侨公学、三民、尚媃等8所小学。1923年，教育会创办第一所中学——华侨中学（今侨中学院）。这些学校由教育会管辖（除圣公会继续由教会办理外）。1935年，受世界经济萧条影响，教育会所辖学校先后脱离，独立经营。此

---

* 作者简介：徐荣崇，台北市立大学历史与地理学系教授。

① 陈纲，旅菲华侨“甲必丹”陈谦善之子，在菲律宾出生，年幼回国读书，后中进士。

时学生约2.1万人，学校约80所。1941年12月8日，太平洋战争爆发，华侨学校宣告停办，但华侨仍暗中开设私塾。至1946年战后复校。在此期间复办者65所，新办者28所。这些学校实行半日制教学。

1946年7月4日，菲律宾正式脱离美国独立。1947年4月，中菲签订友好条约，华侨学校得到合法的保障。至1956年，全菲华侨学校共计150所，教师1 649人，学生4.8万人。1949年，菲律宾政府禁止中国人入境，侨校师资来源断绝。1955年，创律宾办华文师范专科学校（1965年与中正中学合并，易名中正学院），就地培养侨校师资。1955年，菲律宾国会主张严格监管华侨学校。根据1956年菲律宾政府的规定，菲律宾侨校的中文部和英文部，都处于私立教育局的督察和直接管辖之下。1957年4月，成立“菲律宾华侨学校联合总会”（简称“校总”）。1961年，菲律宾教育部通令全菲侨校，规定把华文课程由原来的每周24节课压缩为18节课（当时每周6天课，每天3节课）。

1973年1月，菲律宾通过新宪法，规定“教育机构，除非由教会、传道会或慈善机构所创办者，均应由菲律宾公民或其资本60%为菲律宾人所有之公司、社团所拥有。学校之控制及行政亦应置于菲律宾人手中。教育机构不能专为外人而设立，外侨学生在任何学校之学生总数中，不得超过三分之一”。1973年4月，菲律宾总统马科斯发布第176号法令，菲化全菲侨校。法令规定，1973—1976年为过渡期，1976年侨校应同菲律宾的教育体制一体化，包括：①只有100%菲律宾人所有或菲律宾人控制资本60%以上的社团可创办学校。②学校董事会成员和行政主管必须全部为菲律宾公民。③外侨学生不得超过全部学生人数三分之一。菲律宾与中华人民共和国建交（1975年6月9日）之前，马科斯总统发布第270号法令，放宽外侨入籍条件。1975年大部分华侨及其子女加入了菲律宾国籍。华侨学校董事、行政主管、学生的国籍问题获得解决。[①] 1975年以前存在的“侨校”（华侨学校），1975年以后转变为“华校”（华文学校）。华侨学校顺利达到菲化的规定，转变为华人主有的菲律宾学校。菲律宾华文教育的性质发生了根本性的变化——不再是华侨教育，而是华人教育。176号法令还规定：学校的校名不得含有外国的色彩，一切有中国、中华色彩的校名都要改。如中文名是密三密斯光华中学，英文名是 Misamis Chinese High School。为符合规定，董事会就将其改为 Misamis Union High School。也有个别华校冒险把 Chung Hua School 的英文校名保留下来，因为他们认为菲律宾政府的人不懂 Chung Hua School 就是中华学校。176号法令也把华校的中文学制改为与英文学制同步：幼儿园三年，小学六年，中学四年。对华文课程、时间、教材都做了严格的规定：华文课程只保留华文一和华文二（当地华侨称“华文二”为“综合”，教一些中国史地常识和成语）两个科目，其他的中文课程全部取消。每天上课时间为120分钟。华校所采用的教材，还必须经过菲律宾教育部审查批准。

菲化后的华文教育江河日下，教材、教法、师资均出现许多问题。1991年5月，在热心人士的资助下，菲律宾华文教育研究中心成立（简称“华教中心”）。1991年，引进了第二语言教学的理论。1993年11月，全菲华校代表举行会议，组成“菲律宾华文学校联合会”（简称“校联”），取代已形同虚设的“校总”。

---

① 1972年美国总统尼克松访问中国，马科斯总统为避免华侨倾向中国而不效忠菲律宾，实施了中国侨民的集体转籍，并实行华侨学校菲化的法案。

（一）历史巨轮下的中正学院

中正学院创立于1939年6月6日，设于菲律宾马尼拉市内。该校为菲律宾华裔所创立的唯一高等学府，有研究所、大学、中学、小学至培幼园的完整教育体系，2014年学生人数约4 400人。学生大部分来自华人家庭，纯菲律宾人很少。近年来有为数甚多的中国大陆新移民。创校校长王泉笙先生更是一位爱国人士，在国家危难之时创办学校。在当时，菲律宾的华文学校多是小学，没有华文中学，遂开办华文中学。中正学院创立之时，正值中国受日本侵略，当时在海外的华人同胞忧心祖国安危，纷纷为国奉献，除了捐款献力以外，亦在侨居地兴学办校以为国家培养人才。开学之初，各式设备皆由学校董事捐赠，第一学年即开设高中、初中共7个班，学生270余人，第二学期即达500人，第三学年增至600人，校务日渐扩张，设备日趋完备。刚开办的时候完全需靠华侨来支持学校，随着学校的发展，渐渐能够独立运作，而家长在经济方面也日益好转，足以支付较高的学费。到1960年施院长就读中正中学时，学校已经不需要募款了。而在施院长2007年退休以前，学生人数已有6 000多，平常单靠学生的学费、学杂费即可充分支持学校的日常开销。而学校的董事也不需要经常捐钱给学校，唯有当学校要建新的校舍等需要较大笔的支出时，才需向董事及校友募款。菲律宾政府并不会特别刁难华文学校，但也没有给予任何帮助。事实上，在菲律宾政府施行菲化政策以后，政府只是限制华校上中文课的时间，对其他课程、设备、学生的国籍限制等方面都不是很关注。而在与侨社的关系上，因为中正学校是华社中公认的华校龙头，所以侨团对其相当爱护。

该校的华语文师资自己培育，但同时认为中国台湾的替代役师资素质相当好，反响甚佳，值得在菲律宾扩大推广，希望中国台湾“侨委会”可以提供来菲的教师、增加替代役人数、延长服务年限与文化方面的资源协助。该校也认为教科书应该重新编写，改以第二外语教学。对于从事师资培训工作的老师，建议再多加筛选，并考虑符合当地需要。但认为中国台湾办理的教师研习巡回活动与文化教师，对于师资素质提升有帮助，值得推广。且侨校教师广泛使用中国台湾“侨委会”设立之全球华语网站与电子书。侨校学生对于回中国台湾参加海外青年研习营的意愿强烈，但是费用偏高，多数学生选择去相对便宜的中国大陆地区。建议应该扩及在华校任教的非华裔老师之子女。

（二）以基督为名的灵惠学院

基督教灵惠学院是中国台湾“侨委会”在菲律宾设立的第一个华语文数字学习中心示范点，自2008年以来，灵惠学院一直致力于将数码教材融入华语文教学，将数字信息彻底融入华语文教学中，为应对信息时代的来临，华语文教学也必须有创新的教学模式。

灵惠学院创办人陈李锦英女士说：“如果在一片广大、空旷的土地上建设一个新村，有住户，有一流的学府，有教堂，每天都可以听到优美的圣乐，整个小区洋溢着浓厚的文化、宗教气息，使得神、人都喜爱它、珍惜它，多好！”陈李锦英女士1946年时曾担任迦南中学校长，但感于市区内校园狭小，无法给予学生理想的学习环境，遂有了另外在马尼拉郊区建校的想法。并于1950年受基督教商人的捐助，获得坐落于岷市3 000平方公尺的土地，作为建校基地，其后数次扩建，至今已发展成为具有幼儿园、小学、中学、大学、研究所一系列完整教学体系，并有3 000余名学生的大学校。作为华语文字数字教学示范点，灵惠学院在推广数字教学上不遗余力，每年都会派遣教师参与中国台湾“侨委会”举办的数字教学种子教师研习营，教师返校后积极开办数字教学研习班给学校其他老师，以学习最新的数字信息，使灵惠学院在华语文数字教学上颇具成效。

基督教灵惠学院，自2008年成为海外华语文数字学习中心示范点以来，一直致力于将数码教材融入华语文教学，将数字信息彻底融入华语文教学中，为因应信息时代的来临，华语文教学也必须有创新的教学模式。培养华语文教师具备数字运用能力，以提升整体华文数字化程度，活化数字华语文教学，增加师生互动，让学生不但对学习华文更加有兴趣，教师在备课时也更能有效应用数字化产品，期望将菲律宾基督教灵惠学院建设成为菲律宾侨校的领航者，展示更多元的华语文教学与数字互动模式，以有效扩散华语文数字教学经验。

菲律宾华文教师普遍不足，有部分华文教师原本是中国台湾或中国大陆的新移民家长，至学校受相关的教育训练后服务该校，且目前灵惠学院部分师资也仰赖中国台湾替代役以及中国大陆的志愿者老师。

该校陈宏涛院长认为，在中国台湾有相当多具有教师资格的教师，他们都可以前来菲律宾协助教学，但也必须提醒有意前来菲律宾教学的教师，务必先对菲律宾的教学环境有所认识。陈院长认为菲律宾华文学校的学生，相较于其他国家有比较特殊的情况，他们不像马来西亚独中的学生有非常好的华语能力以及华人文化传统，可是也不像欧美国家的单纯中文补习教育，菲律宾华校学生不会讲流利的华语，也没有太多的中华文化体认，但还保有相当保守的中华文化性格，这却是菲律宾华校学生相当独特的部分。

目前灵惠学院与中国台湾淡江中学缔结了姊妹校的关系，并且每年都会组织到中国台湾交流学习进修，至今已是第十年了。和淡江中学的合作，由淡江中学安排三周的活动课程，使学生能在中国台湾的全中文环境里学习，并体验中华文化，而学生在实际体验到中国台湾的文化及生活以后，对于日后学习中文的动机及兴趣皆能有所帮助，陈院长计划未来能够扩大执行，希望这样的交流活动使每一位灵惠学院的学生都能参加，并作为毕业的门槛之一。

学院不仅重视英文教育，也持续发展中文教学。同时灵惠学院是数字教学的示范教学点，极力发展数字教材。为了鼓励侨校学生学习中文，降低学费是该学院策略之一，但是为招收学生而降低学费，也面临招不到好的教师与维持中文程度的矛盾。虽然在灵惠学院教学，未必需要教师资格证，师资要求不太高。目前中国台湾“侨委会”派遣替代役男来补充师资，但为了解决未来不再有赴菲的替代役男的问题，建议现在就要开始规划将来有可能面临师资不足的困境，如中国台湾“侨委会”可以仿造美国成立和平军（Peace Corp），不仅可以解决中国台湾流浪教师问题，也可以提升华语文教学质量。

受菲化政策影响，菲律宾的中文学习环境不佳，这增加了学习中文的困难。为延续中文教学，灵惠学院将中国历史与地理规划成综合科目，也维持传统教授正体字与注音符号。同时，灵惠书院采用第二语文的教学方法，因为使用第二语言教学比较适合非华学生。为了使用第二语文的教材，开始对教师进行沟通与训练。也希望中国台湾“侨委会”可以多面向地派遣教师到菲律宾桥校。中国台湾“侨委会”经费补助变少，导致返台进修的老师意愿不强，所以学校会自组交流团和中国台湾的学校交流与合作。

（三）重质不重量的尚一中学

尚一中学由杨翼注先生1960年创立于马尼拉，同年6月开始招生。尚一中学的西班牙文名为“Uno”，“Uno”是西班牙文中“第一”的意思，意思是希望学生能朝最好的目标去努力。

尚一中学时常参与校联、中联、体总、商总这些组织的活动。当地的商总、校联、华教中心教师协会都设有医疗补助金，教师生病住院可以申请补助。但由于尚一中学在菲律宾华校中属于私校，政府并没有提供补助。因其公立的学校自顾不暇，常需外界给予帮助，所以更难以顾及私校。对于私立学校的管理大多睁一只眼，闭一只眼。学生大部分都是华人，很少有纯菲律宾人。而尚一中学师资比较固定，没有替代役教师也没有志愿者教师。但是因为菲律宾华文师资相当缺乏，所以部分已届退休年龄的教师，无法退休。目前有一些新侨（中国大陆新移民）教师，稍解教师荒。学校运营经费来源主要为学费收入，每个学生小学学费一学期2万多比索（菲律宾货币名），中学3万多比索，即可应付大部分的开销。学校不曾向家长学生募款，较为昂贵的设备需慢慢购齐。

尚一中学的英文教师几乎都是纯菲律宾人，他们不会中文。缺乏华语文师资是该校目前面临的问题，原因之一是待遇太低。该校通过培育师资来应对师资缺乏的问题，而对于中国台湾“侨委会”外派的替代役师资，认为有帮助但工作时间太短。

尚一中学上午与下午的课程不会重复，中文用的教材部分是由中国台湾“侨委会”编撰的。教学时，将中文当成是第二外语，并从趣味中体现中国文化，也从综合课中分配中文教材，学生在学习后多能表现出对中华文化的兴趣。对于暑期巡回教师研习，教师应审慎遴选，且希望派遣行政管理及班级经营教师，并以实务为主。费用过高使得侨校师生对于到中国台湾参加研习营兴趣不高，师生们希望到中国台湾参访能深入学校，避免走马看花。

（四）求书若渴的圣公会中学

圣公会中学创校于1917年7月，设在菲律宾马尼拉市。菲律宾岷市的华侨圣公会教会，因为考虑到当地并没有设立给华侨女子就读的学校，所以教会于1917年7月22日创办“圣公会女子学校”，并在黎那黎兴智街牧师楼的客厅上课。第一学期开学时共招收女学生19人。目前圣公会中学中文师资相当缺乏，在菲律宾有部分学校的师资是依靠中国大陆的志愿者，可是2015年因为菲律宾与中国政经关系的问题，中国大陆600多位志愿教师无法前来，所以部分学校没有足够的中文教师，于是就不上中文课或是减少到一个星期只上三堂的情形。并且因为在菲律宾担任华文教师的薪水不高，年轻人如果当教师，那些薪水往往是不够生活的，所以这些教师往往就需要督课来增加收入，但督课也会造成其他问题。而圣公会中学的学生大部分来自华裔家庭，也有少数菲律宾裔的学生，他们都是在学校教英文的教师或职员的子女。经费来源主要是学费收入，一个学生一学年的学费，差不多是6万比索，一般小学费用较低，中学费用较高，到了中学四年级就有一些额外的毕业费、月刊等等的费用为六七万比索。但是因为学校教师薪资较低，现在也面临难题。因为学校经费主要来自学费收入，如果把学费提高，很多家长就会有困难，但是没有提高学费的话，学校的教师薪资又无法提高，十分为难。

圣公会中学求书若渴，努力培养学生们的阅读习惯，语言教学以普通话为主，闽南话为辅，在学校尽量以普通话取代闽南语或英语，并以第二语言编写华语文教材，让青年学子了解中文的重要性，并加入中文教学行列。虽然，现在学生说话以菲律宾语为主，但中文也说得很好。圣公会中学除了提供公版教材之外，教师也会选择自编教材。教师主要具有留台背景，普遍认为替代役教师教学协助的帮助很大，但也要筛选。中国台湾“侨委会”进行的相关教学研习，让侨校受益匪浅，然而研习教师应先了解本地需求，同时积极鼓励教师到中国台湾参与教学研习，且尽量遴派有经验的，且以第二语言教学的教师。圣公会中学会使用中国台湾“侨委会”的全球华文网站与电子书，认为中国台湾“侨委会”建置数字教学点，对他们帮助很大。教师对于开发这些数字媒体的教材非常感兴趣，希望中国台湾“侨委会”会可以提供数字教材，充实数字化教学内容。

三、结语

中国台湾“侨委会”派遣海外替代役教师至菲律宾各侨校协助教学，反应甚佳，值得在菲律宾扩大推广；从事师资培训工作的教师宜再多加筛选，以符合当地需要；教科书应该重新编写，改以第二外语教学；举办海外青年到中国台湾研习，费用偏高，多数学生选择去相对便宜的中国大陆地区，且应该扩及在华校任教的非华裔老师之子女；侨校资深教师的奖励，肯定教师的付出；文化巡回教学虽时间略短，但反映非常良好，成果丰硕；建议增加数字教学的课程，以更加符合菲律宾的需要；目前菲律宾正在普及数字教学，但因为各方面的基础设施不够完善，还有更多的改善空间。

在日新华侨华人与中华学校

——新华侨华人家长的择校动因①

［德］储慧洁*

一、研究背景

中日之间的移民活动历史悠久，一般把20世纪70年代末80年代初作为时间分割点，根据移民时期把从中国大陆以及港澳台地区迁到日本的移民分为老华侨华人与新华侨华人。早期的中国移民主要包括商人、工匠和劳工，② 多居住于横滨、神户和长崎这些早期的外国人居住区。由于日本政府在1899年颁布了352号法令，限制在日外国人的职业种类，早期的中国移民大多进入"三把刀"行业——厨师、裁缝、理发师。③ "二战"后，又有成千上万的中国学生来到日本留学，但大多学成后归国。1952年日本与美国签署了旧金山和平条约之后，大约60万的在日韩国人和4.4万大多来自台湾的在日中国人留在了日本，后来他们成为特别永住者。④ 在上述的中国移民中，20世纪70年代之前主要由台湾和香港来到日本的中国移民为老华侨华人，他们目前仍集中居住在横滨、神户和长崎地区，成立了在日华侨协会，举办文化活动以促进在日中国人之间的交流和中日间各个方面的合作。他们还创建了中华学校，有5所学校保留至今：位于神奈川县横滨市的横滨山手中华学校、横滨中华学院，位于东京都的东京中华学校，以及位于关西地区的大阪中华学校、神户中华同文学校。⑤

1972年中日建交后，尤其是1978年中国改革开放以来，中日间因为两国外交关系及中国国内的社会政治变革而几乎中断的移民活动才得以继续。日本的经济腾飞以及劳动力

---

* 作者简介：储慧洁，德国杜伊斯堡—埃森大学（University of Duisburg - Essen）东亚研究所（IN - EAST）在读博士生。

①本文由笔者据本人于2014年7月完成提交的硕士论文翻译整理而成，部分数据已经更新。原论文为英语论文，大部分的参考文献为英语文本，少数为日文和中文文本。本文中所涉及的中文引文系作者的翻译。本文已投稿学术期刊审稿中，谢绝转载。

② VASISHTH, ANDREA, . A model minority: the Chinese community in Japan//MICHAEL WEINER. Japan's minorities: the illusion of homogeneity, London and New York: Routledge, 1997: 108 - 139.

③ CHEN, TIEN - SHI. The increasing presence of Chinese migrants in Japan//YAMASHITA, et al. Transnational migration in East Asia, Senri ethnological reports, 2008 (77): 39 - 52.

④ KIM, CHAN - JONG. Zainichi, gekidō no hyaku nen [Koreans in Japan, one hundred turbulent years] . Tokyo: Asahi Shinbunsha, 2004.

⑤ 五所学校各自的成立年份依次为1898年、1897年、1929年、1946年、1899年。

短缺，加上20世纪80年代中期由时任日本首相中曾根康弘提出的“21世纪前引进十万留学生的计划”，以及之后日本政府推出的引进留学生计划和研修生项目，吸引了大量的中国人到日本学习和工作。因此自20世纪80年代以来，从中国大陆到日本的移民开始出现持续性激增。

现有的研究对在日新华侨华人的界定存在争议，争议主要在于是否包括来自中国台湾的移民。本文中的在日新华侨华人指20世纪70年代末80年代初以来从中国大陆以及港澳台地区迁到日本的中华民族的移民。根据日本法务省入国管理局2013年的统计数据，在日中国人人数达682 402人，总数已超过在日韩国人成为日本最大的外国人群体，占90%外国人总数的33.02%。其中超过90%是新华侨华人，主要来自中国的东北三省、福建、山东、上海和台湾，在地理分布和移民动机上与老华侨华人相比更具多样性。近三分之一的中国移民已获得在日永久居留或长期居留资格。[①]

本文旨在探讨在日本的新华侨华人选择中华学校的原因与期望，从而了解在日新华侨华人这一群体的特征，并通过比较新老华侨华人各自对中华学校意义的理解来观察在日华侨华人群体的转变。

二、数据与方法

为了解在日新华侨华人的人数、在留情况和动态，本文采用的官方数据来自日本总务省、法务省、日本入国管理局、日本移民协会、日本文部科学省（MEXT）官方网站上的学校分类与规章、日本学生支援机构（JASSO）关于留学生的问卷调查。此外，中国的人民网和日本新华侨报的报道、中华学校的校刊和手册也是重要的数据来源。第一手数据主要来自笔者于2013年6月到2014年5月进行的田野调查：包括走访位于日本神奈川县横滨市的横滨中华学院和横滨山手中华学校，以及位于东京都的东京中华学校，并与这3所学校的17名学生家长、老师和校友进行半结构式的深入采访。田野调查与访谈的交流语言主要为普通话，少数情况下使用日语和英语交流。

在日中华学校的学生家长成立了家长理事会，在学校事务提议和管理方面发挥着积极的作用。学校的资金主要来源于在日华侨华人的捐款，其中就包括一些学生家长捐献的用于改善教学条件的款项。作为择校的重要决策者，在孩子入学后，家长也十分关注在中华学校上学对自己孩子成长的影响。因此，与学生家长的采访问题围绕着他们的个人背景、移民目的和选择学校的考虑因素而展开。学校老师向我介绍了师资情况、教学安排，以及中华学校发挥的作用。而校友则回顾了当时的学习和社团活动以及人际关系，提供了了解中华学校的学生视角。

17名受访者包括横滨山手中华学校的前任校长和现任校长（采访时为教导部长），横滨中华学院的1名校友，东京中华学校的1名老师以及13名学生家长。除了前任校长潘校长及1名校友，其余的受访者年龄介于40岁到50岁之间。有一位日本人，其余16位分别来自中国香港（1人）、中国台湾（3人），美国（1人）和中国大陆（11人）。按照在留情况来看，3人持日本国籍——有1名日本人（大和民族），2人入了日本国籍；2人持

① 截至2011年，日本法务省入国管理局的国籍分类“中国”包括中国大陆及港澳台地区。自2012年以来分为“中国”和“中国（台湾）”，把台湾分别列出，此处的数据是两者之和，其中“中国（台湾）”的人数为33 324人。

日本工作签证，其中 1 人为持日本工作签证者的配偶；其余 11 人为永住者。大多数受访者在日本生活了 10 年以上。11 人出生于中国（含港澳台），以汉语为母语，于 20 世纪 70 年代之后来到日本，因此符合本文中在日新华侨华人的定义。

三、在日中华学校

教育不仅是传授知识技能的手段，对个体的社会化、对社会结构的变化发展以及人力资源的分类调配也具有无可替代的作用。在日中华学校既是教育机构也是一种民族象征，对保持中华民族的语言和文化发挥了重要作用。在一次中国全国侨办主任会议的发言中，时任侨办主任钱其琛强调："海外侨胞是中国发展社会生产里的重要资源，是实现中华民族伟大复兴和祖国完全统一的重要力量。"他还指出："进一步做好海外华文教育工作，努力满足华侨华人特别是青少年一代渴望学习中文、了解中华文化的迫切需要，这对促进所在国与中国多领域友好合作交流具有积极的意义，是一项功在当代、利在千秋的事业，一定要持之以恒地抓下去。"① 华侨华人学校的校规、教科书、课程设置和学生活动具有民族文化层面的意义，由此引发关于华侨华人学校角色的探讨：一方面，多语多文化教育的目的在于维系移民及其子女与祖国的纽带，使学生具备文化的开放性和国际视野，还是培养学生充分发挥他们跨国背景的优势呢？另一方面，日本的少数民族和移民政策反映了出于同化目的融和，以实现"同质的神话"（myth of homogeneity）。② 举例来说，入日本国籍要求至少在日连续居住 5 年，而获得永住权则要求至少 10 年以上；一旦入籍之后，在任何官方身份认证文件上都不会显示有关民族的信息。

（一）学生的构成情况

虽然日本以前有很多中华学校，但是迄今只有 5 所保留了下来，只有约 4%③的华侨华人子女在中华学校上学。这些由老华侨华人建立的民族学校不由中国政府或日本政府负责提供资金和运营。就像横滨山手中华学校的前任校长潘校长所说的："中华学校既不是中国政府的学校也不是日本政府的学校，既非公立也非私立学校，而是大家的学校。"（2013 年 6 月 22 日于横滨山手中华学校）中华学校提供中日双语与中日文化的教育，大多数的学生都是在日华侨华人的子女，但中华学校也逐渐接收日本学生。截至 2010 年，学生的民族和来源地如以下两表所示④：

① 新华网 . http：//news. sohu. com/61/05/news147680561. shtml.

② MURPHY-SHIGEMATSU，STEPHEN. Multiethnic Japan and the monoethnic myth. Asian Perspectives，1993，18（4）：63 - 80. LIE，JOHN，Multiethnic Japan，Cambridge：Harvard University Press，2001.

③ 2011 年在日中国人 5—14 岁的人数为 26 133 人，而 2010 年五所中华学校小学和初中部（年龄为 6—14 岁）来自中国大陆和中国台湾的学生数不到 1 000 人。尽管存在年份和年龄的差异，仍可大致估计出约 4% 的在日本的适龄中国学生就读于日本的中华学校。

④ 学生背景的表格由相关文献及学校介绍手册的数据整理而成。文献见：CHEN，TIEN - SHI. Who is Chinese—eudcation and identity. Journal of Chinese overseas studies，2011（8）：43 - 84.

表1　2010年在日中华学校学生的民族

校名	中国国籍		日本国籍		其他（人）	总计
	老华侨华人（人）	新华侨华人（人）	中华民族（人）	大和民族及日本的少数民族（人）		
横滨山手中华学校①	12	155	327	28	3	525
	2.3%	29.5%	62.3%	5.3%	0.6%	100%
大阪中华学校	2	79	109	46	11	247
	0.8%	32.0%	44.1%	18.6%	4.5%	100%
神户中华同文学校	89	88	415	72	12	676
	13.2%	13.0%	61.4%	10.6%	1.8%	100%

表2　2010年在日中华学校学生的来源地

校名	中国大陆人	中国台湾人	华人	日本人	其他	总计
横滨中华学院②	13.8%	11.8%	43.5%	29.8%	1.1%	100%
东京中华学校	47人	78人	194人		19人	338人
	13.9%	23.1%	57.4%		5.6%	100%

从在留资格类型来看，大多数中华学校的学生已入日本籍（横滨山手中华学校62.3%；横滨中华学院43.5%）且许多学生持永居资格。从移民背景来看，大多数学生是新华侨华人或老华侨华人后代的子女。至于教师的构成，以横滨山手中华学校为例，大约三分之一的教师持中国护照，三分之一持日本护照，三分之一已入日本籍。

（二）教学安排、资金来源与学位授予

中华学校的学生从小学一年级起开始学中日双语，从一年级或五年级开始学英语。除了语言课程，汉语是小学阶段的主要教学语言，日语是中学阶段的主要教学语言，而横滨中华学院和东京中华学校这两所拥有高中部的学校也把日语教学延续至高中阶段。学生的日语教科书与日本学校使用的教科书基本一致，中文教科书则从中国大陆或中国台湾引进。5所学校中，横滨山手中华学校与神户中华同文学校使用中国大陆版本教材。另外3所学校使用中国台湾版本教材和繁体汉字。

依照日本的《学校教育法》，中华学校与其他民族学校一样属于“各种学校”的类别，既非公立也非私立。因此，学校的资金来源不是中国政府或日本政府，而是主要来自于华侨华人的捐款（此处以横滨山手中华学校为例）。横滨山手中华学校2010年在石川町新建的教学楼大厅右侧悬挂着一块巨大的纪念板，上面刻着捐款人的姓名，对个人捐款超

① 2013年更新的横滨山手中华学校的学生构成数据：小学部和初中部总共有514名学生（其中包括19名持日本国籍的日本人、157人持中国护照、338名华人）以及40名教师。幼儿园部有104名学生与14名教师。

② 缺少横滨中华学院2010年的学生数。

过10万日元的捐款人表示感谢，而总捐款数额则高达5亿日元。我从受访者处获悉，大多数捐款者是在横滨中华街经营餐馆的老华侨华人，也不乏学生家长倾囊相助。尽管学校资金来源并不稳定，但与日本私立学校和国际学校相比，中华学校的学费要低得多。

尽管中日间移民具有悠久的历史，且在日中国人现已成为日本最大的外国人群体，但值得注意的是，目前日本只有5所中华学校且学生数量十分有限。日本的中华学校属于“各种学校”分类，学生的毕业证书不能获得日本文部科学省的认证。当被问及是否有学生因此遭遇升学问题，大多数家长都回答没有这样的问题，因为他们的子女从中华学校毕业后大多继续在神奈川县①上学。但也有两位家长提到，如果已入日本籍的学生毕业后申请东京都的都立学校可能会遇到障碍，因为根据东京都的相关升学政策，日本公民应获得受日本文部科学省认证的学位才能申请上一级学校。除了上述情况，就读中华学校是否被认可由上一级学校自行决定。而且随着中华学校人气的上升，课程设置也和日本学校基本一致，所以现在越来越多的日本学校愿意接收中华学校的毕业生，学生也能较好地适应在日本学校就学。

中华学校的学生家长在学校事务和活动中发挥积极的作用并成立了家长委员会，为学校各方面的完善提建议、出谋划策。我的一位受访者曾是家长委员会的成员，据她观察，在委员会讨论中新华侨华人常积极提议哪些方面有待改进，而老华侨华人则总体安于现状。她认为中华学校日渐提高的知名度在一定程度上有赖于新华侨华人家长们的高要求。

在采访中，一些家长说到希望学校食堂、体育室、图书馆等硬件设施能更完备，增加对教师的培训以提升教学质量，并能得到更多来自日本政府的支持。家长认为目前师资力量不足的一大原因是教师工资太低，致使学校只能依靠一些校友回来当教师，而且教师的流动性也很大。有家长在家长委员会中向学校理事会提议提高学费以增加硬件投入和教师工资，我的一些受访者也赞成这些提议。其实，中国政府的侨办有派遣教师到中华学校教汉语和其他科目。派遣教师会在中华学校教课两年，然后再由新的老师来轮岗，但家长认为这样的派遣规模还是远远不够。由于中华学校属于“各种学校”的类别，缺乏由上级教育管理机构提供的系统教师培训和教学安排，因此教学质量无法保证。而横滨中华学院（中国台湾版）的家长们则希望能像横滨山手中华学校（中国大陆版）那样得到来自中国台湾地方当局的师资支持。

（三）中国大陆版、中国台湾版、国际版

现位于横滨的两所中华学校曾经是一所学校。自国民党离开中国大陆到达台湾地区，中华人民共和国成立之后，由于不同的政治立场，1952年有一部分中国共产党的支持者从原来的中华学校离开，一年后建立了新学校，即现在的横滨山手中华学校。而原来的中华学校就是现在的横滨中华学院。因此，前者和中国大陆的学校一样使用人民教育出版社的教材，大多数教师来自中国大陆；后者使用繁体字的台湾教科书，多数教师则来自中国台湾。由于上述的历史渊源，加上两校地理位置相近，我的受访者常会拿两所学校进行比较，称为“大陆的学校”和“台湾的学校”。

虽不乏少数例外，但总体而言在我的受访者中，来自中国大陆的家长在决定选择中华

① 这里的受访者是横滨山手中华学校与横滨中华学院的家长，两校都位于日本的神奈川县。

学校之后大多偏向送孩子去“中国大陆版”的学校，而中国台湾出身的家长则更青睐“中国台湾版”。除了与家长本人的出身地有关，普通话和台湾口音、拼音和注音符号、简体字和繁体字的区别，以及校园氛围、人际关系也是家长们考虑的因素。

一位来自福建的家长谈到作为外国人在异乡的艰辛：“作为生活在日本的中国人，我们在这里没什么亲戚。本来就已经很孤单了。所以我希望我的孩子能在一个良好的环境中成长，交许多朋友。”两所学校都离家很近，而相比学习成绩，她更注重学校氛围，经过一番打听，她最终选择了中国台湾版的横滨中华学院，但也有家长认为亲戚家去中国台湾版学校的孩子变得比较日化。家长们大多通过观察自己或亲友家孩子上学的情况，以及和其他家长的交流来了解两所学校的教学水平和学校氛围，因此各执一词。还有些家长是因为错过了首选学校的报名时间或因为没有名额而选了另一所。

前述的学生构成中提到大部分中华学校的学生已入日本籍，而且中华学校也开始招收不同民族和文化背景的学生，因而有学者认为其正向国际学校靠拢。而中华学校的国际化特点在东京中华学校有所体现。尽管我只采访了此校的一位家长和一位老师，但其他受访者也多次提到这所位于东京都内的中华学校有些与众不同。一位在美国出生长大、祖籍中国海南的家长认为东京中华学校介于民族学校与国际学校之间，家长们都说这是一所“国际台湾学校”。这位家长已在日本生活三十多年，会说英语、日语、广东话和一点普通话，三年前入了日本籍。他的妻子是在日本出生长大的华侨第二代（持中国护照），上学的时候一直去的是日本学校，不会说中文。他们的儿子在东京中华学校小学部毕业后去了一所日本中学。这位家长讲到自己和妻子对于中华文化的复杂感情时，常常提到他们自己的民族背景和成长环境。“我们俩从民族上来说都是中国人，但从文化背景来看，我是美国人，她（我妻子）是日本人。我们为自己是中华民族而自豪，但我们从未经历真正的中华文化。”

在他看来，东京中华学校之所以被称作“国际台湾学校”，其国际特质体现在学校的语言教学和课程设置，还有学生的国际视野。东京中华学校采用中国台湾的教育体系，开设日语课、中文课和每天两小时的英语课，而且他认为英语课的教学要优于大多数日本学校。此外，大多数的学生出生于中国台湾，因父母工作关系来到日本生活学习。这样的工作派遣往往都是短期的，一般两三年后举家又会回到中国台湾。还有在日本长大的华侨华人子女和日本人学生，这样多元化的学生背景能够促进国际意识的形成。他认为像这样具有民族象征意义的国际学校很适合他们这样移民背景家庭的孩子，而横滨的两所中华学校则更适合成长于中华文化环境的孩子。中国对他和妻子来说很亲近又很遥远，他们没有在真正的中华文化的环境中生活过，也担心自己的孩子由于缺少对中华文化的了解而受到歧视或孤立。

四、选择中华学校的动因

在日华侨华人可以选择送子女去日本的公立或私立学校，或在日本的国际学校或中华学校，又或者回中国大陆或中国台湾接受教育。这里对在日新华侨华人选择中华学校的动因进行探究，指出他们的动因可分为文化、社会、经济三方面，其原因既有情感因素也有实际考虑，并与日本的社会环境息息相关。

（一）文化再生产：语言、中华传统文化、华侨华人群体与华侨华人精神

“我希望我的孩子能学中文。”在被问到为何选择中华学校时，家长给出的第一个理由往往是学习中文。虽然在日本有不少语言培训机构有中文课程，我采访到的华侨华人家长却认为仅靠周末几小时的学习而平时几乎不加以练习，无法很好地掌握这门难学的语言，所以他们更倾向于孩子能在中华学校的中文语言环境里学中文。

当被问及为何这样重视学习中文，家长们回答：“如果我的孩子忘了中文或者根本不会说中文那就太可惜了”，“她是中国人却不会说中文，我会觉得很难过。”一位与日本人组成家庭的家长说：“也不知道为什么，当我女儿说中文的时候我觉得很高兴。可能是因为她的中文在不断进步。”另一位在语言培训公司当中文老师的家长解释道：中文不只是交流工具更是历史文化的载体。这些回答反映出中文被认为是中华民族的代表特征，这与Grosby[①] 和 Fishman[②] 的观点不谋而合，即文化尤其是语言在民族身份认同的形成和传承过程中发挥了重要的作用。

家长们还认为，孩子对中华文化有所了解有助于代际间的交流：“因为我们（受访者及其丈夫）都在中国长大，有些观念和习惯已经很难改变。如果我女儿一点也不了解中国，可能会有一些交流上的隔阂。”也有一些家长认为孩子学好中文也是为了回国后和亲戚朋友交流无碍，万一孩子之后回国插班上学语言也没问题。2011 年的“3·11”东日本大地震之后，不少在日华侨家长送孩子暂时回国，也有家长开始担心可能会由于日本自然灾害、核辐射、中日间的紧张关系而不得不选择回国。家长的打算也与他们的在留情况有关。一位丈夫在日本工作的中国台湾家长谈到，因为丈夫的工作调动举家来到了日本，最多会待五年，在适应新环境的同时也要为将来回中国台湾之后的生活做打算，选择中华学校也是因为孩子只是短期在日本上学。这说明中日的跨国背景是在日华侨华人为孩子择校、考虑将来就业等安排的重要影响因素。

中华学校在课内外都会组织中华传统活动。每年春节，学生会在中华街上表演舞龙舞狮，和老师一起包饺子来庆祝中国新年。2013 年 11 月，我参加了横滨山手中华学院的校园美食节。校方请来一位歌手在现场演唱中文经典歌曲，女学生们身着民族服饰跳着本地舞蹈，接着男生们开始表演舞龙舞狮。一位来自中国大陆的家长告诉我，许多传统在中国已经逐渐消失，但在这里的中华学校反而得以传承。学校经常举办中华文化活动，让她感到很欣慰，这也正是她选择送孩子上中华学校的主要原因。

大多数受访家长在日本生活了十多年，在采访中谈到自己和其他华侨华人的一些所见

① GROSBY, STEVEN. Symbolic ethnicity//JOHN HUTCHINSON, ANTHONY SMITH. Ethnicity, Oxford: Oxford University Press, 1996: 51 - 56. [Original source: The verdict of history: the inexpungeable tie of primordiality—a response to Eller and Coughlan. Ethnic and racial studies, 1994, 17 (2): 164 - 171.]

② FISHMAN, JOSHUA. Symbolic ethnicity//JOHN HUTCHINSON and ANTHONY SMITH. Ethnicity, Oxford: Oxford University Press, 1996: 63 - 69. [Original source: Social theory and ethnography//PETER SUGAR. Ethnic diversity and conflict in Eastern Europe, Santa Barbara: ABC Clio, 1980: 84 - 97.]

所闻，常把中国和日本社会进行比较，在两者间划出清晰的分界。Liu-Farrer[①] 在关于中国移民应对边缘化的研究中指出：“虽然日本社会文明有序，设施便利，但在许多在日中国人看来还是排外的。尽管入了日本国籍或拿到了永久居留资格，中国新华侨感到自己于主流社会之间存在一堵墙。”这个观点与我的受访者的观点相符。他们认为虽然日本在设施、服务、购物和交通等各方面都很方便，但他们对日本十分固化的社会范式、亲密人际关系建立持保留态度。有些受访者倾向于把自己或他人在日本一些不愉快的经历归咎于日本社会的特质和日本人的性格，认为在中国就不会有这样的情况和遭遇：比如日本人的礼貌周到让他们和别人甚至父母总是保持距离，因此很难交心，人情冷漠，十分注重隐私，在金钱上斤斤计较，把语言和血统作为民族身份认同的标识；相比之下，中国人则更直接更热心。

综上所述，在日华侨华人把中华学校视为少数民族群体培养和维系民族自豪感，建立人际关系的渠道。虽然日本社会注重同质统一，但大多数中华学校的学生们具有相同的民族背景，所以不会因为与日本主流社会的“不同”而大惊小怪，产生排斥歧视和边缘化。相反，学生们能展示出自己的个性，发挥各自的优势。此外，华侨华人家长们对边缘化的解读，对中国和日本社会进行泾渭分明的区分，均体现出 Tajfel 和 Turner[②] 关于社会身份理论中的“内群体偏好”（in-group favoritism）特征，即个人为了获得正面的自我认知，会建立自我分类，在个人、家庭或国家层面将群体身份内化，把自己所在的群体（内群体）在重要的维度上与外群体加以区分。

（二）人际关系与社会化

日本社会强调同质统一的特点及相关规章制度，是移民和子女的生活状况的影响因素。对移民子女而言，在很大程度上学校是他们沟通交流和建立人际关系的平台。在民族学校就读的学生可能会面临将来进日本学校上学和去日本公司工作感到不适应的问题，因为尽管民族学校并未与日本社会隔离，但不可否认学生社会化的特定文化环境与主流的日本社会及文化环境存在差异，而社会化和文化环境对移民子女形成他们的自我身份认同与社会归属感有很大的影响。[③]

日本的华侨华人在中华学校就读的经历加强了他们对自己民族身份的认同，但除了在学校和家里，在日本社会的日常生活中几乎不会涉及中文和中华文化。他们的身份认同产

---

① LIU-FARRER，GRACIA. Becoming new overseas Chinese：transnational practice and identity construction among the Chinese migrants in Japan//C. PIÜSS and K. B. CHAN. Living intersections：transnational migrant identifications in Asia，International perspectives on migration，2012（2）：167－190. 英语原文：“［t］hough appearing orderly and civil with many desirable social amenities，Japanese society remains unwelcoming and exclusive in the eyes of many Chinese. Despite Japanese citizenships or permanent residence，Chinese newcomers perceive a ‘wall（kabe）’ standing between themselves and mainstream society（168）”.

② TAJFEL，H and J. C. TURNER. The social identity theory of intergroup behavior//S. WORCHEL and L. W. AUSTIN. Psychology of intergroup relations，Chicago：Nelson－Hall，1986.

③ ORELLANA，MARJORIE F.，BARRIE THORNE，ANNA CHEE and WAN SHUN EVA LAM. Transnational childhoods：the participation of children in processes of family migration. Social problems，2001，48（4）：572－591. RUMBAUT，RUBÉN G.. Sites of belonging：acculturation，discrimination，and ethnic identity among children of immigrants//T. S. WEISNER. Discovering successful pathways in children's development：mixed methods in the study of childhood and family life，Chicago：University of Chicago Press，2005：111－164.

生于个人经历、与他人交流接触中形成的自我意识，并不断变化。他们对自我身份的解读与认定直接关系到他们学中文还是学日语，了解中华文化和日本文化的意愿与积极性。此外，他们的身份认同也取决于具体的社会环境大背景：在学校里他们各自是老华侨华人子女或新华侨华人子女；在日本社会中，他们被统一视为在日中国人；而回中国时，他们又被当作具有不同文化背景的“从日本来的人”。

对华侨华人家长来说，他们会担心孩子是否能适应和融入当地环境，而学校是学龄孩子社会化的重要平台。在关于中国国内移民的研究中，Murphy[①] 揭示了移民家长在选择孩子教育上的两难境地：“如果移民子女去农民工学校上学，可能会与当地人和当地社会环境隔离、脱节。但如果他们去当地公立学校读书，他们可能会受到歧视，导致其学习可能还比不上去农民工学校。”

在我的受访者中，尤其是横滨中华学院的家长，对学校良好的氛围，不同年级学生之间的人际关系有很高的评价，这也是一些家长选择中华学校的原因。比如家长们提到，在学校运动会上，高年级同学帮助学弟学妹其乐融融；“3·11”大地震时，高年级同学帮助老师照顾学弟学妹和幼稚园的孩子，就像一个大家庭。虽然如此，我采访到的一位校友却有些不同意见。他回忆起自己从小学三年级到高中毕业在中华学校的课堂环境和学校活动，虽然学生之间大致上相处融洽、互相帮助，但在不同年级的学生中还是存在等级观念。当我问为什么他积极参加学校活动但不参与校友会时，这一点显得尤为明显。他回答这是为了避开校友会中的等级差别。学弟学妹在聚会中常被劝酒，因为劝酒的人比自己的年级高而身不由己只能喝酒。他不否认中华学校维持了民族语言和文化，但毕竟学校处于日本的社会环境中，因此人际交往还是不免遵照着日本的社会范式。

除了互相帮助的友好氛围，家长对学校环境的重视也反映了他们对孩子可能会受歧视和排挤的担心。大多数受访家长的孩子不曾在日本学校就读，只是想象自己的孩子在日本学校可能会因为民族和文化背景的不同而受欺负（いじめ）。有位家长虽也有这方面的担忧，但她认为每个学校都存在不同程度的校园暴力现象，进行凭空猜测没有意义。在她看来，选择中华学校还是日本学校最大的区别在于建立孩子对中华民族和文化的自信。如果她的孩子们去日本学校，他们可能会因为自己妈妈来自中国台湾而感到自己和其他同学的差异。而在中华学校，许多学生家长都来自中国大陆和中国台湾，家庭的移民背景相似，孩子们对自己的身份不会产生质疑，她希望孩子们在这样的环境里为自己的民族文化而自豪。

（三）就业优势与市场价值

“我当然希望女儿学中文学中华文化。这是一个原因，但我最大的考虑是，说两种语言是个优势，在将来找工作时可能会有更多选择。”（2013 年 12 月 12 日家长采访）许多家长选择中华学校也是出于实用目的：他们认为学中文很有用，能让孩子们在就业市场的竞争中脱颖而出，懂多种语言的优势和拥有国际视野也能让他们的孩子把握正欣欣向荣的

① MURPHY，RACHEL. Labour migration and social development in contemporary China，London and New York：Routledge，2009. 英语原文：“［If］their children study only among other migrants，they may grow up rootless，alienated and disconnected from the local people they live among. But if they do enroll in a public school，they may suffer discrimination and perhaps receive no better an education than that available in the migrant schools（111）.”

中国市场机会。

家长择校的策略性考虑也体现在他们对孩子未来的就学计划上。在我的受访者中，家长和校友都提到在完成小学阶段六年的学习之后，不少学生（大多数是中华学校的日本学生）会去日本的初中上学，因为孩子已经具备一定的中文水平，应该要开始更好地融入日本社会。因此以横滨中华学院为例，初中部和高中部的学生人数要远远少于幼稚园和小学部。

华侨华人家长最初往往经中国朋友或同事的推荐而开始了解在日中华学校。他们根据路途远近、学费高低、学校设施，尤其是课程与教学质量，对日本的公立与私立学校、国际学校和中华学校进行比较。值得注意的是，一些家长会提前好几年开始通过电话咨询课程设置和教学安排、参观学校的公开课、网上搜索评价和排名等方式进行了大量的前期调查，更有每天跨县①开车送孩子上学或者举家搬到学校附近。有家长不满日本的“减压授课”（ゆとり教育），认为学校为了减轻学生压力而降低教学难度和进度，但上好高中、好大学的竞争仍然很激烈，这导致学生不得不更多依赖课外补习班，压力反而更大。相比之下，中华学校的老师更为严格，她相信学校能提供更好的教学质量，所以让女儿从日本学校转学到了中华学校。

中华学校的学生要同时学习两门语言，其他科目使用中国大陆的人教版教材或中国台湾的教材，再加上和日本学校同步的日语教材。尽管家长们明白自己孩子的学业负担要比其他学校的学生更重，但他们坚信“一分耕耘，一分收获”。从家长们积极参与家长委员会及其对学校的提议也能看出他们十分重视学校的教学质量：他们建议学校提高教师的工资以促进教学水平；送孩子上中华学校能学多种语言；希望孩子能更早开始学英语，有更多的英语课时；他们也提到将来可能送孩子去美国或澳大利亚深造的想法。这反映出新华侨华人家长对孩子的严要求和高期待，让孩子在全球市场中有能力脱颖而出的精英意识，基于实用主义择校的动因。

五、结语

在日中国人作为日本最大的外国人群体，其中新华侨华人的人数大大超过了老华侨华人，新华侨华人的群体性特征不如后者，而流动性和独立性更强。相比在日中国人人数，日本只有五所中华学校。由于学校招生容量有限和个人偏好等原因，适龄的中国孩子只有很少一部分就读于中华学校，其余的孩子在日本的日本学校和国际学校上学，或者被送回中国大陆或中国台湾上学。因此，探讨在日新华侨华人选择中华学校的动因有助于理解民族学校在当今移民生活中的作用和意义，并了解从中反映出的移民群体的特征与动态。

新华侨华人对于中华学校角色的解读与老华侨华人有所不同，他们选择中华学校的原因不仅限于对祖国的怀念和民族情感，而是更为复杂多面。新老华侨华人在移民动机、社会经济地位和教育水平上的差异造成不同的跨国经历和其对移民背景的理解与利用，以及他们对孩子教育的期待和对学校的要求。本文主要通过访谈和参与观察的方法，探究在日本的新华侨华人选择中华学校的原因与期望。从家长送孩子去中华学校的选择，结合在日新华侨华人的移民背景与跨国经历，总结出新华侨华人家长的择校动因，指出新华侨华人

① 日本的都道府县相当于中国的省级行政单位。

家长对孩子教育的文化再生产、社会化、培养多语人才和国际视野的“一揽子计划”，进而理解在日中华学校的角色以及华侨华人群体的转变。

新华侨华人选择中华学校的动因可分为文化、社会和经济三方面。在新华侨华人家长看来，中华学校既是宝贵的民族文化遗产，同时也是培养多语、多文化人才的平台。一方面，在日新华侨华人大多因学习和工作来到日本生活，之前在祖国多年的经历使他们具备良好的汉语水平和很深的文化认同，以及民族情感的牵绊。在日本的中华学校让新华侨华人们在异乡有一个情感寄托，联结着他们自己以及后代与祖国和民族的纽带。与此同时，他们也着力于适应和融入日本社会，避免因民族和文化差异所带来的排挤与偏见。跨国移民在日本学校和中华学校之间的选择一定程度上反映出他们的归属矛盾。另一方面，新华侨华人的教育背景、社会地位和移民经历使他们具备精英意识与全球视野，并渗透到其对子女的教育理念之中。因此，在日新华侨华人选择中华学校既由于情感因素也出于实际考虑，与日本社会的环境特征密切相关，反映出新华侨华人的特征以及华侨华人群体的变迁。

海外华文教育与“一带一路”

周聿峨　曹雯洁*

一、海外华文教育概况

常言道：“有海水的地方就有华侨华人。”早在唐代，中国就开始了海外移民的历史。19世纪末20世纪初，中国的海外移民达到了高峰。目前，在海外生存发展的华侨华人有几千万，他们分布在世界各地。华文教育是海外华侨华人社会的必然产物，全世界凡有华侨华人居住的地方，就有不同形式、不同层次的华文教育。

（一）华文教育的内涵及其嬗变

从狭义上来说，华文教育是指海外华侨华人在所在国对华族子女所进行的中华民族语言文化教育。随着全球化的不断推进，世界联系的日益密切与便捷，中国经济实力的不断提升，华文经济价值的日益凸显，华文教育的内涵和外延也随之不断扩大。与传统意义上的华文教育相比，广义上的华文教育发生了很大变化，主要体现在以下四个方面：第一，教育对象发生了很大改变。传统的华文教育对象较为单一，主要是海外华侨华人子女，今天的华文教育在教育对象上则更加广泛，除华侨、华人、华裔外，还有其他语系的外国人。从幼儿园到大学的各级各类学生，下自平民百姓、小商小贩，上至政府要人、学界精英的社会人员，出于不同目的而学习中文。华校生源民族背景的多元化日渐突出，特别是在东南亚一些国家，“非华裔学生已经占到了华校在校生的三分之一到一半，而且这种趋势在不断加强”。① 第二，教学内容发生了很大改变。传统的华文教育教学内容主要是关于祖（籍）国的历史、文化以及华人社会的奋斗史，不太关注所在国的情况，而现在华文教育的内容发生了翻天覆地的变化。随着“二战”的结束，大批殖民地国家相继摆脱殖民统治，赢得了国家独立，开始了民族国家的建构。广大华侨加入所在国国籍，华侨教育向华人教育转变。全球化的浪潮使得人们的联系日益紧密，知识经济的力量凸显，这也对华文教育的课程设置提出了挑战。这就要求其教学内容不但注重对中华民族文化的传播，还要注重对所在国历史、文化的介绍以及科技知识的灌输，华文教育开辟了本土化与国际化相结合的发展路径。第三，教育主体不断扩展。传统意义上的华文教育主要是由华社开

---

* 作者简介：周聿峨，暨南大学国际关系学院/华侨华人研究院教授，博士生导师；曹雯洁，暨南大学国际关系学院/华侨华人研究院2014级硕士研究生。

① 李海峰．华文教育促进世界的和平繁荣与进步．（2007－11－04）．http：//news.qq.com/a/20071104/001453.htm.

办，为广大华人子女提供本民族的文化教育。随着中国实力的不断提升，“中文热”凸显，学习华文的人越来越多，这也催生了各种商业培训机构，为培养商业人才而开办的各种中文学习班大量涌现。为了更好地向外推广中国语言和文化，以及为有兴趣学习中文的外国人提供更多的机会，中国政府在海外开办了“孔子学院”，在国内进行了形式多样的对外汉语教学。第四，华文教育由“第一语言”教育向“第二语言”教育转变。华语作为广大华侨华人的母语，是他们一出生就最先接触到的语言，也是在日常生活中经常使用的语言。传统的华文教育把华语作为第一语言，使用华语进行各种知识的传播。但随着华族不断融入所在国以及华语在就业、生活等方面的受限性，作为“第一语言”教育的华语开始向“第二语言”教育转变。在很多国家华文只是作为一门科目来学习，其他科目的媒介语多采用本地语言或者英语。即使是在华文教育最为发达的马来西亚，华校也面临着这样的处境。政府强制推行的“英语数理化”政策，在一定程度上改变了母语作为其他科目媒介语的状况。总之，华文教育的内涵随着全球化的推进，在教育对象、教育主体以及教学内容等方面发生了很大改变。但从族群文化传承的角度来看，海外华文教育仍然是指华侨华人在所在国对华族子女所进行的本民族的语言文化教育，这也更能说明和体现广大华人为争取母语教育的权利所进行的努力与斗争。

（二）海外华文教育的分区发展现状

虽然世界范围内各个国家和地区的华文教育呈不平衡的发展趋势，但基本上都是历经曲折却始终不断发展壮大。虽客居海外，但长期以来，无论世界风云如何变幻，广大华侨华人同胞始终维系着对祖（籍）国的强烈感情，素来非常重视华文教育。海外华文教育的演变更是与华侨华人社会的发展相一致，因政治、民族等因素而起伏消长。尽管广大海外华侨华人通过各种方式积极致力于华文教育的发展，但海外华文教育的发展变化受到多方面因素的影响、制约。

东南亚地区是华侨华人传统的居住地，是海外华文教育的发祥地，华文教育历史悠久，曾在二十世纪三四十年代达到鼎盛，形成了从幼儿园、小学、中学到大学比较完整的华文教育体系。仅以印度尼西亚为例，到二十世纪三四十年代，印度尼西亚华侨学校不仅已经遍布大中城市，而且已经普及到穷乡僻壤，为小学教育的普及提供了有利条件。[①]“二战”后，东南亚国家纷纷独立，各国政府开始推行对华人社会的政治归化运动，禁止华侨华人使用华文华语、保留中华文化习俗，取缔、关闭华文学校，华文教育遭受重创。如从1966年开始，印度尼西亚1 000多所华文学校被勒令关闭，华文教育由此经历了长达30多年的历史空白期。其他如菲律宾、泰国、柬埔寨、越南、新加坡等东南亚国家的华文教育也遭到不同程度的破坏。直到改革开放，中国再次崛起为世界重要的经济体，华文华语随之成为东南亚地区最重要的商业语言和文化。在新的历史背景下，东南亚各国政府相继改变压制和排斥华文教育的政策，鼓励和支持复办、创办华文学校，东南亚华文教育呈现复苏、发展之势。如1992年，泰国允许增设华文幼稚园，支持泰国各大学开设华文课程，而且制定了从1999年起在全国公立中学广泛开设华文课程的计划，截至2009年

① 李学民，黄昆章．印尼华侨史（古代至1949年）．广州：广东高等教育出版社，2005：376.

底，“开设华文课程的学校已达1 610所，学习华文的人数逾50万人”[①]；1999年，曾禁止华文教学和宣扬中华文化的印度尼西亚允许民间开办华文学校，东爪哇省的拉蒙安市甚至强制规定所有学校全面教华文；据马来西亚教育部提供的资料，截至2007年，马来西亚有华文小学1 290所，华文独中60所，华文大专院校3所（南方学院、韩江学院、新纪元学院），是国外唯一拥有小学、中学、大专院校的完整华文教育体系的国家，全国就读华文学校的人数超过20万人，其中华文独中在校学生6万多人[②]；菲律宾现有华校160所，学生10万多人[③]；老挝、越南、缅甸等国的华文教育也呈现良好的发展势头，东南亚华文教育进入一个新的发展阶段。

欧洲、美洲、大洋洲以及非洲地区的华文教育起步较晚，由于历史原因，“二战”后也处于低迷状态。本来数量不多的华文学校，由于种种限制，停办甚至被迫关闭。20世纪70年代以来，随着新移民的大量涌入，华侨华人数量骤增，华文学校遍地开花，但大都是周末或课后的中文补习班，非全日制教育。据统计，“在欧洲的华侨华人总人数约有250万人，华侨华人社团组织有800多个，开办华文学校有340所，就读的华人子弟有5.5万多人”。[④] 如英、法、德、意、荷、西等欧洲国家都开设了不同形式的华文学校，有些华校还得到了当地政府的支持和资助。在美国，根据全美中文学校协会会长汤年发的介绍，“目前全美中文学校协会会员学校已达到410余所，遍及全美43个州的几乎所有大小城市，协会会员学校的在校学生已达10万以上”[⑤]，其中大多是华人学生。在加拿大，华人已经成为加拿大的第二大少数民族，目前除了各类民办华校外，“有近40所高校及300多所中学开设了中文课程”[⑥]，汉语成为加拿大仅次于英语、法语的第三大语言。中南美洲一些国家的高校也开始开设中文专业或中文系，巴西、智利等国家也出现了华文学校。

大洋洲的华文教育开始于20世纪初，以澳大利亚和新西兰为主。近年来，各国政府在民族平等、文化多元政策下，鼓励、支持在本国开展华文教育，大部分中小学校和几乎所有大学都开设了中文课程，政府除了为主流学校的汉语教学提供资金外，自2004年起，每年给华人办周末中文班按学生人数补助100澳元，周末中文学校遍布各地，仅悉尼就有50多所。

在非洲，1912年，毛里求斯成立非洲第一所华文学校——新华学校[⑦]，马达加斯加、南非等非洲国家的华侨也随之纷纷兴办华文学校。20世纪90年代以来，随着中非经济文化交流的日益扩大，新移民的增加，给华文教育注入了新的活力，复办、新办的华文学校不断涌现。2012年6月9日，非洲首家华文教育基金会“南非华文教育基金会”在南非约翰内斯堡西罗町唐人街成立，旨在开拓性地发展非洲华文教育事业，传播和弘扬中华文化，促进中非文化交流，非洲华文教育迎来良好的发展机遇。

---

① 丘进．华侨华人研究报告（2011）．北京：社会科学文献出版社，2011：312.

② 柯永红．马来西亚和新加坡华语教育政策之比较．东南亚纵横，2009（10）.

③ 丘进．华侨华人研究报告（2011）．北京：社会科学文献出版社，2011：312.

④ 丘进．华侨华人研究报告（2011）．北京：社会科学文献出版社，2011：312.

⑤ 丘进．华侨华人研究报告（2011）．北京：社会科学文献出版社，2011：312.

⑥ 叶静．海外华文教育的历史与现状．理论与实践，2012（11）.

⑦ 耿红卫．海外华文教育的现状、特点及发展趋势．东南亚纵横，2008（6）.

二、“一带一路”战略中的海外华文教育

2013年9月和10月，习近平主席分别提出建设新丝绸之路经济带和21世纪海上丝绸之路即“一带一路”的战略构想。① 这一构想包含着丰富的内容，同时也引起了国内外的热议和各界不同的解读。在2014年11月举办的APEC 2014峰会上，习近平主席再次强调要“积极推进‘一带一路’建设，努力寻求同各方利益的汇合点，通过务实合作促进合作共赢”。“一带一路”战略在为中国新一轮对外开放注入新内容的同时，契合丝路沿线国家发展的共同需求和愿望，为发挥各自优势创造了良好机遇。

（一）东南亚地区在“一带一路”中的重要地位

“一带一路”贯穿亚欧大陆，一头是活跃的东亚经济圈，一头是发达的欧洲经济圈，中间广大腹地国家经济发展潜力巨大。丝绸之路经济带重点畅通中国经中亚、俄罗斯至欧洲（波罗的海）；中国经中亚、西亚至波斯湾、地中海；中国至东南亚、南亚、印度洋。21世纪海上丝绸之路重点方向是从中国沿海港口过南海到印度洋，延伸至欧洲；从中国沿海港口过南海到南太平洋。

在“一带一路”的战略定位当中，西北与东南是两个主要的方向。就目前的具体政治形势与经济形式来看，开拓西北面临着更大的不确定性。相对比之下，东南亚诸国的政局基本稳定，且整体性更好，更有利于跨区域多边整合机制的建立。东南亚地区尽管仍然存在国家间冲突的可能，但随着经济一体化的加速，东盟诸国之间已经实现了比较稳定的和平，并建立了较为有效的冲突解决机制。

东南亚地区在中国的周边外交战略中占据了重要的地位，对于中国来说，其重要性主要体现在贸易和地缘方面。2013年中国与东盟贸易额是4 436亿美元，增长了11%。目前中国是东盟的第一大贸易伙伴，东盟是中国第三大贸易伙伴。② 按照东盟制定的日程表，东盟经济共同体将于2015年年底建成，届时它将成为世界上最大的共同体。同时，东南亚地区还是亚洲经济最活跃、最有活力的地区。20世纪90年代以前，涌现出新加坡、马来西亚、泰国等新兴经济体。21世纪初，又有几个新兴经济体正在崛起，包括越南、印度尼西亚等国。

“一带一路”沿线各国华侨华人超过4 000万，特别是东南亚地区是华商力量最强的区域。据估算，全球华商企业资产约4万亿美元，其中东南亚华商经济总量为1.1万亿至1.2万亿美元。世界华商500强中约1/3在东盟国家。③ 华商经济实力增强，在许多国家成为当地经济的重要支柱。在东南亚证券交易市场上市企业中，华人公司约占70%。把“一带一路”建设与华商经济相结合，为海外华侨华人提供了广阔的舞台。因为海外侨胞具有雄厚的经济科技实力、成熟的生产营销网络、广泛的政界商界人脉以及沟通中外的独

---

① 2013年9月，习近平在访问哈萨克斯坦时首次提出构建丝绸之路经济带的设想；10月，习近平在出席APEC领导人非正式会议期间提出了中国愿同东盟国家加强海上合作，共同建设21世纪海上丝绸之路的倡议。

② 中国是东盟第一大贸易伙伴 去年贸易额达4 436亿美元.（2014－07－22）. http：//money. 163. com/14/0722/10/A1OIL2L000254TI5. html.

③ 充分发挥港澳台和海外华侨华人在实施“一带一路”战略中的独特作用.（2014－10－13）. http：//cppcc. people. com. cn/n/2014/1013/c34948－25822323. html.

特优势，他们在实施“一带一路”战略中可以大显身手、大有作为。

与此同时，与中国海陆毗邻的东南亚是海外华侨华人聚居最集中和最多的地区，全世界70%的华侨华人聚居于此，这是天然有利于中国推进“一带一路”战略的因素。华侨华人既了解中国，也熟悉所在国的政治、经济、法律和社会状况；既熟练掌握中国及所在国的语言系统，又了解两国文化环境和民众心理差异，且对两国间舆论的运作规则也比较熟悉，是连接中国与所在国的“天然桥梁和纽带”，在提供语言翻译、法律服务、传播中国文化、向世界说明中国、推动民间交流、化解偏见与误会乃至抵制敌意的媒体宣传、促进两国民众间的互信等方面，发挥不可替代的作用。因此，华侨华人群体是沟通中国与世界的桥梁和使者，更是中国开展人文交流和公共外交的重要依靠力量。

虽然华文教育几乎遍及世界各个地区，但东南亚诸国的华文教育尤为突出。因为这里是海外华侨华人的主要聚居地，是海外华文教育的发源地，历史悠久、体系相对完善，较其他地区的华文教育的发展更加成熟。而东南亚地区恰为“一带一路”战略中的核心区域，通过开展华文教育更有利于加强广大华侨华人的民族认同感，更能凝聚侨心，从而调动华侨华人在“一带一路”战略中的积极性，通过他们做住在国的工作，增进中国与住在国的认识和了解，从而充分发挥其在“一带一路”战略中的特殊作用。

（二）发挥华文教育在“一带一路”战略中的作用

2015年3月，国家发改委、外交部、商务部联合发布了《推动共建丝绸之路经济带和21世纪海上丝绸之路的愿景与行动》。这一战略的实施以政策沟通、设施联通、贸易畅通、资金融通、民心汇通（“五通”）为主要内容。然而，“一带一路”建设不是中国单方面的意志和行动，还需要沿线国的密切合作。在具体开展过程中要实现“五通”必须在重视经贸投资领域的同时也关注社会文化教育等维度，要充分预见“一带一路”战略中所包含的复杂性，不仅包括政治、经济、财政、金融、技术等，还要考虑到社会文化、科学教育等方面的复杂性。因此，中国方面要积极加强与周边国家的民间交往、文化交流，加强对“一带一路”沿线国家的语言、文化、宗教和其他基本情势的学习，增进彼此的了解和认识。通过海外华文教育的发展完善，发挥其独特的优势作用以促进“一带一路”战略的更好建设与落实。

1. 华文教育自身的社会功能

华文教育作为华侨华人进行中华语言及中华传统优秀文化的一种教育，同时也是中国人及外国人进行中华语言、文化、宗教、民俗、经济、政治、社会、科技等直接或潜移默化的教育，在“一带一路”战略中更能发挥其独特的作用。具体而言，海外华文教育的作用主要体现在以下几点：

（1）文化传承传播功能。中华文化历史悠久、博大精深，中华文化具有独特的民族性，也具有世界性。人类文化史证明，弘扬中华优秀文化，是对人类文化的重大贡献。在国外，不少地方最开始创办的华文小学、中学、高校等，主要目的是华侨华人用以传承和弘扬中华优秀文化，期望华裔青年具有中华优秀文化特质，华文得以代代相传。华文的文化传承功能除了主要体现传承、弘扬中华优秀文化外，还吸纳西方现代文化和其他民族传统文化精华，以利于培育具有中华文化特质又兼有西方现代文化和当地优秀文化素养的人才，使接受华文教育的人能更好地生存与发展。华文的文化功能还表现在华文能吸收其他文化的文明，促进中华文明的不断发展，并发扬光大。

（2）经济实用功能。随着中国经济取得的巨大成就，东南亚经济腾飞及世界其他地区华人在经济领域的卓越表现，特别是一大批华人企业、华商的崛起，华人企业文化、华人的经营理念被越来越多的人重视，中国传统文化中的“商道”及其他管理理论、经济理论也被越来越多的人重视、学习和借鉴。日本、韩国和东南亚地区一些国家的经济发展和社会进步，都得益于中华文化的影响。华文教育在坚持传承和弘扬中华优秀文化的前提下，其经济功能必须充分应用，为所在国培养具有华商气质的经济管理人才，为当地经济作出更大的贡献。华文经济的实用功能还可能表现在：一旦华文传播进一步扩大，华文教育将可能大规模产业化，这将给中国带来巨大的经济利益。华文传播越广越有利于减少熟悉华文之间经济体的交易成本，这也是其经济功能的表现之一。

（3）科技传播功能。华文教育若仅仅局限于华族的民族教育、母语母文化教育，这样不利于华文教育的推广。在16世纪中叶之前，中国的科技在世界的地位是领先的，新中国成立后特别是改革开放以来，我国在科技领域也取得了较大的成绩，未来中国对世界科技文明的贡献会更大。因此，不少华侨华人及外国人学习华文的目的之一是要学习中华民族创造的科学技术文明，使自己具有宽厚的中华优秀文化素养和现代科学技术本领。如新加坡领导人李光耀在全国倡导和推广华语运动，并十分推崇儒家文化，其主要目的在于以中华民族优秀的传统道德文化培养和造就一代专业技术人才，更好地为国家建设、社会进步做贡献。反之，人才在学习中国科技文明的同时，也就有更多机会学习中华文化的精华。同时，当外国人学习中华科技文明时，也能带来其他科技文明，从而能促进中华科技文明的发展。

（4）政治导向功能。华文教育的扩大有利于其他国家人民真正了解中国历史、中国人及中国政府对待其他民族及其文明的真正态度，这比中国政府天天宣传“中国人民是爱好和平的，中国永远不称霸”更有效。中国文化的传统隐含中国是一个相对内敛的国家，是一个爱好和平的国家，中国的发展和崛起不会对其他国家构成威胁。华文教育的进一步扩大还能让更多的华侨华人及外国人支持中国的统一大业，为祖国的和平统一做贡献。华文不断传播有利于传播中华文化，能不断提高中国在世界政治、经济、文化、科技等领域的地位。同时华文传播还能伴随中国宗教、民俗等的传播，提高中国对世界的贡献。

2. 华文教育与“一带一路”战略

一种语言的生命力，从根本上讲在于其实用价值。英语如此流行，就是因为它是国际社会政治、经济、文化各领域使用最多的语言文字。全球性的“华语热”，明显地与经济领域紧密相连。中国的改革开放、经济崛起以及海外华人经济地位的提高提升了华语在全球的地位。正如有论者指出：“拜中国近二十年来致力推行对外开放政策之赐，以至中文市场崛起及在国际社会逐渐占一席之地。不但世界各地使用华语的趋势日愈广泛，信息科技方面的中文使用例如中文网络、中文搜索网站、华文窗口系统及全球中文频道等愈来愈蓬勃，而在经贸方面，以华语作为交易用语的全球华人企业网络也在不断增长中。”① 随着亚太地区经济的蓬勃发展、亚洲“四小龙”的成功、中国实行改革开放政策，华文的实用价值也随之提高。东南亚国家和中国有着密切的经贸往来，对华文华语的重要性有深切

① 张晓卿．建立全球华人网络世界．星洲日报，2000－09－27.

认识。政府官员、经济学家在公开场合阐述华文对发展本国经济的促进作用，并号召本国的华人及其他族群学习华文。这种认识改变了在华文教育问题上政府和华人的对立态势，成了促进华文教育的重要动力，也为华人推动华文教育拓展了空间。

在“一带一路”战略实施过程中，中国与沿线国家的经贸往来会更加密切，进而在社会文化等领域也会接触更加频繁。“经济全球化所带来的，不仅是一个以跨国资本运作为基础的世界经济市场及其活动方式，而且也必然产生出一种内在于整个全球市场活动中无法抗拒的文化强制力，这种波及全球的文化强制力带来的是文化在全球的广泛传播和冲突。”[①] 换言之，文化全球化是经济、科学、信息等领域全球化进一步发展的结果，是全球化整体进程中的一个重要组成部分。[②] 华文教育作为中国与所在国的文化枢纽，能够让更多的华侨华人子女及更多的外国人了解中国，熟悉中国的传统文化，增进对中国的认识，更好地体会在“一带一路”战略中的“和”文化，从而减少偏见和误会，更好地促进住在国与中国的相互了解、友好往来和合作交流。借助“一带一路”这个广阔平台，积极发展海外华文教育既符合中国的国家利益，也符合广大海外华侨华人的根本利益，既能够使其在经济全球化进程中增强自身竞争力，也有利于促进祖国统一和世界和平与发展。

三、围绕“一带一路”战略更好开展华文教育

（一）海外华文教育发展所面临的问题

海外华文教育与祖（籍）国、住在国以及国际形势联系密切，尤其受住在国政治、经济、文化等各领域因素影响较大。随着“中文热”的持续升温，海外华文学校的不断增加，华文教育面临的挑战也越来越多，甚至直接影响到华文教育的效果和目标，成为制约海外华文教育进一步发展的瓶颈，突出表现在教材、师资、教法及办学资金等方面。若想发挥华文教育在“一带一路”战略中的独特作用，必须克服这些不利因素。

1. 华文教师匮乏

教师是教学活动的推动者和实践者，直接影响着教学质量和教学目的的实现。“缺教师”是海外华文教育面临的最突出的问题之一。从总体上来看，海外华文教师的水平参差不齐，欧、美、大洋洲等发达地区华文教师专业化程度较高，供需比例相对平衡，东南亚地区迫切需要更多的专业华文教师。据统计，“东南亚地区华文教师缺口约在三四万人左右，还有数字显示，仅印度尼西亚华文教师的缺口就达 3 万名。20 世纪 50—90 年代，印度尼西亚的华文教育曾出现断层，现有教师年龄 65 岁以上的占 65% 以上”。[③] 印度尼西亚政府以往的“强制同化”政策，严禁华人使用本民族语言，使得印度尼西亚三四代华人使用汉语的能力大大下降，因此华文教师队伍严重老化，急需年青一代新生力量投入到华文教育事业中来。尽管中国侨办每年派出不少国内师范专业教师到当地协助华文教育，但是相对于东南亚日益增长的师资需求，实在是杯水车薪，远远不能弥补缺口。而且，随着国内生活水平的提高，外派教师工作的矛盾也日渐突出。

---

① 彭新良．论中国的“文化大国”战略选择．贵州社会科学，2007（3）．

② 魏香梅．“文化全球化”范畴的逻辑规定性．贵州社会科学，2007（1）．

③ 张红，朱婧．海外华文教育如何走出困境？．人民日报（海外版），2010－05－06（06）．

2. 缺乏统一规范、适应性强的教材

一份对海外华文教育界的调查显示：“从事中文教学第一线的教师体会最深的是缺乏实用、统一规范的教材。”① 目前海外通行的华文教材主要是暨南大学编写的适用于欧美周末制中文学校的《中文》（全套48册）以及北京华文学院编写的适用于亚洲华文学校的《汉语》（全套50册）。除上述两套教材和马来西亚的华文教材由董教总统一编写外，其他国家和地区的教材林林总总，有些是采用台湾地区赠送的教材，有的则是自己编写的教材。总的来说，目前的教材适用于初级程度，即小学阶段的较多，而适用于中学或更高程度的则少之又少，课外读物更是十分匮乏。

同时，大部分教材的趣味性及娱乐性相对来说不如国外的一些其他外语类教材；教材编写没能很好地结合海外儿童的心理特点；缺乏与主教材配套的辅助教学参考资料及配套的语音材料，例如汉语拼音的音像教材。

另外，由于相当一部分教材是多年以前编写的，已经跟不上时代发展的步伐。而传承中华语言文字不等于固步自封，与时代脱节的内容无法激发学习者的兴趣，完全与学习者所处的社会环境和所在国语言无关也使得初学者难以融入华文的学习中来。

3. 办学资金不足

资金不足历来都是制约华文教育发展的一个主要因素。当前，海外华文学校的办学情况大致可以分为5种类型：第一，华侨华人社团或个人捐资办学；第二，海外华侨华人独自独立办学，经费主要来源于学生学费；第三，中国大陆、港澳台地区的有关机构在华侨华人侨居地独立办学或与华界合资办学；第四，以华侨华人办学为主，当地政府给予一定的资助；第五，一些知名的华文学校被当地政府纳入国民教育体系中，提供部分或全部资助，此类学校极少。由于华文教育主要是服务于华侨华人社会的一项公益事业，所以在很多国家都未被正式纳入当地的国民教育体系，政府投入的资金很少，仅靠华侨华人的一腔热血和社会集资远远不能满足华校的建设和发展。

从总体上看，海外华文学校仍沿袭着非营利性的传统办学模式，华社民资（侨社捐资和学费）办学为主，资金多元，普遍存在办学资金不足的问题。与当地主流社会的学校相比，海外华文学校的校舍简陋、设备落后、环境较差，缺乏对华裔少年的吸引力，不利于中华文化在海外的薪火相传。

4. 具体教学过程中，困难重重

华文教育有着其特殊性和难度——要在海外教授一种与该国第一语言相去甚远的语言是相当困难的，因此，在海外华文教育中存在一系列的难题。其一，某些海外华裔青少年学习华文的热情较低，学习态度被动是普遍的问题。其二，华文教学中因人施教问题。因为在国外办学，很多人都会遇到各种各样的困难。比如说，划分班级。如果单纯以年龄分班，则会造成在同一班级里中文水准参差不齐；若单纯以中文程度分班，则会导致一个大学生和一个小学童排排坐的窘境。其三，教材的选择。在海外华文教育中，总是出现繁体字与简体字及两种不同拼音的取舍问题。其四，华文教育不仅仅是语言教学，更是文化教育。宣扬中华文化，学习汉语言文字，就应当将华文教育融入文化传承之中。这也构成了

---

① 李嘉郁．关于当前华语教材建设的几个问题．海外华文教育，2007（3）．

教学中的一个现实的难题，即如何在语言学习中传播中华文化。

（二）海外华文教育发展出路及对策

文化是民族的血脉和灵魂，是民族的根基与发展动力。海外华文教育是中华民族在海外的文化教育，它不仅是语言的传授和传播，更重要的是通过文化的熏陶与薪火传承来维系海外侨民与祖（籍）国的亲情，关系着民族、国家的整体利益。在“一带一路”战略背景下，我们要抓住机遇，开拓性地探求推动华文教育发展的有效途径。

1. 加大对华文教育的投入

语言是文化的载体，华文教育是海外华侨华人传承中华文化的主要途径。由于当前海外华社和华文学校仍然存在着经费、师资、教材匮乏，教学方法陈旧，办学经费不足等问题，因此，中国政府需要加大对华文教育的支持力度，提供必要的资金援助，在强化官方主渠道既有模式的同时，也应该积极调动民间的力量作为补充，广泛动员海内外各方面力量，推动华文教育健康、可持续发展。

其中，教材和师资是海外华文教育中最需要解决的两个问题。侨务部门、海外华侨华人社团、华文教育组织等应当千方百计拓宽思路，想方设法改进工作。加强调研工作，深入了解世界各地华文教育的实际情况及社会环境，有针对性地制定教学目标、编写教材、培训教师以及支持措施。国家应积极与当地政府沟通协调，帮助华文学校尽快纳入当地的国民教育体系中，这不仅能解决部分教育经费的问题，而且可以提高华文学校的合法性地位，增强华裔青少年学习中文的积极性。各国应根据实际情况和多元化的概念，组织专家学者和教师编写适合本国情况的教材、引进国外先进教学理论、更新教学手段。同时，对华语文教师培训和华语文教材编写问题予以特别关注。

其次，我们要加大力度，积极投入更多的财力物力，认真开展华文教师的师资培训工作。一方面将国内优秀的华文教师派出去，组织好华文教育志愿者队伍；另一方面将当地的华文教师请进来，在有关学校接受各种形式的汉语培训以提高他们的业务水平，特别是授课质量。此外，要实现华文教育的跨越式发展，就必须大力推进数字化华文教学，积极倡导华文教育的新观念、新模式、新资源、新平台，培养掌握现代教育技术的华语教学师资队伍、管理队伍和技术队伍。

2. 合作培养师资和编写教材

当前，海外许多华文学校普遍存在缺乏教师和缺乏适用华文教材。中国国务院侨办所管的暨南大学、华侨大学及教育部所管有关大学，可根据各自的条件，帮助解决这两大困难，如派出一些教师到海外任教。由于成本不可能太大，较可行的办法是帮助海外华文学校培养教师。由于海外不同国家和地区情况不同，必须根据当地情况与华文教育的实际合作编写相关教材，同时，各层级不同程度学习者所需教本不同，教材应能满足不同程度者的需求。商用、医用、科技用、文史用、交际用教材也应适度分化出来。现有教材多元性不足，深度也不够，对中国人的价值观、自然观以及宗教、哲学等比较深刻而根本的东西，则几乎是完全未予介绍。以致海外中文学校学生学了华文，却对中华文化的内涵知之甚少；对处在异文化环境中的华人应如何处理或接受两种异质文化，也缺乏建议。[①] 未来，可先行编纂中国大陆地区词词典、中国港澳地区词词典、中国台湾地区词词典、新马泰地区词词典、新澳美加欧地区词词典，在分区编纂的基础上整合成一部世界华人地区词词典。这是一个需要跨国、跨地区进行群体协作才能完成的艰巨的语文工程。[②] 同时，必须更多关注跨文化交际、汉语教学中的文化因素、对外汉语教学的文化内涵（课程、教材、教法、考试设计等）。

3. 经常举办华文研讨与相关活动

在国外，华侨、华人社团经常组织如同乡会、宗亲会、商会、联谊会等会议或组织各种方式的活动，一方面可进行华语的直接交流，另一方面还可以经常商讨兴办华文教育事宜和组织各种各样的华文学习活动。同时组织大批华侨华人及外国人到中国参加夏令营活动。通过召开国际华文教育会议，对世界华文教育的发展状况等问题进行交流和研讨，把华文教育进一步推向新高峰。这些活动的举办还有利于创设良好的中华文化氛围，使人们加深对中国及中国文化的了解，引起对华文学习的兴趣，以便更好地开展华文教育活动，提高华文教育质量。如美国各大学中文教师学会主持的“全美中文教师学会年会”、北京汉语教学学会每三年召开一次的“国际汉语教学讨论会”、两年召开一次的“东南亚华文教学研讨会”等。每次会议都是从事各类型华语文教育的人士共聚一堂，互相切磋。这种融合与交流，营造了一个发展华语文教育的良好环境与气氛。

四、结语

习近平总书记在中央外事工作会议上，对中国特色大国外交作了全面阐述和部署，明确要求“要注意发挥华侨华人这个重要优势，通过他们做住在国工作，为对外工作加分”。[③] 这充分体现了华侨华人这个群体在国家对外大局中的重要作用。在“一带一路”战略中，加强中国与沿线国家的人文交流有助于增进沿线各国人民对中国的了解和认识，而广大华侨华人作为住在国与中国的桥梁，更有助于中国开展人文交流和公共外交，从而促进丝路国家与中国在“一带一路”建设中的政策对接。

积极发展海外华文教育，既符合广大海外华侨华人的自身利益，也符合中国的国家利益，还能够为华侨华人和外国友人提供更好的学习中国文化的机会和条件。随着“一带一路”战略的实施与开展，中国与其他国家间的交流也会显著增多，中国文化和华文语言将得到广泛传播，华文教育也将引起中国政府和华侨华人所在国更加广泛的关注。在“一带一路”战略背景下，海外华文教育会有一个更加广阔的发展空间。通过克服各种不利因素，海外华文教育也会反过来促进“一带一路”战略的建设。

---

① 龚鹏程．海外华文教育与大中华文化的命脉．http：//www. fgu. edu. tw/ ~ wclrc/drafts/Taiwan/gong/gong – 04.

② 汪惠迪．建议编纂一部全球华语地区词词典．（2002 – 05 – 10）．http：//www. people. com. cn/GB/guandian/30/20020510/725731. html.

③ 习近平出席中央外事工作会议并发表重要讲话．（2014 – 11 – 29）．http：//news. xinhuanet. com/politics/2014 – 11/29/c_1113457723. htm.

菲律宾华文教育：历史、改革与现状①

朱东芹*

菲律宾华文教育兴起于19世纪末，在20世纪50年代中期达到顶峰，70年代初受菲律宾政府“菲化”政策制约陷于低谷。进入90年代，鉴于华文教育式微的现实，菲华社会展开了“拯救华文教育”的行动，并开始了对华文教育改革的探索。在近二十年的改革中，包括华校、社团、家庭及个人在内的各方面力量都积极介入，献计献策，围绕华文教育的定位、华语教学的定性及改革的具体措施等问题展开了激烈的争论；还有热心社团及个人积极资助华教以期挽回其颓势。然而，在目前华菲融合不断推进的大背景下，拯救华教的努力成效不大，华教的发展前景并不乐观。本文在对近代以来菲律宾华文教育之历史进行回顾的基础上，着重对20世纪90年代启动的华文教育改革展开分析，以期有助于进一步认识菲律宾华文教育和菲华社会。

一、菲律宾华文教育的历史回顾

纵观菲律宾华文教育的历史发展，大致可分为以下几个时期：

（一）成长期（1899—1945年）

19世纪末，随着华侨“国民”意识的觉醒，办教育也被提上了日程。1899年，清政府驻菲律宾第一任领事陈纲创办了菲律宾第一所华侨学校——中西学堂（今之中西学院）。1905年，清政府废科举兴新学，国内的教育改革波及海外华侨社会，受此影响，菲律宾华侨也积极创办新式学校。1912年，怡朗市创办了外省的第一所华侨学校——怡朗中华实业学校；1923年，菲律宾第一所华侨中学——华侨中学（今之侨中学院）创办。到1935年底，菲律宾的华侨学校已达46所，学生2.1万人，达到战前的最高纪录。

（二）繁荣期（1946—1956年）

1946年7月4日，菲律宾宣告独立。独立后的菲律宾，在政治上追随美国，反共亲台，断绝了与中国大陆的关系；在经济上掀起了民族主义浪潮，积极推行“菲化”，将华侨列为主要打击目标。战后初期的复杂形势使得菲华社会呈现出一种奇怪的现象：经济

---

* 作者简介：朱东芹，历史学博士，华侨大学华侨华人研究院副教授、华侨华人历史研究中心主任。

① 本文为华侨大学基本科研业务费专项基金资助项目“两岸关系与海外华侨华人社会的发展”阶段性成果（项目编号：JB－SK1145）。原文《20世纪90年代以来的菲律宾华文教育改革：探索、成效与思考》，刊发于《华侨大学学报》2014年第3期。

上，华侨社会由于菲律宾政府民族化政策的推行而陷入困境，文化上却由于菲律宾政府暂时无暇顾及而恢复了战前的繁荣，并于20世纪50年代中期达到顶峰。据统计，到1956年，全菲华侨学校共计150所，教师1 649人，学生4.8万人，远高于战前1935年所创下的最高纪录。

（三）停滞期（1956—1973年）

战后的十多年里，经济的菲化是菲律宾社会变革的主旋律，打击华侨以使原住民获得经济上的“独立”是菲律宾政府的首要任务，而一旦经济问题有所解决，下一步就是政治和文化的问题。到1955年，战后针对华侨社会而提出的三大菲化案——公共菜市菲化案、入口统治菲化案及零售业菲化案相继成文实施，华侨社会的抗争均归于失败，菲律宾政府的经济菲化政策在第一阶段取得了绝对的胜利。经济民族化的政策得以顺利推行，接下来管制乃至菲化侨校的问题就提上了议事日程。1955年，菲律宾国会以“共产党渗透华侨学校”为名，主张严格监督甚至关闭侨校。1956年1月与中国台湾方面签订了“督察华侨学校备忘录”，就侨校的资质、管理、课程的设置和时数等做出了规定。新规定下，虽然侨校仍然保留了双语的课程制度，但中文课时数已明显少于英文课时数：英文课周课时小学为1 100～1 175分钟、中学为1 200～1 400分钟，中文课周课时为小学800～870分钟、中学900～1 000分钟。受新规定影响，战前便已出现的“重英轻汉”的倾向进一步明显，甚至有不少学生不堪双重课程的重负，放弃学习中文。此外，华人年轻一代在菲律宾出生成长，认同菲律宾，对故土的感情日益淡薄，因而渐渐失去了学习中文的兴趣。[①]督察之下的侨教质量开始出现下滑势头。

（四）转型期（1973—1991年）

20世纪70年代初期，菲律宾政府开始全面“菲化”华校。1973年，为准备与中国建交，菲律宾马科斯总统决意解决华侨问题，其中包括：①简化入籍法。使大多数华侨选择菲律宾国籍，成为菲律宾公民，效忠菲律宾。②关闭华文报纸。③全面菲化侨校。1973年4月，马科斯总统发布第176号法令，侨校菲化进入实施阶段。法令规定1973—1976年为过渡期，1976年侨校应同菲律宾的教育体制一体化，包括：①学校创办者应为菲律宾公民，或其资本60%为菲律宾人所有之公司、社团所有；②学校领导层（包括董事会成员和行政主管）必须全部为菲律宾公民；③学校中，外侨学生不得超过学生总人数的三分之一。“菲化”对侨校的最大影响在于对中文课程的限制，法令规定华语只能作为选修课，上课时间每天不得超过120分钟，中学中文课程由原来的高、初中六年制改为四年制。此外，还规定课本只能用菲律宾本国编写的，华语教师只能在菲律宾聘请，凡带有“中国”“中华”字眼的校名必须更改，等等。[②]由于“菲化”之后的华文教学被限制在极其有限的时间范围内，加之融合的发展，华文教育无可避免地走上了衰退之路。

---

① 颜长城，黄端铭．菲律宾华文教育的演变//菲律宾华教中心．菲律宾华文教育综合年鉴．马尼拉：菲律宾华教中心，2008：118.

② 颜长城，黄端铭．菲律宾华文教育的演变//菲律宾华教中心．菲律宾华文教育综合年鉴．马尼拉：菲律宾华教中心，2008：118.

（五）改革探索期（1991 年至今）

1975 年，中菲建交前夕，马科斯总统批准华侨大批入籍，华侨社会发生质的转变，过渡为华人社会；1976 年，侨校的“菲化”完成，华侨学校（侨校）转变为华人学校（华校），华侨教育（侨教）也转变为华人教育（华教）。华侨入籍及侨校“菲化”之后，菲华社会“大环境”及华校“小环境”都发生了根本性变化，这就要求华文教育的目标、内容、方法等要做出相应的调整。在菲华社会，涉及全侨性的重大事务往往由重要社团牵头展开，而负责教育问题的便是菲律宾华侨学校联合会即校总。1957 年 4 月，校总成立，负责一切有关发展侨教、推进侨校校务的问题。1973 年，侨校的“菲化”启动，校总遂于 1975 年 4 月宣告解散，但很快就于次年恢复了活动。“菲化”之后的华教急需一个指路人告诉它走向何处，而此时的校总却无所作为，并未因应形势进行改革，“华校的体制、框架，仍然保持着当年双重课程的模式，教材、教法陈旧，偏离实际，加上华语教师队伍素质下降，缺乏华语自然语言环境，使整个华校华语教学在近 20 年来处于苟延残喘的状态”。[①]

二、20 世纪 90 年代初以来的菲律宾华文教育改革

中菲建交之后，华侨大批入籍，身份的改变也带来了华人心理的变化，越来越多的华人开始面对现实，考虑融合于当地的问题，加之 1976 年后侨校的全面菲化，华文教育的空间受到挤压，进入 20 世纪 80 年代后，衰退之势日益加剧，这一问题也引起了华社的普遍关注和重视，并在 90 年代初引发了华社“挽救华文教育”的行动。其中，1991 年 5 月成立的“菲律宾华文教育研究中心”（简称“华教中心”）在华文教育的改革中扮演了重要的角色，这是一个由一群关心菲律宾华文教育的华人组建的民间机构，成员大都有从教的背景，对菲律宾华文教育及其存在的问题也相当熟悉。1991 年，华教中心成立后，他们就开始对“菲化”以来的华教进行反思和检讨，同时也开始了对华教进行改革的探索和思考，并于 1995 年以后开始主导对新时期菲律宾华文教育的政策、制度、内容及方法进行了全面调整。迄今为止，菲律宾华文教育改革大致可分为以下三个阶段：

（一）1991—1994 年：改革初期的探索阶段

在这一阶段解决了华文教育的重新定位和华语教学的重新定性问题。自从 1899 年菲律宾第一所华侨学校建立，教育的目的便设定为培养既能适应华侨社会、中国社会，又能适应菲律宾社会的中国公民，作为“国民教育”，其宗旨便在于保住华侨的民族性、培养对祖国的认同感和爱国心，因此，在教学内容中，除英语和其他基本知识外，中文与中国传统价值观念仍是重点，华语教学也是一种“母语”即“第一语言”教学，这种情形一直持续到侨教菲化之后的 20 世纪 80 年代。1991 年，华教中心开始对华文教育衰退的问题进行反思，认为在华人社会当地化的大背景下，之前将华文教育视为“国民教育”的定位、将华语教学视为“第一语言”教学的定性已不再适应现实社会的发展，应该进行调

① 颜长城，黄端铭．菲律宾华文教育的演变//菲律宾华教中心．菲律宾华文教育综合年鉴．马尼拉：菲律宾华教中心，2008：119.

整。事实上，在1975年华人大批入籍和1976年侨校全部菲化之后，从严格意义上来讲，菲律宾“华侨教育”就转变为“华人教育”了，成为菲律宾教育体系中的一个有机组成部分，教育的目的不再是培养中国公民，而是培养菲律宾公民。但在20世纪90年代初华教中心所做的实地调查中，实际的情况令人担忧。华教中心副主席黄端铭先生对那次课堂巡视记忆犹新，全班三十多个小学生，显然都是新生代的华人，无疑应是菲律宾籍的，但当老师提问“你是哪国人?”时，除了一两个学生回答“是菲律宾人”外，其余的都答说自己“是中国人”。①这情形不禁让巡视的诸位感到愕然甚至惊心，试想，如果不是华人而是原住民的教育官员来巡视这堂课，那他们将作何感想呢？而孩子的这种观念，除了来自家庭之外，更多地还是受学校教育的影响，改革华文教育刻不容缓。但对于该如何调整，华教中心起初并没有明确的想法，于是，一方面走出去，到各华校进行实地调研；另一方面请进来，由国外请来汉语教学的专家来传授经验。从1991年11月到1994年11月的3年时间里，华教中心就组织了1次华语教学讲习会和9次华语教学讲座，分别邀请了来自中国和美国的专家来讲授华语教学的相关问题。其中，1991年11月由北京语言学院吕必松教授主讲的以“第二语言教学”为题的华语教学讲习会尤其具有重要意义。吕教授是我国汉语教学的专家，时任北京语言学院院长兼国家汉语办公室主任，在当时菲华社会还在为华语教学的定位而迷惑的时候，吕教授有关“第二语言教学”的演讲就如同新思维一样为刚刚起步的菲律宾华文教育改革指明了方向，使华教中心及其他热衷华教改革的人士颇受启发。结合菲华社会的当地化程度不断提升的现实，经过四年的调查研究，华教中心大胆地提出了有关华文教育定位和华文教学定性的新的构想。即菲律宾华文教育应定位为菲律宾华族的民族教育，是菲律宾教育体系中的一个重要组成部分。为配合融合于主流社会的大方向，新时期菲律宾华文教育的目标确定为培养具有中华文化气质的菲律宾公民。在此基础上，华语教学的定性问题也被提出来。基于现实，华人新一代在菲出生成长，菲语是第一语言，华语已不再适宜作为母语即第一语言进行教学，而应定性为第二语言进行教学。

华教中心的改革设想对传统华教的定位与定性是一个颠覆，一经披露，便在华社内部引起了轩然大波。期间，尤其是关于华语的“第二语言”定性问题，华社展开了激烈的争论和论证，大多数人一时难以接受这样的改变。一方面是因为情感的因素，诚如美国学者余英时所言：“文化对人有‘安身立命’的功能，个人想寻求精神的归宿，仍舍文化莫属。离开自己的文化本土，纵使在物质上空无所有，在精神上仍拥有丰富的文化资源，他们凭着这些文化资源，才能在新土上重建基业。”背井离乡的华人之所以热衷于出资兴教，目的亦正在于此，传承中华传统文化，“存国性”“播国风”，把根留住，这正是华人在异域“新土”寻求“安身立命”的“精神归宿”。②而如今要舍弃华语的“母语”地位，无疑是斩断了维系华人与故土相联系的那条情感纽带，没了这条纽带，他们便会失去自己的“精神家园”。但有人表达了另一种情感上的不理解，他们表示：我们华人在这里本来就是二等公民，现在要把自己的语言也当作第二语言，这么做岂不是自贬身价吗？另一方面还

① 2010年3月，菲律宾华教中心副主席黄端铭先生访谈记录。

② 李亦园，李少园．从闽南华侨诗词看闽南文化的多元一体性//黄少萍．闽南文化研究．北京：中央文献出版社，2003：186.

有政治方面的因素。改革初期，阻力重重。

（二）1995—2004 年：改革的第一个十年计划时期

这一时期主要做了两项工作：确立华语教学的总体改革方案；编制教材，改革教法。1995 年，在进行了近四年调查研究的基础上，华教中心提出了华文教育改革的总体构想，并着手具体实施。

首先，制订了教学大纲，包括幼儿园、小学、中学在内的教学大纲在 1996 年后相继出版。教学大纲中明确规定：菲律宾华语教学的对象是以菲语为第一语言的华校中、小学生；菲律宾华语教学的目的是通过听、说、读、写的技能训练，培养学生使用华语进行交际的能力。大纲还对每个年级的教学提出了具体的目标，对应当掌握的字、词、语法点、文化项等都有明确的要求。

其次，根据大纲编制新的教材并改革教法。教材内容陈旧、脱离现实是教材改革面临的主要问题。战后至 20 世纪 90 年代教改之前，菲律宾华文学校的教材主要包括以下几种：“校总”出版的教材、新疆书店出版的教材①、中国台湾方面赠送的教材、中国大陆方面赠送的教材，后两种教材存在内容与菲律宾当地较疏离的问题，前两种虽是当地所编，但也存在种种问题。以教改前华校使用较多的新疆版教材为例，新疆版的《幼稚园华语课本》《小学华语课本》《中学华语课本》是 1976 年出版的，到 20 世纪 90 年代教改的时候，使用已近 20 年，内容较为陈旧、不生动，练习也很呆板。②教材内容引不起学生的兴趣，且存在疏漏，尤其是教材编撰仍秉持将华生作为中国国民、将华语作为第一语言的指导思想，与华人已经融合于当地的现实格格不入。针对教材存在的问题，华教中心从中国大陆请来汉语教学的专家，与本地老师一道共同调研，用了四五年的时间，编制出一套适合本地的本土化教材，1997 年 4 月，《菲律宾华语课本》第 1 ~ 12 册出版，2000 年 6 月，《菲律宾华语课本》第 13—20 册出版，另外，还分别于 2000 年和 2002 年发行了配套录音磁带和多媒体光盘。目前，这套教材共有三个版本：简体版、繁体版和通用版。其中，简体版和繁体版内容一样，主要供给本地华校使用；因为这套教材反映较好，海外其他华社也希望能够使用，于是华教中心又编写了通用版，将原版中有关菲律宾本地的内容删掉了，于 2001 年 11 月正式发行，目前，印度尼西亚、泰国、日本、韩国等国的华校在使用这套教材。在菲律宾本地华校的教学中，早期使用繁体版较多，近年来，情况发生较大变化，目前使用简体版的较多，普遍反映简体版的教材好教好学。

改革教材之外，还改革了教学方法，以往的教学都遵照华语为第一语言的原则进行教学，改革后则依据“第二语言教学”的原则进行调整，由以往的“读写为主”改变为现在的“听说为主，读写为辅”。课堂教学侧重加强学生听力和口语能力的训练，精简教材内容，课堂练习多样化，以强化语言技能；读和写的能力则放在其次，在学生具备一定听说能力的基础上，循序渐进地培养，目的在于当学生小学毕业时具有基本的对话能力和简单的读写能力。而在课堂教学方法的改革中，围绕三个问题展开的争议最激烈：①教学语

① 20 世纪 90 年代教改前，新疆书店的教材用得较多。在菲化时期，政府禁止使用外来的教材，严格来说，当时使用外来教材涉嫌违法。

② 林文诚．浅谈华语教学的三个转变//菲律宾华教中心．新世纪华语教学序言．马尼拉：菲律宾华教中心，2000：61.

言问题：是继续使用方言闽南话还是改用普通话；②是教繁体字还是简体字；③是教注音符号还是汉语拼音。菲律宾华人绝大部分祖籍闽南，因此，闽南话是菲华社会的通用语言，在传统的华语教学中，闽南语是绝大多数学校的通用教学语言，而且学生回到家中仍有说闽南话的语言环境；20 世纪 90 年代以后随着教改将华语作为第二语言的原则确定，加之中国大陆方面影响的加强，也有人提出既然学华语的终极目的在于掌握这种语言工具，那就该直接教学生标准的普通话而不是方言，以省去将来学生需二次学习的麻烦。但围绕这种提议是否符合菲华社会的实际、是否符合语言学习的规律，华社一直争议不断；至于对②③两点的争议，则明显带有政治色彩。因为之前在菲华社会，中国台湾的影响较大，故较多华校追随中国台湾，教的是繁体字和注音符号，但实事求是地讲，汉语的方块字本身就非常难学，对于新生代的海外华人来说，汉语已不再是他们的第一语言，要当作一门“外语”从头学起，对于小孩子来说，尤其困难。有个例子，十几年前，马尼拉某华校一个名叫刘丽华的四岁学童，上学的第一天，就被老师要求写自己的名字。“刘丽华”三个字繁体为“劉麗華”，曲曲弯弯、横横竖竖，总共有几十笔，这个第一天上学的小孩子被难倒了、吓哭了。第二天，她吵着不上学。为此，她父亲写了一封信，登在报上，呼吁华校采用简体字，以减少学童对汉语的畏难情绪，提高学习兴趣。[①] 而注音符号也是如此，远不及罗马字母的拼音来得简单，对于本身英语就是必修课的菲律宾华人来说，学拼音也更加容易。对于本身就对学习华语缺乏兴趣并有畏难情绪的华生来说，如果能尽量地使学习变得更加简单有趣，才有利于调动他们的积极性。因此，针对后两个问题，华社越来越多的人倾向认同“写简识繁”“汉语拼音为主、注音符号为辅”的原则。

课堂之外，还辅之以活动和竞赛作为补充，如通过不定期地举办朗诵会、演讲比赛、文艺小品表演等让学生展示自己的华语能力，此外，还有一些常规性的活动，如曾任密三密斯光华中学校长的王宏忠先生就提及他任教时曾在学校推广一个“说中国话”的课外活动，规定课外在校园里只能讲华语，如果讲菲语达 50 句就扣一分，分数跟评名次挂钩，通过这个方式在校园创造一个说华语的小环境，当时效果不错，连学校小卖部的华侨都反映，去买东西的孩子都争着抢着说华语，不过活动进行一个月后被迫停止，因为有的家长反映不愿意孩子因此被扣分影响评优。不过，近年侨中学院又采用了一个新办法，改惩罚为奖励。让学生下课后带着纸条，去找老师聊天，说了多少句华语，把数目记下来，根据这个加分，结果下课后老师被团团围住，应付不过来。通过加分而不是减分的办法，学生说华语的积极性被很好地调动了起来，也没有了前一种办法来自家长的质疑。[②]

（三）2005—2014 年：改革的第二个十年计划时期

这一时期主要解决两个问题：师资问题和考试问题。2005 年，华教中心提出了华教改革的第二个十年计划，主要解决两个问题：师资问题和考试问题。就师资而言，菲律宾的华语教师可大致分为两部分，一是菲律宾本国培养的，人数约占全部华语教师的 95%，其余 5% 来自国外，包括来自中国大陆、中国香港、中国台湾的新移民及留学生。其中，本国培养的华语教师又分为几类：20 世纪 50 年代从本地开办的华侨师范专科学校毕业的；

---

① 王宏忠．是采用简体字的时候了//菲律宾华教中心．新世纪华语教学序言．马尼拉：菲律宾华教中心，2000：38.

② 2009 年 6 月 30 日，菲律宾密三密斯光华中学前校长王宏忠先生访谈记录。

50—60年代在本地高中毕业后到中国台湾上大学毕业的。目前，这两部分人是华校华语教学的领导骨干。还有一部分是华校菲化前初高中六年制中学毕业和菲化后四年制中学毕业的华校学生，是目前华语教师队伍的主力。菲律宾本国培养的教师是教师队伍中比较稳定的部分，也是华语教学改革成败的关键所在。来自国外的新移民教师是华语教师队伍中比较不稳定的一部分，这些教师虽然华语水平一般都较菲律宾本国培养的教师高，但也存在一些问题，包括大部分没有长期任教的打算，只是以教书作为过渡的职业；多数未受过语言教学的专门训练，在业务上有待提高；大多数新来乍到，需要一定时间熟悉华人社会及华校教学情况，等等。①可见，就师资来看，本地师资是主流且较稳定，但有老龄化趋势，非专业化现象也较严重；外国师资不稳定且业务素质参差不齐。

针对师资存在的问题，包括华教中心、商总、晋总（菲律宾晋江同乡总会）在内的团体都积极采取措施，主要包括派出去：①从1993年4月起，华教中心配合中国国务院侨办，每年4月（菲暑期）组织华语教师团到中国大陆参加培训，一般为期三周，多在大学，由专家讲座；②1993年4月起，华教中心联合中国国务院侨办，每年4月组织菲华青少年夏令营赴中国大陆学习，来回交通费由陈永栽提供。请进来：①1993年6月起，华教中心启动华校华语师资队伍“输血计划”，开始为各校从中国聘请华语教学督导、华语教师；②1998年6月起，晋总开始委托华教中心，与中国国务院侨办合作实施“志愿者教师方案”，从中国聘请华语教学督导赴菲，到各校进行华语教学督导工作，人数逐年增多，第一年仅有18人，2009年已超过200多人；③1998年11月起，晋总开始与华教中心一起举办马尼拉地区华语教学讲习班；④2002年起，商总开始联合华教中心、校联一起举办华语教师培训班，为期一年或两年。显然，在解决师资的问题上，“请进来”比“派出去”的力度大，主要也有解“燃眉之急”的性质，大量志愿者教师的到来确实在一定程度上缓解了菲华师资的不足，但志愿教师一般待一年的时间，轮换较快，不是长久之计；请进来专家所做的师资培训效果也有限，有些参训者就反映，培训“往往只是短短的两三个星期……时间太短了，犹如填鸭式的授课，消化不了，吸收不了多少养份（分），没多大得益”。而且，每年参加培训的教师不一样，没有连续性，这样子学不了多少东西。如果能聘请固定的师资赴菲对相对固定的一批华语教师进行培训，系统地授课，并持续一定的期限（如每批为期三个暑假），这样受训者能达到师专毕业水准，会比较好。② 因此，要从根本上解决师资问题，还是要从菲华社会内部着手。鉴于此，2004年后，伴随新的十年计划的酝酿，华教中心联合其他机构提出了菲华师资的“造血计划”，即将以前接受“外援”的被动的“输血计划”推进一步，通过派出人员到中国大陆学习，学成后回菲任教，以达到菲华自身师资供给的良性循环。按华教中心的构想，计划从2004年起，希望在十年内培养本地中学毕业生赴中国大陆读大学本科，而且是对外汉语教学专业，计划用10年时间培养500人。从目前实施的结果来看，与这一目标还有不小的差距，据统计，从2004年至2011年共送出103人，已学成回国30人，分配到各华校任教。这一结果与目标的差距也说明了这一计划实施的难度，一方面是经费获得的困难，需要争取菲律宾本地华

---

① 沈文．菲律宾华语教师的抽样调查//菲律宾华教中心．菲律宾华文教育综合年鉴．马尼拉：菲律宾华教中心，2008：63.

② 尤建财．千夫指与孺子牛//菲律宾华教中心．新世纪华语教学序言．马尼拉：菲律宾华教中心，2000：99－100.

商的经济资助，争取中国大陆大学提供奖学金；另一方面是观念方面的，菲律宾历来是亲西方的，受西方媒体的影响很大，直到现在还有人抱有中国落后的观念，因此，争取学生还要做这方面的工作。

而就考试问题而言，目前华教中心已建立了一个试题库，同时也在承办全菲的少儿华语考试。但就全菲华校的考试制度来看，目前还处于各自为政、一盘散沙的“无政府”状态，没有一个统一的评价体系。应该说，这不利于把握华教的水平并有针对性地改进。2009 年 1 月下旬，在由菲律宾华教中心组织的“首届菲律宾华校高峰会议”上，建立华校评价机制的问题也被提了出来。目前设想评价依据至少有两条：一是按照菲律宾政府的规定，必须要符合相关的办学的基本条件；二是考虑是否可以组织全菲华校的统考，通过统考来考察华校的教学水平。但关于“统考”的意见一经提出就遭遇了反对意见，因为华校的生存依靠生源，如果组织统考，成绩公开了，那考得不好的学校就可能面临生源流失的危险。关于评价机制的问题还在讨论之中，以目前的情形看，要想在短期内达成共识也比较困难。在华教中心教改的时间表中，这也是一个需要分阶段推进的项目。

而 20 世纪 90 年代以来的华教改革中，除了华教中心做了大量工作外，其他团体也积极参与。如 1993 年成立的“菲律宾华文学校联合会”（简称“校联”）也通过举办各种研讨会、教学观摩、组织教师到中国台湾进修、举办各种学术比赛、开办计算机班等许多活动来促进华教的发展。菲华社会的领军团体——菲华商联总会也做了大量努力。近几年，商总除了捐巨款支持华文教育外，还做了四件有创新意义的工作：一是向菲律宾华教中心购买一万多册教材，赠给全菲华校，向中国国务院侨办争取大批汉语教材，免费分送 72 所华校，2004 年又加送配合汉语教材使用的多媒体光盘，解决了华文教育的教材导向问题，同时也减轻了学生的负担；二是资助有志从事华文教育的本土青年前往中国的华侨大学和福建师范大学接受为期两年的系统师资培训；三是与中国国家汉办、福建师范大学、华侨大学合作，选派师大、华大优秀学生志愿者赴菲律宾任教，以解决本地师资缺乏的问题；四是商总文教委员会组团到福建取经学习和邀请教育专家到菲律宾讲学交流，“走出去”与“请进来”，交流频繁。[①]目前，华社对华文教育的普遍重视，加上近几年世界范围内兴起一股“汉语热”，汉语作为一种实用语言的价值在菲律宾也引起了人们的关注[②]，一系列有利条件的出现似乎使华社人士看到了华文教育的一线生机。

三、菲律宾华文教育现状

20 世纪 90 年代初以来，菲华社会开展的“挽救华文教育”的行动声势浩大，华社对教育的投入也非常大，每年有近 1 亿比索的投入，经过十多年的发展，华文教育似乎显露一线生机，然而总体来看，产出的效益不尽人意。目前，菲律宾有华文学校 170 多所，其中包括 50 多所幼儿园，教师 3 000 多位，学生 10 万余人。学校主要集中在马尼拉，除了有实力的几所华校外，其余基本都是不具规模的“麻雀”学校；华校教师中非专业人士居多，师资力量基础薄弱，老龄化趋势明显；华校生源逐年减少，学生素质参差不齐，水平

① 史学浩．多元文化视野中的华文教育——菲律宾华文教育的生存与发展之道//吕伟雄．海外华人社会新透视．广州：岭南美术出版社，2005.

② 2006 年 10 月，菲律宾雅典耀大学成立了全菲第一所孔子学院，向菲律宾社会推广汉语和中国文化。

普遍不高。华文教育效果差是众人诟病的焦点：华文中学的学生毕业后，有些只会说闽南话，普通话一句也不懂；有的是闽南话、普通话都懂一点儿；有的则是闽南话、普通话都说不了几句；有的从头到尾学了10年（每天2小时），但是，且不说通达得体无法做到，就是正确、熟练地表达也还远远不符合要求，听、说、读、写都十分困难。[①]华校培养的学生，毕业后不能讲一口流利的华语，更不能阅读，对中国文化也没有兴趣，不少人认为华文教育是“失败”的。

而对比几位华人的观点，我们可以看出华教今昔的巨大差距。在谈到二十世纪五六十年代的华侨教育时，一位菲华文化界人士这样回忆：“我们五六十年代的中学生华文的基础不错……最主要的原因是，从前我们受过高初中正规的华文教育，传授华文的时间与英文是并驾齐驱，当时的家长、学生普遍地重汉轻英，在家里讲闽南语，在学校和同学们交谈同样是闽南语。学校当局更向台湾聘请许多中文教员来菲授课，提高华文教学的水准……学生们除了在学校读华文之外，更喜欢看一些华文的漫画书籍及小说，小孩子喜欢看《儿童乐园》，中学生已懂得看琼瑶的小说了。那个时候，也是菲华文艺复兴的时代，文艺社纷纷成立，中学生能写散文、小说及新诗等，这是华社文艺全盛的时代。”[②] 而一位新生代的华人教师这样形容当下的华教：“如今的学生确实比五年前差多了。五年前的学生，华语（闽南语）虽说得不好，但碰到老师，却仍然很勉强地讲上几句还算流利的话。如今的学生，碰到老师，一开口就是菲语，叫他们讲华语（闽南话），他们依旧讲菲语。起初还以为他们故意把老师的话当耳旁风，其实不然。问题不是他们不说，而是他们不会说！这些都是中学二三年级的学生了，接触华文教育少说也有十年了，却连最基本的讲话能力也没有培养好。”[③]也有华人这样痛心于今日的华教：“什么是华文教育的现状？以笔者的亲身经验，大多数华文学校的学生，不论小学生或中学生，除了极少数来自大陆、港台的学生，大多数都不会听普通话（国语），甚至闽南话，至于讲、读、写就更不用说了。这里说的‘大多数’，可以说是90%以上。”[④]而在外人看来，“在菲律宾，如果闭上眼睛，要怎样才能将华人从上亿菲律宾人民中指认出来？别相信语言。当地华人的菲律宾语，讲得跟土著一样流利，甚至也比他们的华语好。一个在华校毕业数年后的年轻秘书，已经无法使用‘条理分明’的华语，而且说不上几句就得窘迫地转换语言”。[⑤]

由20世纪90年代初开始的菲律宾华教改革，迄今已近20年，然而，在华菲融合的洪流之下，华教的改革也显得异常艰难，成果并不明显，华教仍未摆脱式微的危机，仍面临诸多问题。对目前的华文教育，菲华社会的人士评价说：“总的来说，华教之舟仍在继续往下沉没，仍然没有摆脱十多年前一位中国教授对菲华教的十二字评语：‘好高骛远、华而不实、不切实际’。”[⑥]

而目前菲律宾华文教育面临的问题主要分为两个层面：一是宏观层面的。受华社以往

---

① 蓝小玲．菲律宾华文教育的现状与改革．世界汉语教学，1999（2）．

② 李荣美．让我们来关心华教的问题．商报，2003-08-21.

③ 蔡艺术．让华裔子弟衷心热爱华文教育//菲律宾华教中心．新世纪华语教学序言．马尼拉：菲律宾华教中心，2000：170-171.

④ 黄庆麟．切实改革，大有可为//菲律宾华教中心．新世纪华语教学序言．马尼拉：菲律宾华教中心，2000：104.

⑤ 林宝玲．菲华社团逾两千，积极服务获认同．星洲日报，2001-03-18.

⑥ 丘荣禧．菲律宾华文教育的回顾：困境与前瞻．商报，2006-10-29.

由于政治立场差异而分裂为不同派别的影响，华社在教改问题上也未能实现团结，而呈现出各自为政的局面。20 世纪 90 年代启动的华教改革由华教中心推动，但并不是所有的人或社团都认可华教中心的主导地位，因此，对其活动并未积极呼应。最典型的事例莫过于：为了继续推进教改，2009 年 1 月 19 至 24 日，华教中心在马尼拉组织召开了“首届菲律宾华校高峰会议”，全菲 170 多所华校，除去 50 多所幼儿园，还剩下 120 多所学校，这次高峰会议到会 87 家、100 多位华校领导，尚有约四分之一缺席。缺席，最主要的原因便是以往由政治分歧造成的隔膜还未完全消弭，其中，历史上有“亲台”背景的“校联”系统的一些学校没有出席就是证明，可见，战后长期受两岸政治裹挟的菲华社会至今还未完全治愈分裂之痛。鉴于此，华社有人提出，现在华教的当务之急是各方人士摒弃分歧，推动建立一个华教的领导机构，下设实践及研究机构，研究与实践相结合，以推动华教改革。二是微观层面的。有关教学内容、教学方法及师资、考评等具体问题仍存在争议，未能针对实际问题灵活有效地予以解决。如关于教学语言问题是继续使用方言闽南话还是改用普通话一直有着不同意见，近年来，采用普通话的呼声渐高，在实际教学中，各华校做法不一，而那些主张采用普通话教学的学校，在改用普通话的过程中存在着“一刀切”，缺乏过渡手段和灵活性，因此在实践中暴露出一些负面影响。如一位南岛的华人就反映：他的一个就读于当地华校的孙儿，本来学业还算可以，自从中国的志愿者老师来后，情况却起了变化。最近，孩子恳求母亲，说他只要念英文，不读华文了，因为一看到汉字他就害怕，说老师在课堂上讲什么他都听不懂，但老师又强迫他背念，而且功课越来越多。原因就是，志愿者老师用普通话教学，小孩子听不懂，更别说吸收老师所讲的知识了。老师为了急于表现教学成绩，进行“填鸭式”教学，结果导致孩子看到华文就害怕。① 教育是个循序渐进的过程，而且有其自身规律，教学语言要不要变、该如何变，是值得深入探讨的问题。如果存在争议，可以考虑在实践中边摸索边调整，而不宜采取先入为主的观念和行政命令“一刀切”的手段，否则有害无益。而就师资而言，引进志愿者老师有重要意义，但其本身也面临一些困难。据统计，目前华文学校的 2 800 多名华语教师中，共有来自中国的志愿者老师 419 人，其中包括 351 人由中国国家汉办派出，68 人由中国国侨办派出。侨办派出的较为专业，有教学经验；汉办派出的大部分为本科毕业生，有冲劲和热情，但缺少经验，且流动性大。汉办派来的年轻教师不像侨办派来的老师到菲后会先接受华教中心安排的一系列课程和讲座，能了解华社、华教及主流社会的情况，到菲后就被分配到各地的华校任教，缺乏一个教学管理机制，因此，遇到的问题较多。② 对师资捉襟见肘的菲华文教育，志愿者老师解了燃眉之急，然而，这终究还是个治标不治本的办法，如何用好这有限的资源，又如何能使师资顺利实现由“输血”阶段到“造血”阶段的过渡，还有许多值得思考的问题。

2009 年之后，笔者又于 2011 年底、2013 年中、2014 年中三度赴菲调研，华文教育仍是每次调研热议的话题，“没有华教就没有华社”，这是所有受访华人的共识，但他们也都无一例外地对华教的现状与前景表现出忧虑。由政治分歧导致的隔膜与对立是菲华社会历史的痼疾，也是华文教育改革的障碍之一，一些致力于华教改革的重要人士也力主教育界

① 庄文成．华文教育能“起死回生”？//庄文成．正经话．马尼拉：菲律宾潮流出版社，2011.

② 庄文成．华文教育能“起死回生”？//庄文成．正经话．马尼拉：菲律宾潮流出版社，2011.

应摒弃隔膜及陈见，展开沟通与合作，至少先建立一个统一的教改机构，以统一思想和措施来推动教改，但从目前情况看来，在此方面并没有实质性进展。而近两年中菲关系的紧张也影响到中国大陆赴菲志愿者老师项目的实施，一定程度上加剧了师资缺乏的问题，使教改问题更加紧迫。近十多年来，随着两岸关系的发展以及中国国力与向心力的增强，菲华社会已出现了团结的大局，我们希望看到在此有利形势下，菲华各界尤其是教育界人士能够精诚合作，推动菲华教改结出硕果。

全球化下的强势英语教学对海外华文教育的冲击

——马来西亚华人社会对数理英化政策的回应与抗争

[马来西亚] 周芳萍 祝家丰*

华人自离开中国而漂泊到世界各地谋生后，由于需适应各地域不同的国情而衍生出各种有异的调适方式。现今大多数海外华人虽口操华语或华语方言，但作为语言载体的华文教育在世界各国却拥有迥异的命运。作为海外华人一分子的马来西亚华人，虽面对国家机关实施之单元教育政策的巨大影响，但却能发展出一套独特且蕴含着非凡韧力的华文教育体系，此现象实属罕见。马来西亚的华文教育体系可说在中国大陆、香港与台湾以外发展得最完善和肩负着薪传中华文化重任的体系。该国的华人社群为了捍卫华小的存在而与国阵政府掌控的国家机关进行长期的抗争。此项锲而不舍争取华文教育平等权利的活动已形成一个在该国经历最持久的社会运动。

马来西亚独立至今已将近六十年了，但依然存在国族构建之困扰。独立初期掌权的联盟政府实施由三大民族倡组的协合式民主体系，以协商方式分享政权。但马来西亚自 1969 年发生流血的种族冲突事件后，其政治体系已由巫统政党所掌控，并衍变成政治学者所谓的种族威权民主国家。在此体系下，以马来民族主义为党纲的巫统推行了一系列以马来人为优先的政策，因此华人族群的政经文教权益日渐被蚕食，这使他们面临各种困境。在教育领域，鉴于政府实施单元的国民教育政策以形塑由马来族为主导的国族，所以该国的华文教育受到了一系列国家教育政策与法令的冲击。马来西亚的华文教育长期受到各种不利其发展因素的束缚，但其得到华人社群的挺力支持与抗争已使它衍生为令人敬佩的华教运动。该国华人这股捍卫华文教育的精神，主要是源自他们把华校与华文教育视为是传承中华文化和语言及赓续华人族裔认同的最重要载体。

马来西亚的华文教育若从 1819 年在槟城建立的第一间私塾五福书院算起，已有 197 年的历史。其悠久的历史说明了华校与华文教育一直以来都受到华人社群的重视。随着全球化时代的到来和中国的崛起，华文在世界地位日渐提升之际，马来西亚的华文教育本应拥有美好的发展空间。但由于该国种族政治的发酵与巫统一党独大之政治格局，华教的发展也因此受囿于该客观环境。本文着重探讨马来西亚第四任首相马哈迪在主政时期，锐意推行的数理英化政策之争议和华人族群的抗争。

一、马来西亚华文教育与华教运动的内涵

马来西亚华人不忘根本，在赚取温饱之余，不忘华文教育。华社普遍流传一句话：

* 作者简介：周芳萍，马来亚大学教育学院高级讲师；祝家丰，马来亚大学中文系高级讲师。

“再穷不能穷教育”。在没有得到住在国政府的资助下，他们出钱出力，艰苦兴办华文教育，传承华教的精神深深令人感动，而华教的传承正是华族传统思想的延续。因此，凡是受华文教育的马来西亚华人一般都继承了源自中华民族的传统思想。

马来西亚 2010 年的教育数据显示，有 96% 的华裔家长将子女送进华小以接受母语教育。自 1957 年该国独立以来，虽然华小已被纳入国民教育体系之中，但一直不能享有与国民小学（即马来文小学）的同等地位。华小也因此遇到一系列的问题。从华小的拨款不足、没能力增建、课室简陋与年久失修、学生拥挤到师资不足等一系列问题一直困扰着华小。华文小学的此种状况并不能提供良好的学习环境，但这无法阻止华裔家长把子女送进华小以接受母语教育的决心。

要了解马来西亚华裔这股爱护华文教育的决心，我们须追溯该国的语文教育发展史。在“二战”前马来亚的教育体系是属于多元体系，当时除了主流的英校外，英殖民政府亦允准华校、马来学校与淡米尔文学校的设立。除了 1920 年的学校注册法令外，殖民地政府对各源流学校是采取自由放任式，但不提供财务援助的政策。“二战”后当英殖民政府重新掌政马来亚，当时的教育政策亦开始有了变化。首先，由马来亚的教育总监于 1946 年提出的基斯曼（Cheeseman）报告书，建议政府须公平对待各源流的学校，并向它们提供 6 年免费的小学教育。但当时的巫统秘书致函给殖民政府反对上述建议，这意味着巫统领袖并不能接受各源流学校应享有公平的待遇。①

由于巫统的反对及马来亚联合邦之成立，英殖民政府于 1948 年 9 月设立中央咨询委员会（Central Advisory Committee）来检讨当时的教育政策。此委员会是由当时的教育总监侯革（M. R. Holgate）出任主席。该委员会首次正式提出单一源流学校的概念以团结和整合马来亚国民。于 1950 年发表的首份侯革报告书亦阐明马来亚最理想的教育源流是英文学校。在这单一源流的制度下，所有的马来亚学童须接受单一的授课媒介语，也就是英语，“最终目标”（Ultimate Objective）的字眼也首次在该报告书中出现。② 它亦建议在过渡期间政府应只允准英文与马来文小学。此份报告书一样受到巫统的大力反对，当时巫统的领导人拿督翁（Dato Onn）就指出这份报告书严重伤害了马来人和马来语；并指出马来亚只有马来文的母语教育。华校和淡米尔文学校所提供的教育并不能归类为母语教育，因此政府的拨款只能用于资助马来学校和英校这两种源流的学校。

由于社会里各族群的反对浪潮持续，英殖民政府所提出的两份教育报告书并不能付诸实践。过后，当局于 1950 年 7 月 25 日委任巴恩教育委员会以检讨当时的马来源流学校与其制度。该委员会在 1951 年 6 月提出了那份对马来亚华文教育影响深远的报告书——巴恩报告书。此份报告书首次在马来西亚教育史上提出了“国民学校”的概念。委员会的成员们把国民学校定位为“国族建构之校”与“公民之校”。③为了促成单一源流的国民学

① TAN LIOK EE. The politics of Chinese education in Malaya 1945 - 1961. Kuala Lumpur：Oxford University Press，1997：47 - 48.

② “最终目标”的字眼自 1950 年出现在 Holgate 报告书后就一直被马来西亚政府在其各种教育报告书与计划中引用。该国的华教人士担心政府会通过各种教育政策和计划来改变华小的教学媒介语以达到“最终目标”，所以这个词汇一直是华教人士的梦魇。有关“最终目标”的应用与其对华文教育的影响，可参阅陈松生《五十年不变——简述“最终目标”》[《董总 50 年特刊（1954—2004）》，加影：董总，第 1249 ~ 1251 页].

③ TAN LIOK EE. The politics of Chinese education in Malaya 1945 - 1961. Kuala Lumpur：Oxford University Press，1997：57.

校，巴恩报告书更否定了华文与淡米尔文学校的存在价值。

巴恩报告书的重要性是在它所推介的“国民学校”概念。独立后马来西亚发布的数份报告书都一直沿用此概念。例如对马来西亚教育政策影响深远的《1956年拉萨报告书》，其“最终目标”就阐明教育部必须把各族群的孩子集中在一个以国语（即马来语）作为主要教学媒介的国家教育体系。[①] 这正是国民学校概念的体现，它将是达到该国教育政策“最终目标”的最有效工具。其后1960年的《拉曼达立教育报告书》为了强化所有学校使用马来语作为主要的教学媒介语，更建议：“为了达致国民团结……要消灭种族性中学（指华文中学）……同时，要确保各种族的学生进入国民中学和国民型中学就读。”[②] 尤为重要的是这概念对马来政治、教育与文化精英影响深远。例如政府现今所推行的教育政策，强化国民学校的理念可说是源自巴恩报告书和“最终目标”之精神。巫统领袖就用团结各族人民之名来推展国民学校概念与“最终目标”。这是他们要贯彻单元化教育政策的凭据。

巴恩报告书否定了华文与淡米尔文学校在马来西亚的存在价值。该报告书的发布说明了华校可被政府关闭或变质的隐忧，同时也激起华社爱护华校之心。此份报告书亦间接催生了于1951年成立的马来西亚华校教师会总会（教总）和1954年成立的马来西亚华校董事联合会总会（董总）。有鉴于董总与教总的奋斗理念同样是争取母语教育平等、要求华文教育被承认为国家教育之一环及确保华校的永续存在，因此它们通常被统称为“董教总”。这两个华教组织的诞生可说是宣示了华教运动在马来西亚的发轫。从其早期向英殖民政府到独立后向以巫统为主导的联盟和国阵政府展开的各式各样的抗争，董教总的奋斗目标是努力不懈地争取华校的平等权利。马来亚独立后，虽然华校在政治谈商与妥协下得可继续存在，但政府欲落实“最终目标”的意愿始终并没有解除。董教总的领导人常说：国阵政府欲落实“最终目标”的意愿五十年不变，我们亦须五十年如一日般地奋斗与抗争。翻开马来西亚华教的奋斗史，董教总所领导的华教队伍做到了上述之许诺。诚然，华教运动才能成为该国最持久与出色的社会运动。

华教运动能在马来西亚持久地坚持下去，除了其强大的动员能力外，另一个因素是其拥有特殊的内涵。一项能突显华教运动内涵的活动是每年12月18日举办的华教节，此项对马来西亚华教运动有非凡意义的节庆是为了纪念华教斗士林连玉于1985年12月18日逝世而设。[③] 该国的华文教育，尤其是华校的存在正代表着薪传华族文化之堡垒在风雨飘摇中继续屹立不倒。马来西亚华文教育之不可断，就如一个民族文化之根不可拔，用林连玉的话来说，“我们文化的传递与发扬，必然寄托在华文教育的继续存在及发展的上面”。[④]

---

① TAN LIOK EE. The politics of Chinese education in Malaya 1945 – 1961. Kuala Lumpur: Oxford University Press, 1997: 47 – 48.

② 董总50年特刊（1954—2004）. 加影：董总，2004：10.

③ 由于林连玉在担任教总主席及独中教师时积极领导反对华校被改制与1961年教育法令，马来西亚政府吊销了他的教师执照并在1961年褫夺了其公民权。政府的这些行动旨在打压华教工作者和华教运动，林连玉也因政府的这项行动而失去了其为马来西亚华教奋斗与献身的平台，因此他的晚年是在孤寂和郁郁不得志中度过的。有关林连玉的事迹和其为华教事业抗争的研究，可参阅何启良. 论马来西亚华人政治史上的林连玉. 马来西亚华人研究学刊，2001（4）：17 – 57；颜清湟. 林连玉与马来西亚华文教育的斗争，1949 – 1961. 马来西亚华人研究学刊，2007（10）.

④ 何启良. 文化马华：继承与批判. 吉隆坡：十方出版社，1999：167.

华校不仅是文化的传承者，更是马来西亚华人身份认同的塑造者。因此任何尝试要否定或关闭华校之举动往往被视为触动了华社的神经及破坏其对华族身份之认同，必然引来华社的声讨与抗衡。当年英殖民政府通过发布巴恩报告书欲关闭华校的意图催生了一场波澜壮阔、历久不衰、延续至今的华教运动，来自全国的华教斗士和工作者前仆后继地投身于保护华社文化堡垒的行列中。曾担任教总主席及独中教师的林连玉是这一行列中的佼佼者。林连玉终生献身华教，为华教之存亡与发展不畏强权，坚韧不拔的精神已为华社树立了楷模。因此他逝世之后被尊称为“族魂”，意指该国华裔民族生命得以维系发展的必要条件。他被冠以此称号，是因为不仅在华教的奋斗史中，而且在华社语言、文化、教育与民族权益的争取运动中，他扮演了一个划时代的灵魂人物。华教节的设立，一方面表达了华教领导人与工作者力图创造华文教育运动的共同祖先、起源与认同、华人先贤及华教的最高精神领导人物的意图①；另一方面让马来西亚的华人能追思一代华教伟人之风范，体认其奋斗精神。从1988年起每逢林连玉的忌日，华教团体及其他华人社团都会举行类似公祭的活动。其仪式有：到林连玉墓园献花致敬、宣读“华教节宣言”、举办有关华教的研讨会及林连玉精神奖的颁发。颁发林连玉精神奖对整个华教运动及其发展可谓意义重大。其目的除了使林连玉精神变得更具体以外，更是要贯彻林连玉精神以维护华文教育、弘扬中华文化为目的；同时赞颂体现林连玉精神的华教工作者和培养接班人。②

二、数理英化政策的推行

自从马来西亚政府在1971年推行国民教育政策而导致英文小学改为国民小学后，除了华小和淡米尔文小学及华文独立中学外，该国的国民小学与国民中学都以马来文来教数学和科学，就连大专院校里的数理课程都是以马来文来教。但此项政策到了2003年发生了大逆转，政府一声令下，所有的小学、中学及大学的数理科都必须以英语来教学。这项教育政策的大逆转是在该国第四任首相马哈迪强势领导下落实完成的。他倡导这项新政策的主要原因是国人尤其是马来学生，英文水平大幅度滑落，因此他极度担忧马来族群不能面对全球化所带来的冲击。之前就有数据显示，在该国大学生之失业率当中，马来学生占了94%。③ 根据《新海峡时报》在2002年5月5日的报道，马哈迪原本的意愿是重新开办英文小学以迅速提升国人的英语水准，但马来西亚执政集团的主导政党巫统（UMNO）最高理事会于2002年5月10日召开的会议不赞成其主席马哈迪的看法，因为该项措施与以马来文为主的国民教育政策相悖。该理事会最终达成一个以英语来教数理科的折中方案。

在作出决定后，国阵政府在马哈迪领导下仓促地实施各种举措，以便教育部能于2003年初新学年开始时在各源流的学校推行数理英化政策。例如，政府紧急拨款5亿令吉给教育部以确保该项政策能如期落实。鉴于这项新教育政策颠覆了国民教育政策，所以它在国民与族群内引起了剧烈的激荡和分裂。马来社会之西化精英分子大力支持这项新政策，但

---

① 林开忠．建构中的“华人文化：族群属性、国家与华教运动”．吉隆坡：华社研究中心，1999：134.

② 林开忠．建构中的“华人文化：族群属性、国家与华教运动”．吉隆坡：华社研究中心，1999：138.

③ Utusan Malaysia（《马来西亚前锋报》），2002－05－05（1）.

其本土知识人、语文民族主义者及乡区村民却大力反对。[①] 至于该国的印裔社群亦如马来社群般闹分裂。印裔社群的最大政党——国大党和西化知识人极力支持此政策并认为它能提升印裔学生的素质；其社会里各种团体与中下阶层人士则拒绝该项政策。无论如何，虽然这两个社群里有反对意见，但在马哈迪威权式的领导之下，这些反对声音都起不了作用。

三、华社对数理英化政策的回应和抗争

另一方面，数理英化政策在华人社会里则引起另一番问题。该国的华人在此项课题上有比较一致的立场。其各种各样的社团，尤其是文教团体和华教人士在该项教育政策一被马哈迪提出来时就持反对意见。他们认为数理英化政策有悖教育和学习原理，因为母语才是数理科最有效的教学工具，通过英语来教数理科并不能提升学生的英语水平。他们亦认为该政策会侵蚀华小的特征，而最终会导致华小变质。当时的董总主席郭全强在巫统最高理事会通过数理英化政策的第 5 天后就发布文告声明，如果华社不反对该政策，国内的华小与独中将会被连根拔起。[②] 这是因为数理英化政策在华小实施后，考生在六年级的检定考试里只剩下华文一科用中文应考。[③] 如此一来，华小一贯来以华语作为教学媒介语的特征将消失。有鉴于此，董教总和华教人士便积极地展开反对数理英化政策。他们把此项抗争活动定位为“护根运动”，因为华小作为华文教育的最后防线在数理英化政策的侵蚀下已开了缺口。[④]

作为华文教育的主要捍卫者，董教总于 2002 年 8 月 1 日主持召开全国华团领导机构紧急联席会议以凝聚国内华团反对数理英化政策的力量。当时共有 39 个全国性主要华团出席。此次华团大会专题讨论以英语教数理的问题，并议决坚决反对以英语作为华小数理科的教学媒介语。在这项课题上，一向支持国阵政府的华团领导机构，如马来西亚中华大会堂总会（华总）、马来西亚中华工商联合会、华人七大乡团组织、全国华校校长职工总会，都持反对意见。

至于该国华基政党方面，各政党对数理英化政策的立场在开始时有些分歧。但随着华社反对浪潮日益壮大，各政党都能以华社的意愿为依归而持反对该项政策的立场，因此华基政党的立场亦趋一致。例如，沙捞越人联党开始时表示支持政府这项政策，但后来和其他华基政党磋商后达成共识，支持华小不应以英语教数理。[⑤] 民政党当时的署理主席郭洙镇曾发出“要改就大家一起改吧！”的呼吁并声明数理英化不会导致华小变质。[⑥] 该国最大的华裔政党——马华公会于 2002 年 7 月 27 日召开的中央代表大会上，其总秘书陈祖排

---

① 鉴于政府之前曾承诺要对实施了 6 年的数理英化政策作出检讨，但其检讨结果却迟迟不公布，因此马来社会的本土知识人、语文民族主义者等团体于 2009 年 3 月 7 日在吉隆坡举办了一个声势浩大的 10 万人抗议大集会。该次大集会正说明了马来社会里反对数理英化政策的人不少。

② 星洲日报，2002 - 08 - 06.

③ 在六年级检定考试中，马来西亚教育部规定华小的考生须报考国语（马来语）、华语、英语、数学及科学共 5 个科目。

④ 最后防线．加影：教总，2003：13.

⑤ 英语教数理可行吗．加影：教总，2007：20.

⑥ 星洲日报，2002 - 07 - 28.

在大会总结辩论时就立场鲜明地强调：“如果华小数理科以英语教学，就意味着华小的媒介语已改变，这也是华小变质的开始。”① 马华公会反对数理英化政策的正式立场是在其于2002年10月18日召开的中央工作委员会作出的。随着该国华基政党的立场取得一致，国阵最高理事会在2002年10月31日批准华小以双语，即英语和华语教导数理科的方案，但显而易见，国阵政府的意愿是以英语教学为重点。

这项罕有的以双语教数理的方案，即大马华社朗朗上口的“2—4—3”方案，② 但有人讥为“教育怪胎”。其能产生可说是出于政治考量，完全没有以学生的利益为出发点。虽然在国阵里的华基政党把“2—4—3”方案视为双赢的方案，但董教总和华教人士认为随着这“政治妥协”方案在2003年初开始实施，华小正面临着变质的危机。因此董教总常委于2003年3月20日召开紧急联席会议，进行汇报并深入探讨。会上所达成的其中一项共识就认为该方案的落实，实质上已将“华小以母语作为主要媒介语”的“最后防线”打开一个缺口，更严谨地说，华小已开始变质。③

在“2—4—3”方案下，虽然华小能暂时保住用华语教授数理，但教育部却迟迟不公布华小学生在六年级检定考试中数理科的考试用语。④ 因此许多华教人士认为“2—4—3”方案是一项权宜过渡性方案，华小最终可能必须以英语教授数理。由于国阵政府在马哈迪的强势主导下，数理英化政策是势在必行的教育政策。在此种情况下，华社在反对数理英化政策的过程中可说是荆棘满途。譬如，当时的首相马哈迪就警告种族极端分子不要玩火，挑起种族敏感的问题。⑤ 其副手阿都拉亦警告说，数理英化政策已解决，如果再继续渲染将被控煽动罪。由此可见，在数理英化政策下，华小依然面临严峻的前景。这样的局面促使华教领袖，亦是教总副主席的陆庭谕在2002年12月30日以悲痛的心情宣布辞职，并把自己比喻为华教的送终人。接下来董教总发动“华小救亡运动”以应对华小面临变质的危机。

虽然马哈迪在2003年10月卸任，但其继任者阿都拉继续推行数理英化政策。到了2005年，该项政策再次引起华社的关注。因为各源流的学生将在该年底完成第一阶段的小学课程，在第二阶段的小学课程里华小学生须面对另一种双语教学方案。鉴于在华小实施的“2—4—3”双语教学方案的成绩并不理想，而且2008年时华小学生可能只被允准以英语应考数理科，因此该国的文教团体与华教人士再次动员起来以对数理英化政策作出抗争。华总于2005年10月26日召开了九个包括董教总在内的全国华团领导机构会议，他们议决吁请政府让华小用其母语教授数理和应考六年级的检定考试。此外，身为国阵成员党的民政党之署理主席许子根，除了再次声明其党要求以母语教授数理的立场，也公开呼吁政府检讨已实施了3年的数理英化政策。⑥ 其鲜明的立场立即遭到巫统领袖的大力谴责。

---

① 星洲日报，2002-07-28.

② 所谓的“2—4—3”方案是由国阵里的华基政党所拟定出来的折中性数理英化政策。在这个方案下，小学第一阶段的华小学生将上2节的英语课、4节的英语数学课和3节的英语科学课。但华小仍有用华语教的6节数学和3节科学课。

③ 董总50年特刊（1954—2004）. 加影：董总，2004：1153.

④ 华小首批“2—4—3”方案下6年级检定考试的考生最终于2008年9月面对以华语和英语出题而页数繁多的数理考卷，选定以哪一种语言作答，这使考生们左右为难。

⑤ 星洲日报，2002-8-11.

⑥ Utusan Malaysia（《马来西亚前锋报》），2005-11-07.

为了继续向国阵政府施压，董教总于2005年12月10日在雪兰莪州的加影举办了一场各族群参加的反对以英语教数理的大型会议。当天前往参与抗议的各族群人数多达3 000人。无论如何，国阵政府并没更改要在小学课程第二阶段推行的数理英化政策。为了使华小四年级学生能继续用双语来学习数理课程，教育部推介“4—2—2”方案,① 以取代原有的“2—4—3”方案，华小唯有接受这新方案。但到了2007年，董教总再次发动反对数理英化政策的抗争活动。该项运动取名各民族“恢复小学母语教授数理运动”，并于2007年7月8日在加影举办。在此运动的推介礼上，各族群的文教团体发起寄明信片给首相的活动，要求恢复小学以母语教授数理。到了同年的11月27日，主办方成功收获10.1万个签名要求以母语教授数理的明信片，并在当天把所有的明信片呈交给首相。②

另一方面，数项有关数理英化政策推行了5年的成效调查报告显示，乡区的马来学童的数理科与英语水准都有不升反降的现象，因此马来同胞开始大胆地向政府呼吁要求检讨该项政策。例如，巫统领袖亦是时任柔佛州务大臣的阿都甘尼就在2007年7月22日公开表示反对数理英化政策。接着，当时巫青团副团长凯里亦在11月召开的全国巫统代表大会上指责该项政策不能带来成效，并要求恢复以马来语教授数理科。到了2008年，数理英化政策的实施已进入关键性的阶段，因为第一批通过该项政策学习数理科的学生将在9月参加六年级检定考试。此外，政府亦答应将在2008年检讨该项政策。鉴于数理英化政策不只导致马来学童的数理科成绩滑落，更侵犯了马来语作为该国的国语地位，所以许多马来文教团体便借此机会向政府施压。譬如，该国的40个马来非政府组织在2008年9月13日召开的圆桌大会上就公开呼吁，如果教育部长希山慕丁不能取消该项政策而改用马来语来教授数理的话，那他就必须辞职以向马来社会谢罪。③

虽然马来同胞在数理英化政策进入关键性的阶段发动了积极的抗争，但由董教总领航的反对数理英化政策运动却开始弱化了。该华团领导机构只限于发表文告以表达其反对政府继续推行该项政策的立场，其过去所采取的具体抗争活动不再出现。接下来，董教总更错失一个能让它跨出族群框框并能结合各族群力量争取以母语教授数理的大好时机。事缘马来社会的文教团体、知识人、语文爱好者于2009年3月7日在吉隆坡举办了一个声势浩大的、有10万人参加的各族群抗议数理英化政策大集会，董教总却在这个重要时刻缺席了。但无论如何，由马来西亚华社文教团体主导的反对数理英化政策显然取得一些成功，即争取到华小能用双语教授数理。

四、数理英化政策的终结

自2012年起，马来西亚的小学和中学废除了数理英化政策。所有小学恢复以母语教授数理科，中学则改用马来文教学。不过，中六及大学预科班却不受新政策的影响，将会继续以英语学习数学及科学。该政策是由当时的教育部长丹斯里慕尤丁在受到政党领袖、家长学者、语言学家和作家猛烈批评后，于2009年7月8日宣布撤销的。

---

① 所谓的“4—2—2”方案是指小学第二阶段的华小学生将上4节的英语课、2节的英语数学课和2节的英语科学课。但华小仍有用华语教的6节数学和3节科学课。

② 东方日报，2007-11-28.

③ Utusan Malaysia（《马来西亚前锋报》），2008-09-14.

此外，一项国际独立教育研究对此政策的取消有所贡献。该研究由国际数学和科学趋势研究组织在2007年进行，研究内容是数学和科学成绩，共涉及59个国家的初中生。[①]研究结果显示，2007年马来西亚学生的学习成绩，尤其是数学和科学的平均分数显著下降：2007年的数学成绩从1999年的519点和2003年的508点，分别下降了45分和34分至474点；科学的分数也由1999年的492点和2003年的510点，降至2007年的471点。由美国马萨诸塞州栗山波士顿学院林奇教育学院所倡导的2007年TIMSS研究里所涉及的59个国家当中，有些国家的学生成绩的平均得分或略有增加，或略有下降，而马来西亚学生在数理科的平均分数下降34点至40点，其下滑幅度不但很显著，而且根据该报告，是59国当中跌幅最大的国家。[②]

基于各种考量，马来西亚内阁决定废除该政策。在此之前，丹斯里慕尤丁也咨询了该政策的主要倡导者马哈迪的看法。他还分别会见了在巴黎的联合国教科文组织以征求各方的意见。小学阶段废除英文教数理，到目前为止，并未出现异议，落实起来毫无难度，倒是中学对应该用马来文还是保留英文众说纷纭，莫衷一是。值得一提的是，一项调查显示，58%受访者支持数理英化政策。这也是马来人阵线为促使教育部聆听家长心声，不要废除英语教学的根据。由此可见，支持数理英化政策的人逐渐多了起来，已和保守派意见形成分庭抗礼之势。[③]

由此，政府考虑由学校自行决定以英语或国语教授数理科，这使得2012年起全面废除以英文教授数理科的政策又出现变数，原因是马来西亚国内出现反弹声音，尤其是城市马来中产阶层强烈反对废除以英文教授数理科，坚持中学应贯彻英化政策，以确保能和大学预科班及国际接轨。[④]其中主要的拥护团体是由诺阿兹玛主导的数理英化政策俱乐部，或统称为英语家长行动小组（Parents Action Group for English，简称PAGE）。为了满足他们的诉求，政府拨款500万令吉以加强中小学的英语教学。[⑤]

这是影响学生和国家未来人力资源的重大课题，马来西亚政府必须以谨慎、专业和客观的态度来处理，并有必要收集包括家长、教师、学者和专业团体的意见，深思熟虑之后才作出决定。如果条件不成熟或没有更好的方案，则宜暂缓实行废除数理英化政策，像小学一样“软着陆”，甚至来个双语教学，也不是不可能的事。比较折中的做法，是让所有从小学一年级开始接受英化数理的学生，根据学习绩效在中学选择用英文还是马来文，以维持从小学到中学的连贯性。不管中学英化数理是废是留，抑或被“提升国语，强化英文”政策取代，大前提是一切应以学生利益和教育原理作出考量。

纵观以上马来西亚的语言教育政策的演变及华教的抗争，自马来西亚独立以来，可分成三个阶段，第一阶段为“马来文作为主要教学媒介语”，从1957年起至20世纪90年代；第二阶段为“英语作为教学媒介语”，从20世纪90年代至2009年；第三阶段则为

---

① The trends in international mathematics and science study（TIMSS）. http：//nces. ed. gov/timss.

② Berita Harian（《每日新闻》），2009－03－07.

③ 国际时报言论，2011－11－31.

④ Subjek sains dan matematik wajar diteruskan dalam Bahasa Inggeris，Kata Dr Mahathir.（2008－11－22）. http：//www. bernama. com/bernama/v3/bm/news_lite. php？ id＝373693.

⑤ Keputusan mansuh PPSMI muktamad，kata Muhyiddin.（2009－07－16）. http：//www. bernama. com/bernama/v3/bm/news_lite. php？ id＝425780.

“巩固国文，强化英文”。第一阶段的动力是来自内在的需求，即马来国族主义，其具体表现在《1956年拉萨报告书》中的“最终目标”；第二阶段的动力是来自外在的需求，即全球化的挑战，以及前一阶段语言教育政策所带来的问题，即年轻一代的英文水平不足；而第三阶段的动力又是来自马来国族主义，具体表现在《2013—2025年教育大蓝图》。[①] 在每一阶段，董教总都是处于被动回应的处境。

陈泉耀[②]指出，废除数理英化政策不是华社之功劳，而是马来国族主义者激烈反对的结果。这符合王国璋[③]对华社为华语地位抗争的心态转变的观察和看法，即从20世纪60年代侧重“争取平权”，到20世纪70年代至今转为“抗拒同化”。前者是一种进取的心态，而后者是一种退守的心态。就攻守进退本身而论，两者是没有对错可言，必须结合当时的形势变化，才能作出正确的评断。

当形势有变时，攻守之道当然也要随之而变。现今马来西亚华社的问题就是在长期抗拒同化的斗争中，陷入一种定势思维里，以致在抗拒同化上富有激情且有极大动员能力，但在争取平权上则视野局限、犹豫不决而开创性不足，于是条件反射式反应多于前瞻性的思考。就算在针对数理英化政策的抗争上，也只是力保华小不变质，又怎么会想到政策竟然会有被废除的一天呢？

五、结语

在马来西亚三语的学习环境里，英语最为强势。英语教学虽在20世纪70年代至90年代间受到压制，到最终还是挟着全球化的势头回归，迫使马来西亚的教育语言政策不得不由独尊的马来语政策走向马来语和英语并重政策。此教育政策的转向导致数理英化政策的出台，后虽被废除，但英语的地位已不可动摇。而华语在华人心中的语言实用价值地位，虽低于英语，却明显高于马来语，特别是在大中华经济圈崛起后而愈受青睐。在英语强势的全球化之下，马来西亚华社秉持爱护文化的前提，将继续顽强地维护华文教育，确保政府所实行的任何教育政策不会侵蚀母语教育。

① 陈耀泉. Education language policy and development of Chinese education in Malaysia. 2014年马来西亚华人研究双年论文. 吉隆坡：精英大学，2014：8.

② 陈耀泉. Education language policy and development of Chinese education in Malaysia. 2014年马来西亚华人研究双年论文. 吉隆坡：精英大学，2014：8.

③ 王国璋. 后数理化政策的马来西亚华社、英语、华语及马来语的功能转变. 2014年马来西亚华人研究双年会论文，吉隆坡：精英大学，2014：4.

马来西亚华人的华文教育困境与未来展望

李　祯*

众所周知，马来西亚华人与东南亚其他国家（新加坡除外）的华人不同，华人构成了马来西亚的主体民族之一——华族。华人的大批移入带来了对华文教育的一系列需求。如果从1819年在槟城建立的第一间私塾——五福书院算起，马来西亚的华文教育已经有近200年的历史了。“这段历史大致可分为私塾时期（1904年前）、自由发展时期（1920年前）、殖民政府插手管理华文教育时期（1920—1940年）、‘二战’后华文教育的复兴与危机时期（1946—1960年）、华文教育的衰落时期（1961—1970年）、华文教育的再复兴时期（1970年以来）等六个时期。”①

一、马来西亚华文教育的成就概述

在此期间，马来西亚华文教育的最大成就是建构一套12年的母语教育体系，提供母语母文教学（以母语作为主要教学媒介），使学生顺畅地进行学习，既便于开发族群智力，也利于民族文化的承传。当前，马来西亚华教运动虽尚未能建立一个由学前教育至高等教育的完整母语教育体系，但是既有的母语基础教育体系却是中国大陆与中国台湾之外最庞大、完整的。近半个世纪以来，马来西亚华人社会在董教总②的领导下，在全国范围内保住了1 283所华文小学，发展了60所华文独中，以及在国中、国小维持母语课的开办，这无疑是华人社会争取享有民族语文教育权益斗争的成果。虽然目前华文独中不被政府承认，但是华文独中却能进一步明确本身的发展目标，提升学术水平，拓宽升学渠道，使办学走向世界。

马来西亚华文教育的另一主要成就是为建构马来西亚新文化做出贡献。华文教育是华族文化的一个重要组成部分，又是华族文化赖以生存的重要手段。华文教育处于马来西亚多元文化社会环境，在各民族文化的互相交流中一方面呈现出自己的文化优势；一方面又吸收友族文化的精华，进行自然的融合，既丰富本民族文化的内涵和外延，又为建设马来西亚新文化服务。马来西亚国家领袖就曾多次表示华族文化教育是国家宝贵的资产，并多方鼓励非华族学习华文、研习中华文化。目前，计有32 000多名马来族、印度族学生在华文小学就读；政府也准备在国民小学开办华文班。这表明华文地位的提高，其实用价值已得到非华人的认同与重视。这既有利于促进民族间的文化交流，增进友谊和团结，也有利

* 作者简介：李祯，暨南大学国际关系学院/华侨华人研究院硕士研究生。

① 周聿峨．东南亚华文教育．广州：暨南大学出版社，1996：116.

② 马华文学校董事联合会总会和马华文学校教师会总会的简称。

于提高华校的声誉和地位。

二、马来西亚华文教育问题的浅析

当前马来西亚华文教育发展遇到的最主要问题是来自于马来西亚政府。由于历史和种族的因素，马来西亚政府对华文教育仍采取限制政策，华文教育在马来西亚始终是一个十分敏感的问题。受到的主要阻力因素仍是马来民族中心主义者的排斥与限制。马来西亚政府长期致力于使马来语成为唯一教学媒介语。前几年，马来西亚政府又提出用英语作为数理科教学用语。这些都对华文母语教学产生重大冲击，“虽然当前国内外处于和平与发展格局，但马来民族中心主义的幽灵仍徘徊不去。20 世纪 90 年代中期颁布的《1995 年教育法令》和《1996 年私立高等教育机构法令》就尽见幽灵的显现”。①

除此之外，从华文小学到华文独中的发展都受到诸多阻滞。马来西亚政府在华文小学推行“2—4—3”方案（即在华小各年级中增加 2 节英语课、4 节数学课、3 节用英语讲授的科学课），许多民间团体群起反对这一政策，认为这个方案实质上是为华小带来了“变质”的危机，因政策偏差，长久以来存在的学额不足、拨款不足、师资短缺等问题的解决也将是遥遥无期的；华文独中的地位和教育贡献仍未获承认；董教总申办新纪元学院，发展民族高等教育的理想看来仍然面对重重障碍。

在“新经济政策”② 下，马来西亚政府在教育领域实行固打（比例）制，大学在录取新生时不以分数为录取标准，而是按种族比例分配。2002 年政府虽将固打制改为绩效（成绩）制，但未能改变教育歧视政策，许多品学兼优的华裔子女被国立高等学府拒之门外，难以获得政府奖学金到国外深造。长期以来，马来西亚政府不承认华文独中的文凭，初、高中毕业生必须参加政府学校同等的水平考试，才能获得政府承认的相关文凭，进入高中或大学。而在资金支持方面，由于华文独中长期被排斥在政府教育体制之外，没有政府的教育津贴，一直都是靠华人社团和社会集资生存，使其发展步履蹒跚。

如果说政府的干扰是一个客观因素的话，另一个影响马来西亚华文教育发展的因素笔者以为还来自于华人社会的自身主观原因。具体表现在华教运动的内部矛盾，并且主要体现在华文独中办学路线观的分歧上。最近这个分歧被公开提出来讨论，且有扩大的迹象。一种观点是强硬派，坚持民族传统的华文教育，肯定母语母文作为教学媒介的功能，认为办民族教育的根本目的在于最终实现本民族合理的教育理想，而符合现实社会需求应以不违反这一教育理想为前提。因此，当现实环境无法为落实教育理想提供条件时，就应以实现这一理想的信念去抗衡并最终改变不合理的现实。另一种观点则是一种妥协派的作风，认为民族教育必须从属于现实社会，适应于社会的需求。因此，为照顾本民族子弟的出路和升学的需要，教学上可采用马来语或英语作为媒介语，以求“实效”。这两种立论迥异的办学路线观，反映到实际办学上来，就形成了华文独中办学模式的多样性，共有三种类型：①以华语为主要教学媒介语，学生应参加独中统考，升学重点为国外华文或英文源流大专院校；②以马来语为主要教学媒介语，学生应参加政府文凭考试，升学重点为国内公

① 林国安．当前马来西亚华文教育发展的若干思考．华侨华人历史研究，1996（3）．

② 马来西亚新经济政策 1970 年开始实施，至 1990 年结束，历时 20 年。目标是进行有利于马来人的财富重新分配，以消除民族经济实力上的差别为主旨。

办大专院校；③以英语为主要教学媒介语，学生应参加剑桥“零”水平文凭考试，升学重点为国外英文源流大专院校。这三类型办学模式逐渐形成了三种思想路线，与其说是百花齐放，倒不如说是各立山头，削弱了华教运动的内部凝聚力。所以说，华人自身的不团结也是现在华文教育发展的绊脚石。

三、关于马来西亚华文教育的展望

据马来西亚教育部提供的最新资料，马来西亚现有华文小学 1 290 所，华文独中 60 所，华文大专院校 3 所（南方学院、韩江学院、新纪元学院）。除此之外，还有 153 所国民小学提供交际华文课程，78 所国民改制型中学设有华文必修课程，24 所寄宿中学向马来学生提供华文课程，16 所师范学院开办中小学中文教师培训课程，马来亚大学、博特拉大学、国民大学等国立大学也设有中文系，其中马来亚大学还设有中国问题研究所。全国就读华文人数超过 20 万人，其中华文独中在校学生 6 万多人。近年来，不仅是华裔子女进华校，一些马来人、印度人的子女也开始到华校读书。目前就读华文独中的马来学生约 5 000 人，就读华文小学的非华裔学生近 7 万人。华文已成为马来西亚新闻媒体的主要语言之一。目前马来西亚全国中文报刊杂志几十家，马来西亚国家新闻社提供中文资讯服务，国家电视台开设了华文新闻，播放华语影片，Astro 卫星电视设有多个华语频道。吉隆坡国际机场不仅在 3 年前开始使用中文投影通告，而且在今年年初开始用华语广播航班抵离信息。多年来，马华人文化协会、华人作家协会、华文出版社和文艺团体积极开展各项活动。精通中国历史文化的汉学家在马来西亚不乏其人，这些传媒、组织和学者为华文的传播和中华文化的发展提供了良好的平台。

同东南亚其他国家相比，目前马来西亚华文教育的发展是令人鼓舞的，但战后以来其曲折的发展轨迹昭示着，华文教育将来的发展必然还会面临重重障碍、遭遇种种挫折。马来西亚政府对华文教育的管理逐渐缓和，而随着中国综合国力的增强，尤其是中国经济的快速增长，世界范围内再次兴起重视发展华文教育的热潮。借此良好的国际大环境，马来西亚华人社团应抓住良机，积极开展关于发展华文教育的国际合作，从其他国家和地区学习、吸收好的经验方法，以更好地发展本地的华文教育。特别是近年来中国政府日益重视海外华文教育，在资金、师资培训等诸多方面不断加大了对海外华文教育的支持力度。因此，马来西亚华人社团还应更为重视与中国在华文教育领域内的合作和交流，以更好推动马来西亚华文教育的发展。

论 20 世纪 90 年代以来巴西华侨华人与中国文化的传播

——机制、作用与思考

程　晶*

随着中国综合国力的增强和国际地位的上升，建设社会主义文化强国、提升文化软实力成为时代的主题。为此，中国政府从战略层面提出，实施中国文化“走出去”，加强中国文化在海外的传播，扩大中国文化的国际影响力和吸引力。让中国文化走出去，不仅需要政府间的交流，也需要民间力量的配合。其中，身处海外的华侨华人是实施中国文化走出去战略的重要民间力量和独特资源，为中国文化走出去提供了坚实的人才支撑。2014 年 3 月，中国国务院侨办主任裘援平在《求是》杂志撰文时指出，“海外华侨华人是中华文明和民族精神的重要继承者、传播者和展示者”；“遍布世界各地的 2 万所中文学校，数万个华侨华人社团，数百家华文媒体，独具特色的唐人街、中餐馆和中医诊所，红红火火的春节等民族节庆活动，都直观地向世界传递着中国文化气息，成为展示中华文化和中国形象的重要平台和窗口”；“鼓励海外华侨华人传承中华文化，积极支持他们开展人文交流”，“对增强中华文化的亲和力、感召力和影响力，具有十分重要的意义”。那么，如何清晰地认识华侨华人在海外传播中国文化的重要作用，如何充分利用这一独特资源、最大限度地发挥其中国文化传承者和传播者的作用，是我们必须认真思考的问题。本文选取巴西华侨华人为研究对象，围绕巴西华侨华人传播中国文化的机制、作用及问题展开论述，旨在帮助我们深刻地认识华侨华人在传播中国文化方面所具有的重要作用，更好地以侨为桥，助力中国文化走出去。

一、巴西华侨华人传播中国文化的机制

巴西是拉美地区华侨华人移民历史较长、当今华侨华人人数最多的国家。华侨华人移民巴西已有 200 余年的历史，最早的有官方记载的历史可以追溯到 19 世纪初。19 世纪初，以华侨华人为纽带，以茶为媒介，开启了中巴早期文化交流的序幕。但是，直到 1949 年，旅巴的华侨华人尚未超过 1 000 人。华侨华人大规模移民巴西主要是在 1949 年新中国成立以后，尤其是 20 世纪 60 年代至 70 年代和 20 世纪 90 年代以来。目前，巴西华侨华人的人数达到 25 万，是海外华侨华人人数排前 20 名的国家之一，也是整个拉美地区华侨华人人数最多、经济实力最雄厚的国家，其中 90% 已加入巴西国籍，90% 居住在巴西最大的城市圣保罗市。

---

* 作者简介：程晶，华中师范大学国务院侨办侨务理论研究武汉基地讲师。

伴随着新侨民人数的急剧增加、经济科技实力的快速提升、政治社会地位的提高、民族和文化认同的增强，巴西华侨华人逐渐摆脱“只重个人事业发展”的传统做法，开始注重利用自身的语言、文化、经济、人缘、地缘等优势，通过华侨华人个人、华侨华人社团、华侨华人文教机构和华文媒体四个渠道和机制，在巴西社会积极传承、传播中国文化，架起沟通中巴文化交流的桥梁。

（一）利用华侨华人个人渠道，助力中国文化走入巴西

人是文化的载体。在长期的海外生活中，巴西华侨华人自觉或不自觉地将中国文化传播到巴西社会，成为中国文化的重要传播者、中巴文化交流的有力推动者。其中，许多华侨华人在站稳脚跟、努力打拼的同时，积极投身于中国文化在巴西的传承与传播，将书法、绘画、建筑、中医、武术等优秀的中国文化内容在巴西社会发扬光大，并因其传播中国文化方面的重要贡献而获得当地政府与民众的肯定和赞誉。例如，巴西武术大师李荣基、陈国伟，太极拳大师刘百龄，巴西里约热内卢华人联谊会前会长季福仁，巴西华人文化交流协会前主席尹霄敏，巴西总统“御医”顾杭沪，巴西华侨天主堂神父何彦昭等华侨华人因在巴西努力传播中国文化、促进中巴文化交流方面的贡献，获得巴西政府颁发的“荣誉市民”证书、外国文化耕耘奖等表彰。

其中，特别值得一提的是顾杭沪在推动中医在巴西传播方面所做出的杰出贡献。2003年以来，来自上海中医世家的巴西华人顾杭沪医生用中国针灸治愈了巴西前总统卢拉和现任总统罗塞夫的顽疾，成为两届巴西总统的私人医生，被赞为巴西总统的“中国御医”。罗塞夫总统对中医及顾杭沪盛赞：“针灸能给我更多的精力，同时也能帮助对抗压力给我带来的不适”；“顾医生是我认识的最好的中国医生。”通过高超的医术和高尚的医德，顾杭沪医生结识了两届巴西总统和诸多巴西政要，同他们建立了深厚的友谊，取得了他们对于中国针灸的认可，赢得了巴西社会对于中国针灸的赞誉，推动了中国针灸在巴西的传播。如今，在巴西，上到总统下到百姓，很多人都成了针灸的受益者。2004年的统计数字显示，全巴西大约有5万名针灸治疗师，大约有400万巴西人接受过针灸疗法。2008年在由华侨华人创建的巴西中医药针灸学会成立25周年之际，巴西前总统卢拉亲自致电表示祝贺。他讲到，作为巴西人，我们学会了尊重中医，并看到这种医术对我们的重要性，希望中医及针灸能够在巴西越来越得到推广和发扬。

（二）利用华侨华人社团，架起中巴文化交流的桥梁

华侨华人社团植根于广大海外华侨华人之中，既是中国文化的“守望者”，又是“传播者”。在巴西，目前一共成立了100多个华侨华人社团，位居拉美国家之首，主要分布在圣保罗市和里约热内卢市这两大华侨华人聚居地。其中，许多华侨华人社团致力于传播中国文化、促进中巴文化交流，包括：综合性侨团如巴西华人协会等；文化性侨团如巴西华人文化交流协会、圣保罗亚文化中心、巴西巴拉纳州华人文化协会等；专业性侨团如巴西中医药针灸学会、巴西中华书法学会、圣保罗国剧研究社、巴西中国功夫龙狮文化总会、华声艺术团、巴西华人美术协会、巴西中文教育协会等；妇女性侨团如巴西中华妇女联合会等；商业性侨团如巴中工商文化总会、巴西广东工商文化总会等。

为了在巴西社会传承与传播中国文化，巴西广大侨团一方面在日常生活中举办诸如节

日庆典、文化展览、寺庙祈福等中国传统文化活动，让巴西民众近距离接触、欣赏中国文化的独特风采；另一方面，巴西广大侨团牵线搭桥，利用自身的语言、文化、地缘、人缘等优势积极帮助中国国内的文化、艺术、学术团体、个人走入巴西，协助中巴文化交流活动的顺利进行。例如，2000 年 12 月，巴西华侨华人以“热爱祖国和发扬中华民族文化”为宗旨，成立了以文化交流为中心、以弘扬中国文化为己任的民间社团——“巴西华人文化交流协会”。自成立以来，巴西华人文化交流协会不仅在巴西举办了“纪念华人移民200 周年高尔夫邀请赛暨中国图片展”“庆祝中巴建交 40 周年高尔夫友谊赛暨历史回顾图片展”等多场影响深远的大型中巴文化交流活动，而且多次协助中国侨联举办的“亲情中华”海外慰问演出行动、中国国务院侨办和中国海外交流协会联合举办的“文化中国·四海同春”等文化交流活动在巴西的成功举行。

（三）利用华侨华人文教机构，推动中国文化的传承与传播

在巴西不同城市，华侨华人成立了多所中文学校、书法绘画学校、武馆、针灸馆、中医学校等文教机构，一部分面向华裔、传承中国文化，另一部分则主要面向巴西民众、传播中国文化。在巴西第一大城市圣保罗市中心华侨华人聚居的东方区，华侨华人开设的武馆、针灸馆、中文学校等聚集于此，颇为壮观，形成了一道独特的风景，行走其间，仿佛置身于遥远的中国。这些华侨华人文教机构成为巴西民众及华裔了解、学习中国文化的重要渠道。

其中，仅圣保罗地区就有各级各类中文学校达 40 余所。在这些中文学校中，一部分主要面向华裔学生，如育才小学、德馨双语学校等中文学校；另一部分则主要面向巴西学生，如华光语言文化中心、袁爱平中巴文化中心等中文培训学校。此外，在巴西圣保罗州，开设了 200 多家武馆传授中国武术，在巴西武术协会正式注册的职业武术运动员达到5 000 多人；巴西武术练习者和爱好者的人数则更多，其中巴西全国习武人数已经超过了37 万人。巴西华侨华人第一大聚居地圣保罗市被誉为“拉美武术的中心”。中国武术在巴西的广泛传播与巴西华人武馆的努力分不开。巴西华侨华人如陈国伟、刘百龄、李荣基等武术大师于 20 世纪 70 年代以来纷纷在巴西成立武馆，收徒授艺。其中，号称“巴西叶问”的李荣基于 1972 年在巴西圣保罗成立了首家巴西鹰爪健身院；太极气功武术家刘百龄于 1976 年在巴西成立了百龄太极馆，1987 年在百龄太极馆的基础上又成立了百龄东方文化学院，传授太极拳。巴西北少林拳大师陈国伟是巴西传播北少林拳的第一人，被巴西武术界公认为中国武术在巴西传播的先驱、巴西的“武术之父”。1973 年，陈国伟在巴西圣保罗创建了中巴功夫学院，面向巴西民众收徒授艺。1974 年巴西著名的报纸《圣保罗州报》介绍了陈国伟师傅的中巴功夫学院，这是中国武馆第一次出现在巴西报纸上，扩大了中国武馆在巴西社会的知名度。1973—2003 年期间，陈国伟先后授业的学生多达 6 万人，培养了 90 多名武师。在中巴功夫学院及其分支机构的努力下，北少林拳在巴西发展迅速，目前在巴西一共开设了 100 多家北少林拳武馆，在南美其他国家建立了近 300 家武馆。此外，西班牙、意大利、法国、美国等国亦有陈国伟学生开设的武馆。通过开办武馆收徒授艺的方式，巴西华侨华人逐渐将少林拳、咏春拳、太极拳、螳螂拳、鹰爪拳等中国传统武术流派传播到巴西社会，深受巴西民众的喜爱。巴西武术协会会长马尔库斯·阿尔维斯指出：“中国功夫强调动静结合，而巴西人天性好动，习武帮助他们在一天的工作之

后安静下来，保持身心平衡。”“很多巴西人因为接触武术，开始对中国的语言文化产生兴趣。”

（四）利用华文媒体，展示中国文化的魅力

华文媒体是传播中国文化的重要力量，是扩大中国与世界交往的重要渠道。目前巴西华文媒体主要分为报刊和网络两种。其中，巴西华文报刊肇始于20世纪60年代，至二十世纪八九十年代一度兴旺，但因时代、条件所限，一些报刊起起落落、办办停停。目前，有定期或不定期的华文刊物多份：《南美文艺》《华光报》《客家亲》《心声》《南美福音周刊》《佛光世纪》《慈济世界》等。巴西主要的华文报纸有《南美侨报》（日报）和《美洲华报》（日报）。《南美侨报》是目前巴西及整个南美地区发行量最大的华文报纸，其前身为《巴西侨报》，始办于1960年3月。1985年更名为《巴西华侨日报》，1989年停刊，后于1992年4月复刊，沿用旧名《巴西侨报》。1999年10月1日起更名为《南美侨报》，一直使用至今。该报每周出版5天，发行网络遍布巴西各地和阿根廷、乌拉圭、巴拉圭、智利、玻利维亚、秘鲁等大部分南美国家。2005年，《南美侨报》开通了中文网站（hppt://www. nmqb. com. cn），与巴西侨网（http：//www. bxqw. com）一起成为当前巴西主要的华文网络媒体，采用网络的形式快速、便捷地向读者介绍中国文化、社会等诸多信息。与此同时，在以中文版为主的同时，还开通了葡文版，扩大了读者面。

巴西华文媒体成为传播中国文化的重要渠道，“具有鲜明的民族性：呈现的是中文汉字，传播的是中华文化，华人主办、华人阅读，反映出了中华民族的审美观念、价值取向”。“华文报刊‘润物细无声’地输送中华传统、民族精神，在华侨华人与中华文化之间架起了一座无形的桥梁：传递的家乡信息，慰藉了华侨华人的乡情；反映的祖（籍）国改革开放成就，增强了华侨华人的凝聚力和向心力；报道的侨社动态，和谐了侨团之间的关系；发表的华侨华人心声，促进了华人社会的健康发展。”

二、巴西华侨华人在传播中国文化中的作用分析

巴西华侨华人利用其语言、文化、经济、地缘和人缘优势，通过华侨华人个人、华侨华人社团、华侨华人文教机构和华文媒体四个渠道和机制，助力中国文化走入巴西。从近代早期向巴西输入中国的茶叶、水稻种植技术、传播饮食、服饰等物质文化，再到后来展现和谐、仁爱、勤劳、节俭等精神文化，在巴西华侨华人的推动下，中国的语言文化、民俗文化、饮食文化、中医文化、宗教文化、武术文化等传统文化在遥远的南美大陆得到传承和弘扬，增强了巴西华裔的民族认同感和凝聚力，架起了中巴文化交流的桥梁，并在以欧美文化为主流的巴西社会中掀起了“汉语热”“春节热”“针灸热”“武术热”等中国文化热，助力中国文化软实力在巴西的提升，增进了两国民众的了解与友谊。

（一）以侨为桥，推动中巴文化交流的发展

中国与巴西相距遥远，属于不同的文化圈，语言、文化差异甚大，这为两国的文化交流带来了不小的挑战。相比近邻东南亚国家而言，目前中国国内派往巴西开展文化传播活动的文化、艺术等团体数量有限，文化交流的步伐有待加大。对此，巴西文化部长马尔塔·苏普利西（Marta Suplicy）于2013年访华时指出，文化交流是巴中关系中的重要方

面；巴中地理位置相隔遥远，两国人民需要通过文化交流增进了解、拉近距离。华侨华人因其地缘、人缘、文化、语言等方面所具有的得天独厚的优势，同时深谙两国的文化、国情，是中国文化在巴西的理想传播者。正如2012年中国国务院国务委员戴秉国在第六届世界华侨华人社团联谊大会开幕式致辞中所指出的那样："广大海外侨胞长期生活在海外，与住在国民众联系广泛，熟悉中外文化，了解当地民众的思维方式和审美情趣。"

在巴西华侨华人的努力下，中国的语言文化、民俗文化、饮食文化、中医文化、宗教文化、武术文化等在遥远的异国他乡得到传承和弘扬，推动中巴文化交流不断向前发展。纵观中巴文化交流的历史发展进程，华侨华人在其中发挥着无法取代的桥梁、纽带作用。近代历史上，中巴早期文化交流的开启便与华侨华人的努力密不可分。19世纪初，葡萄牙政府为了学习种茶技术，特别招募了一批中国茶农经澳门前往巴西帮助当地人从事茶叶种植，从而开启了以华工为纽带、以茶为媒介的中巴早期文化交流的历史。在19世纪上半叶，共约800名中国茶农到巴西种茶，这批中国茶农成为中巴文化交流最早的友好使者。由此，"中国文化因中国茶农的进入，以及种茶技术和饮茶方式的展示而传入巴西。放弃种茶营生、定居在巴西的中国人，多数以商贩为生。中国人从事职业范围的扩大，扩大了他们在巴西的活动范围，因而也扩大了中国文化在巴西的传播和影响"。

新中国成立以来，华侨华人开始大规模移入巴西，尤其是二十世纪六七十年代和20世纪90年代开始，伴随着华侨华人大规模移入巴西，华侨华人在中巴文化交流中的作用更为突显。一方面他们将中国文化中更多优秀的内容传入巴西，如中国的武术、中医、建筑、书法、绘画等；另一方面，华侨华人积极配合中国政府的对外文化交流活动，助力中华文化走入巴西，自觉充当中巴文化交流的民间文化大使，推动中巴文化交流稳步发展。例如，21世纪以来，巴西华人文化交流协会、巴西华人协会等华侨华人社团以及华侨华人个人，积极协助中国侨联举办的"亲情中华"海外慰问演出行动、中国国务院侨办和中国海外交流协会联合举办的"文化中国·四海同春"活动、中国国务院新闻办主办的"感知中国"大型文化活动、中国文化部主办的"欢乐春节""中国文化月"等活动在巴西的成功举行，为巴西民众带来了一场场中国文化的饕餮盛宴。巴西广大侨团及华侨华人个人在中巴文化交流中的作用获得了中巴方面的肯定和赞誉。在2012年巴西华侨华人移民巴西200周年之际，巴西圣保罗州议会举行了隆重的表彰大会，为在文化、教育、体育、医学、传媒等方面做出贡献的40多个巴西华侨华人社团以及个人颁发了杰出贡献奖。此外，2014年7月习近平主席在巴西国会所做的《弘扬传统友好　共谱合作新篇》的演讲中指出："中国和巴西远隔重洋，但浩瀚的太平洋没能阻止两国人民友好交往的进程。200年前，首批中国茶农就跨越千山万水来到巴西种茶授艺。""中巴人民在漫长岁月中结下的真挚情谊，恰似中国茶农的辛勤劳作一样，种下的是希望，收获的是喜悦，品味的是友情。"

（二）展现中国文化的魅力，助力中国文化软实力的提升

巴西是一个移民国家，号称种族大熔炉，各民族友好相处、互相融合，在此基础上形成了巴西的多元文化。巴西多元文化是葡萄牙文化、印第安文化和非洲黑人文化等多种不同来源的文化的汇合和融合。其中，西方文化是巴西文化的主要内涵。在巴西多元文化的形成中，随着近代早期中国移民的到来，中国的民俗文化、饮食文化、宗教文化等中国文

化元素被传播到了巴西，为巴西民众展现了遥远的东方文化的魅力，也为巴西多元文化的形成增添了独特的中国元素。巴西著名的社会学家、东方学家吉尔伯托·弗莱雷（Gilberto Freyre）早在1936年就指出，“阿拉伯文化、伊斯兰文化、印度文化和中国文化对巴西文化的形成产生重要影响；巴西不是一个纯粹的西方国家，它的文化是中西交汇的。”2004年巴西文化部长吉尔在北京大学巴西文化中心所做的一次演讲中也提到，中国上乘而精致的物件，诸如丝绸、刺绣、瓷器和香扇等尚存于巴西，成为当今两国拥有共同点的深厚基础。

20世纪90年代以来，随着华侨华人大规模移入巴西，华侨华人将中国的物质文化、精神文化等优秀内容传播到巴西，在遥远的异国他乡展现中国文化的独特魅力，增强了中国文化的影响力和吸引力，助力中国文化软实力在巴西的提升。目前，在巴西，出现了“汉语热”“春节热”“功夫热”“针灸热”等“中国文化热”，华侨华人功不可没。2012年在中国农历新年来临之际，巴西总统罗塞夫特地致信向所有生活在巴西的华侨华人转达春节祝福，并在贺信中指出：中国文化和习俗在巴西民间有着很大的影响力，比如圣保罗东方街的中国新年庆祝活动已成为世界华人大型庆典之一。2012年在巴西参议院纪念华人移民200周年特别会议上，中国驻巴西大使李金章指出，“200年前，中国茶农远渡重洋来到巴西，开启了华人移民巴西的序幕。两个世纪以来，华人移民从种茶制茶，到开店经商、采矿修路，逐步地融入巴西社会，以他们的勤劳和智慧，为巴西经济社会发展进步做出重要贡献，也为促进中巴友好发挥了重要的桥梁作用”；“两国人民交往日益密切，带动‘汉语热’‘中国文化热’在巴西升温。”

（三）增进巴西民众对中国文化的了解，改善中国的国家形象

由于中巴相距遥远，大多数巴西民众从未踏上中国的国土。他们近距离观察中国、认识中国的一面镜子便是华侨华人自身。对于巴西民众而言，华侨华人是中国形象的表达者和传达者。巴西华侨华人在南美土地上兢兢业业、勤劳致富的同时，他们不仅把中医、武术、书法、绘画等中国传统文化项目传播到了巴西，架起了中巴文化交流的桥梁，增进了巴西民众对中国的了解，而且华侨华人通过日常言行举止向巴西民众展现了中华民族精神和民族特性，增进了巴西民众对中国的了解和好感，提升中国的国家形象。

一方面，华侨华人勤劳节俭、吃苦耐劳、做事认真、注重家庭、重视教育等这些中华民族的传统美德给巴西民众留下了深刻印象，并且“已经融入巴西民间，并被巴西的历史所铭记”。另一方面，华侨华人在勤劳致富、经济地位上升的同时，也不忘帮助当地居民，回馈巴西社会，用自己的爱心和热心展示着自己的公民心。巴西许多地方的贫民窟、老人院、孤儿院、慈善院常常可以见到华侨华人慰问捐助的身影。华侨华人热诚爱心、乐善好施的佳话被巴西民众传颂，赢得了巴西人的赞扬与尊重，构成了当地人心目中良好的中国形象。近年来多次民调显示，大部分巴西民众对于中国持有积极印象，给予中国正面评价。根据世界著名的独立民调机构——美国皮尤研究中心（Pew Research Center）发布的民意调查数据显示，2010年52%的巴西受访民众对于中国持有积极印象，2013年这一比例增至65%。巴西前驻华大使胡格内公开宣称，“巴西人民认为中国是一个现代的、正在改变与发展的、更为开放的国家”，“中国形象非常正面，发展成就举世瞩目”。

在中国国家形象的改善中，华侨华人这一“中国名片”的作用不可小视。巴西中医药

针灸学会会长顾杭沪表达了华侨华人的心声："我虽然移居巴西20多年了，但是始终是一个中国人。我行医多年，始终牢记交朋友要交心这个原则，不管对方是总统还是普通人，我都要把中国人的良好形象展现出来。"巴西首位华裔联邦众议员威廉·巫也指出：华侨华人对于巴西的贡献是巨大的。最初给巴西带来了种茶的劳动力，后来又带来了中餐馆、快餐店等服务。如今，他们带来了大公司，促进了巴西贸易的发展。包括华侨华人在内的亚洲人对于巴西最主要的贡献则是带来了他们的文化。他们身上有一种美德，值得我们所有的巴西人每天去学习，这就是他们首先想到的不是权力，而是他们对于社会的责任，而且他们努力地去实现自己的责任。

（四）增强巴西华裔的民族认同感与凝聚力，弘扬中国优秀传统文化

在巴西，老一代华侨华人由于是在中国出生、在中国接受教育，他们的民族认同感最强，而年轻一代的华裔中许多人在巴西出生，不会说中文，长期生活在非中华文化的环境当中，从语言到生活习惯再到文化观念等方面都在发生异化，成为所谓的"香蕉人"。随着他们对祖（籍）国文化的日益疏远，其民族认同感逐渐淡漠。这一困扰不仅发生在巴西华人社会中，也发生在世界其他国家的华人社会中。巴西中国友好合作交流促进会会长、华侨宋南屏讲到："说起中华文化的传承，我们这一代甚至我们的下一代都还可以，但是再下一代就难了。"在巴西已经生活了40多年的老华侨苏孙正说："我儿子还会说自己是中国人，但是我孙子就会说自己是巴西人。"

文化是民族之根、民族之魂。那么，如何在异国他乡努力传播中国文化的同时又在华裔年轻一代中有效地传承中华文化、增强其民族认同感与凝聚力呢？巴西华侨华人以共同的语言、共同的文化为纽带，通过加强华文教育、中国传统文化教育来增强华裔年轻一代的"根"的意识。其中，为了向华裔年轻一代进行华文教育，巴西华侨华人成立了一些主要针对华裔的华文学校，从幼儿园到小学再到中学，建立了一整套全面的中国语言、文化教育体系，以中文学习为基础，同时加强中国传统文化教育，"以语带文""文道结合"。另外，组织年轻一代的华裔赴中国参加夏令营、冬令营或寻根等活动。华侨华人还利用华文媒体如《美洲华报》《南美侨报》、巴西侨网等经常报道巴西华文教育、华文文学的动态，支持、推动巴西华文教育的发展和对中国优秀传统文化的传承，如《美洲华报》推出学习中文的专版，开辟了文艺副刊《华园》，经常举办诸如母亲节、父亲节、"报庆"之类的征文活动，活跃了华人的文化氛围；《南美侨报》开辟了《移民生活百花园》副刊，发表新移民文学作品。通过一系列努力，华侨华人在巴西有效地传承、弘扬了中国传统优秀文化，增强了巴西华裔对中国文化的认同和族群认同。

三、巴西华侨华人传播中国文化中存在的问题及对策建议

巴西华侨华人是中国文化在巴西的重要传播者和传承者，在助力中国文化走入巴西中发挥了重要作用，积累了一些成功的经验，但是同时也存在一些问题。总结这些问题，并提出相应的改进建议，以便为相关部门提供参考，更好地发挥巴西华侨华人传播中国文化的作用，提高其文化传播的成效。

（一）巴西侨团力量较为分散

巴西是拉丁美洲拥有侨团最多的国家，大大小小的侨团加起来超过了100多个。虽然一些侨团在传播中国文化的活动中，注意加强不同侨团之间的联系与团结，以便形成工作合力，但是，从总体上来说，由于巴西侨团多且杂，再加上缺乏统一规划，巴西侨团的力量较为分散。此外，不同侨团之间存在一定的分歧和矛盾，这些都不利于集中侨团力量共同开展中国文化的传播活动。

“团结就是力量”这个道理虽然人人皆知，但是做起来实属不易。相关部门需要进一步整合侨团力量，摒弃不同侨团之间的“门户之见”“地域之见”，加强不同侨团之间的协调、沟通与团结，努力建设和谐侨社。诸如在不同侨团之间多开展交流、联系活动；巴西同一个城市中的侨团之间、不同城市的侨团之间可以联合成立传播中国文化的平台、机构。在这方面，里约热内卢侨团的做法值得思考和借鉴。2011年，巴西华人文化交流协会、里约华人联谊会等五个里约的主要侨团的会长，在经过一年多的协商与交流后，携手召开了第一届里约侨团会长非正式会议，旨在加强里约不同侨团之间的协作与团结，建设和谐侨社、提高华人形象、维护华人利益。第一届里约侨团会长非正式会议的召开在加强巴西侨团之间的团结、凝聚侨界力量方面做出了有益的尝试和探索，值得借鉴和参考。

（二）巴西部分华侨华人参与活动的积极性有待提高

巴西华侨华人以经商为主，考虑更多的是经济利益、短期效益。其中，一部分华侨华人对于中国文化传播活动的重要性认识不够，参与活动的积极性不高。2012年2月，走访巴西华人文化交流协会、巴西里约华人联谊会等里约热内卢侨团的中国国务院侨办副主任许又声指出，过去华侨华人生存艰难，侨社为同胞们提供了许多帮助，现在情况有了很大改观，侨社不仅有接待沟通的作用，还应有更大作为。他特别强调侨团应重视文化公关的作用，要主动向住在国民众宣扬中华文化，宣扬华侨华人对住在国的贡献。

为了提高巴西华侨华人对于中国文化传播活动重要性的认识、增加活动的参与热情，活动组织方、侨团等相关机构需要放低姿态，不要只把眼睛盯在华侨华人精英身上，也应该重视、引导广大普通侨胞的参与。例如，活动之前有关部门可以通过报纸、网络等多渠道在广大侨胞中间做好宣传、鼓动、引导工作，以便让广大侨胞提前获悉活动详情，通过进一步的引导，更好地参与到活动中。

（三）巴西侨团缺乏活动资金

在巴西，大部分华侨华人社团属于民间自发性质，主要依靠华侨华人个人出钱出力来从事中国文化传播活动。虽然巴西大多数华侨华人以经商为主，经济实力较好，出于爱国热情他们自愿拿出一定的资金从事中国文化传播活动。但是，文化传播活动毕竟是一项投资大、见效慢、收益长远的工程，需要有源源不断的强有力的资金支持方能使其可持续地发展下去。单靠华侨华人个人一时出钱出力来推动文化传播活动，从长远来看，这种方式难以为继，其后必须有政府强有力的支持。因此，中国政府需要对华侨华人的文化传播活动给予资金、技术、人力、物力方面的支持，同时提供更多的现代文化产品，丰富文化传播的内容和手段，使之更具现代性、先进性、可持续性，更好地发挥其民间文化大使的作用。

（四）巴西少数华侨华人从事违法活动

在巴西，华侨华人以经商为主。有少数华侨华人从事偷税漏税、贩卖假货或冒牌货、走私、赌博、非法用工等违法活动，给当地人留下了不良印象，既损害了巴西华侨华人的自身利益和长远发展，也严重损害了中国人的声誉和形象，影响到当地人对于中国的认知、对于中国文化的认可和接受。巴西华人文化交流协会荣誉主席、巴西尹氏国际集团董事长尹霄敏在介绍自己的创业经历时特别指出，自己在巴西 20 多年一直坚持诚信经商、厚德待人的理念。有一次，由于竞争对手虚假举报，他的公司遭到当地反走私委员会的突击检查，结果全面检查后没发现任何问题，“我们反而给执法部门留下了守法经营的良好印象，为我们赢得了声誉、赢得了市场”。因此，部分在巴西的华侨华人，需要认真反思其非法经营等不良行为，走合法经营之路，提高自身素质与形象。同时，国内相关部门、华文媒体、侨团等需要积极引导、配合华侨华人文明形象的树立工作，做好宣传教育，营造舆论氛围并进行舆论监督。

（五）巴西华侨华人参政意识淡薄

目前，90% 的巴西华侨华人已经加入巴西国籍，经过多年努力奋斗，经济上大多数已步入中产阶级，生活富裕，但是政治地位还比较低下。旅居巴西的华侨华人大多数专注于经商活动，不愿涉足政治，参政意识淡薄。到目前为止，登入巴西政治舞台的华侨华人寥寥无几。巴西华侨华人要想在巴西社会中有效地传播中国文化，扩大自己的声音，切实地维护自身利益，其中一个很好的渠道和途径就是参政。这方面有一些成功的案例。例如，2010 年 1 月，广东籍华侨李少玉成为圣保罗市议会的首位东方女议员。刚刚走马上任的李少玉议员利用这一政治平台，提议在圣保罗市议会举行中国春节庆祝晚会。几经努力，这一提议获得通过，于是 2010 年 1 月 27 日，圣保罗市议会在该议会八楼会议厅首次举行了中国春节庆祝晚会，参加该晚会的圣保罗州议员、市议员在致辞中赞扬李少玉举行庆祝中华民族传统节日春节的活动，使巴西人民与华人共享节日的欢乐和友谊。由此可见，华侨华人通过参政，可以获得更多的机会和更好的平台来推动中巴文化交流的发展，加强中国文化在巴西的传播，同时也有利于华侨华人自身地位的提升。

第三编　华侨华人与国际移民

China's Diaspora Policies of the 21st Century in a Comparative Perspective

[丹麦] Mette Thunø（朱　梅）*

1. Introduction

In 2013, the Chinese President Xi Jinping and the entire Politbureau's Standing Committee of the Communist Party of China opened the 9th National Congress of the All-China Federation of Returned Overseas Chinese（全国归侨侨眷）with a record high of 3,200 congress delegates attending (of whom 1,100 were migrants having returned to China and 400 were Chinese migrants living abroad). ① Xi's presence along with all members of the highest political echelon and their opening speeches let no one doubt that the Chinese diaspora is given high political priority in China. As such, this demeanour was not politically spectacular, as Xi's predecessors all had done the same at the previous AFROC conferences held every five years, since Deng Xiaoping in the late 1970s announced the importance of the Chinese diaspora for the economic development of China (Thun, 2001: 911 - 914). Nevertheless, the attendance record in 2013 reflects the continued and growing significance of the diaspora for the Chinese state at the beginning of the 21st century.

Today, the Chinese diaspora is as late modern diasporas typically are complex embodiments of the processes of globalization with transnational links and relationships—impacting economies, policies, social and cultural spaces in both sending and receiving countries. Not that diasporas historically were of no importance (Portes, 2002: 219), but the size, speed and intensity of human mobility and the exchanges of goods and ideas achieved by new communication under the particular conditions of late modernity place diasporas in potentially close relations to both sending and receiving states.

In this study, "diaspora" is thus understood in the broader sense as heterogeneous mobile groups dispersed to several locations with on-going orientations towards a particular "homeland" and some type of group boundary upholding over time (Brubaker, 2005; Butler, 2001; Dufoix, 2003, 2011). In this sense, "diaspora" serves as an umbrella term for heterogeneous groups

* 作者简介：朱梅，丹麦奥胡斯大学教授。

① 第九次全国归侨侨眷代表大会在京开幕　习近平等到会祝贺．新华网．(2013 - 12 - 02) [2015 - 07 - 23]. http://news.xinhuanet.com/overseas/2013 - 12/02/c_118379945.htm.

residing beyond the nation-state of origin as first-generation emigrants or as descendants of emigrants. This broad definition is applied to be able to understand the Chinese state's diaspora policies in its widest sense, and it neither implies any essentialised notions of place or identity, nor any attempt to reach an academic definition of what a "diaspora" should entail to become defined as such.

Much migration research from various disciplinary perspectives has already been undertaken to understand the implications of swelling international mobility and globalization (Brettell, 2015). Less scholarly attention has been devoted to understand the perspective of sending-states in relation to "its" diaspora engagement as expressed in policies and practices. Insightful case studies exist of particularly dual citizenship and transnational symbolic diaspora activities by sending-states in especially developing countries (see e.g. Basch, 1994; Fitzgerald, 2008; Levitt, 2003; Lyons, 2012; Shain, 2003; Varadarajan, 2010; Østergaard-Nielsen, 2003). Even less scholarly attention has been devoted to analysis of the very large sending-state of the People's Republic of China and even less academic focus has been on bringing the case study of China into a larger perspective of commonalities with other state and in doing so feed into the development of general theories of diaspora studies.

This conference contribution seeks as a first step to bring the case of China into general scholarship on diaspora relations of the state by presenting a preliminary study explaining why and how China over a period of 30 years with dramatic economic, political and social development as a sending has changed the political objectives of its diaspora policies and in doing so has re-configured, re-employed and re-empowered its diaspora. This paper argues that the engagement of the Chinese state with "its" diaspora may be explained straightforwardly as the Chinese state's rational quest for material and non-material resources for domestic development. However, the Chinese government's increasingly vigorous efforts of diaspora mobilisation, engagement, and control beyond the territorial boundaries of the Chinese state call for additional reasoning. Moreover, this paper discusses that China's most recent diaspora policies and overseas practices of claiming the diaspora as loyal public diplomats confirm China's new move towards extraterritoriality of its political power.

China offers not only an interesting case being a party-state with a centralist authoritarian regime, but it is also—despite accounting for almost 10 percent of all immigration flows to OECD countries in 2012 and for 22 percent of all international students enrolled in OECD countries in 2012 (OECD, 2014: 15, 19) as well as contributing in absolute numbers to one of the largest and most resourceful diasporas in the world—often left out of comparative migration and transnational studies. This study, based on close reading and analysis of a vast amount of policy documents and other types of written resources, not only seeks to enrich the field of diaspora studies and international relations by focusing on China's diaspora policies, but also to contribute to future studies attempting to explore the circumstances under which states transform from accepting emigration to endorsing and institutionalising the diaspora by placing the Chinese case in a comparative perspective.

In this conference paper, I argue that since the start of the reform period in 1978 the aim of letting the Chinese diaspora take on an important role in the transformation of China prevails, but the political objectives have along with the possibilities of globalization and China's strengthened global position significantly changed since the turn of the century. I identify a new turn in 2011 in China's diasporic policies from primarily focusing on attracting foreign direct investments, remittances and knowledge resources to letting the Chinese diaspora serve as a vehicle also for public diplomacy in support of China's foreign policy endeavours, rather than for primarily domestic economic purposes. With this policy shift, China's political objectives for the Chinese diaspora have broadened to become operational in Xi Jinping's more assertive foreign policy (Lam, 2015, 190 - 261; Yan, 2014). In this respect, China has entered the group of sending-countries actively engaging and mobilizing their diasporas to strengthen international relations and global standing and in doing so notably changing the way the state is governing the relationship between power and territory.

2. Setting eyes on the Chinese diaspora: diaspora policies during the early years of Chinese reforms

In 1977, Deng Xiaoping ascended as China's paramount leader and introduced a fundamental change in China's diaspora policies from denouncing emigrants as traitors to hailing them as heros and as crucial for China's future. Similar radical shifts are observable in a number of other states (Castles, 2008) and constitutes the backdrop at which the Chinese state had to operate to completely reconfigure the relationship to the ethnic Chinese living beyond the borders of the Chinese territory.

Prior to Deng under the leadership of Mao Zedong, the Chinese population was as the main resource of the state prohibited from emigration out of for need of manpower for production and military defence as well as ideological control. During the 1950s and early 1960s, the Chinese government underscored this position by defining ethnic Chinese living overseas as patriotic only if they returned to China to take part in the rebuilding of the nation. An even more radical approach to the diaspora was introduced during the Cultural Revolution when ethnic Chinese abroad were ostracized and their relatives in China criticized, persecuted and excluded from important spheres of life. This official perception of the Chinese diaspora as untrustworthy and treacherous was substituted by Deng's underlining of overseas relations now being "a good thing" (好东西). China needed more overseas relations, not less.

The economic potential of the Chinese diaspora being numerically one of the largest in the world with 30 million ethnic Chinese spread across the globe was politically recognized with a particular focus on the powerful and prosperous ethnic Chinese in Taiwan, Hong Kong and Southeast Asia as the economic key to China's modernisation project. Deng repeatedly underlined this during the 1980s and early 1990s by saying "China is different from other countries and enjoys unique opportunities. For instance, we have tens of millions of patriotic compatriots living abroad, who have made significant contributions to the motherland".

Although China was in fact not unique in terms of having a diaspora population, Deng managed to turn the discourse on the diaspora around and implement policies to underscore this new relationship between the Chinese state and the diaspora. The political solution to gain support and loyalty from the Chinese diaspora became the re-announcement of the guiding principle of the 1950s of extending preferential treatment to returned Chinese migrants (Fitzgerald, 1972; Peterson, 2012; Mao, 1993: 118 – 121).① Securing ethnic Chinese relatives and retuned Chinese migrants equal treatment to other Chinese citizens and under certain circumstances extending them special privileges was re-announced in 1978 with the "16 characters' principle"②. In 1990, this policy was legally confirmed with the adoption of the "Law of People's Republic of China Concerning the Protection of Rights and Interests of Returned Overseas Chinese and the Relatives of Overseas Chinese", giving preferential treatment of returnees and relatives of ethnic Chinese in China within certain areas such as employment, education, donations and family planning (Liu, 2014; Thun, 2001). With these political and legal measures of rehabilitation, equal rights and special privileges the relations between the PRC and the Chinese diaspora gradually stabilized and paved the road for China's new liaison with its diaspora.

At the same time as China implemented policies of reclaiming the confidence and mobilizing economic investments and expertise of the Chinese diaspora, the government was cautious of not making political claims on ethnic Chinese abroad. As the first important step China adopted in 1980 "The Nationality Law of the People's Republic of China" excluded the possibility of dual nationality. Upholding the principle of nationality by country of birth, rather than by paternal bloodline (*jus sanguinis*) that had partly been accomplished with the signing of the Sino-Indonesian Treaty on Dual Nationality in 1955 was reaffirming to Southeast Asian countries with large ethnic Chinese populations. The Sino-Indonesian treaty had stated that overseas Chinese owed primary loyalty to their host country, rather than to China and later China would accordingly in general encourage Chinese abroad to choose local citizenship and integrate into local societies. For the nationalistic countries in Southeast Asia in the 1950s to 1970s this treaty (and the following made between China and other countries in the region) somewhat reduced tensions with China, albeit the latter's simultaneous support of local communist insurgencies in the region continued to disturb relations with Southeast Asian countries (Cheng, 2005; Fitzgerald, 1972; Zhou, 2015; Zhuang, 2001).

With the new nationality law of 1980, China signalled especially to Indonesia, Malaysia and Thailand that courting the diaspora would not entail an extension of its own influence in the region. Re-establishing of diplomatic relations between China and Malaysia, the Philippines and Thailand, and China's attempts to stabilise longstanding territorial disputes also dwarfed Southeast Asia's

① From the 1950s to the 1970s, one million ethnic Chinese returned primarily from Southeast Asia to assist in establishing the People's Republic of China (1950s) or as refugees fleeing from persecution in Indonesia (1960s) and Vietnam (1970s) (Barabantseva, 2011: 129).

② "Treating everyone equally without discrimination and extending appropriate treatment according to special conditions" (一视同仁、不得歧视、根据特点、适当照顾).

major concerns with China's rising economic power resting on reinforced links to the ethnic Chinese of the region (Thun, 2001: 911 - 914). Moreover, to the governments of Southeast Asia the prospects of economic engagement with China through their ethnic Chinese populations quickly became too beneficial not to politically encourage, although some ambivalence towards China still exist (Bolt, 2000, 2011).

2.1 The Chinese diaspora as a financial and knowledge resource

Soon after Deng's announcements of re-opening China and relying on the Chinese diaspora for economic development, the ethnic Chinese in primarily Southeast Asia seized the opportunities of kick-starting China's economy. Cultural affinity, language competencies, personal relations and business networks of ethnic Chinese in Southeast Asia made financial investments feasible despite the initial immaturity of the Chinese economy. Preferential treatment as well as a continued emphasis on legal protection of investments and donations accelerated the Chinese diaspora's financial engagement.① During the 1980s, the Chinese diaspora's investments gradually increased and just before the onset of the Asian currency crisis in 1997 it made up around two-thirds, of all foreign direct investments in China (Long, 2013; Kang, 2007: 6, 135; Bolt, 2000: 155).②

As for remittances and donations, it soon became clear that compared to diaspora investments they played a minor role as China's economy quickly took off (Thun, 2001: 919 - 920). Two decades later, China is the recipient of the second largest amount of remittances in the world, but they still make up only 0.7 percentage of GNP ranking China as number 103 in the world (2012).③

For Deng Xiaoping the diaspora clearly constituted China's "living treasures" (活的宝贝) and was the primary source for financial investments, but also as a resource pool of skills and knowledge needed for realizing China's reforms. As a former student studying in France for five years, Deng repeatedly encouraged universities to send students overseas and policies were enacted to support the enlargement of the overseas talent pool by permitting in 1981 for the first time self-financed overseas study (Zweig, 2013: 593; Xiang, 2003: 29).

In 1978, 480 state-funded students were sent abroad and already four years later 10,000 Chinese students were studying overseas. However, "brain drain" as a result of students not returning after they studies abroad immediately became an issue of concern at the state level (Zweig, 2013; To, 2014: 117 - 118; Zweig, 2006a). In the period 1978 - 2002, not more than 500,000 students left China to study abroad (Zhuang, 2012), but luring them back to

---

① See e. g. Regulations of the State Council for Encouraging Investment of Taiwan Compatriots (1994); Regulations of the State Council for Encouraging Investments from Overseas Chinese and Compatriots from Hong Kong and Macao (1990).

② "Ethnic Chinese investments" include FDI from Hong Kong, Macao, Taiwan, Singapore and ethnic Chinese in Southeast Asia. The share of ethnic Chinese investments in China has been disputed by Zhou Nanjing, who contends that from 1979 to 1994 the share of ethnic Chinese investments only constituted five percent (Ma, 2003; Huang, 2005; Peterson, 2012).

③ Migration Policy Institute. Total remittance inflows and outflows. [2015 - 7 - 24]. http: //www. migrationpolicy. org/programs/data-hub/global-remittances-guide.

China remained a problem, despite a plethora of legal measures of preferential treatment and recruitment activities were implemented (Zweig, 2006b; Zhuang, 2012; Zweig, 2013). Especially after 1989, return of overseas Chinese talent practically suspended, but after a few years of internal discussions political measures were again taken to entice the return of the growing Chinese knowledge diaspora by granting them amnesty and preferential treatment if they returned (Xiang, 2003: 30).

2.2 The Chinese diaspora as a resource to achieve "peaceful reunification" with Taiwan

Efforts to court the diaspora also encompassed winning over the political support of ethnic Chinese and their community associations who during the period when China debarred the diaspora had developed strong ties to Taiwan. Since the 1950s, the ruling Nationalist Party (Kuomintang) had taken over the political strategy of Sun Yat-sen who had strongly relied on the Chinese diaspora for moral and financial support in the struggle to establish a modern Republic of China in Taiwan. Acknowledging the value of the diaspora the Kuomintang continued to claim all ethnic Chinese as nationals and wooed them to recognise and show loyalty to the Republic of China. Resources made available by Taiwan's economic ascendance and the anti-Communist atmosphere of the Cold War period were employed to establish close political, cultural and economic ties to the Chinese diaspora (Lai, 1998: 253-255).

As the People's Republic of China in 1978 changed its political standpoint towards the Chinese diaspora, Deng Xiaoping also vehemently sought to reclaim loyalty of the ethnic Chinese overseas towards the People's Republic China. The Chinese diaspora was encouraged and mobilized to promote "peaceful reunification" by containing Taiwan's forces of independence and thus assist in legitimizing the PRC's territorial and ideological claim over Taiwan. In 1990, Deng expressed his viewpoints on the role of the diaspora in the fight for reunification in this way, "Compatriots of the Mainland, Taiwan, Hong Kong and Macao as well as overseas Chinese are all children of the Chinese nation. We have to struggle together to achieve reunification of the motherland and national rejuvenation"①.

As competition to curry favour with the Chinese diaspora commenced, strong efforts were made from both sides to win over the support of the Chinese diasporic communities. The transfer in 1979 of United States' diplomatic recognition from the Republic of China to the People's Republic of China and the consequential acknowledgment of Taiwan being part of the People's Republic of China also started a gradual shift of allegiances among the Chinese ethnic communities towards the People's Republic of China in the US as well as in Southeast Asia.

2.3 The Chinese diaspora as a resource to "promote friendly relations between China and the world"

From the early 1980s, the Chinese state also envisioned a cautious role of the diaspora in the field of civil diplomacy. Ethnic Chinese were anticipated to be able to better explain the situation

① Said at a meeting with Chairman Kuok of the Kuok Group (Malaysia).

of China in their local communities and countries of residence to improve the political climate for the PRC. However, at this early stage, focus was first and foremost on domestic overseas Chinese affairs and on re-gaining confidence overseas by recognizing the diaspora's legal choice of foreign citizenship and supporting their long time integration into local societies. Only by gaining the support and respect of local populations, ethnic Chinese were believed to become a future economic and political advantage to China. Cultivation of a shared national culture tied to China as an imagined national community was thus re-implemented with the policy focus on the "three pillars" of developing and supporting overseas Chinese education, overseas Chinese media and overseas Chinese associations (Mao, 1993: 339-348). At this early stage, however, restraints were exercised to avoid upsetting local governments in Southeast Asia wary of China's attempts to re-institutionalise past practices of boosting Chinese ethnic identities to serve fifth column activities.

3. Enlarging the scope of the Chinese diaspora: producing a knowledge diaspora

With Jiang Zemin taking over as paramount leader in the 1990s, China experienced substantial economic growth rates in the transition to a market economy and improved international relations. During his time in office, Jiang confirmed the recognition and continued importance of China's relations to "its" diaspora and not least as part in realizing the further development of China's economy. Thus the objectives of mobilizing the ethnic Chinese to contribute with economic and human resources to China's modernization continued to be pursued, as well as employing the diaspora to oppose Taiwan's pro-independence forces and conduct cautious civil diplomacy via the diaspora. ①

Diaspora policies seeking and producing human talent

Jiang Zemin soon became explicit in pointing out that the future value of the Chinese diaspora lay in its potential as a knowledge base, rather than merely its economic strength. In 1993, he explained, "What I need to emphasize is that presently a lot of departments and localities have the tendency to focus more on financial funding and less on human talent…I wish that the government departments concerned with Overseas Chinese work will take the lead in changing this situation and place their work of attracting ethnic Chinese talents in a more important position…"② Later in 1999, he stressed the importance of ethnic Chinese as human talent needed for China's development and characterized the diaspora as a "treasury of human resoures".

In response to the Asian economic crisis, it had become evident that overreliance on ethnic Chinese capital and low-technology production were factors contributing to the vulnerability of China's economy. Moreover, preferential treatment of ethnic Chinese spurred regionalism and

① 江泽民．侨务工作要为改革开放和现代化建设事业作出更大贡献（1993 年 2 月 26 日）．国务院侨务工作会议．新时期统一战线文献选编：续编．北京：中共中央党校出版社，1997：52-456.

② 江泽民．侨务工作要为改革开放和现代化建设事业作出更大贡献（1993 年 2 月 26 日）．国务院侨务工作会议．新时期统一战线文献选编：续编．北京：中共中央党校出版社，1997：456.

destabilization of Chinese society (Bolt, 2000: 92 – 105). Hence, Jiang focused on the knowledge diaspora expressing great hopes in the potential of returning Chinese graduates for realizing China's global investment ambitions captured in the phrase of "going out" (走出去) launched in 2001.

In 2001, Prime Minister Zhu Rongji seconded Jiang when underlining that China would change its political strategy from mainly attracting foreign capital to tapping the Chinese knowledge diaspora (Zweig, 2013: 594). In the mid-2000s the official strategy to meet the demands of the increasingly competitive global quest for human talent was to "select first-class students, sending them to first-class universities, to learn from first class academics". This strategy was followed up in 2007 to 2011 with a scheme of selecting and sending 5,000 research students from China's 49 most prestigious universities to study at esteemed US and European universities (Leung, 2015).

To support and incite permanent return or shorter visits, various departmentsand institutions were established and measures of high salaries, tenured-positions, beneficial tax rates, one-time bonuses and business loans, equipment, improved working conditions and multiple entry visas etc. were offered to entice both permanent return and short-term visits of different types (Leung, 2015). Starting in the late 1990s, a key-initiative among others was attracting overseas Chinese entrepreneurs to invest in industrial or enterprise parks (留学生创业园) offering excellent facilities and benefits in return for setting up high-tech companies. This concept proved successful with 60 such incubators having been set up in 2001 – 2002 involving 14,000 overseas graduates (6,000 alone in Zhongguancun in Beijing) in 4,000 high-tech companies (Cheng, Xi, 2003: 283). Over half maintained their main residency overseas (Zweig, Chung, 2004).

The efforts of the State to reach and shape the knowledge diaspora were remarkable with initially a mobilization of officials in embassies and consulates establishing more than 2,000 overseas students' and 300 professional associations for Chinese scholars abroad (Xie, 2011). Supplementing the various central and local activities of these associations were major events held in China to attract overseas students such as the big annual Guangzhou Convention of Overseas Chinese Scholars in Science and Technology (中国留学人员广州科技交流会) (held since 1998) attracting 200,000 participants (Leung, 2015). Establishing domestic associations for returning overseas entrepreneurs such as Chinese Merchants Association under the auspices and leadership of AFROC. Ministry of Education also set up the Association for Chinese Students Returning from Abroad to cater for returned overseas students. National broadcasting of award ceremonies constitute another of the numerous and varied activities to highlight the importance of the category of the knowledge diaspora and the officials working within this area (Xiang, 2011; Leung, 2015).①

Still, it remained a problem for China to "empower the nation through talent", when the majority of Chinese overseas graduates preferred to stay on living their lives abroad. However, in

① For an overview of the efforts of the Chinese Ministry of Education in luring the knowledge diaspora to return see www. moe. gov. cn/publicfiles/business/htmlfiles/moe/s3917/201007/91574. html (accessed Aug. 27, 2015).

line with leading international economists on tapping knowledge diasporas (Dufoix, 2011: 5), it was politically realized that serving the Chinese nation could also be achieved if the notion of serving China was less strictly related to the political and geographical boundaries of the state and replaced with a flexible attitude underscoring the possibility of transnational mobility. In 1996, the official slogan of "returning home to serve the country" was thus replaced by "serving the country" implying that participation in China's reform process could also take place at a distance and permanent return was not the only option for China's knowledge diaspora to contribute with their knowledge and expertise (Cheng, 2003: 45; Zweig, 2006a: 69, 74). This position of the state towards the Chinese knowledge diaspora was made explicit in 2001 with new policies of returnees' freedom of movement captured by the 12-character slogan, "Support overseas study, encourage returns, guarantee freedom to come and go" （支持留学，鼓励回国，来去自由） (Zweig, 2006a: 68-69).

Recruitment programs such as the grand scale "1000 Talents Plan" （千人计划） starting in 2008 provided flexibility of return coupled with numerous individual incentives of preferential treatment such as generous salaries, tenured positions, start-up packages as well as tax and housing privileges still did not have a sufficient impact on reversing the trend of staying abroad for the top scientists.① Still, an official report made in 2013 revealed that a vast majority (87 percentage) of Chinese top scientists and engineers living abroad had no plans of returning to China and in 2012 close to two thirds of Chinese having left for overseas studies since 1978 had never returned.② In response to this situation, the Ministry of Education recently announced even more flexibility of the conditions for academics and researchers to leave and return China for short visits.③

President Xi Jinping has thus confirmed the diaspora policies of producing overseas talent by supporting overseas Chinese studies abroad without overt force of return, but warnings of more state control with overseas students were made clear in his speech on the Work Conference of the United Front Work in May 2015 by stressing that overseas Chinese students were to become a new focal point in United Front Work.

"We want to uphold the policy that supports students studying abroad, encourages them to return to China, gives them the freedom of leaving and coming back, and explore the roles they can play; and we encourage Chinese students studying overseas to either return to China to work, or serve the country in multiple other ways...You can begin to take note of how the Party is making [Chinese students studying abroad] a new focal point in United Front Work."④

---

① See e. g. the website of "1000 Talents Plan": http://www.1000plan.org.

② ZHANG Y C. Fight against "brain drain". (2013-10-30) [2015-07-28]. http://usa.chinadaily.com.cn/china/2013-10/30/content_17067821.htm; A summary of the "Report on the development of overseas Chinese students 2012". The financial times. (2013-01-17) [2015-07-28]. http://www.ftchinese.com/story/001048523.

③ Ministry of Education (People's Republic of China). The Overall Situation of Studying Abroad. [2015-08-27]. http://www.moe.edu.cn/publicfiles/business/htmlfiles/moe/s3917/201007/91574.html.

④ 张峰：习近平中央统战工作会议重要讲话的8个创新性亮点．人民网．(2015-06-06) [2015-07-21]. http://politics.people.com.cn/n/2015/0606/c1001-27113670.html.

4. The Chinese diaspora as public diplomats: shifts in Chinese diaspora policies by the turn of the new millennium

Entering the new millennium, China changed its leadership with Hu Jintao as President (2003) and Wen Jiabao as Premier. Under the Hu-Wen leadership China's already revitalized regional relations with Asian neighbours and major world powers successfully expanded to seeking new friends in Africa, Middle East and Latin America while building confidence by promoting the image of China as a responsible and peaceful player on the international scene. As China experienced consistent economic growth and developed its international status into becoming a major global economic power a more active foreign policy strategy was also gradually called for. ①

China's burgeoning interest in increasing its weight in global affairs beyond its economic status was especially inspired by Joseph Nye's theories of enhancing a country's global position by means of offering the world attractive culture, political and social values, and foreign policies (Nye, 1990, 2004). The influence of a respectable national image was of course not foreign to China's leaders, since the CCP had early understood the significance of both image making and external propaganda. The concept of "soft power", however, gained impact among Chinese highest political leaders only from 2006 onwards when Hu Jintao is reported to have related soft power directly to China's future international status (D'Hooghe, 2015: 97). ②

Increasing China's soft power as a precondition for China's international competitiveness was officially endorsed when President Hu addressed the importance of "soft power" for China in his report to the 17th National Congress of the Communist Party of China in October 2007 (Li, 2008: 289 – 290). ③ In his address, he stressed Chinese culture and ancient civilization as being the most important resources for Chinese soft power. ④ Following this official authorization, the implementation of the policies to generate soft power started vigorously with cultural, educational, academic, business and other people-to-people and official diplomatic activities with countries around the world (D'Hooghe, 2015; Zhu, 2013: 5). Chinese language and culture was promoted abroad by among many other things establishing Confucius Institutes around the world (Zhang, 2007: 118 – 119). International events to exhibit China's achievements such as the Olympics (2008), Asia Games (2010) and Shanghai World Expo (2010) were attracted to China. Simultaneously, the image-making activities were underscored by globally expanding Chinese publicity departments and China's large media groups (Xinhua, China Central Television, China Radio International, and China Daily).

China's new role as the engine for economic growth in Asia after the 1997 financial crisis and

---

① The economic rise of China has been discussed in numerous publications. See, for example, Ikenberry, 2008; Ross, 2008; Special issue on "Understanding china's Rise", Journal of Contemporary China, 2010.

② For the development of soft power debates in China, see D'Hooghe 2015; Wang, 2008; Wang, 2010.

③ Hu Jintao Calls for Enhancing "Soft Power" of Chinese Culture. Xinhua. (2007 – 10 – 15) [2015 – 07 – 21]. http://english.cpcnews.cn/92243/6283153.html.

④ Hu Jintao Calls for Enhancing "Soft Power" of Chinese Culture. Xinhua. (2007 – 10 – 15) [2015 – 07 – 21]. http://english.cpcnews.cn/92243/6283153.html.

its admission into the World Trade Organisation in 2001 and signing of free-trade agreements produced successful foreign and diplomatic relations first with South East Asian countries. China's former tense interactions with several of these states were replaced with a "China fever" and extension of political and social rights to Chinese minorities, even in Indonesia (Harding, 2008; D'Hooghe, 2015: 187 – 195; Hwang, 2010; Zhu, 2013: 171 – 200). Consequently, suspicion of ethnic Chinese as a "fifth column" dwindled significantly and was overtaken by official salutes to ethnic Chinese as economic assets in engaging with China (Liu, 2012: 830 – 831). In addition, the Philippines, Indonesia and Thailand had also become emigration states in their own right and active in soliciting political and economic support from their own diasporas, which reduced the level of suspicion towards China and Chinese diaspora activism.

Against this background, Hu Jintao broke in 2004 with China's principle of diplomatic non-engagement and non-interference since the Bandung conference in 1955. From now on China's foreign policy and diplomacy should serve the Chinese people and henceforth actively extend protection of Chinese overseas nationals. This new guideline and interpretation reflected both China's prominent position in Asia as well as the need for the Chinese state to respond to the extensive globalization of Chinese migration.

Only six years earlier in 1998, the collapse of the Suharto regime in Indonesia led to anti-Chinese riots with killings and rape of thousands of ethnic Chinese, but clinging to the non-interference policy the Chinese government did not take any measures of protection or initiated diplomatic dialogue. Strong reactions among ethnic Chinese around the globe highlighted the limits of China's traditional passive diplomatic approach. In light of its active policies of reclaiming loyalty and resources from the diaspora, China was expected to take action to defend and protect also the ethnic Chinese in Indonesia and display legal and moral responsibility. Six years later, 14 Chinese workers were killed in Afghanistan and Pakistan (Xia, 2005) and this time the Chinese state reacted by offering assistance to its nationals.

Following this incident, China started institutionalising its overseas protection system with consular protection centres and coordination structures to better safeguard especially Chinese migrants caught in natural or manmade disasters (Li, 2011b) An infrastructure at China's embassies was also set up to provide assistance and protection for Chinese businesses.

Since then, China has engaged in an increasing number of overseas rescue and emergency operations of Chinese nationals. Between 2006 and 2010, a total of approximately 6,000 Chinese nationals were evacuated after upheavals in Chad, Haiti, Kyrgyzstan, Lebanon, Solomon Islands, Thailand, Timor-Leste and Tonga and in 2011 alone 48,000 Chinese were flown out of Egypt, Libya and Japan (Duchatel, 2014: 46 – 48). Recently, almost all Chinese nationals working in Yemen were evacuated by Chinese warship and 476 Chinese contract workers from Djibouti in April 1, 2015.

Arriving from emergencies abroad, Chinese evacuees typically make the media headlines waving Chinese flags upon setting feet on Chinese ground and receiving greetings from China's top leadership. Such rescue actions lend the Chinese state a chance to assert itself as the responsible and moral power above local authorities and local ethnic Chinese leaders and associations. Wrapped in the discourse of humanitarian aid, ethnic Chinese of foreign nationalities have also been extended consular assistance and in so doing the Chinese state proves its willingness, obligations and legitimacy to care for the entire Chinese diaspora regardless of the nationality question.

Acts of overseas protection of Chinese are, carefully considered by the Chinese government from case to case to avoid appearing as interventionist and hence damaging diplomatic relations (Duchatel, 2014; To, 2014: 248 - 252). And it remains to be seen how much the government is willing to challenge diplomatic relations to rescue with or without (military) force Chinese overseas in future emergency situations. The last decade of rescue operations as well as China's extensive diplomatic activities reflect the Chinese government's increasing assertiveness as a global economic and political authority. In this new global setting conferring new authority to Beijing, the Chinese state's engagement and tapping of "its" diaspora also considerably changed.

Diaspora policies in a new context: Chinese diaspora as public diplomats

During the Hu-Wen era, the "going out" (or "going global") strategy initially driven by China's need for new sources of energy and commercial markets implied a major shift away from Deng Xiaoping's focus on "bringing in" (引进来) overseas Chinese investments and expertise to develop the domestic market. China's integration into global economy necessitated this outwards strategy for China's economic development and entailed emigration in both larger numbers and to new destinations than in the formative years of the 1980s and 1990s. Chinese migration was primarily directed to North America, Europe and Australia where globalization provided business, study and employment opportunities. Hence, in 2008, 45 million ethnic Chinese and Chinese nationals were according to Chinese calculations living outside of Chinese territory and of these 10 million had left China after 1978 (Zhuang, 2012: Zhang, 2014; Xiang, 2003).① The new migrants replenished existing Chinese communities in Asia (33 million were to be found in South East Asia), but came to constitute the majority in Europe, Africa and Oceania.

The re-configured Chinese diaspora with greater geographic dispersal and novel concentrations in post-industrial countries with less complicated histories of Chinese migration than Southeast Asia increased its potential. Moreover, the new segment of the Chinese diaspora being mobile, resourceful and possessing cultural, social and political identities often in convergence with the Chinese state offered valuable diasporic assets to China. To target this particular group of the diaspora a new discursive category was introduced— "new migrants" (新移民) —and endorsed politically at the highest level (Liu, 2005; Nyeri, 2004). In 2005, Hu Jintao expressed the need to collaborate with this new group within the diaspora with these words: "The new Chinese migrants and the new generation of ethnic Chinese are a new force of high quality, higher potential, full of vitality and vigour. We need to look at a distance and on the basis of their characteristics and needs practically strengthen friendship and cooperation with them and in this way

① Including 2 million migrants from Hong Kong and Taiwan.

ensure that the source of overseas Chinese affairs may continue to develop”. (Xu, 2012: 16)

The potential and quality of the “new migrants” was according to State Councilor Dai Bingguo (戴秉国) opening speech at the National Overseas Chinese Affairs Work Conference in 2011 (全国侨务工作会议) that “new migrants” were increasingly taking up higher positions in their local societies of residence, but at the same time maintaining and bolstering their Chinese cultural identities (Zhen, 2011). The potential of the “new migrants” thus lied according to Dai in their higher level of resources, power and cultural loyalty than other parts of the diaspora and should be seen in the perspective of China's “going out” strategy in which loyal supporters abroad were more relevant than ever.

As part of the Chinese state's ambitions of raising not only China's economic position in the world, but also generating “soft power” to achieve its foreign policy objectives of more global influence the Chinese diaspora became essential as “public diplomats”.

At the National Overseas Chinese Affairs Work Conference held in February 2005, Hu Jintao confirmed the trio of long-term objectives of China's diaspora policies ever since Deng Xiaoping of strengthening economic reforms, national unity and international relations. In fact, the relationship between domestic and international compatriots was for the first time elevated to one of the five major social and political relationships to pay attention to in CCP and governmental work (Zhao, 2013: 17).① Cast in the political lingo of the Hu-Wen leadership the three main objectives of Deng's diaspora policies were reconfirmed as the “three great achievements” to be accomplished by way of the diaspora: Firstly, to make China become a “moderately prosperous society” (小康社会), secondly, to rely on the diaspora to oppose and contain Taiwan's separatist forces of independence, and thirdly, to unfold “civil diplomacy” (民间外交) to strengthen China's position in the world.② While the last objective of employing the Chinese diaspora as connections to the international world was not new-fangled, the conceptualisation of this task as being conducted as “civil diplomacy” was novel and the political implications remained vague.

It was only from the next National Overseas Chinese Affairs Work Conference held in 2011 that “civil diplomacy” in relation to the diaspora was somewhat clarified. In the interim years, the concept of “public diplomacy”③ (公共外交) had been widely debated in Chinese political and academic circles and four goals of such diplomatic efforts were identified by Ingrid D'Hooghe as making the outside world understand China's political system and policies, acknowledge China as a reliable and responsible economic partner, perceive of China as a trustworthy and responsible member of the international political community, and finally respect China as an ancient, but vivacious civilisation (D'Hooghe, 2010: 24).

Deputy Director-General of the CCP's Central Committee's Office for Foreign Affairs Qiu Yuanping (who in 2013 became Director of the Overseas Chinese Affairs Office of the State

① Hu Jintao, speech in *People's Daily*. March 1, 2005.

② 把海内外中华儿女的力量凝聚起来　为实现中华民族伟大复兴共同奋斗——胡锦涛总书记会见全国侨务工作会议代表. 侨务工作研究, 2005 (1). http://qwgzyj. gqb. gov. cn/tbbd/122/139. shtml.

③ For an overview of the definitions and study of “public diplomacy”, see Cull, 2008; Gilboa, 2008; Melissen, 2007.

Council) argued in an article in 2010 that "civil diplomacy" really took off in China after the Olympic Torch relay in spring of 2008 (Qiu, 2010). Riots in Tibet broke out simultaneously and protest movements against China impacted the torch relay especially in Europe. Encouraged by Chinese language media including social media, the Chinese diaspora reacted strongly and quickly against US and European media coverage of the Tibet riots with numerous demonstrations and in some cases aggressive assaults in major cities across the world (D'Hooghe, 2015: 243 - 247; Li, 2011a). "Western" media coverage on China's Tibet policies and the impact of diaspora demonstrations apparently made China's leaders decide on the need to project their own image of China to the world by implementing more effectual public diplomacy.

Public diplomacy came officially also to involve the Chinese diaspora as Hu Jintao in 2011 at the National Overseas Chinese Affairs Work Conference made it clear that the third leg in China's diaspora policies were to be public diplomacy conducted and performed by the Chinese diaspora. Highlighting the importance of the meeting, Hu Jintao chaired the opening ceremony accompanied by other Politbureau members and high-ranking government leaders. One of the highest-ranking diplomats and advisors to Hu Jintao on foreign affairs State Councillor Dai Bingguo had been invited as opening speaker. This choice of speaker suggested the new role conceived of the Chinese diaspora as facilitators of China's foreign policy goals. Dai Bingguo thus explained the need for the Chinese living abroad to become public diplomats of China in their countries of residence as China now would enter a more complicated foreign policy situation (Zhen, 2011).

Director of the Overseas Chinese Affairs Office of the State Council Li Haifeng (李海峰) confirmed at the same meeting this new policy by affirming that one of the future main objectives of overseas Chinese affairs would be to let ethnic Chinese serve as public diplomats. She loosely defined this new concept as overseas Chinese becoming "bridges of communication between China and the world". As friendly ambassadors of China, Chinese abroad were anticipated to take on the tasks of presenting China in a positive light to mainstream societies in their respective countries of residence. Secluded "China Towns" around the world were encouraged to open up and integrate better into local communities to improve China's international image and to gain more influence in their respective countries of residence. Means of accomplishing these new ambitions of making the diaspora instrumental in public diplomacy were at this stage still familiar diaspora strategies of uniting ethnic Chinese associations under PRC guidance, strengthening overseas Chinese media and increasing Chinese culture and educational activities and facilities (Xie, 2011; Xu, 2012: 73 - 74; Zhen, 2011).

At the conference, the Deputy Director of Overseas Chinese Affairs Office of the State Council Xu Yousheng summarized the new strategy for overseas Chinese affairs work in the upcoming five-year plan period as that of "three expansions" being the areas of attracting investments and talents, protect and promote national unity, and generate national soft power by way of public diplomacy (Zhen, 2011). These policy directives were shortly after the conference reflected in the State Council's "Plan for the Development of National Overseas Chinese Work (2011 - 2015)" (2011, No. 27), which was a plan specifically addressing overseas Chinese work and issued for the first time ever by the State Council (Zhen, 2011).

It stated the primary objectives of diaspora policies as contributing to economic development and national unity, but now also specifically emphasizing public diplomacy. ① The "Plan" has not been openly published, but judging from the provincial and municipal implementation plans from Guizhou, Jiangsu, Shandong and Tianjin public diplomacy and connecting to the diaspora in general by way of strengthening associations, media and cultural work entered the list of the most important tasks within future overseas Chinese affairs, albeit only down the list of initiatives headed off in all provincial cases with the task of attracting more business funding and entrepreneurial talents. ②

In February 2012, the new political strategy emphasizing the diaspora's role as an important part of China's public diplomacy was underlined when Vice Minister of the Ministry of Foreign Affairs He Yafei was appointed Deputy Director of the Overseas Chinese Affairs Office of the State Council. A year later in March 2013 longtime leading official in the Ministry of Foreign Affairs Qiu Yuanping was assigned the Director of the Overseas Chinese Affairs Office of the State Council replacing Li Haifeng. Obviously, appointing two MOFA leaders with academic backgrounds in international relations to the top positions of the OCAO reflected a determination at the highest political level to endorse the OCAO with new political obligations directly related to China's foreign policy goals and thus a major shift in diaspora policy focus away from perceiving the diaspora as primarily a financial and knowledge resource.

China's diaspora policies had with this turn of making the Chinese diaspora both the instrument and promoter of public diplomacy entered a new phase, albeit it was unclear what an emphasis of public diplomacy would entail. The concept of public diplomacy is defined in various ways around the globe. There is a common understanding that public diplomacy strives to achieve national image and narrative constructions as performed by the state, but increasingly in a more modern interpretation by civil society agents of public influence (Melissen, 2007). Paul Sharp, has argued that today public diplomacy can be described as "the process by which direct relations with people in a country are pursued to advance the interests and extend the values of those being represented" (Sharp, 2007). That public diplomacy increasingly is relying on informal communication closely tied to foreign policy objectives also seems to have become the common understanding in Beijing by which the Chinese diaspora is seen as one of many important vehicles for communication with foreign publics and politicians.

China has traditionally relied on public diplomacy of revolutionary origin dating back to the

---

① State Council issues' plan for the development of national overseas Chinese work. (2011 - 2015) [2015 - 05 - 15]. http://blog.sina.com.cn/s/blog_970b37ca0100yc3k.html.

② 贵州省人民政府办公厅转发省侨务办关于贯彻落实国家伤务工作发展纲要（2011 年—2015 年）实施意见的通知　黔府办发〔2012〕60 号；贵州省人民政府公报 2013 年第 1 期；省政府关于贯彻国家侨务工作发展纲要（22011—2015 年）的实施意见　正苏政发〔2012〕44 号；山东省人民政府关于贯彻国家侨务工作发展纲要（2011—2015 年）的实施意见　鲁政发〔2012〕48 号；关于贯彻落实国家侨务工作发展纲要（2011—2015 年）的意见　津政办发〔2012〕35 号.

early days of communism with propaganda orchestrated by the government and the CCP. In fact, strategy making and decisions related to public diplomacy work is conduced by the State Council Information Office and in particular the CCP's Office of External Publicity, rather than by the Ministry of Foreign Affairs as it is customary in many other countries. In China, the latter is primarily engaged in the implementation of policies (D'Hooghe, 2010: 21). However, the challenges China are facing in a postmodern and transnational world in terms of controlling and influencing the global image of China would require more than a centralized government-to-government diplomacy or traditional propaganda efforts. In relation to the diaspora this was especially recognized and reflected in All-China Federation of Returned Overseas Chinese hiring of 107 consultants among Chinese overseas living in 22 countries to promote Chinese interests in their countries of residence. ①

In 2010, Director-General of the Central Committee's Foreign Affairs Office Qiu Yuanping published an article on the need for public diplomacy ("Studies on International Affairs"). In this, she claimed that the policies towards China of foreign governments were by now shaped also by think tanks, interest groups, NGOS, media and public opinion, which called for more than simply traditional diplomacy of civil servants in Ministries of Foreign Affairs (Qiu, 2010: 2). She defined public diplomacy as "...essentially public-oriented two-way communication, a public relations activity seeking consensus on an equal basis", "it is mainly meant to influence the foreign public's attitude to the formation and implementation of our foreign affairs policies and in this way have a positive impact on the implementation of these". And as for the implementation of public diplomacy she envisioned that "the state is the main actor in international relations and the government has the responsibility dig out, train, integrate and mobilise the resources for public diplomacy. According to the interests of the country and the need for conducting work overseas the government plans, organizes, authorizes, assigns, and supports the social elite and general public in their efforts of primarily disseminating and communicating. Government officials and the general public join forces with the counterpart to develop public diplomatic activities, but it is neither the government taking over everything, nor can the public completely act as it pleases" (Qiu, 2010: 2).

Deputy Director of the Overseas Chinese Aftairs Office of the State Council He Yafei supplemented Qiu's examination in his elaboration of China's diaspora diplomacy published in the Chinese journal *Public Diplomacy Quarterly* (《公共外交季刊》) in December 2012. He explained that "due to the mischiefs of ideology and the Cold War mentality, our official external propaganda activities have been easily drawn into question by foreigners who also misinterpret and misunderstand... China's propaganda has been criticized for not telling stories, but being too didactic" (He, 2012). This have according to He had the consequences that a wrongful image of China has developed, because of the envy and suspicion of the US. "Western" countries led by

---

① 中国侨联拓展海外联谊，壮大对我友好力量. 中国新闻网. (2009-07-09) [2015-09-16]. http://www.chinanews.com/hr/news/2009/07-09/1768444.shtml.

the US, he argued, had in their own interests developed various theories of China's collapse and other malicious images influencing public opinion making about China (He, 2012).

To counteract such obstructions, He on behalf of the Overseas Chinese Affairs Office of the Stade Council advocated that public diplomacy of the diaspora was needed, "I believe that public diplomacy can have a major effect. Effective public diplomacy can create a favourable environment for public opinion making by reducing doubt and hostility towards China exposed by Western and neighbouring countries. It can create a favourable international environment for China's peaceful rise and let the international society recognise China's 5,000 years of accumulated civilization and wisdom".

He Yafei outlined how China's diaspora diplomacy through proper guidance and patient motivation of the loyal Chinese diaspora through various overseas Chinese media could achieve that foreign governments and civil societies would create a more positive "story" about China's national conditions, values, policies and development. Hence, He defined diaspora diplomacy as "implying overseas Chinese work propaganda, overseas Chinese education, overseas friendship, protection of rights and much other basic work...that effectively will enhance China's international image and increase China's soft power..." (He, 2012). He Yanfei compared the new objective of the Chinese diaspora and stressed that it would not different from how e. g. Israel, India and Japan were influencing local politicians in the US and Peru through their diasporas (He, 2012). He repeated these views in 2014 denoting a continued emphasis on mobilizing the diaspora to serve China's foreign policy objectives. ①

Exactly the case of Israel and the strong Jewish diaspora in the US may have been the source of inspiration for the Chinese government to introduce the novel objective of making the Chinese diaspora become directly involved in achieving China's foreign policy goals. The Chinese and Jewish diasporas share commonalities such as being materially strong and considering their "homelands" as critical to their identity; and the "homelands" both regard their diasporas as integral part of the respective nations and cultivates them. However, the Jewish diaspora in particularly the US is in contrast to the Chinese diaspora a crucial political and diplomatic asset for Israel in its situation of diplomatic isolation (Shain, 2003). This situation of a politically very well organised Jewish diaspora successfully lobbying American elected officials to support foreign policy priorities of the "homeland" seems to be corresponding to the new goal for China's diaspora policies.

5. Governing the Chinese diaspora: diaspora policies in a comparative perspective

Employing the Chinese diaspora as civil diplomats was not an altogether new strategy of the Chinese government who actively had encouraged ethnic Chinese political participation in e. g. the

---

① 娄晓，何亚非．华侨华人是侨务公共外交最自觉推动者．中国新闻网．(2014－03－07)［2015－09－16］．http：//www.chinanews.com/zgqj/2014/03－07/5925293.shtml.

US and the UK (Liu, 2012: 831). The Chinese government had also pursued winning over more ethnic Chinese allying with the Republic of China and changing the international public opinion to accept China's claim for Taiwan and its "One country, two systems" policy. In fact, efforts to oppose Taiwan's independence forces intensified with pro-Taiwanese Democratic People's Party in power from 2000 to 2008. Beijing engaged in a vast range of attempts to curb the ideological threat of Taiwan independence challenging the very essence of Beijing's entitlement to define "Chineseness" and "China" as a nation-state. Some of these measures comprised PRC embassies and consulates busily setting up various associations such as the China Council for the Promotion of Peaceful National Reunification (中国和平统一促进会) subordinate to the United Front Department of the CCP. This association is led by the Vice President of the National People's Consultative Conference and subsequently it has established more than hundred subordinate local associations around the world and major annual conferences are held in the PRC. Local dignitaries were invited in as honorary members or as part of local leadership.

Although not having attracted much international attention this major umbrella association came to constitute a well-structured global network working along the lines of public diplomacy to counteract "Taiwan independence" movements by winning over ethnic Chinese support and influencing foreign media and international political decision-making. As public diplomacy and other measures towards moulding global and domestic public opinion on the Taiwan issue proved successful and with the KMT coming to power in 2008 making pro-Taiwanese supporters less influential, public diplomacy activities towards the Chinese diaspora were directed at the escalating pro-independence forces of Tibet and Xinjiang.

Talking to delegates at the Eighth National Congress of Returned Overseas Chinese July 2009 and their relatives Wang Zhaoguo (Politbureau member, former head of China's United Front Dep.) urged delegates and the Chinese diaspora in general in the light of the on going clashes between Uighur and Han in Xinjiang Province to "thoroughly understand the principle that 'national unity is a blessing and national separatism a disaster'" and "to resolutely support the Party and Government in safeguarding the unity of nationalities and social stability"①. In 2010, the Fifth Conference for Friendship of Overseas Chinese Associations was held in Beijing with 600 Chinese overseas representatives over the theme "Protect a unified China—the Situation and History of Xinjiang and Tibet". The same topic was taken up again in Dec. 2013 at the Ninth National Congress of Returned Overseas Chinese and their Relatives by Vice President Li Yuanchao emphasizing the overseas delegates' role in supporting the unity of all nationalities in China and fighting against all kinds of separatist forces, no longer just pro-Taiwan independence movements. ②

So far, efforts of PRC public diplomacy in relation to the Chinese diaspora have thus been

① 王兆国在第八次全国归侨侨眷代表大会上的祝词．中国侨联信息网．(2009－07－26) [2015－09－16]. http://www.chinaql.org/sites/ql/c107/d_4792.html.

② 李源潮同志在第九次全国归侨侨眷代表大会上的祝词．中国侨联信息网．(2013－12－04) [2015－09－16]. http://www.chinaql.org/sites/ql/c159/d_20131206000359295583.html.

primarily implemented to prevent separatism and political ideas posing both ideological and security threats to Chinese state. ① Employing the Chinese diaspora to gain support for PRC's stand towards Taiwan, Tibet and Xinjiang is making public diplomacy serve the purpose of sustaining PRC's territorial claims and state integrity. However, the novel objective of China's diaspora policies of feeding China's foreign policy by winning overseas clout is signalling a major shift from tapping the diaspora for domestic material or territorial purposes to governing the diaspora to gain political impact in favour of China's foreign affairs and hence involving stakeholders beyond the Chinese state's territorial reach.

The increasing anticipations of the Chinese state towards the Chinese diaspora's contributions to China's domestic development and international standing from the turn of the millennium also became reflected in the Chinese state's new and strengthened measures to directly and symbolically engage the Chinese diaspora. As shown above overseas protection of Chinese nationals in distress became a necessary step for the Chinese state in order to demonstrate its sincerity in establishing a reciprocal relationship between state and diaspora. Foreign affairs relations to e. g. Southeast Asia could no longer dominate Chinese diaspora policies as the Chinese diaspora increasingly expected acknowledgement and influence in national Chinese affairs in return for obligations to the Chinese state.

It became clear, however, that the emblematic rescue actions of Chinese nationals, preferential treatment, economic privileges and symbolic engagement no longer met the expectations of the Chinese diaspora. For the Chinese diaspora to act as a political, economic and social community in a dual relationship to both country of residence and to China called for more concessions of the Chinese state. Starting in 1999, diasporic Chinese officially argued at the national convention of the Chinese People's Political Consultative Conference (CPPCC) that the Chinese state's claims for transnational loyalty entails extending political rights such as dual citizenship as an increasing number of migrant sending states offer their naturalized diaspora populations. As this proposal was not accepted well, a new attempt was made CPPCC after lively discussions by Chinese official and social media in 2004, but it was again rejected by the Chinese government with reference to the sensitivities of this issue in relation to Southeast Asia (Liu, 2012: 826–828; Wang, 2006: 302). Instead, a permanent residency card (Chinese green card) scheme for high-end foreign experts was introduced in 2004, albeit only issued to 4,700 foreigners between 2004 and 2011. ② In 2015, the government also made it possible to apply for long-term visa to make it more convenient and less costly for transnational Chinese of foreign citizenship to travel back and forth to China.

The Chinese diaspora's plea for being acknowledged as transnational members of the Chinese

① 李海峰：中国侨务部门五措施加强涉疆涉藏侨务工作．中国新闻网．(2015-05-07) [2015-05-18]. http://www.chinanews.com/hr/news/2010/05-07/2269809.shtml；许又声：侨务部门要将涉藏侨务工作推向前进．中国新闻网．(2010-08-16) [2015-05-18]. http://www.chinanews.com/zgqi/2010/08-16/2469026.shtml.

② Green card threshold lowered. China Daily. (2015-06-09) [2015-05-18]. http://www.chinadaily.com.cn/china/2015-06/09/content_20944896.htm.

state should be seen in the perspective of an increasing number of emigration states tapping their diasporas and in return providing the possibilities of dual citizenship and in some cases also voting rights (Gamlen, 2008; Rhodes, 2010; Turcu & Urbatsch, 2015). The Chinese government refused the proposal by referring to China's troubled past concerning the nationality issue with Southeast Asian states and the fact that most Asian countries do not accept dual citizenship either. However, as an authoritarian state China has no obvious reason to offer dual or plural citizenship apart from appeasing the diaspora. In contrast, democratic states offering dual or plural citizenships also often offer external voting and political rights as in the cases of Brazil, Mexico, Croatia and the Dominican Republic (Itzigsohn, 2012; Padilla, 2011; Rhodes, 2010; Spiro, 2012: 216 - 217). The present Chinese party-state, however, will not be enchanted by the diaspora as a potential extra-territorial constituency and thus is not likely on this ground to accept the Chinese diaspora's claim of dual citizenship. This specific political situation is also reflected in the Chinese state's symbolic offer of political recognition of the diaspora as non-voting delegates to annual conventions of the political advisory body CPPCC. From 2001 to 2007, 247 mostly professional ethnic Chinese coming primarily from outside of Asia attended these annual meetings (Liu, 2012: 825). China's motivation to ensure the support of the diaspora is high, but for the diaspora to remain loyal objects of governance the Chinese government is obviously opting for other governing measures than dual citizenship and ensuing political rights.

As other emigration states China has implemented measures to both draw the diaspora into a reciprocal relationship of rights and obligations as well as activities to cultivate diaspora identities (Gamlen, 2008). As China's diaspora policies were changing to also serve foreign policy objectives political measures of both constructing the diaspora and integrating the diaspora were also undergoing transformations of protruding beyond the Chinese state boundaries. As the means and measures implemented by the Chinese state in relation to the diaspora were manifold, I will exemplify by two measures how the governing of the diaspora has been increasingly directed towards the entire diaspora regardless of citizenship and how it has been directed overseas political activities as means to co-produce diverse types of Chinese diasporas.

As mentioned above when emigration was legalized in the early 1980s, the Chinese state passed a law in 1990 extending rights and special privileges to returning migrants as well as emigrants' relatives and dependents already living in China.① The special status of returning migrants and migrant families was reconfirmed in 2004 when the law was amended,② but these revisions had already by large been included in civil legislation for all Chinese citizens (Liu, 2010) and no longer provide these particular groups with any special status. Instead, preferential treatment has been bestowed to the returning Chinese graduates and entrepreneurs as shown above.

This reflects the shift of interests of the Chinese state from extracting remittances and financial

---

① 国务院侨务办公室．中华人民共和国归侨侨眷权益保护法．[2015－05－18]．http：//www. gqb. gov. cn/node2/node3/node5/node9/userobject7ai1272. html.

② 姚秀芝．《中华人民共和国归侨侨眷权益保护法实施办法》新增内容述要．侨务工作研究，2004（3）．[2015－07－24]．http：//qwgzyj. gqb. gov. cn/tbbd/118/547. shtml.

investments to increasingly encouraging highly skilled expatriates and scientific researchers to contribute with knowledge and innovation towards domestic economic growth. The various economic and social privileges offered the Chinese knowledge network for temporary stays in China highlights the Chinese state's recognition of these talents' transnational constitution. Although measures in abundance are implemented in China to seek the return and retention of Chinese diasporic knowledge capital, the recognition of research and commercialization collaboration between diaspora members and locally based researchers is also as in some other countries (Kuznetsov, 2006) increasingly acknowledged. Hence, with the targeted export of students to overseas educational institutions the Chinese government has become co-producer of a transnational knowledge diaspora is attended to with transnational engagement and privileges.

Diaspora governance focusing on cultivating the diaspora by maintaining national culture has in China as in many other countries been undertaken by reference to shared blood, cultural and territorial ties (Barabantseva, 2011; Gamlen, 2008: 845; Thun, 2001). An impressive institutional bureaucracy has been set up to perform the tasks of especially promoting Chinese diaspora associations, Chinese education and supporting overseas Chinese media. One example of the increasingly strong institutionalisation of implementing diaspora policies is the two parallel administrative bodies of the Overseas Chinese Affairs Office of the State Council① and the mass-organisation of All-China Federation of Returned Overseas Chinese (AFROC). During the period from 2000 to 2012, AFROC increased its network from 8,000 to 18,400 affiliated representations in all Chinese provinces, cities and autonomous districts down to the village level (Thun, 2001: 916). ② Originally established in the 1950s, AFROC was concerned with all domestic Chinese overseas and in particular the returned Chinese (Fitzgerald, 1972: 30 – 33), but it broadened its scope of operations in the economic reform period to actively liaise with the diaspora and assist them with investments in local Chinese societies. In response to recent political calls for the diaspora to engage in public diplomacy, AFROC Chairman Lin Jun underlined the urgent necessity for AFROC to step up its international work in relation to Chinese associations, Chinese education and Chinese media. ③ It waits to be seen if AFROC is to establish representations overseas.

The Overseas Chinese Affairs Office of the State Council is already involved in the extraterritorial projection of diaspora governance with its copious activities in promoting Chinese associations, Chinese education and Chinese media (Barabantseva, 2005; Brady, 2009; Liu, 1998; Sun, 2005; To, 2014: 126 – 189). In 2014, to better support the recent strategy of

---

① Overseas Chinese Affairs Office of the State Council. english. gov. cn. (2014 – 09 – 12) [2015 – 07 – 24]. http: // english. gov. cn/state_council/2014/10/01/content_281474991090995. htm.

② Chairman of All-China Federation of Returned Overseas Chinese Lin Jun: Attending to good governance and development. People's daily. (2012 – 10 – 25) [2015 – 07 – 22]. http: //cpc. people. com. cn/n/2012/1025/c64102 – 19380794. html.

③ 林军. 牢牢把握新形势下侨联工作的正确方向——学习习近平总书记关于涉侨工作的重要论述. 求是. (2014 – 11 – 17) [2015 – 07 – 23]. http: //www. chinaql. org/sites/ql/c17/d_20141117145106954114. html; 娄晓，杨凯淇. 中国侨联主席林军：用中国梦凝聚侨心侨力. 中国新闻网. (2013 – 12 – 02) [2015 – 07 – 23]. http: // www. chinanews. com/zgqj/2013/12 – 02/5568869. shtml.

enabling Chinese migrants to serve as public diplomats in their countries of settlement a new grand project of establishing social service centres for new migrants (华侨华人互助中心) has been initiated. The first service centre in cooperation with the local Chinese associations opened in August of 2015 in Suriname and Canada, but a total of 60 centres are planned in mostly non-Asian countries with new migrants and in close cooperation with Chinese diaspora associations. ①

The extraterritorial strategy of establishing of 60 service centres around the globe demonstrates how the Chinese government is investing in the production of a new type of diaspora that is to become quickly and well integrated in receiving societies. The new service centres will assist Chinese migrants with social services to enable them to fast gain a foothold and be of value for the Chinese state. This strategy is invoking a networked diaspora imaginary that is challenging place-based definitions of state governance, but perfectly in line with the objective of deploying the diaspora in their countries of residence as lobbyists or spokespeople of Chinese interest.

6. Conclusion

In 2014, the Overseas Chinese History Museum of China opened after 50 years in the making and signalled the continued significance of the Chinese diaspora in the 21st century to the Chinese government. Focusing on the contributions of the diaspora to China's historic and modern development the exhibitions feature China as a long-time emigration country and underscore that national loyalty of the diaspora and the Chinese state's claims to its resources are innate outcomes embedded in China's history. In doing so, this national museum contributes to the reimagining of the Chinese nation-state along transnational trajectories with the nation-state as its core and gatekeeper of diasporic membership.

In the 21st century, the Chinese state is thus no longer to be found in a responsive role in regard to a diaspora having emerged over time and ready to be tapped for resources. We are now witnessing that China just like a number of other states in response to globalization proactively is producing knowledge and entrepreneurial diasporas to be engaged for strategic domestic and international purposes. China's recent claim to a more powerful role in the world enforced under the new leadership of Xi Jinping and his active foreign policy strategy focusing on building international political alliances, rather than gaining economic cooperation (Sheng, 2007, 2008) has prompted the mobilisation of the Chinese diaspora for new purposes. "Rejuvenating" the Chinese nation through the shaping of patronage, loyalties, rights and responsibilities to other nations to become globally rule setting (Yan, 2014) implicates a major pursuit of enhancing China's soft power. To realise this ambition the Chinese government declared in 2011 that a strategic goal of its diaspora policies from now on would encompass the diaspora serving as agents of China's public diplomacy.

---

① The eight subprojects included the continued promotion of overseas Chinese associations, overseas Chinese education, Chinese gastronomy, Chinese medicine, cultural exchange, professional assistance and Chinese media assistance. http://qwgzyj.gqb.gov.cn/qwps/180/2527.shtml; http://www.chinanews.com/hr/2014/09-29/6643076.shtml; http://info.51.ca/news/canada/2015/08/19/396658.shtml; http://www.gqb.gov.cn/news/2015/0831/36489.shtml.

This preliminary study shows that Chinese diasporic policies are redefined as a more self-confident China asserting its position on the world stage. To enter into a reciprocal relationship with the resourceful Chinese diaspora the Chinese state has as other emigration countries with relatively large diaspora populations such as Mexico and Brazil vigorously implemented policies to further cultivate the diaspora and offering extensive privileges and rights to integrate the Chinese knowledge diaspora with the state. China as a one-party state, however, has refrained from the global trend of democratic emigration countries (Faist, 2007; FitzGerald, 2012) to extend political rights of dual citizenship and balloting to the Chinese diaspora. Being in no need of an extra-territorial constituency, but aspiring for global political leverage by way of the diaspora the authoritarian Chinese state would seem to be following an alternative trajectory as a diasporic state. Beijing is cultivating and governing the Chinese diaspora to become of value to China in the countries of residences, rather than re-including the diaspora at large as part of the Chinese state. In doing so, Beijing is both creating and governing the Chinese diaspora, yet without directly challenging the sovereignty of other countries, nor giving overt reasons for concern about the loyalty of the Chinese diaspora. Still, the Chinese government's latest diaspora policy shift of extracting the diaspora of resources for both domestic and in particular international purposes suggest a re-configuration of the Chinese diaspora state entailing policies and practices increasingly transcending territorial boundaries to strengthen a global Chinese diaspora network of reciprocal ties bound together in a complexity of multiple interests, cultural affinities and social relations.

Bibliography

[1] Understanding China's Rise. Journal of contemporary China, 2010, 19 (64).

[2] BARABANTSEVA E. Trans-nationalising Chineseness: overseas Chinese policies of the PRC's Central Government. Asien, 2005 (96).

[3] BARABANTSEVA E. Overseas Chinese, ethnic minorities and Nationalism: de-centering China. Routledge studies in Asia's transformations. New York: Routledge, 2011.

[4] BASCH L G, SCHILLER N G, SZANTON B C. Nations unbound: transnational projects, postcolonial predicaments, and deterritorilised nation-states. Amsterdam: Gordon and Breach, 1994.

[5] BOLT P J. China and Southeast Asia's ethnic Chinese: state and diaspora in contemorary Asia. Westport, CT: Praeger, 2000.

[6] BOLT P J. Contemporary Sino-Southeast Asian relations. China: an international journal, 2011, 9 (2): 276 – 295.

[7] BRADY A-M. 2009. U. S. -China economic & security review commission: China's propaganda and perception management efforts, its intelligence activities that target the United States, and the resulting impacts on U. S. national Security. [2014 – 09 – 23]. http://www.uscc.gov/sites/default/files/4.30.09Brady.pdf.

[8] BRETTELL C, JAMES F H. Migration theory: talking across disciplines. 3rd ed. New York and London: Routledge, 2015.

[9] BRUBAKER R. The "diaspora" diaspora. Ethnic and racial studies, 2005, 28 (1): 1-19.

[10] BUTLER K. Defining diaspora, refining a discourse. Diaspora, 2001, 10 (2): 189-219.

[11] CASTLES S, DELGADO-WISE R. Migration and development: perspectives from the South. Geneva: IOM, 2008.

[12] CULL N J. Public diplomacy: taxonomies and histories. Annals of the American academy of political and social sciences, 2008 (616): 31-35.

[13] D'HOOGHEI. The Expansion of China's Public Diplomacy System // WANG J. Soft power in China: public diplomacy through communication. New York: Palgrave Macmillan, 2010: 19-34.

[14] D'HOOGHE I. China's public diplomacy. Leiden: Brill Nijhoff, 2015.

[15] DUCH ÂM, OLIVER B, ZHOU H. Protecting China's overseas interests: the slow shift away from non-interference. SIPRI policy paper, 2014.

[16] TEL M, OLIVER B, ZHOU H. Protecting China's overseas interests: the slow shift away from non-interference. SIPRI policy paper, 2014.

[17] DUFOIX S. Diasporas. Berkeley and Los Angeles: University of California Press, 2003.

[18] DUFOIX S. From nationals abroad to "diaspora": the rise and progress of extra-territorial and over-state nations. Diaspora studies, 2011, 4 (1): 1-20.

[19] FAIST T, KIVISTO P. Dual citizenship in global perspective: from unitary to multiple citizenship. Basingstoke: Palgrave Macmillan, 2007.

[20] FITZGERALD D S. A nation of emigrants : how Mexico manages its migration. Berkeley: University of California Press, 2008.

[21] FITZGERALD D S. Citizenship à la carte: emigration and the strengthening of the sovereign state // TERENCE, MANDAVILLE P L. Politics from afar: transnational diasporas and networks. London: Hurst & Company, 2012: 197-212.

[22] FITZGERALD S. China and the overseas Chinese: a study of Peking's changing policy, 1949-1970. Cambridge: Cambridge University Press, 1972.

[23] GAMLEN A. The emigration state and the modern geopolitical imagination. Political geography, 2008 (27): 840-856.

[24] GILBOA E. Searching for a theory of public diplomacy. Annals of the American academy of political and social sciences, 2008 (616): 55-77.

[25] HARDING B. The role of the Chinese diaspora in Sino-Indonesian relations. China brief, 2008, 8 (16).

[26] HWANG J H, CHEN D X. China's harmonious Asia strategy. International area studies review, 2010, 13 (2): 105-124.

[27] IKENBERRY J. The rise of China and the future of the west: can the liberal system survive? Foreign affairs, 2008, 87 (1): 23-37.

[28] ITZIGSOHN J. A "transnational nation"? migration and the boundaries of Belonging //

TERENCE, MANDAVILLE P L. Politics from afar: transnational diasporas and networks. London: Hurst & Company, 2012.

[29] KANG D. China rising: peace, power and order in East Asia. New York: Columbia University Press, 2007.

[30] KUZNETSOV Y. Diaspora networks and the international migration of skills: how countries can draw on their talent abroad. Washington, DC: World Bank, 2006.

[31] LAI H M. Organizations among Chinese in America since the Second World War // LING C, WANG G W. The Chinese diaspora: selected essays. Singapore: Times Academic Press. 1998: 293 – 344.

[32] LAM W W-L. Chinese politics in the era of Xi Jinping: renaissance, reform, or regression? New York and London: Routledge, 2015.

[33] LEUNG M W H. Engaging a temporal-spatial stretch: An inquiry into the role of the state in cultivating and claiming the Chinese knowledge diaspora. Geoforum, 2015 (59): 187 – 196. doi: http://dx. doi. org/10. 1016/j. geoforum.

[34] LEVITT P, DE LA DEHESA R. Transnational migration and the redefinition of the state: variations and explanations. Ethnic and racial studies, 2003, 26 (4): 587 – 611.

[35] LI H M. Chinese diaspora, the Internet, and the image of China: a case study of the Beijing Olympic torch relay // WANG J. Soft power in China: public diplomacy through communication. New York: Palgrave Macmillan, 2011a: 135 – 156.

[36] LI M J. China debates soft power. Chinese journal of international politics, 2008 (2): 287 – 308.

[37] LIU G F. Laws protecting the rights and interests of returned overseas Chinese and their relatives: their relevance and adaptation // SADANANDA, B K PATTANAIK SAHOO. Global diasporas and development. New Delhi: Springer India, 2014: 305 – 315.

[38] LIU H. Old linkages, new networks: the globalization of overseas Chinese voluntary associations and its implications. The China quarterly, 1998 (155): 582 – 609.

[39] LIU H. New migrants and the revival of overseas Chinese nationalism. Journal of contemporary China, 2005, 14 (43): 291 – 316.

[40] LIU H. An emerging China and diasporic Chinese: historicity, state, and international relations. Journal of contemporary China, 2012, 20 (72): 813 – 832.

[41] LONG D G, DING M M, ZHANG X J. Recent strong growth of overseas Chinese investments and its profound impact. Overseas Chinese history studies, 2013 (2): 30 – 37.

[42] LYONS, TERENCE, MANDAVILLE P L. Politics from afar: transnational diasporas and networks. London: C. Hurst & Co. , 2012.

[43] MA L J C, CARTIER C. The Chinese diaspora: space, place, mobility, and identity. Lanham, Maryland: Rowman & Littlefield, 2003.

[44] MELISSEN J. The new public diplomacy: between theory and practice // MELISSEN J. The new public diplomacy: soft power in international relations. New York: Palgrave Macmillan, 2007.

[45] Migration Policy Institute. Total remittance inflows and outflows. [2015-07-24]. http://www.migrationpolicy.org/programs/data-hub/global-remittances-guide.

[46] NYE J S. Soft power. Foreign policy, 1990 (80): 155-171.

[47] NYE J S. Soft power: the means to success in world politics. Cambridge, MA: Perseus, 2004.

[48] NYERI P. Expatriating is patriotic? the discourse on "New Migrants" in the People's Republic of China and identity construction among recent migrants from the PRC // YEOH B S A, Willis K. State/nation/transnation. London: Routledge, 2004: 120-143.

[49] OECD. International migration outlook 2014 // OECD publishing, 2014. http://dx.doi.org/10.1787/migr_outlook-2014-en.

[51] PADILLA B. Engagement policies and practices: expanding the citizenship of the Brazilian diaspora. International migration, 2011, 49 (3): 10-29. doi: 10.1111/j.1468-2435.2011.00694.x.

[52] PETERSON G. Overseas Chinese in the People's Republic of China: Chinese worlds. Oxon: Routledge, 2012.

[53] PORTES A, LUIS E G, PATRICIA L. The study of transnationalism: pitfalls and promises of an emergent research FIELD. Ethnic and racial studies, 2002, 22 (2): 217-237.

[54] QIU Y P. The peaceful rise of China and public diplomacy. Studies on International questions, 2010 (6): 1-3.

[55] RAJAGOPALAN, MEGA, BEN BLANCHARD. China evacuates foreign nationals form Yemen in unprecedented move. (2015-04-03) [2016-02-12]. http://uk.reuters.com/news/picture/china-evacuates-foreign-nationals-from-y? articleld = UKKBNOMUOHM20150403&slideld=1037655541.

[56] RHODES S, HARUTYUNYAN A. Extending citizenship to emigrants: democratic contestation and a new global norm. International political science review, 2010, 31 (4): 470-493.

[57] ROSS R, ZHU F. China's ascent: power, security, and the future of international politics. Ithaca, NY: Cornell University Press, 2008.

[58] SHAIN Y, BARTH A. Diasporas and international relations theory. International organization, 2003, 57 (3): 449-479.

[59] SHARP P. Revolutionary states, outlaw regimes and the techniques of public diplomacy // MELISSEN J. The new public diplomacy: soft power in international relations. New York: Palgrave Macmilan, 2007, 88-103.

[60] SHENG D. Digital diaspora and national image building: a new perspective on Chinese diaspora study in the age of China's rise. Pacific affairs, 2007/2008, 80 (4): 627-648.

[61] SPIRO P J. Citizenship and diaspora. a state home for transnational politics? // TERENCE, MANDAVILLE P L. Politics from afar: transnational diasporas and networks. London: Hurst & Company, 2012: 213-227.

[62] SUN W N. Media and the Chinese diaspora: community, consumption, and transnational imagination. Journal of Chinese overseas, 2005, 1 (1): 65-86.

[63] THUNØ M. Reaching out and incorporating Chinese overseas: the trans-territorial scope of the PRC by the end of the 20th century. The China quarterly, 2001, 168: 910 –929.
[64] TO J J H. Qiaowu: extra-territorial policies for the overseas Chinese. Leiden: Brill, 2014.
[65] TRUCU A, URBATSCH R. Diffusion of diaspora enfranchisement norms: a multinational study. Comparative Political Studies, 2015, 48 (4): 407 –437. doi: 10.1177/0010414014546331.
[66] VARADARAJAN L. The domestic abroad: diasporas in international relations. New York: Oxford University Press, 2010.
[67] WANG C B, WONG S L, SUN W B. Haigui: a new area in China's Policy toward the Chinese diaspora? . Journal of Chinese Overseas, 2006, 2 (2): 294 –309.
[68] WANG J. Soft power in China: public dimplomacy through communication. Basingstoke, UK: Palgrave Macmillan, 2010.
[69] WANGY W. Public diplomacy and the rise of Chinese soft power. Annals of the American academy of political and social science, 2008 (616): 257 –273.
[70] XIANG B. Emigration from China: a sending country perspective. International migration, 2003, 41 (3): 21 –48.
[71] XIANG B. A ritual economy of “talent”: China and overseas Chinese professionals. Journal of ethnic and migration studies, 2011, 37 (5): 821 –838.
[72] YAN X T. From keeping a low profile to striving for achievement. The Chinese journal of international politics, 2014, 7 (2): 153 –184.
[73] ZHANG W F. Tapping soft power: managing China's “peaceful rise” and the implications for the world //SU J, GUO S P HUA. New dimensions of Chinese foreign policy. Lanham, Maryland: Lexington Books, 2007: 109 –131.
[74] ZHOU T M. Ambivalent alliance: Chinese policy towards Indonesia, 1960 – 1965. The China quarterly, 2015 (221): 208 –228.
[75] ZHU Z Q. China's new diplomacy: rationale, strategies and significance. Surrey: Ashgate, 2013.
[76] ZWEIG D. Competing for talent: China's strategies to reverse the brain drain. International labour review, 2006a, 145 (1 –2): 65 –89.
[77] ZWEIG D. Learning to compete: China's efforts to encourage a “Reverse Brain Drain” // PANG E F. Competing for global talents. Paris: International Labour Organisation. 2006b: 187 –213.
[78] ZWEIG D, WANG H Y. Can China bring back the best? the communist party organizes China's search for talent. The China quarterly, 2013 (215): 590 –615.
[79] ØSTERGAARD-NIELSEN E. International migration and sending countries: policies, perceptions and transnational relations. Palgrave Macmillan: Basingstoke, 2003.
[80] 程希. 当代中国留学生研究. 香港：香港社会科学出版社有限公司，2003.
[81] 程希. 侨务与外交关系研究：中国放弃“双重国籍”的回顾与反思. 北京：中国华侨出版社，2005.
[82] 何亚非. 发挥侨务优势，让世界了解一个真正的中国. 公共外交季刊，2012 (4):

23 – 28.
[83] 黄小坚. 归国华侨的历史与现状. 香港：香港社会科学出版社，2005.
[84] 李晓敏. 近现代中国政府对公民海外安全的保护比较. 华侨大学学报（哲学社会科学版），2011（3）：20 – 26.
[85] 娄晓，杨凯淇. 中国侨联主席林军：用中国梦凝聚侨心侨力. 中国新闻网.（2013 – 12 – 02）[2015 – 07 – 23]. http：//www. chinanews. com//zgqj/2013/12 – 02/5568869. shtml.
[86] 毛起雄，林晓东，编著. 中国侨务政策概述. 北京：中国华侨出版社，1993.
[87]《侨务工作研究》编辑部. 把海内外中华儿女的力量凝聚起来 为实现中华民族伟大复兴共同奋斗. 侨务工作研究，2005（1）. [2015 – 07 – 24]. http：//qwgzyj. gqb. gov. cn/qwps/180/2527. shtml.
[88] 乔岩. “海外惠侨工程”惠及广大侨民. 侨务工作研究，2014（5）. [2015 – 07 – 24]. http：//qwgzyj. gqb. gov. cn/qwps/180/2527. shtml.
[89] 谢萍. 全国侨务工作会议首提“侨务公共外交”. 中国新闻网.（2011 – 10 – 21）[2015 – 01 – 03]. http：//www. chinanews. com/zgqj/2011/10 – 21/3406592. shtml.
[90] 夏莉萍. 试析近年来中国领事保护机制的新发展. 国际论坛，2005（3）：28 – 32.
[91] 张秀明，密素敏. 国际移民的最新发展及其特点——兼析国际移民与华侨华人的概念. 华侨华人历史研究，2014（3）：1 – 19.
[92] 赵可金，刘思如. 中国侨务公共外交的兴起. 东北亚论坛，2013（5）：13 – 24.
[93] 甄歌. 全面部署“十二五”时期侨务工作——2011 年全国侨务工作会议综述. 侨务工作研究，2011（6）.
[94] 中国侨务通论课题组，编. 中国侨务通论：试用版. 广州：暨南大学出版社，2012.
[95] 中国新闻网. 第五届世界华侨华人社团联谊大会开幕.（2010 – 05 – 07）[2014 – 09 – 24]. http：//www. chinanews. com/tp/tp-hwcz/news/2010/05 – 07/2269732. shtml.
[96] 中央政府门户网站. 外交部设立领事保护中心 杨洁篪要求要以人为本.（2007 – 08 – 23）[2014 – 09 – 24]. http：//www. gov. cn/gzdt/2007 – 08/23/content_ 725700. htm.
[97] 中央政府门户网站. 王兆国在第八次全国归侨侨眷代表大会上的祝词.（2009 – 07 – 14）[2016 – 01 – 20]. http：//www. gov. cn/jrzg/2009 – 07/14/content_ 1365339. htm.
[98] 庄国土. 华侨华人与中国的关系. 广州：广东高等教育出版社，2001.
[99] 庄国土，张晶盈. 中国新移民的类型和分布. 社会科学，2012（12）：4 – 11.

“侨民”一词内涵辨析

吴金平*

在移民与华侨华人研究领域，一些如“华侨华人”之类的基本名词因其内涵与定义不清而曾经让研究者争论不休。为此，林伟然先生在1991年曾撰写《“华侨”称谓研究》①，专文对“华侨”一词的内涵详加讨论，对统一大家的认识起了很大的作用。

虽然“华侨华人”这样的称谓如今已为人们所熟知，其定义也不再引人争议，但在移民与华侨研究领域，新的词汇争议还是不时涌现。比如，近十多年来，侨民研究日渐成为国内外学界关注的焦点，不仅如此，政府与社会各界对此的兴趣也与日俱增。在这一番热闹的背后，有一个不容忽视的事实就是：虽然大家都在谈论侨民，但是对何谓“侨民”并无一致的定义。而按照百度百科的解释，侨民指“侨居国外的居民”“今称长期住在外国而保留本国国籍的居民”②。然而，这一内涵和定义，无论是在理论上还是实践上，都衍生出一系列的问题，诸如学术研究与交流困扰、侨务工作困扰。

一、围绕“侨民”内涵而生的学术研究与交流困扰

中国人历来对于概念界定似乎不是太讲究，也不太注重逻辑。比如，中国侨学界虽然重视海外华侨华人的国籍归属，但有时候也并不严谨。比如，“华侨华人”一词是何含义，本来早已有定论，即华侨指的是祖籍为中国但目前在海外生活且保留中国国籍的人，华人指的是祖籍为中国但目前在海外生活且放弃了中国国籍的人（他们中大部分加入了当地国籍，也有少部分成为无国籍者）。

按照这一定义，华侨华人理所当然地包括所有祖籍为中国而目前生活在中国之外的人。但是近年来，在中国社会与学术界出现并流行起“少数民族华侨华人”一词。2015年教育部人文社会科学重点研究基地——暨南大学国际关系学院/华侨华人研究院发布的重大招标项目也有关于少数民族华侨华人的内容。所谓“少数民族华侨华人”的提法其实非常有害。理由如下：

首先，如果“少数民族华侨华人”这一提法成立，那我们以前乃至目前所说的华侨华人指的是哪些人呢？是汉族人吗？如果仅仅指的是汉族人，那就与我们已有定论的华侨华

* 作者简介：吴金平，暨南大学国际关系学院/华侨华人研究院教授，博士生导师。

① 暨南大学华侨华人研究所．华侨华人研究：第2辑．广州：暨南大学出版社，1991：1－19.

② http：//baike. baidu. com/link？ url = DbcLh0O49nBCu4RH601ui－Sel34YAkWJZnn3LWeJEAYwBAPau4Vq8Z5JQkjd4629m0VomF3HvAdsCM4JiLS－oa.

人的定义相背离。如果不是仅仅指汉族人，也包含中国的55个少数民族，那就完全不必要使用“少数民族华侨华人”一词。

其次，如果用“少数民族华侨华人”一词，并且假设这一词是站得住脚的（也只有站得住脚才能使用），那么就等于说我们目前的“华侨华人”一词可能仅仅指的是汉族人，而不包含55个少数民族。这样问题就来了，55个少数民族被排除在通常的“华侨华人”之外，就等于他们被排除在中国人之外了（甚至不仅仅是他们，连他们在中国国内的祖籍地所在的同胞也有这样被排除在外的意味）。即便我们本没有这样的意思，但那55个少数民族确实可能会得到这样的印象和感受。如此势必造成严重的“中华民族”与“中国人”的认同问题，也会助长民族分裂主义与大汉族主义，从而不利于我国的民族团结与国家统一。

对于我们中华民族的国族打造与国内各民族之间的差异问题，其实中央的民族政策已十分清楚，即不主张过分强调差异、坚持尊重民族差异而不强化差异，因为“如果只有差异，只强调差异，所导致的必然是民族之间的对立，以及无休止的争斗和国家的分裂”“尊重差异不等于固化差异，随着社会主义市场经济的发展，随着各民族交往交流交融的加深，差异会有所减少”“要坚持尊重民族差异而不强化差异，保持民族特性而不强化特性，营造尊重少数民族文化、风俗习惯的社会氛围”。全国政协民族和宗教委员会主任朱维群为此专门撰文指出：新中国成立以来实行的民族区域自治及相关民族政策，总体是成功的，取得了很大成就，但半个多世纪以来，国内国际形势及与民族文化相关的意识形态都已发生很大变化，民族政策的一些部分，也到了进行适度反思与改进的时候了。民族政策的走向，还是要向交往交流交融方向努力，增强中华民族的共同性、一致性，而不是再去强化和细化民族之间、民族区域自治地方和非民族区域自治地方之间的区分，把这种界限划得越来越清楚。而事实上，各民族交往交流交融是社会发展必然趋势。①

鉴于此，即便我们想增强对源自少数民族的海外侨胞的状况进行研究，也不要用“少数民族华侨华人”的概念，大可用“少数民族地区华侨华人”取而代之。

上述现象，加上在研究侨民战略中出现的一些困扰，让我觉得有必要对“侨民”一词的内涵也做出一些必要的辨析。

2012年，笔者在申报国家社科基金项目“全球化下的侨民战略与发展研究”的时候，对“侨民”一词并没有作确切定义，但我对这一词的理解与百度百科是不同的。我个人认为，侨民包含两层含义：一是侨居国外但保留祖籍国国籍的人；二是移居国外且放弃了祖籍国国籍的人。

不过，我国学界并非所有的人都认同这一概念。岭南师范学院的王慧英副教授（也是该项目组的成员）对此提出质疑，她倾向于接受百度百科的释义。她认为，作为约定俗成的汉语名词，侨民与侨胞一样，就是专指那些移居海外但保留祖籍国国籍的公民。当然，我也能在学界找到支持者。比如，暨南大学的陈奕平教授在《美国“国际侨民接触”战

① 朱维群，陈芳．朱维群回应与阿来对话引发争议：尊重民族差异而不强化．（2015－07－17）［2015－07－24］．http：//news.ifeng.com/a/20150717/44187661_0.shtml；朱维群，陈芳．朱维群阿来对话：过分强调民族差异不利国家认同形成．凤凰新闻客户端．（2015－07－17）［2015－07－24］．http：//news.ifeng.com/a/20150531/43876620_0.shtml.

略及其对我国侨务政策的启示》[①] 一文中，对“侨民”的定义就与我的一致。陈教授文中“侨民”一词来自英文的“diaspora”，他翻译成“侨民”，其内涵就包括了未归化者与归化者。为避免争论，也有另外一些人用“离散者”来取代“侨民”一词。比如，暨南大学的郭又新副教授在《现代的离散者——对美国的菲律宾裔移民的另一种解读》[②] 一文中，就是采取这样一种折中办法。“离散者”一词，其对应的英文也是 diaspora，多用在社会与人类学界。但在我国侨学界，取代“侨民”的“离散者”一词似乎并未得到多数人的认同。

在国际学术界，“diaspora”一词用得很普遍，分歧不是太大。International Diaspora Engagement Alliance 对“diaspora”的定义是：居住在祖籍国之外但与之还保持密切联系的社群，包括首次移居者及其后代[③]。当然，在几代人之后，这些群体中的部分人依然与其祖籍国保持密切联系，另外一些则逐渐失去了联系。对于这些与其祖籍国失去了联系的部分人，按照上述定义，则不应继续被纳入“diaspora”的范畴。

我国一些学者将 diaspora 一词译成侨民，美国学术界也有人认同这一翻译，如美利坚大学的华人学者赵全胜教授在 2015 年 9 月 18 日与暨南大学国际关系学院/华侨华人研究院部分师生座谈时，就采用了“侨民”这样一个名词来谈论中国海外的 6 000 多万华侨华人。

我个人认为，侨民一词非常妙。“侨民”中的“侨”可指代华侨（保留中国国籍的华裔），“民”则可指代华人（丧失中国国籍的华裔）。在中文语境中，我们在研究中用“侨民”一词来指代世界其他国家的海外移民及其后代（包括保留祖籍国国籍与放弃祖籍国国籍的人），也方便很多。在谈论海外中国人的时候，我们可以用华侨华人一词，但在讨论其他国家的海外移民的时候，我们总不能用“日侨日人”“美侨美人”“英侨英人”等来形容日本、美国和英国等各自的海外移民及其后裔吧！如果坚持这样用，会令人感到很别扭。

在汉语“侨民”一词与英语“diaspora”可以对应的情况下，中外学术界就拥有了一个共同基础来开展研究与对话。

不过，赵全胜教授与我国学界的理解与美国主流学术界的定义之间还是存有一些细微的分歧。比如，我国学者在研究华侨华人的时候，通常说海外华侨华人有 6 000 多万，似乎并没有把那些早已与中国不存在任何联系的华裔排除在外，而是将所有含华裔血统的人都统计在内，才得出这么一个庞大数字。

因此，中国侨学界若要与国际学界平等对话，避免在学术研究与交流中陷于迷惘，有必要将百度百科的“侨民”定义修正为：侨民系指移居国外但与祖籍国保持密切联系的人及其后代，而不论其是否保留祖籍国国籍。

二、围绕“侨民”内涵而生的侨务工作困扰

随着全球化的发展，世界移民的步伐与节奏不断加快。对世界各国而言，摸清侨情，

① 陈奕平．美国“国际侨民接触战略”及其对我国侨务政策的启示．东南亚研究，2012（2）．

② 郭又新．现代的离散者——对美国的菲律宾裔移民的另一种解读．世界民族，2007（5）．

③ “What is a diaspora?” see http：//www. diasporaalliance. org/about - us/.

掌握侨情的动态发展，十分重要。因为只有掌握了侨民的真实情况，各国才能制定符合实际、可操作的侨务政策，才能开展侨务工作，为自己与世界的发展服务。要做到这一点，首先必须对诸如“侨民”之类的基本概念进行确切的界定。

“侨民”概念的界定是确定各国侨务工作对象的关键。如果我们按照百度百科的定义，侨民系指“长期住在外国而保留本国国籍的居民”，那各国侨民的人数就非常少，也就是说各国侨务工作的涵盖人群非常有限，而事实上，各国侨务工作并不仅限于这些保留了祖籍国国籍的海外公民，也包括了那些已入籍归化移居地的群体。因此，只有按照我们前面讨论界定的侨民内涵，各国的侨务工作的面貌才能得到最真实的呈现，也才能避免关于侨务工作对象是否应该包括那些已入籍者与归化者的争论和困扰。

“侨民”的定义不仅对确定侨务工作的对象意义重大，而且对侨务政策的制定和执行也至关重要。各国在制定侨务政策时，其依据当然是其侨民的人数等统计数据。如果按照百度百科的定义，人数很容易确定，政策制定起来可能就相对容易一些。但如果把保留祖籍国国籍与放弃祖籍国国籍的都包含在内，那侨民人数的确立就会更困难一些，因为那些已经移居好几代的移民后代或许因为通婚的关系而拥有了别的族裔血统，那到底遗传多少祖先的血统才被计算为侨民可能就会成为一个待解决的问题。不仅如此，面对如此庞大的侨民群体，侨务工作资源的分配也会受到更大的挑战。比如，我们通常说中国的侨民有6 000多万，从广交朋友、扩大支持基础的角度看，这也不无合理。但我们的资源是有限的，把有限的资源和精力用在与祖籍国关系密切的人身上，会事半功倍。而且，只有侨务工作有效，才会激发更多的海外华侨华人关心其祖籍国，如此一来，这部分人也可享受到我国侨务政策的好处。因此，在给“侨民”下定义的时候，除了移民祖籍国的国籍以及源自这些初始移民的血脉两个标准之外，还要加上一条：与祖籍国依然保持密切联系。从这个意义上讲，我们的侨民总人数应该没有6 000多万，或许会少很多。

总之，无论是从中国侨学界与国外学界平等对话的角度，还是为避免各国政府在开展侨务工作时出现盲目性，我们都有必要将“侨民”的定义修正为：侨民系指移居国外但与祖籍国保持密切联系的人及其后代，而不论其是否保留祖籍国国籍。

论21世纪英国华人的政治参与

——从2015年英国下议院议员选举诞生首位华裔议员谈起[①]

宋全成*

在刚刚落幕的2015年5月的英国下议院大选中，少数族裔的华裔华人异军突起，不仅有11位华裔候选人参加了英国下议院的竞选，创下了华人参选人数的历史新高，而且有一位华裔候选人Alan·Mak改写了英国华人参选的历史——成功当选为下议院的议员，成为英国历史上首位下议院华裔议员。在英国，一向远离政治舞台、被称为“沉默一族”的华人，是如何从“沉默”到“发声”、从政治的底层民众到达英国政治权力的顶层——下议院议员的呢？关于这一问题，我国学术界对此研究甚少，目前为止尚无一部英国华人参政研究的专著，只有刘宏、侯佳琪发表于《南洋问题研究》2010年第4期的《当代英国华人社会与政治参与：以2010年大选为中心》，周龙发表于《八桂侨刊》2013年第1期的《从2012年英国地方选举看英国华人参政》以及廖小建、周龙发表于《理论月刊》2013年第9期的《从“失语”到“发声”：近年来英国华人参政探析》三篇论文。本文拟从移民社会学的视角，具体考察进入21世纪以来，英国华人是如何从“沉默一族”上升到下议院议员的政治参与的进程，分析英国华人参政的基本特征，并预测英国华人参政的未来发展前景。

一、从“沉默一族”到下议院议员——英国华人政治参选的发展历程

21世纪的英国华人的政治参选进程，大体上经历了从“沉默一族”到地方议会议员、再到下议院议员的上升发展进程，具体可分为如下两个阶段：

第一阶段：2000—2009年从“沉默一族”到地方议会议员。这是英国华人政治参选的早期阶段。众所周知，尽管华人进入英国已有200多年的历史，最早可追溯到19世纪初[②]，但华人的数量极少，直到1961年，在英国华人的总数只有5 640人[③]。进入20世纪

---

* 作者简介：宋全成，法学博士，山东大学移民研究所所长，山东大学哲学与社会发展学院副院长、社会学系教授、博士生导师，教育部人文社会科学重点研究基地犹太教与跨宗教研究中心研究员。研究方向为人口社会学、人口流迁、族群、宗教与社会融合、人口老龄化与社会保障。

① 本文为教育部人文社会科学重点研究基地重大项目“宗教信仰与流动人口的社会融入研究”（项目编号：13JJD730002）阶段性成果。

② 胡志强．英国华侨概况．台北：正中书局，1989：16.

③ 廖小建，周龙．从“失语”到“发声”：近年来英国华人参政探析．理论月刊，2013（9）.

80 年代，特别是 90 年代以后，大量的中国新移民来到英国，华人成为英国少数族裔规模增长速度最快的族群，根据英国政府 2011 年进行的人口普查，英国华裔居民人口已达到 43 万人，占英国总人口的 0.7%①。与华裔人口增长相适应的是，华裔的政治参与也发生了巨大变化。以往英国华人深受儒家中庸政治文化的影响，不愿意参与政治，正如英国工党华裔候选人欧文所说："在英国媒体笔下，政治家常常是被批评和讽刺的对象，而且收入也不多。对许多华人父母而言，与其从事政治，还不如做牙医和律师实际。"中国香港移民后代、自民党候选人张敬龙也提到："华人一向对政治冷感，也不愿发出自己的声音。"② 由此，在英国的政治舞台上极少看到华裔议员的身影和华裔的呼声，在 2000 年以前，只有马来西亚的华裔吴美莲于 1986 年当选伦敦刘易斯汉姆区议员，并连续任职到 2002 年③。英国的华人因此被称为远离政治舞台的"沉默一族"，是"失语的族群"。但伴随着新移民的增加，中国移民的政治文化悄然发生了变化，少数中国新移民燃起了参政的热情。同时，英国排斥少数族裔候选人的政治环境也在逐渐消解。这就为少数族裔的候选人参选创造了社会条件。2007 年 3 月 9 日，在英国南贝尔法斯特郡地方选举中，来自香港的华人移民卢曼华竞选取得了成功，成为英国北爱尔兰议会首位少数族裔议员。这是进入 21 世纪以后，华人参与地方议会选举的首个胜利。此后，华人成功参政的捷报频传。2007 年华人成世雄和他的儿子成德仁获选所在的区议员，其妻子张莲爱也成功当选为普尔盖特地区议员。成德仁于 2009 年又当选为郡议员，成为英国最年轻的华人郡议员④。一家三人成功当选为议员，不仅在华人世界，而且在英国政界一时被传为美谈。于是，更多的华人投入英国政治舞台的选举中。2009 年 5 月 14 日，华人陈德梁当选伦敦红桥区市长，成为英国历史上首位华人市长⑤。这也是华人参政在这一阶段英国政界上的崇高荣誉。

第二阶段：2009—2015 年，从地区议会议员到下议院议员。在英国的政治体系中，议会发挥着举足轻重的重要作用，是英国政治权力体系的核心。"英国的议会主要分为三级：国会（上议院和下议院）、地区议会（北爱尔兰、苏格兰、威尔士三地）以及市郡议会。而在这三级议会中，下议院的议员是权力的核心。"⑥ 正因为如此，在 2010 年以前，华裔华人在各级议会作为政党候选人的选举，仅限于地区议会以下的竞选。这样，华裔议员的声音和呼声，往往难以在英国政治高层的主流中得到倾听。在英国，作为政党的候选人参选下议院议员，竞选成功的可能性更大，尽管作为独立候选人也是符合有关竞选下议院议员规则的。毫无疑问，竞选下议院议员的华裔也必须遵循这一政治规则。进入 21 世纪以来，华人选民的数量持续增长。在激烈的选票竞争中，一方面，英国各主流政党日益重视华人的选票；另一方面，伴随着华人移民的增多，华人参政意识和参政水平也在不断提高，具有较大影响力的华人政治精英不断涌现。华人选民由此引起了英国主流政党的紧密

---

① 李威．英华人参政困难多，11 人创纪录参选能否改写历史？中国新闻网．(2015 - 05 - 04) [2015 - 05 - 17]. http: //www. chinanews. com/hr/2015/05 - 04/7249663. shtml.

② 李威．英华人参政困难多，11 人创纪录参选能否改写历史？中国新闻网．(2015 - 05 - 04) [2015 - 05 - 17]. http: //www. chinanews. com/hr/2015/05 - 04/7249663. shtml.

③ 在英华人菁英：连任四届的女议员——吴美莲．中国新闻网．(2003 - 02 - 08) [2015 - 05 - 17]. http: //www. chinanews. com/n/2003 - 02 - 08/26/270546. html.

④ 廖小建，周龙．从"失语"到"发声"：近年来英国华人参政探析．理论月刊，2013 (9).

⑤ 王众．专访伦敦红桥区华人市长陈德樑．世界博览，2012 (15).

⑥ 廖小建，周龙．从"失语"到"发声"：近年来英国华人参政探析．理论月刊，2013 (9).

关注。此时，英国华人参政的政治环境发生了根本性的转变：少数族裔也完全可以参选，且得到下议院的席位。于是，英国各主流政党纷纷在华人中选择政治精英。在2010年英国下议院议员的选举中，总共有8位华裔被英国主流政党推选为政党候选人，参加了英国下议院议员的竞选，“分别是保守党候选人李泽文、吴克刚，自由民主党候选人杜淑真、凌家辉、谢晓明、李佩腾，北爱尔兰联盟党候选人卢曼华以及独立候选人成世雄，其中大多数候选人来自中国香港、新加坡，或是英国的第二代华人，有一人出生于中国大陆。同时，8人中有两位女性”①。8名华裔同时参选下议院议员的选举，创下了华人竞选下议院议员的历史纪录。但由于多种原因，参选的华裔候选人全部败北。尽管如此，一方面，这仍然激起了华裔竞选英国下议院议员的政治热情，另一方面，英国各主流政党依然选择华裔候选人作为自己政党的候选人参与下议院的选举。在经历了5年的政治竞选经验教训积蓄以后，在2015年5月举行的英国下议院议员选举中，“共有11位华裔候选人角逐国会议员，再创历史新高。他们分别是：保守党候选人林程远、Alan Mak（即大粒）、何易、王鑫刚、黄精明，工党候选人丽贝卡·布莱克、莎拉·欧文，绿党国会议员候选人陈俭明，自民党候选人凌家辉、张敬龙、李沛腾”。② 在英格兰南部哈文特选区参选的保守党华裔候选人、毕业于剑桥大学法律系，并在牛津大学获得法律和商贸硕士学位、现年31岁的Alan Mak击败了其他党派的候选人，获得23 159张选票，得票率为51.7%，获得了最终胜利，他将成为英国历史上首位华裔下议院议员③。毫无疑问，Alan Mak的胜选是英国华人参政史上具有重要意义的里程碑，它实现了华裔在英国下议院议席中零的突破，再次改写了英国华人参政的历史。

二、21世纪英国华人政治参与的基本特征

纵观21世纪英国华人的政治参与的历史进程，并对英国华人政治参与的经济、社会、政治背景进行综合考察，我们就会发现，21世纪以来的英国华人参政，具有如下显著特征：

第一，英国华人的政治参与，体现出一个鲜明的特征，那就是英国出生的华人（BBC）社会融入程度高。从移民文化的视角来看，外来族裔的选民要参选英国下议院议员的选举，首先要求外来族裔的移民要高度融入英国主流社会中，这是外来族裔的移民成功竞选的基本前提。从2010年和2015年参与英国下议院选举的21个华裔候选人的背景来看，他们绝大多数是英国出生的华人的第二代，与第一代华人移民外语较差、受教育程度低、从事低端的餐饮和服务业、社会融入程度低不同的是，在英国出生的第二代华人体现出高素质的特征，社会融入度高。具体表现为：①不存在语言障碍，甚至英语就是他们的母语。这些候选人自小生活在英国，因此能够熟练地使用英语，而且在一定意义上，英语就是他们的母语。②受过良好的英国高等教育。在这些候选人之中，绝大多数受过良好

① 刘宏，侯佳琪．当代英国华人社会与政治参与：以2010年大选为中心．南洋问题研究，2010（4）．

② 英华人参政路：2015年11名华裔参选或开创4.0时代．中国侨网．（2015－04－17）［2015－05－20］．http：//www.chinaqw.com/hqhr/2015/04－17/45876.shtml.

③ 夏晓．英国下议院诞生首位华裔议员．中国网．（2015－05－08）［2015－05－21］．http：//news.china.com.cn/rollnews/news/live/2015－05/08/content_32628908.htm.

的高等教育，其中不乏毕业于英国的牛津大学、剑桥大学等世界著名高校。例如，2010 年保守党候选人李泽文就毕业于剑桥大学、保守党候选人吴克刚在英国留学获得博士学位；2015 年保守党候选人 Alan Mak 毕业于剑桥大学法律系，并在牛津大学获得法律和商贸硕士学位；保守党候选人王鑫刚获得帝国理工大学交通规划硕士和牛津大学数学硕士学位等[①]。③从事高端职业。从职业来看，候选人大多从事律师、商业、银行高级经理、大学教授等高端职业，这也意味着他们的参选有着雄厚的物质经济基础。④社会融入程度高。对于少数族裔和外国移民来说，要有较高程度的政治参与，其首要的前提就是融入所在国的主流社会，成为所在国主流社会精英阶层的重要组成部分。从这一角度来看，华裔候选人普遍地融入了英国的主流社会中。

第二，英国华人的政治参与，体现出另一个特征，那就是华裔候选人已成为英国主要政党的重要精英阶层的组成部分。从英国政治文化的视角来看，“根据英国的选举传统，由于议会席位获得决定于每个选区的获胜者，所以各个政党都会把其党内的知名政客安排在其稳赢的选区，即所谓的‘安全席位’（safe seat）。相对应地，对于那些党内的新人，则会被指派到相对优势微弱或者其他党派的安全选区，即‘边缘席位’（marginal seat）去尽量争取赢得更多的选票。其中表现较好的新人会在今后的大选中被所在政党安排到那些安全选区”[②]。很显然，英国这种政治选举制度的安排，就需要外来族群的政治候选人才华出众，拥有广泛的政治选民基础，在所在的社区或地区拥有广泛的选民认同度，只有这样，才能首先击败自己所在政党内的其他竞争者，成为自己所在政党、所在地区的唯一候选人。就这个意义而言，华裔要成为自己所在社区或地区政党的候选人，就“必须符合英国社会对于政治精英的传统期望”[③]。只有这样，才能在党内众望所归地被推举为候选人，也只有这样，才有可能获得广大选民的普遍支持，成功当选为下议院的议员。仅以 2015 年成功当选英国下议院议员、祖籍为广东的华裔议员 Alan Mak 为例，他毕业于剑桥大学——许多英国政治精英的摇篮——法律系，毕业以后从事体面的收入较高的法律工作，较早地加入了英国保守党，而且继承了从父母那里获得的从事餐饮业的头脑，“管理着一份慈善事业，为当地的孩子提供免费早餐”。这无疑赢得了其所在社区与地区的选民的政治信赖。另外，他深受英国传统文化的影响，重视家庭和社区，这十分符合英国传统的核心价值观，他明确指出：“加入保守党是为了将我的价值和理念——崇尚个人自由、担负责任、强烈的家庭和社区观念、努力工作、平等机会等转化为行动，落实在新一届政府政策中。”Alan Mak 的这一思想，赢得了其所在的保守党内部的精英阶层的鼎力支持。“英国某政治周刊刊文指出，保守党有个秘密 A 名单（A-List），包括党中央所有重点提拔的候选人……Alan Mak 列在名单第一位。”[④] 由此可见，华裔候选人已成为英国主要政党精英阶层的重要组成部分。

---

① 张若谷．华裔撬动英国政治版图．南方周末．（2015－05－15）［2015－05－22］．http：//www. infzm. com/content/109519.

② 刘宏．当代英国华人社会与政治参与：以 2010 年大选为中心．南洋问题研究，2010（4）．

③ 张若谷．华裔撬动英国政治版图．南方周末．（2015－05－15）［2015－05－22］．http：//www. infzm. com/content/109519.

④ 严振羽．英首位华裔国会议员诞生　被指为保守党重点提拔人．中国网．（2015－05－08）［2015－05－23］．http：//news. china. com. cn/live/2015－05/08/content_32626946. htm.

第三，英国华人的政治参与，与华人参政组织——“英国华人参政计划”（British Chinese Project）及其有效的政治互动紧密相关。众所周知，少数族裔参与所在国的主流政治活动，需要强有力的族群社团、特别是政治性社团的鼎力支持。“华人目前已成为英国第三大少数民族，但长期以来，关心政治的却为少数。”① 正因为如此，在21世纪以前，尽管英国华人有数以百计的社团，但缺乏真正促进华人政治参与的政治性社团。所以，华人参政面临着重重困难，即使是华人候选人，有时也得不到华人有力的支持——因为基本的参政意识和政治性社团的缺乏，致使多数华人直接放弃了投票权。由于这个原因，尽管“华人移民英国已有百余年历史，但目前，英国国会还没有华人议员。由于长期被排除在政治决策外，在英国国家性政策或地方执法方面，华人利益没有得到足够重视”②。所以，在21世纪以前，英国华人参政就难以获得有效的成功。这种情况一直持续到2006年。针对华人参政意识不强的现实，唤起华人参政的意识、促进华人高层次的政治参与，就成为以李贞驹为代表的一批英国华人精英的政治选择。在这种背景下，第一个华人政治性社团——“英国华人参政计划”最终于2006年9月在英国上议院应运而生。该团队是一个非党派、自发性的社团组织，旨在推动华裔华人参与英国的政治生活和社会事务，有效地维护华裔族群的权益。该团队成立以后，“从教育、参与、代表三个方面着手，做了大量工作，推动英国华人参政议政。教育就是提高华人对英国政治的认知，激发他们对政治的兴趣；参与就是推动华人融入政治决策过程，其第一步就是深入开展选民登记计划；代表就是无论政治倾向如何，全心全意支持任何一个华人政治代表，尽可能提供各种帮助，使他们更好地为华人群体服务”③。为此，这些年来，“英国‘华人参政计划’风雨兼程，从未停下四处奔走的脚步，为改善旅英华人政治现状撒下辛劳的汗水，起到了十分重要的作用：他们游说英国国会议员，反映华人社团心声；深入英国各地鼓励和支持华人参加2010年大选以及欧洲议会选举；举行伦敦竞选一日游等活动为华裔候选人打气鼓劲；呼吁华社切莫缺席英国国家统计局的人口普查；举办免费讲座分析英国移民条例、支持影视人才培训、教育青年才俊增进参政意识；组团访华关注中英合作；赴香港支持港英设立双边工作假期计划……”④“英国华人参政计划”团队的辛勤努力，终于获得了华人参政的丰硕成果。2010年英国国会大选时，8名华裔候选人同时参选国会议员，打破了华人移民在英国近200年来参政的历史纪录。2014年，又有9名华人投入英国的地方议会选举中，尽管由于多种原因，他们无一胜出，但这仍然没有泯灭华人参政的政治热情，也没有迫使“英国华人参政计划”团队放弃一如既往的热情和努力。在2015年的英国下议院议员选举中，有11位华裔候选人角逐英国国会议员，再创华人参政人数最多的历史新高，同时，“英国华人参政计划”团队也为此做出了大选前的最大拼搏与冲刺。“为增加华人选民的参政热情，‘英国华人参政计划’团队专门举办‘环英选民登记巴士之旅’，奔赴英国多个城市，

---

① 郭军．英国．“华人参政计划”主席：盼更多华人参政议政．（2014－10－14）［2015－05－23］．中国新闻网．http：//huaren. haiwainet. cn/n/2014/1014/c232657－21206936. html.

② 郭军．英国“华人参政计划”主席：盼更多华人参政议政．（2014－10－14）［2015－05－23］．中国新闻网．http：//huaren. haiwainet. cn/n/2014/1014/c232657－21206936. html.

③ 郭军．英国“华人参政计划”主席：盼更多华人参政议政．（2014－10－14）［2015－05－23］．中国新闻网．http：//huaren. haiwainet. cn/n/2014/1014/c232657－21206936. html.

④ 赵雪湄，牟华．任重道远的英国“华人参政计划”．网易新闻．（2014－05－26）［2015－05－24］．http：//news. 163. com/14/0526/16/9T6FIL3E00014JB5. html.

呼吁和帮助当地华人注册参与大选投票。大选当天，‘华人参政计划’团队再次分赴英国各地，帮助当地华人进行投票，包括前往伦敦一些摇摆选区，这些选区的华人投票者很可能成为重要的选举力量，并有可能改变选举结果。在英国华人比较集中的地区，如曼彻斯特、诺丁汉、格拉斯哥和谢菲尔德等，‘华人参政计划’团队也为当地选民提供帮助，协助他们投出重要的一票。”① 正是因为有“英国华人参政计划”团队的持续有效的行动，华人的参政意识和参政人数才有了显著提高，华裔候选人参选英国下议院议员才获得了最终的成功。由此可见，英国华人的政治参与，与华人参政组织——英国华人参政计划及其有效的政治互动紧密相关。

三、英国华人参政的未来前景

（一）英国华人参政的热情将持续高涨

从移民政策的角度看，由于英国的移民政策相对宽松、中国的出入境政策日益开放，因此，在英国留学、居留和工作的华人，呈现出快速增长的态势。英国 2011 年人口普查数据显示，英国华裔居民人口大约为 43 万，占 6 400 万英国总人口的 0.7%②，是英国发展最快的少数族群。如果华人的选票能够集中起来，那将是足以在局部地区产生影响甚至对英国下议院选举产生重大影响的不可小觑的政治力量。但由于以往受远离政治的传统政治文化的影响，华人至今仍有较多的人缺乏政治参与的热情，甚至放弃基本的选民登记。“英国华人参政计划”2014 年的统计数据也显示，“在 35 万有资格投票的华人中，有 30% 从不进行选民登记，是少数族裔中选民登记率最低的。因此，华裔选民就像一座尚未开发的票仓，在选战日渐激烈的今天显得格外有价值”③。如下两个因素，将决定英国华人未来政治参与的热情高涨：第一个因素是新一代的英国华人，拥有更高的参政素质和参政热情。一方面，在英国出生和长大的年青一代华人，没有言语的隔膜，对英国的政治和社会事务非常熟悉，政治参与的热情比父母辈更高。另一方面，近 20 年来，有不少华人留学生来英留学、深造，他们中的一部分在学成后留在英国工作及定居，他们与英国华人有着良好的互动，大大提高了华人参政的动员能力，这将是英国华人参政另一支生力军④。第二个因素是“英国华人参政计划”的有效活动，必将激发没有进行选民登记的华人进行选民登记，鼓励进行了选民登记但没有进行投票的华人选民积极投票。在 2014 年英国地方选举中，“华人参与投票的意识非常薄弱，统计数字显示为不足两成。大部分受访者表示他们从未注册过投票，平时也比较少关注英国政治。其原因包括语言障碍、族群散居、对

---

① 张春燕．英国首位华裔下议院议员诞生　自称不用中文名．中国日报网．（2015－05－04）［2015－05－18］．http：//world. chinadaily. com. cn/2015－05/08/content_20662007. htm.

② 李威．英华人参政困难多，11 人创纪录参选能否改写历史？中国新闻网．（2015－05－04）［2015－05－18］．http：//www. chinanews. com/hr/2015/05－04/7249663. shtml.

③ 张若谷．华裔撬动英国政治版图．南方周末．（2015－05－15）［2015－05－23］．http：//www. infzm. com/content/109519.

④ 韩梦佼，凌怡．2015 年英国大选：家人移民后代或成主力军．中国新闻网．（2013－08－23）［2015－05－24］．http：//www. chinanews. com/hr/2013/08－23/5198600. shtml.

政治制度缺乏了解、相对薄弱的经济因素等”[①]。但可以预料，随着在英国华人的日渐增多、经济地位的持续好转，主流社会融入度的进一步提高、“英国华人参政计划”等政治性社团持续有效的活动和努力，华人政治参与的意识必将增强。我们有理由相信，在经济与社会地位上取得成功的，高度融入英国主流社会特别是英国主流政治社会的越来越多的华人，最终会认识到：“政治家可以改变人们的生活，所以参与政治成为少数族裔寻求更好生活的重要途径。”[②] 正因为如此，在不远的将来，英国必将有更多的华人积极进行选民登记和积极投票，热情高涨地参与西方发达国家的民主选举的政治游戏。用“英国华人参政计划”副主席韦文浩的话来说，华人不能再沉默下去，也不能再做“隐形群体”和“沉默族群”，要通过自己手中的选票，选出为自己发声的华人议员。

（二）英国下议院中必将涌现出更多的华人政治家

从英国的政治文化传统来看，在英国的政治选举中，激烈竞争的政治选民支持、赢得更多民众基础的政党政治表现得尤为突出。英国的保守党、工党和自民党是英国三大主流政党，特别是保守党和工党拥有广泛的选民基础。近几年来，英国绿党也获得了长足的发展，但与前三个主流政党相比，绿党的力量相对弱小。一般说来，英国的主流政党都有相对稳定的选民支持。在任何一个选区，若要从根本上改变对某些主流政党的支持选民，让其支持其他政党，都是十分困难的。在这种背景下，争取规模达 40 多万而且投票相对分散的华人选票，对于英国各主流政党获得选举的胜利，都是至关重要的。为此，英国各主流政党纷纷成立华人党组织。“1985 年成立华人保守党、1999 年成立了华人工党、2006 年成立华人自民党。”[③] 并着手培养华人精英参政，以便争取广大华人选民的政治支持，扩大自己政党的选民基础。“在英国三大政党总部安排下，华社目前已分别成立了保守党、工党和自民党华人分部和各地小组，例如华人保守党在伦敦、曼城、苏格兰等地均有小组。分部和小组定期举办活动，吸引了大批华人参与进来。”[④] 在 2012 年伦敦市长选举中，三大政党均加强了对华人选民的拉票工作，这显示出英国各主流政党已充分意识到华人选票的重要性[⑤]。在 2010 年大选的时候，保守党和工党就已选择多名华裔候选人来积极争取华人选票的支持。相对弱小的自民党也不甘落后，他们于 2012 年 4 月 17 日在新的总部办公室宣布成立专门基金，培育华人参政，为有志日后参加选举的华人提供支持[⑥]。同时，“英国国会也在积极促进华人参政。英国国会跨党派中国小组副主席克莱门特·琼斯勋爵对华人参政表示支持。他表示：他的国会办公室，目前已经开始为华人提供实习的机会，

---

① 王海波，等．聚焦海外华人参政：欧美喜忧参半　亚洲亮点闪现．中国侨网．（2014－06－27）［2015－05－24］．http：//www.chinaqw.com/hqhr/2014/06－27/8056.shtml.

② 齐岳峰．海外华人的政坛身影．小康，2012（10）.

③ 廖小建，周龙．从“失语”到“发声”：近年来英国华人参政探析．理论月刊，2013（9）.

④ 中新社．英国华人参政计划启动七年，华人政治地位逐步提高．新浪网．（2014－01－06）［2015－05－26］．http：//news.sina.com.cn/o/2014－01－06/112129169030.shtml.

⑤ 韩梦佼，凌怡．2015 年英国大选：家人移民后代或成主力军．中国新闻网．（2013－08－23）［2015－05－13］．http：//www.chinanews.com/hr/2013/08－23/5198600.shtml.

⑥ 中新社．英自民党成立基金支持华人参政大决政治领袖．中国新闻网．（2012－04－21）［2015－05－25］．http：//www.chinanews.com/hr/2012/04－21/3836542.shtml.

希望加强自民党新进华人党员的培训"[①]。尽管在2010年大选的时候，三大政党推选的8名华裔候选人全部名落孙山，但在2015年的大选中，三大政党还是推出了11名华人候选人，创下了华人参选下议院议员的历史纪录。其中保守党推出了5名华裔候选人，工党推出了2名华裔候选人，自民党推出了3名华裔候选人，绿党推出了1名华裔候选人。由此可以看出英国主流政党对华人选票的日益重视和华人候选人参政素质的显著提高。在大选前的民意调查中，保守党和工党势均力敌，于是，争取华人选票对于两党最终取得选举的成功，就更具有决定性的意义。毫无疑问，一方面有华裔参政的高涨热情和华裔候选人参政的高素质；另一方面，英国主流政党积极扶持华裔候选人，培植华人政治领袖，正因为如此，我们有理由相信，在英国未来的政治舞台上，必将涌现出更多的华裔政治家。

（三）英国华人欲取得美国华人在政坛上所取得的辉煌成就，依然任重而道远

在美国，华人的政治参与首先是竞选职位。"根据竞选职位的高低，美国华人参与竞选议员和政府公职可以分为四个层次，即竞选国会议员、竞选州政府公职、竞选州议员、竞选市议员。"[②] 21世纪以来，在美国联邦政府、州和市议会与市长的竞选中，美国华人取得了引人瞩目的显著成就。其次是华人直接被任命为联邦政府的高级官员。2000年美国总统小布什任命华裔赵小兰为美国联邦劳工部长，这是美国华裔进入联邦内阁部长席位的第一人。到2009年，美国华裔参政突飞猛进。"2009年是美国华裔参政闪亮的一年。奥巴马政府的华裔面孔有能源部长朱棣文、商务部长骆家辉、白宫内阁秘书卢沛宁、白宫公共联络部主任陈远美、国安部法律顾问方富宇。"[③] 华人在美国政坛上的辉煌成就由此可见一斑。与美国相比，英国华人欲取得美国华人在政坛上所取得的成就，面临着如下三个方面的严峻挑战：

第一，英国华人的政治认同度和政治参与率不高。政治认同是华人认同当地社会的一项重要指标，是社会融合的重要组成部分。能否将自己认同为所在国的公民，在一定意义上决定着其政治参与的行为和参与程度[④]。据2004年官方的调查，只有52%左右的华人认同英国，远低于其他少数族群（加勒比黑人86%；其他地区黑人83%；巴基斯坦人83%；孟加拉国人82%；印度人75%）[⑤]。政治认同度不高决定了英国华人的政治参与率极低。"英国选举委员会主席珍妮·华生（Jenny Watson）表示，英国的华人是所有少数民族中，选民登记比例最低的一个族裔。英国总人口中，未参加选民登记的人口比例为6%，而在华人社区中则高达30%。"[⑥] "卡迪夫地区第一位华人女性议员，华人工党议员Cecilia称，目前英国少数族裔的参政议政意识仍需提高，投票权不仅仅是公民的权利，也是公民

---

① 周龙．从2012年英国地方选举看英国华人参政．八桂侨刊，2013（1）．

② 康一波．当前美国华人参政概况．国际资料信息，2010（4）．

③ 楚墨．美国政坛华人崭露头角．新浪财经．（2012－09－10）［2015－05－25］．http：//finance. sina. com. cn/world/mzjj/20120910/151113094623. shtml.

④ 曾少聪．漂泊与根植：当代东南亚族群关系研究．北京：中国社会科学出版社，2004：270.

⑤ Office for National Statistics.（2010－02－02）［2015－05－26］. http：//www. statistics. gov. uk/cci/nugget. asp? id＝459.

⑥ 刘宏，侯佳琪．当代英国华人社会与政治参与：以2010年大选为中心．南洋问题研究，2010（4）．

的一种义务。”[①] 显然，与美国华裔多认同美国公民不同的是，英国不少华人没有认识到自己作为英国公民，参与选举和投票是应尽的公民政治责任和义务。因此，如何激发华人的政治参与热情，发掘华人的政治选票，的确是摆在英国华人政治家和英国各政党面前十分严峻的挑战。

第二，华人分布散乱，华人社团结构复杂，缺乏内在的政党认同凝聚力。与美国华人相比，华人在英国的分布十分广泛，华人保守党之友（The Conservative Friends of the Chinese）主席黄精明表示，华人选民遍布整个英国，或许我们并不像其他少数族裔有着非常集中的力量[②]。“华人在英国分布散乱，不利于候选人争取选票。按英国选举规定，无论参加哪一级议员竞选，都需要获得本选区居民的多数投票。而英国华人广泛分散居住在英国各地，少有华人人口占多数的选区。因此，华人如想参选，除非获得选区白人及其他少数族裔选民的支持，否则难以成事。”另外，“华人社区结构复杂，缺少凝聚力亦是大忌，英国‘华人参政计划’主席李贞驹律师将之形容为‘华人内部各种社团组织多过米铺，互不搭界’”[③]。正因为如此，即使有华人参加投票，往往也随意投票给某一政党的候选人的第一位，这样的投票，一方面造成了华人选票力量的分散，另一方面，只会把宝贵的选票浪费在没有希望选上的政党候选人身上。正如少数族裔自由民主党的副主席杜淑真所说，对于亚洲少数族裔和华人来说，他们并没有一个特别支持的政党[④]，华人缺乏统一的政党认同感，这决定了华人投票的分散。这是不利于华人政治家胜出的重要因素。

第三，某些华人政治家缺乏持之以恒的政治努力。从政治文化的视角来看，通过政治选举成为国会成员从而进入国家高层决策机构的过程，往往是一个漫长而艰苦的过程。这不仅需要候选人有着较好的经济与社会基础，融入主流社会特别是主流政治中，成为政治精英，而且需要对竞选和参政抱有勇往直前、持之以恒、坚韧不拔的热情和毅力。在英国政坛上，成功竞选成为下议院议员、政治家，往往需要多次、长达十几年的永不放弃的艰苦努力，即使是英国著名的政治家也不例外。“撒切尔夫人曾两次参选国会议员落败，从她参选到当选经历了十年；现任首相卡梅伦2001年首次参选，名落孙山，2005年才得以当选国会议员。英国的选举制度决定了绝大多数参选人都要经历一两次失败后，才有可能被安排到较易获胜的选区，只要持之以恒，就一定会有好的结果。”[⑤] 这些盎格鲁—撒克逊的英国人的参政之路尚且如此坎坷，对于包括华人在内的其他外来族裔来说，成功参政之艰难可想而知。因此，华人欲在英国政坛上崭露头角、成为政治家或政党精英，就需要持之以恒的努力。然而，有不少的华裔候选人在一次竞选失败以后，便退出了政治舞台。资深媒体人、英国广播公司中文部总监李文曾明确指出：“英国2010年大选时，也曾有多名华裔候选人，但他们参选失败后多数选择了急流勇退，这也导致华裔候选人如昙花一

---

① 韩梦佼，凌怡．2015年英国大选　华人移民后代或成主力军．中国新闻网．（2013－08－23）［2015－05－26］．http：//www. chinanews. com/hr/2013/08－23/5198600. shtml.

② 韩梦佼，凌怡．2015年英国大选　华人移民后代或成主力军．中国新闻网．（2015－05－04）［2015－05－26］．http：//www. chinanews. com/hr/2013/08－23/5198600. shtml.

③ 李威．英华人参政困难多，11人创纪录参选能否改写历史？中国新闻网．（2015－05－04）［2015－05－26］．http：//www. chinanews. com/hr/2015/05－04/7249663. shtml.

④ 韩梦佼，凌怡．2015年英国大选：家人移民后代或成主力军．中国新闻网．（2013－08－23）［2015－08－26］．http：//www. chinanews. com/hr/2013/08－23/5198600. shtml.

⑤ 中新社．英国华人参政计划启动七年，华人政治地位逐步提高．新浪网．（2014－01－06）［2015－05－26］．http：//news. sina. com. cn/o/2014－01－06/112129169030. shtml.

现，之后便默默无闻，不能被英国广大选民所熟知。"① 因此，如何让华人候选人保持高昂的竞选热情和持之以恒的竞选斗志，也是摆在华人政治家和英国政坛面前十分严峻的挑战。

正是由于以上三个因素的深刻影响，我们认为，英国华人欲取得像美国华人在政坛上所取得的辉煌成就，依然任重而道远。

① 李威．英华人参政困难多，11 人创纪录参选能否改写历史．中国新闻网．（2015－05－04）［2015－05－17］．http：//www. chinanews. com/hr/2015/05－04/7249663. shtml.

我国海外侨民外交保护的理论与实践

陈志强*

外交保护是指一国针对其国民（包括公民或法人）因另一国的国际不法行为而受到的侵害，依照所在国法律用尽一切当地的行政和司法救济仍不能获得补救时，以国家的名义为其采取外交行动或其他合法手段以解决争端的行为。根据国家主权平等原则和属人管辖原则，任何一个作为国际法主体的国家均有权通过本国的外交机关对在国外的本国侨民提供各种保护，特别是本国侨民或法人的合法权益在外国受到非法侵犯时，国籍国有权对该侵权国提起国际诉讼或进行其他外交交涉，并对有关损害求偿，此即外交保护权。

一、外交保护的历史与研究现状

外交保护的法律实践最早可以追溯至18世纪。现代国际法意义上外交保护的出现是以1924年马弗罗马蒂斯特许权案为标志，并在瓦特尔拟制①的基础上发展起来的，后来随着各国对本国侨民的保护行为日益多元化，外交保护作为解决国际争端的手段所起的作用逐渐减弱。随着人类进入21世纪，经济全球化和科技信息化浪潮席卷全球，不同国籍、不同种族、不同文化的交融与冲突日益加剧，于是，外交保护重新焕发了活力。2006年联合国国际法委员会二读通过的《外交保护条款草案》（以下简称《草案》）是该制度的最新发展成果。《草案》扩大了外交保护的对象，明确了外交保护条件中的国籍原则和“用尽当地救济”原则。

我国的外交保护制度的确立始于新中国成立后，而真正意义上的发展则是在改革开放之后。改革开放以来，我国的外交保护的实践逐步推进，而关于外交保护的理论研究却明显滞后，较早的论文如1994年邹立刚教授在《法学研究》上发表的《试论国际法上的用尽当地救济规则》和许育红2003年撰写的《领事保护法律制度与中国的实践》等。

随着联合国国际法委员会着手编纂并最终通过的《草案》的发布，国内学术界开始关注外交保护，相关文章陆续发表，如周忠海教授撰写的《海外投资的外交保护》（《政法论坛》2007年第3期）、黄涧秋教授撰写的《论外交保护制度中的公司国籍规则——2004年联合国国际法委员会〈外交保护条款草案〉述评》（《甘肃政法学院学报》2007年第6

---

* 作者简介：陈志强，上海商学院思政部主任，博士，教授，上海商学院国际移民研究所所长。

① 瑞士法学家瓦特尔（Emmerich de Vattel）是外交保护制度的理论奠基人之一，因为他提出了“对个人的损害就是对其国家的损害”这一理论，被称为瓦特尔拟制。他在1758年撰写的论著中认为，任何人不公正地对待了一国国民，就间接地对该国造成了损害，而该国必须保护其国民。

期）、余劲松教授撰写的《公司的外交保护》（《政法论坛》2008 年第 1 期）等；另有 3 篇博士学位论文：华东政法大学殷敏 2007 年撰写的《外交保护法律制度及其发展态势》、华东政法大学张磊 2010 年撰写的《外交保护国际法律制度研究》和外交学院万霞 2012 年撰写的《外交保护制度研究》。相关的硕士学位论文有吉林大学王涛 2012 年撰写的《我国外交保护法律制度研究》、苏州大学陈宵 2008 年撰写的《试论双重国籍下的外交保护制度及对我国的借鉴》、黑龙江大学郭夏夏 2014 年撰写的《国际投资外交保护制度研究》和北京理工大学黄勤怡 2015 年撰写的《中国公司海外投资的外交保护问题研究》等。

外交保护源自西方。欧美国家几百年来外交保护的实践为其学界提供了丰富的案例素材和研究内容及选题。自 20 世纪之后，西方针对外交保护的研究已经比较系统和深入，在各个时期都有专题性的论著和文章进入我们的视野。比较有代表性的专著如 1915 年 Edwin Montefiore Borchard 出版的 *The Diplomatic Protection of Citizens Abroad or the Law of International Claims*，1932 年 Frederick Sherwood Dunn 出版的 *The Protection of Nationals: A Study in the Application of International Law* 和 2008 年 Chittharanjan F. Amerasinghe 出版的 *Diplomatic Protection*；在学术论文方面，有 Christopher Stalker 于 1990 年发表的 "Diplomatic Protection of Private Business Companies: Determining Corporate Personality for International Law Purposes" 和 Annemarieke Vermeer – Künzli 在 2007 年发表的 "As if: The Legal Fiction in Diplomatic Protection" 等。英国国际法学者阿库斯特扩大了实施外交保护的有效途径，使外交途径与司法途径也被纳入外交保护途径的范畴，认为如果东道国给予外国人的待遇不符合最低限度国际标准，将"引起"该国的"国际责任"，受害外国人的母国可以行使"外交保护权"，即可以通过外交渠道对该国提出要求，以便得到赔偿或某种其他方式的救济；日本学者山本草二等则探讨了外交保护的实施条件，认为本国国民在外国权益遭到损害，依该国国内法律程序得不到救济时，本国可以通过外交手段向该国要求适当救济。他提出，外交保护的实施条件必须以"用尽当地救济"为前提。

我国在外交保护实践中，由于有关立法和行政机关对外交保护的理论研究重视不够，以及对遇到的问题缺乏总结，导致我国侨民在海外的权益经常遭受侵害而得不到及时和应有的补偿，这凸显了现阶段我国加强研究外交保护制度的重要性和必要性。

二、外交保护与领事保护

（一）外交保护和领事保护的基本范畴

在日常工作中，我国外事工作人员经常容易将外交保护混同于领事保护。其实，领事保护与外交保护有着本质的区别。

外交保护泛指一国利用其属人优越权，通过外交途径对在国外的本国国民（公民或法人）的合法权益所进行的保护。根据主权原则，一国对具有本国国籍的人享有管辖权。国家对其国民采取的外交保护行为是国家的主权行为，是根据"属人管辖权"① 而确立的。"国家依据属人管辖权，可以对其在外国旅游或居住的侨民实行管辖，这是国际法所允许

① 属人管辖权是指国家有权对一切具有本国国籍的人实行管辖，而不问其居住在国内或国外，因此也称依据国籍的管辖。

的以国籍为法律纽带而行使的国家管辖权”①，是一国对其侨民进行保护的法律基础。从国际法角度而言，国籍是一个人对国家承担效忠义务的根据，同时也是国家对其进行保护的根据。基于国籍，公民对国家享有特殊权利并承担特殊义务，该国应当对本国国民享有管辖权并负有保护义务，因而国家基于国籍对本国侨民进行保护是非常现实和合理的，这已得到了国际法的普遍承认。

领事保护指的是一国的领事机关或领事官员根据本国的国家利益和对外政策，在国际法许可的限度内，保护派遣国及其国民权利和利益的行为。根据《维也纳领事关系公约》规定，领事职务包括“于国际法许可之限度内，在接受国内保护派遣国及其国民——个人与法人之利益”。中国同外国签订的领事条约通常都规定，领事官员有权保护派遣国及其国民的权利和利益，这里所说的派遣国国民指具有派遣国国籍的自然人，也指派遣国法人。

领事保护有狭义和广义两种：狭义的领事保护是指当派遣国国民（包括法人）的合法权利和利益在国外受到违反国际法的不法行为损害时，领事官员同领区当局交涉以制止此种不法行为，恢复受害人应享有的权利和利益，并要求对已受到的损害予以赔偿。按照国际法和国际条约，领馆和领事官员只能对本国国民行使领事保护，且必须在确知受害人已“用尽当地救济”或在司法程序中遇到拒绝司法的情况下才能动用领事保护。领馆或领事官员可以通过会见等非正式方式，也可以用照会等正式方式向领区当局提出交涉；如遇领区当局无视国际法准则粗暴对待派遣国国民，践踏基本人权，任意逮捕或没收财产等严重情况，可向领区当局提出抗议，或代表受害者提出赔偿要求。如果领区当局无视或拒绝领馆和领事官员的交涉，则可将有关问题提交本国外交代表，由其与接受国外交部进行交涉，进行外交保护。

广义的领事保护还包括领馆和领事官员向派遣国国民提供必要的帮助和协助。《维也纳领事关系公约》和中国同外国签订的双边领事条约都确认领事官员有权帮助和协助派遣国国民（包括法人）。当派遣国国民在领区内遇到困难、麻烦，以及被逮捕、被拘留或被监禁等情况时，领事官员可会见该国民，视情况需要向其提供一切可能的帮助和协助，或请求领区当局给予必要的协助，以使该国民能享受或获得根据国际法、双边条约或接受国法律的规定应享有的权利和利益。这种帮助和协助可包括提供信息、翻译、必要的证明文件、法律协助，以及协助解决经济困难、提供必要的经济资助等。领事官员通常还通过与领区当局建立各种友好合作的渠道，使派遣国国民能获得并充分享有其应享有的各种权利和利益。

（二）外交保护和领事保护的具体内容

外交保护和领事保护原则上适用于一国的国家行为已经或必将侵害外国人合法权益的各种事项，主要包括：①国民被非法逮捕或拘禁；②国民的财产或利益被非法剥夺；③国民受到歧视性待遇；④国民被“拒绝司法”。

具体而言，海外侨民的个人身份及以前因个人身份而取得的权利（如婚姻、信仰等）应得到所在国的尊重，其动产、不动产、艺术权利和工业财产、结社权利（非政治性和非

① 林灿铃．论“侨民保护”．中国政法大学学报，2013（1）：151．

营利性的社团）及向当地法院申诉的权利等不受侵害，海外侨民的公共教育、公共救济、旅行证件、资产合法转移等活动应该不受不法侵害。

（三）外交保护和领事保护的本质区别

外交保护与领事保护有交集之处：二者保护的对象都是从事非官方国际活动的普通公民或法人，一般情况下都要求受保护的公民和法人具有保护国国籍；两种“保护”的实施均需遵守各自的相关国际法规则和有关外国国内法，不属于一国行政机关的具体行政行为。二者的法律渊源同出于宪法中有关公民权应受国家保护的条款，对当事人来说，国籍国政府负有在某种条件下为其提供外交或领事保护的义务，而对于所在国政府来说，国籍国政府享有为本国公民进行领事或外交保护的权利。领事保护往往是外交保护的前奏，与外交保护存在相互补充的关系。但是，外交保护与领事保护毕竟是两种不同性质的行为，有着本质的区别：

（1）前提条件不同。外交保护针对的是外国不法行为，并采取措施追究外国国家责任。领事保护则不是针对国家，而是协助本国国民适用当地救济。针对接受国境内使本国公民或法人利益受到侵害的任何行为，如普通民事纠纷或刑事案件，甚至在本国公民或法人利益尚未受到现实侵犯的情况下，均可实施领事保护。在此意义上，领事保护具有一定的预防作用。一国通过领事保护的介入，可以敦促接受国更为妥善、公允地处理涉及该国公民或法人利益的事务，防止接受国实施国际不法行为，避免有关问题上升为国家间的争端。

（2）行使的名义不同，即实施主体不同。外交保护以国家名义行使，而领事保护并非总以国家的名义行使。实践中，外交保护通常由大使馆中负责领事事务的外交官具体实施，而领事保护则由领馆中的领事负责执行。

（3）自由裁量权不同。对是否行使外交保护，国家有自由裁量权，无须被保护者提出请求或征得被保护者同意。而领事保护一般是一国驻外使领馆应被保护公民或法人的请求或经其同意后才予以提供。实践中，一国公民或法人在其权益受到侵害后，可能并不寻求领事保护，也可以拒绝领事保护。如《维也纳领事关系公约》第三十六条第一款第三项明确规定，被监禁或羁押的一国国民可以拒绝该国领事官员为其聘请法律代表、进行探访等行为，在这种情况下，该国领事官员应避免采取上述行动。

总之，外交保护与领事保护是两个关联度很高的概念。国内学界对这两者的关系也存在不同理解。许育红认为，外交保护是领事保护的延续和最高阶段，外交保护的内容是在领事保护阶段用尽当地救济之后所涉及的内容[①]，而黎海波则认为，由于《外交保护条款草案》中“用尽当地救济”主要限定于国际求偿的程序条件，所以，国际求偿之外的其他外交保护方式，如交涉、抗议等，并不必然需要用尽当地救济，因而，在用尽当地救济之前，也可以进行交涉、抗议等外交保护行为，或者说“是外交保护与领事协助的交叉和融合之处”[②]。

---

① 许育红．领事保护法律制度与中国的实践．北京：外交学院，2003.

② 黎海波．领事保护与外交保护的“融合”与判别．江南社会学院学报，2013（1）：47.

三、外交保护的利益归属及其本质

国际社会由拥有平等主权的不同国家组成，只要国家间存在交往，就会产生涉外关系，从而产生海外利益、利益主体和利益诉求。

（一）外交保护的利益主体问题

利益主体主要分为以下两类：一是海外国家利益。该类利益主体或称利益的享受者为国家，国家是虚拟的法律人格。判断海外国家利益，必须首先确认按照国家行为规则该利益是否在法律上可以归于国家。例如，一国外交官员的特权与豁免权可以被认定是一类国家利益。海外国家利益的保护可直接通过国与国之间的交往来主张和实现，因此，外交保护制度是不适用于此类国家利益所涉事件的。二是海外侨民利益。一般而言，海外侨民是指不拥有所在国国籍的自然人，因此，在所在国通常被称为外国人，而这些外国人的国籍国则称其为本国的海外公民。侨民利益由于处于各所在国领土主权管辖范围之内，需要依据属地国的法律来解决。“在国际法上，正是基于侨民在所在国为弱势群体这一事实，规定了外交保护制度，在满足一定的严格条件的情况下，国家可以对本国的侨民利益进行国与国之间的外交交涉与保护。”① 传统国际法理论认为，一国对其侨民进行保护意味着该国已经将另一国对其侨民的侵害视为对其国家的侵害。这种法理上的虚构近来在西方国际法理论界已经引发了不少争议。

从利益的内容看，主要有四类：一是海外财产利益。主要是指一国侨民或者国家在海外的财产权利及利益，如国家财产、法人的投资及收益、公民的房屋及货币财产等。在我国，海外利益中财产利益占据很大比重，特别是以国有股为主体的海外法人利益。二是海外人身利益，主要指的是侨民的人身利益，包括公民的生命健康及其人格权、身份权等利益。人身利益损害通常伴随着财产损害而发生，如一些国家的犯罪分子对华人实施的暴力抢劫或枪杀，在伊拉克、阿富汗、巴基斯坦、尼日利亚、埃塞俄比亚、索马里等国发生的针对中国人员与机构的袭击和绑架事件等。一些意外事件中也常常出现人身利益的损害，如交通事故及地震、海啸等自然灾害。三是海外政治利益，包括结社权、向法院起诉权、出入境权、自由迁徙权等联合国关于公民权利和地位的有关政治权利。国内学者认为“政治权利一直只适用于公民，因而也是移民们获得的最后权利”②。四是海外经济社会利益，如工作权、动产不动产权、知识产权、自雇和自由职业权、住房权、公共教育权和其他社会保障权。

（二）外交保护的权利主体

在国际法上，外交保护权究竟是国家的权利还是被保护者个人的权利？这一争议具有十分重要的实践意义。如果外交保护权是个人的权利，那么该个人的国籍国就可能具有保护该个人的国际法义务，它所主张的求偿范围限于该个人所受到的损害，它所得到的另一国的赔偿结果也应归于该个人。传统观点认为外交保护权是国家的权利。国际法院在著名

---

① 万霞．外交保护国际制度的发展及演变．国际观察，2009（2）：15.

② 罗斯玛丽·塞尔斯．解析国际迁移和难民政策．黄晨曦，译．上海：格致出版社，2011：208.

的1970年“巴塞罗那牵引公司案”中也认为：在国际法规定的限度内，一个国家可以用它认为合适的方法并在它认为合适的范围内实行外交保护，因为该国所维护的是它自己的权利。国家所享有的外交保护权，从法律规则的角度可以从两方面来理解：“在国家间法关系中，外交保护是一国的权利；在国内法关系中，外交保护是国家的义务。”①

“国家权利说”与“个人权利说”分歧的焦点在于外交保护所维护的实体权利的归属，而不是外交保护在程序上的权利。外交保护是一种以国家名义所进行的国际求偿，而不是赋予个人以直接进入国际求偿程序的权利，因为个人是国家的组成要素，个人权利被侵害可以推断为国家的主权也受到了侵害②。因此“国家在决定是否行使外交保护权的问题上，需要综合考量国家的整体利益与对外政策上的得失，从而拥有对外交保护的自由裁量权”③。

（三）外交保护的性质

外交保护是国家可以援用的一项程序规则，它规定的是如果国家想要进行外交保护，必须符合国际法的哪些原则和制度、程序如何。外交保护是国籍国为保护受损害的人并使该人因受国际不法行为造成的损害而得到赔偿所使用的程序。使用外交保护必须通过合法及和平的手段，主要有两种：一是外交行动，二是法律诉讼。这就意味着外交保护属于国际关系范畴，同时，外交保护并不意味着只是国与国之间的外交交涉，还包括由国家采取的其他行动（如战争、诉诸司法等）。

综上所述，外交保护是属人管辖权的重要体现，本质上是处理国家间关系的制度，是将国家与私人之间的事情转化为两个国家之间的事情。

四、外交保护的构成要件分析

传统国际法认为外交保护必须同时符合以下三个前提条件：一是受害人持续地保有本国国籍；二是所受损害必须是属地国的国际不法行为导致；三是受害人须用尽当地司法救济。如今，对以上三个条件的解释在《草案》中出现了一定的变化，不再强调保护国与其公民之间必须是真实而有效的联系。联合国国际法委员会认为，在经济全球化和移民大量增多的今天，很多人由于各种主客观原因，与其国籍国的联系十分薄弱，因此，过分要求真实而有效的联系，将会导致成百上千万人无法得到外交保护。

国籍是联系国家和个人或法人利益的纽带，这种联系使得国家可以以此对抗其他任何国家。国籍不仅是联系个人与国家之间的特定权利与义务的因素，也是联系个人与国际法上的利益之间的关键因素。传统国际法确认国家之所以保护某个对象，是因为该对象具有该国国籍。但按照《草案》规定，有四种例外需要灵活处理：

（1）非持续性国籍者。《草案》允许那些在受损害之日非该国国民，但在正式提出求偿请求之日拥有该国国籍的自然人向该国提交外交保护申请，前提是该自然人丧失了前一

① 姜绍甜．外交保护性质之新解．公民与法，2010（10）：55.

② DE VATTEL EMMERICH. The law of nations or the principles of natural law（1758）//Fenwick（trans.）. The classics of international law，III. Troy，Michigan：Carnegie Institute，1916：136.

③ 黄涧秋．论海外公民权益的外交保护．南昌大学学报（人文社会科学版），2008（3）：95.

国籍且其外交保护国国籍的取得并非为了外交保护的目的且不违反国际法，同时《草案》允许受损害的自然人在外交保护国提出正式求偿之日后若取得被请求国的国籍，原外交保护国即不再具有外交保护权。

（2）难民和无国籍人士。《草案》规定，在特殊情况下，即使该国与某一自然人没有国籍联系，也可以对其行使外交保护，其前提条件：一是该国可以为在其境内合法和惯常居住的无国籍人士因在海外遭受损害进行外交保护；二是在难民不能或不愿受国籍国保护的情况下，该国应该考虑提供外交保护。按照国际通行规则，“即使寻求庇护者因为不符合难民条件不能享受难民待遇和法律地位，但是也享有基本人权和作为外国人的待遇”[①]。

当代国际法在外交保护方面突破了只有本国国民才可享受外交保护这一传统条件，容许一国对无国籍人士和难民进行外交保护，反映了国际法日益关注国家层面之下的个人权利，不断加强国际制度在实现个人权利方面的作用。

（3）有双重或多重国籍者。传统国际法规定，有双重或多重国籍的人，所拥有的双重或多重国籍国之间不能相互主张外交保护。但该条款草案肯定了这种情况下的例外：除非在发生损害之日和正式提出求偿之日该国的国籍为该人的主要国籍。例如，一个拥有美国、日本双重国籍的人，美国和日本不能就对方主张提出对该国民的外交保护。但如果美国认为自己为主要国籍国，则可以向日本主张外交保护，但须举证证明。如果双重或多重国籍人士在第三国，则双重或多重国籍国均可以向第三国主张外交保护。当该自然人的任一国籍国有权单独或联合另一国籍国向第三国提出外交保护请求时，第三国无权以该自然人与该国籍国没有真实有效的联系而进行抗辩；在自然人同时具有外交保护国和被请求国国籍时，外交保护国的国际求偿请求被认为具有不可接受性，但规定具有优势地位的国籍国有权向不具有优势地位的国籍国提出外交保护。

（4）公司股东。《草案》第十一条规定沿袭了传统国际法的规则：在公司受到损害的情况下，公司股东的国籍国无权为这些股东行使外交保护。也就是说，公司的利益应由公司的国籍国来保护，而不是由公司股东的国籍国来保护。

联合国国际法委员会认为，尽管传统规则中强调公司国籍国才可能对受损害的公司负有保护的责任，但如果公司的国籍国是侵害者，国际规则的惯例是，支持股东的国籍国对该公司蒙受损失后受到损害的股东提起外交保护，以此干预或限制一些跨国公司的国籍国非法侵害公司利益。这种国际规则的目的是为体现公平原则，保护相对弱势的海外投资者的应有利益。如果侵犯公司权利的行为针对了股东的直接权利，如获得已公布红利的权利、出席大会和在会上投票的权利、分享公司清理结束后处理剩余财产的权利，股东应有独立的行动权。

《草案》第十五条规定了无须用尽当地救济的情况：①不存在合理的可得到的能提供有效补救的当地救济，或当地救济不具有提供此种补救的合理可能性。②救济过程受到不当拖延，且这种不当拖延是由被指称应负责的国家造成的。③受损害个人与被指称应负责的国家之间在发生损害之日没有相关联系。④受损害个人明显地被排除了寻求当地救济的可能性。⑤被指称应负责的国家放弃了对受害人用尽当地救济的方式。国内有学者认为该

① 刘国福．国际难民法．北京：世界知识出版社，2014：146．

原则适用条件不够明确，“应细化‘用尽当地救济原则’的例外情形”①。譬如，“合理救济”与责任国救济过程“不当拖延”的判断标准、受害人与责任国“没有相关联系”的含义、责任国放弃用尽当地救济的方式等需要进一步明确。

一般而言，受损害的个人与被告国之间存在着某种联系，例如自愿停留该国、居住在该国、在该国拥有财产或与该国有某种契约关系等。按照中国传统，前往外国的国民必须接受其所在地的法律约束，因为他已经通过自己的某种联系行为接受了被告国的管辖。但是，时代发展到今天，出现了个人受到外国的伤害却并不一定必须与该国建立某种领土或财产联系的情况，苏联切尔诺贝利核泄漏造成的跨界环境损害就是一例。1986 年，苏联乌克兰基辅的切尔诺贝利核电站爆炸，使得遥远的日本和斯堪的纳维亚受到放射性物质损害，日本或挪威境内的个人显然没有与苏联建立事先接受管辖的联系。此时，要求他们到乌克兰去用尽当地司法救济就不合理，也不公平。

另一种情况是难以界定另一国针对其国民（包括公民或法人）的行为是“国际不法行为”。如果该侨民（或侨民群体）在另一国从事违法犯罪活动而受到所在国的法律制裁，其国籍国政府是否应该出面提供保护？如果该国的法律制裁行为符合该国国内法而与国际法抵触，其国籍国该如何应对？

还有一种情况是如果该侨民是以非法移民身份滞留所在国乃至获得了长期居留权，当该侨民受到所在国不法侵害时，其国籍国是否应给予外交保护？

最后一种情况是如果该侨民以政治避难身份在国外获得合法身份，当该侨民受到所在国不法侵害时，其国籍国是否应给予其政治保护？

郭堃等认为，在多重国籍自然人投资者的其他国籍国为《公约》非缔约国，以及缔约国未遵守或履行裁决的情况下，还存在一些执行层面的问题。②

五、我国海外侨民外交保护的思考

我国外交保护制度的确立始于新中国成立后，但真正意义上的外交保护则从改革开放以后才开始有所发展。改革开放以来，中国积极参与了《草案》的国际立法全过程，提出了我国对《草案》的建议和立场，并于2003 年颁布了《中国境外领事保护和服务指南》；2006 年，外交部领事司成立了领事保护处，并建立了高层联席会议制度。在实践层面，我国多次成功组织了中国侨民海外救援和领事保护。我国外交保护制度才走过三十几个年头，而如今摆在我们面前的是每年超过 7 000 万的出境人次和更加复杂的国际形势，从这个角度看，我国外交保护体制、机制和能力显得捉襟见肘。

（一）外交保护法律制度尚需完善

早在 1949 年召开的中国人民政治协商会议上通过的具有临时宪法性质的《中国人民政治协商会议共同纲领》第五十八条就规定：“中华人民共和国中央人民政府应尽力保护

① 孔小霞．论外交保护制度的发展——兼评《外交保护条款草案》．河南师范大学学报（哲学社会科学版），2008（4）：139.

② 郭堃，杨卫东．海外投资者的外交保护及困境——以国籍原则为中心．北京理工大学学报（社会科学版），2012（2）：131，136，137.

国外华侨的正当权益。”1954 年第一部《中华人民共和国宪法》第九十八条又进一步确定为：“中华人民共和国保护国外华侨的正当的权利和利益。”时至今日，我国已历经四部宪法的更替，通过了四个宪法修正案，而关于外交保护的规定却还是简单笼统的一句话，这显然远远不能满足我国外交保护工作的现实需要。

新中国成立后，有关我国外交保护方面的立法一直在不断完善，但有关立法层次较低，内容过于抽象笼统，迄今还没有出台《外交保护法》等专门法律。1954 年，外交部制定了《关于领事工作任务的初步规定》，其中规定：“对华侨的正当权益，采取积极的保护措施。”

随着改革开放的不断推进，我国先后出台的法律法规还有《公民出入境管理法》（1986）、《外交特权与豁免条例》（1990）、《中国公民出国旅游管理办法》（2002）、《国家涉外突发事件应急预案》（2005）、《境外投资管理办法》（2009）等。但这些法律法规效力普遍不高，缺乏协调统一性，内容又过于抽象笼统和零散，缺乏针对性、可操作性。这些立法始终未提及外交保护的概念，并且大部分保护的对象仅限于华侨，而实际上在我国海外公民中，相当一部分人只是临时留学、旅游、从事劳务或商事活动，他们还称不上是华侨，但并不能就此将这些人排除在保护对象范围之外。

（二）部分外交保护的条款内容过于宏观宽泛，很难适应形势变化，需要采取灵活多样的保护策略

有几个问题需要引起关注：一是是否我国所有的海外侨民都应该得到外交保护？随着我国出境人口日益增多，出境方式日益多样化，出境目的也日益差异化，既有因国际劳务、留学、经商、旅游、家庭团聚等合法迁移，也有偷渡、人口贩运、政治避难等非法迁移。从到目的国后的状况看，既有短期居留，也有长期定居甚至入籍等各种情况。针对不同的群体需要有差异性对待，同时还要与通行的国际惯例和法规接轨，难度可想而知。二是外交保护是否需要分轻重缓急，有重点、有针对性地进行？

（三）缺乏相应的预警机制

预警机制是指利用网站和其他媒体渠道及时发布各国的旅游、劳务、经商、安全状况等信息以及跟踪、分析并研究涉及国外中国公民和企业安全的信息。当前，我国预警机制的建设虽取得了一定成果，但仍存在许多不足之处，主要表现在：预警宣传不到位、渠道少；信息不全面，反馈慢；手段单一，覆盖面窄；尚未形成常态化机制；主要的工作完全由政府独自承担等。这些都说明了我国外交保护预警机制的缺失。近年来不断变化的国际形势致使我国公民海外权益受损后无法得到及时有效维护的事件时有发生，越来越多的海外公民对我国的外交保护表示不满，对我国相关部门施加压力，要求进一步保护他们在海外的合法权益；同时由于外交保护相关立法的缺失，也造成了外交保护职责和权限的混乱，令本就处于重压之下的外交保护工作人员普遍感觉到摸不着头脑、无从下手，各种外交保护的尺度与做法也是大相径庭。

总之，在外交保护机制建立方面，我国已形成了初步的框架，但具体内容和相关措施还有待进一步完善和充实，需要从以下几个方面有所突破：

（1）需要建立针对海外重大突发事件的应急措施。外交保护和领事保护虽然能够保护

一般的国家利益和侨民利益，但我们要清醒意识到其保护程度、保护范围及其效果的有限性。就严重升级的恐怖事件及其带来的大量死伤而言，仅仅通过这些救助形式远远不能达到完全有效的保护效果，侨民的生命安全依然岌岌可危。不仅如此，当遇到战争，两国断绝外交关系、领事关系或者发生一国暴力事件严重危及我国外交保护权利行使之情形，尤其是使馆或领事机构暂时或长期停闭时，对我国侨民进行领事保护事实上是不可能的。2009 年巴布亚新几内亚发生的排华事件就是有力的证明。

在此类灾难发生时，通过外交渠道或使领馆实施保护和救助的方式，其作用相当有限。当海外侨民不会因为中国的抗议而安全，华侨的商店也不会因此就比其他人更少遭到哄抢的时候，必须寻求一种新的、有力的方式以保护正在或已经受到侵害的侨民。当然，在实施此项保护和救助时必须遵守国际法，将行为限制在保护和救助本国侨民的范围内。针对我国侨民数量众多和近些年来频发的危及侨民的严重暴力恐怖事件，可以考虑组建专门实施保护和救助海外侨民的武装力量，使侨民安全得到切实保障。

同时要看到，现有《中华人民共和国归侨侨眷权益保护法》已远远不能满足当今现实的紧迫需求，必须大力加强和完善进行武装保护和救助海外侨民的专项立法。实践表明，在处理海外中国公民和企业的各类突发事件中，我国的侨民保护工作仍因法律的缺失而困难重重。

（2）需要我国侨务部门等机构推动建立和完善侨民安全保护联席会议制度。该联席会议制度旨在加强政府各部门之间的统一领导与协调，为涉及我国公民和企业的海外权益提供安全保护和救助，为侨民家属提供及时必要的服务。启动此机制的要求相对较高，需要联通国内与国外，侨务与外交等多部门联合，设立常设机构，发挥有效作用。

（3）需要实现境外侨民登记制度网络化和便捷化，利用“互联网 +”和大数据推进侨民常态化管理。目前我国已经开始尝试在国外一些有条件的地区推行侨民登记制度，此项制度的初衷是对海外华侨的数量、联络方式、分布区域等基本资料进行登记了解，便于日后及时有效地开展外交保护或协助工作。但由于宣传力度不够，登记手段单一，华侨流动性强、参与积极性不高等原因，登记制度的施行效果并不理想，从而对准确掌握我国境外侨民的具体情况产生影响。

（4）需要加强国际合作，按照国内法与国际法保护并重原则加快外交保护立法进程。由于侨民“身居海外”的特点，侨民保护涉及国外保护以及不同国家的法律冲突问题，与国际公约、国际习惯相关，因此，侨民保护立法也就需要根据其特点而具“特色”。在侨民保护立法中立足建立、健全本国法治的同时须重视国际法相关原则的运用，融合相关国际法的原则、规则，如国家管辖权、国民待遇、国家责任等。与此同时，要进一步重视和加强国内法与国际法的衔接，重视双边、多边条约的缔结和合作范围的扩大，以便更好、更有效地保护侨民。因此，除了依据国际法外，还须建立和完善国内法，规范国家、法人、公民在海外利益保护事务中的地位与作用、权利与义务。

总之，我国海外侨民的外交保护涉及面广泛，所涉事务敏感程度高。如果一国怠于保护其境内的公民和法人，其不仅将面临国际、国内道德及舆论的谴责，也将面临法律制度的管制和约束。外交保护制度从实体到程序均涉及国际法与国内法的多项制度，各项制度之间还存在相互协作、相互配合、相互支撑等关系。有鉴于此，我国相关部门需要加强研究，加大投入，尽快完善我国的外交保护制度，进一步给我国公民和法人提供更多的海外保护。

参考文献

[1] 刘国福．中国难民法．北京：世界知识出版社，2015.

[2] 夏莉萍，等．世界城市外国移民管理研究．北京：世界知识出版社，2015.

[3] 李其荣，陈志强，等．跨越与转型——国际商务视野下的华侨华人与华商．上海：复旦大学出版社，2015.

[4] 王辉耀，等．中国国际移民报告：2014. 北京：社会科学文献出版社，2014.

[5] 陈积敏．非法移民与美国国家战略．北京：九州出版社，2013.

[6] 丘进，等．华侨华人研究报告：2012. 北京：社会科学文献出版社，2012.

[7] 宋全成．欧洲与中国：非法移民及其社会控制政策之比较．山东社会科学，2011 (8).

[8] 黎海波．当前中国领事保护机制的发展及人权推动因素．创新，2010（4）.

[9] 黎海波．国外学者的领事保护研究：一种人权视角的审视与批判．法律文献信息与研究，2010（2）.

[10] 殷敏．外交保护的发展势态及其对中国的启示．甘肃社会科学，2009（5）.

[11] 夏莉萍．中国政府在保护海外公民安全方面的制度化变革及原因初探．国际论坛，2009（1）.

[12] 王秀梅，吴殿朝．非传统安全背景下的海外中国公民保护问题初探．广东外语外贸大学学报，2009（5）.

[13] 刘国福，编译．移民法——国际文件与案例选编．北京：中国经济出版社，2009.

[14] 殷敏．外交保护与领事保护的比较研究．国际商务研究，2008（4）.

[15] 毛竹青．试论在美国的中国公民权益受侵犯及其保护．华侨华人历史研究，2008（3）.

[16] 朱建庚．中国领事保护法律制度初探．中国司法，2008（10）.

[17] 夏莉萍．试析近年来中国领事保护机制的新发展．国际论坛，2005（3）.

[18] 许肇琳．略论清代后期的设领护侨政策．八桂侨史，1995（1）.

市场中的乡籍网络

——异地商会的兴起要因分析①

魏文亨*

商会自晚清设立至今已经有长达百余年的历史，在不同历史阶段，其组织形态及功能运作都有所差异，但其市场活力却始终存在。在1949年后，商会虽改组为工商联体系，并随着社会主义改造及计划经济体系之建立，其市场角色被不断削弱，但一朝进入改革开放时期，民间性的商会组织即顽强勃兴。在原有工商联之外，行业商会、异地商会如笋林立。在20世纪90年代之后，此类组织发展尤为迅速，既是市场经济体制不断向纵深推进的重要表征，亦为市场体制运行的有效组成部分。此类组织多以私营企业为主体会员，以服务企业发展、沟通政企关系为要旨，成为连接政府、企业与市场的重要平台，在政府的经济调控和行业的市场自治方面发挥着举足轻重的作用。

因国家并未出台统一的《商会法》及《行业协会法》，商会组织的发展多由各地探索进行，其名称及组织并未划一。严格来说，商会应是指区域内的跨行业商人联合体，在1949年后一般指工商联组织。到改革开放时代因其承继近代商会之组织体系，在统战职能之外其民间性、经济性也在不断提升，因此又以民间商会称之。行业商会实际是行业组织，按民国时期的标准不属商会，而属商会的基层组织与同业公会同列。现在多称行业协会，行业商会也是习惯的称法。至于异地商会，现在并没有严格的法律界定，通常是指以经营者之籍贯为结社标准，以协助同籍商人在异地发展为宗旨而在经营所在地自愿成立、合法注册的民间经济组织。② 在2003年11月民政部出台《关于异地商会登记有关问题的意见》之后，按照“登记在省、试点先行”的原则，异地商会进入了快速发展时期。③ 各省或由政府推进，或由核心企业倡导，既组织在外经营之本省籍商人组建在外异地商会，亦协助外省籍商人在本地设立异地商会，以达促进区域合作、内外互通之目的。

目前，不论是东部发达省份还是内陆省份，都成立了数量可观的异地商会，且与乡籍

* 作者简介：魏文亨，华中师范大学国务院侨办侨务理论研究武汉基地教授。

① 本文属于湖北省教育厅哲学社会科学重大攻关项目“商会组织与楚商网络的跨区域建构”、华中师范大学中国商会发展协同创新中心支持项目、侨联项目“世界华商大会与华商网络”（2013年）。

② 张高陵、江眺等认为异地商会是相对于本地商会而言的一个概念，它是指具有相同原籍（县级以上行政区）的企业和工商业者，因工作或业务的需要，为维护自身利益，在原籍外的另一行政区依照自愿原则成立的民间商会组织。张绍华认为异地商会之传统可上溯至商帮、会馆，是指某行政区域（注册地）之外的特定行政区域（原籍地）的自然人或法人入驻兴办的企业，在注册地自愿发起组成，以原籍地行政区域名称为基本特征，以推动两地经济交流合作为宗旨的社会团体。不同界定的标准都强调是同籍者在异地自愿组建之商人团体。参见张高陵．中国异地商会的渊源与现状．中国商人，2011（3）；江眺．试论我国异地商会管理体制的完善．安徽警官职业学院学报，2010（4）；张绍华．异地商会的发展与管理．社团管理研究，2012（9）．

③ 关于异地商会登记有关问题的意见//国家民间组织管理局编．社会组织管理政策法规选编．北京：华龄出版社，2010：146.

地及经营地均有紧密联系。有些异地商会不仅走出省界，还走出国门，在海外设立了会务组织，如潮州、温州、宁波等地商人在欧美及东南亚都设立了相当数量的乡籍商会。政府部门、工商界和学术界都关注到异地商会这一新型商会形态，并开始有意识地推动其改革实践和学术研究，且在异地商会的管理体制、异地商会与官商关系、异地商会与地方治理等方面取得一些成果，其中政策建议或咨询式分析较多。从整体上看，异地商会正在发展之中，其中的经验和问题还有待不同学科学者的共同努力予以总结探索。本文主要就异地商会之所以兴起的社会要因及内部可能存在之组织悖论加以讨论，对地方政府与市场在异地商会建立过程中的互动关系也会加以分析。①

一、异地商会的分类及发展阶段

异地商会通常是以省籍为结社标准，由在异地的同籍商人组合成立，因而与乡籍地的经济外向程度、经营地的市场发育程度具有紧密的关联性，故此地区差别极大。异地商会的“异地”，一般是跨省区的，在本省县市之内相互设立异地商会的情况较少。同时，按照客、籍两地的不同角度来看，异地商会也有不同的含义。就籍贯地而言，是指在家乡省份之外的其他省市所设的商会组织；就所在地来说，异地商会则意味着外来投资者的联合组织。在此，仅以入会的乡籍范围来划分为三种类型：区域型、省籍型、市县型。

（1）区域型异地商会由两个或两个以上省份的商人联合组成。中国地域广大，地方文化各具特色，有些相邻的省份往往拥有较多的历史联系和文化认同感。在本省籍企业数量较少的情况下，往往会扩大籍贯的范围，联合相邻省份共同组建商会。如湖北与湖南，在历史上就常以两湖会馆的面貌出现；山西和陕西商人在各地联合组建有山陕会馆；广东和广西常联合组成两广会馆。现时段，这种联合性的异地商会较少，但也并非完全没有。湖北辽宁商会是在2009年成立的，成立时会员较少，到会会员代表只有90余人。为扩大会员范围，湖北辽宁商会组织筹备成立湖北省东北商会联合会，其目的是联合“东北籍在湖北的社会名流、商界精英和各方人士”，服务会员和两地发展。② 湖北四川商会在2006年成立，到2013年正式更名为“湖北省川渝商会”，将会员范围扩展到四川和重庆籍的在鄂商人。③

（2）省籍型异地商会是以省为单位设于外地的商会组织。就现有异地商会数量来说，省籍型异地商会占据绝对数量。总会一般是设在所在省的省会城市，总会根据需要，可以设立市县级分会。如湖北四川商会就设在省会武汉，在湖北省内其他城市的四川商会如需设立商会，则只能是四川商会的分会。四川商人在广西南宁设立有四川商会，在桂林等地

---

① 关于异地商会的研究讨论在2010年后才引起关注，主要以统战部、民间组织管理的相关官员、异地商会工作人员及部分学者为主，讨论的重点是异地商会与官商关系、地方治理、经济合作、管理制度，也有关于地区异地商会的个案研究，有些省市工商联、异地商会也编写有异地商会的年鉴。代表性的论著参见：马存友，等．异地商会：寻求地方政府与异地企业的良性互动——基于公民社会理论的讨论．传承，2010（6）；王红梅．异地商会发展中的官商互动机制．经济导刊，2010（12）；常敏．异地商会发展及其在社会管理中的作用．中共浙江省委党校学报，2012（2）；向佐春．广东异地商会管理制度改革趋势探析．广东石油化工学院学报，2012（2）；李长文．异地商会地方治理功能研究述评．广东行政学院学报，2008（5）；江化，周莹．异地商会发展中的制度滞后与政策推进——基于异地温州商会的研究．中国行政管理，2009（4）；中资研究集团商会研究中心．中国异地商会研究报告．2011.

② 湖北省东北商会联合会简介．（2014－07－11）．http：//www.hbdbsh.com/shjj.asp.

③ 白净．湖北省四川商会更名为湖北省川渝商会．长江商报，2013－12－27.

再设立商会，就是四川商会桂林分会。总、分会之间可以独立开展工作，但是也保持着组织联系和信息共享。省籍标准范围较为广泛，在异地可以扩大会员基础，便于整合力量，也更易与较高政府层级建立联系，成为异地商会的主要形式。

（3）市县型异地商会则是以市县籍贯来作为入会标准。一般而言，此类异地商会是由企业投资的出发地，大多是在改革开放早期发展起来的经济外向型中心县市，且有较为悠久的创业传统。如全国各地设有一百余家泉州商会，均单独以泉州命名，而不以福建命名，因为在该地投资较多的商人绝大多数是泉州籍。最为鲜明的一个例子是温州商会，这里不是指温州本地的商会，而是温州人在外经商者所设立的异地商会。温州是改革开放先富起来的地区之一，聚集了丰富的资本，再加上温州人富有创业精神，在全国乃至全世界，温州人都是最为活跃的商人群体。温州商人由于以群体创业的方式在异地发展，因此既有在省会城市的温州商会，也有在其他中心城市乃至很多县城的温州商会。昆明温州商会在 1995 年就已成立，到 2005 年时，云南昆明温州总商会已经拥有了临沧、曲靖、昭通、思茅、大理、镇雄六家商会分会。全国各地都广泛设立温州商会，到 2014 年 5 月，温州设于异地的温州商会（地市级以上）总数已达 252 家。[①] 还有各地广泛建立的潮汕商会，在上海、广州、南京、杭州等地都成立有组织，且全国各地之潮汕商会还建立起常规化的信息交流与组织协作机制。在这里可以发现，中国人在籍贯属地的选择上，也存在一种优先顺序，市县籍优先于省籍，如在某地此一标准不足则依差序加以放大。事实上，随着跨区域经济发展战略的不断深入，各地区经济依赖程度不断增强，产业转移及产业聚集的规模不断扩大，异地商会呈现由直辖市及省会城市逐步向其他地区性经济中心扩散的趋势，在省籍商会得到发展的基础之上，市县籍商会数量也在不断增加。

通常而言，经济发达省份的市场吸引力强，资本及人口集中，外来企业及商人较为集中，设立异地商会的时间较早，数量也会较多。因此在广州、北京、上海，聚集的异地商会的数量也相对较多。在经济相对落后的省份，本地吸引力相对较弱，易导致企业外流，在外省市设立异地商会的可能性大增。但不同省份其聚集程度可能不一。这一情况也并非是绝对的，有些经济外向型的地区或城市，往往具有外出创业或投资的传统，如温州、潮州、宁波等地，其投资经营活动遍及全国乃至全球，因而在各地分设异地商会的需求增加。同时，随着经济发展浪潮自东向西扩散，中西部地区在承接发达省份产业转移的过程中，也吸引了大量的外来企业，异地商会的组建数量也在不断递增。在乌鲁木齐，就汇聚了全国各地来此创业发展的商人和企业家，绝大多数省份都成立了异地商会，既有省籍型的，也有联合型或市县型的，如浙江商会、成渝商会、福州商会、台州商会、潮汕商会、龙岩商会等。

揆之异地商会发展这一实情，每一省份的省内及外设异地商会的发展进程都有差异，因此很难以单一标准来划分其时段，此处仅从登记制度、发展规模等方面在宏观上大致加以区分。

在登记制度方面，可以分为“本地审批、异地成立”时期和“异地审批、异地成立”时期，前者是指异地商会多以乡籍地工商联分会或企业协会的形式取得合法性，在经营地并未注册；后者是指不论审批还是成立都是在经营地进行，取得了独立的社团法人资格。

① 刘约．异地温州商会总数达 252 家．温州商报，2014－05－31.

其中间标准，应以2003年民政部出台的《关于异地商会登记有关问题的意见》为界。在该意见出台后，天津、湖北、山东等省在两三年间都相继出台了异地商会的管理或发展意见，推动了本省异地商会的组织规范化。但这一标准并不是绝对的，有些异地商会为强化与经营地的关系，在此之前就进行在地登记。如青岛泉州商会原是泉州市总商会的分会，到2000年时正式改为青岛市工商联下属的泉州商会。这一转变有利于加强异地商会与经营地的关系，也有利于其独立开展活动，但与乡籍地的组织联系并未由此切断。① 虽然强调按省登记，但市县籍的异地商会数量仍在增加。

在全国范围内，异地商会的发展与宏观经济趋势、地区经济结构变动及国家政策关系紧密，大致可分为三个阶段：

第一阶段：20世纪80年代，以代表处或协作会形式为主，主要是内地城市在东部经济发达地区设立异地联谊性组织。在改革开放初期，由于民营经济发展有限，全国市场的统一网络还未形成，在以国有经济为主体的市场主体中，其异地经营或投资都是由企业自身来完成。在北京、上海、天津这样的大城市，外地企业一般会在此开设办事机构。但是，在20世纪80年代后期，由于个体经济的发展，许多出外创业者开始自主联合，通过乡籍情感的纽带建立经济性组织。如一般企业联合会或技术协作会。在上海，不少省市在此建有企业经济技术联合会，以联结本地企业，开拓上海市场。也有不少以民营或个体经营者为主建立的同乡类或经济类组织，有的就叫同乡会。如上海市的江西商会就是在成立有近20年历史的江西驻沪企业协会的基础上成立的。成立于2007年的上海市湖南商会的前身是1993年成立的湖南省在沪企业协会，后来在上海市人民政府合作交流办公室和湖南省人民政府驻上海办事处的联合指导下成立异地商会。② 这一时期商会组织并不普遍，也较为松散。值得注意的是，随着异地经营者的增多，有些非官方但由民间自主组织的乡谊会、联谊会、同乡会在不断增多，其参与者并非只有商人，也包括在地发展的一些文教人员、官员、自由职业者等“家乡精英”。在后来异地商会的成立过程中，此类同乡联谊组织在沟通整合方面发挥了重要作用。据现有材料来看，这一时期还没有以异地商会命名者。

第二阶段：20世纪90年代至2003年前后。进入20世纪90年代以后，中国国内的跨区域资本流动更加频繁，商品、劳动力的全国性流动也进入一个新的阶段。进入21世纪以后，中国的跨区域发展战略更为明显。不少省市政府及企业为了便利对外投资、开拓外地市场，同时为了进行招商引资的需要，开始有意识地引导本籍在外企业联组商会。如北京、上海、深圳、广州，由于是资本、技术、人才、贸易及信息的中心，外地省市多在此设立正式的异地商会，以便利长江三角洲、珠江三角洲等沿海经济发达地区的产业逐步向内地甚至西部转移。如成立于2004年的北京潮商会，其前身是成立于1995年的北京潮人海外联谊会企业家分会，在正式改为潮商会后成为北京市工商业联合会的团体会员。③ 上海市温州商会的前身是浙江省驻沪企业协会温州工作委员会，是在1999年5月经上海市政府批准成立的。④

---

① 青岛泉州商会：泉商聚集，共建大青岛．青岛早报，2012-11-14.

② 宁静．上海市湖南商会成立．湖南日报，2007-05-29.

③ 北京潮商会．http：//www.cccb.org.cn/index.php？m=content&c=index&a=lists&catid=28.

④ 尤成勇，向前．上海温州商会成立十周年．温州日报，2009-06-12.

在外向型经济地区，企业则强调“走出去”，在外地设厂经营。1995 年，温州商人在昆明成立了昆明温州总商会，到 2008 年时昆明温州总商会已经发展到有 1 600 多名会员。现在多将这一商会作为全国首家异地商会，但是否确实，需对全国情况进行比对之后才能断定。① 武汉市是温州商人创业的重要城市，温州商人在五金电器、鞋业、服装等行业都处于优势地位。1997 年，温州商人成立了武汉市工商联（总商会）温州商会，到 2006 年经武汉市民政局登记成为社团法人。② 几年之内，西安、成都、广州、哈尔滨等地相继成立了温州商会。1999 年，在温州召开了第一届各地温州商会工作会议。2002 年，在哈尔滨召开了第二届各地温州商会工作会议，全国各地有 50 余家温州商会参加会议。③ 异地商会的建立，不仅为在外省经商的从业者扩大了生存和经营空间，也为跨区域的合作构建了组织平台。这一时期商会的数量逐渐增加，设立的区域逐步扩大，但是还未普及。在商会的组建标准上，也是以城市与城市为主，并没有强制以省籍为单位进行整合。

第三阶段：2003 年，民政部出台了《关于异地商会登记有关问题的意见》，要求按“登记在省、试点先行”的政策，稳妥发展异地商会，市县两级不得审批登记和建立异地商会，省级异地商会不设地域性分会。异地商会由单位会员组成，不吸收个人会员。进行试点工作的省、自治区、直辖市要进一步理顺与业务主管单位等方面的关系。加强对异地商会的监督管理，促使其规范建设、健康发展。④ 这个意见出台以后，异地商会的发展有了政策依据，开始步入发展的快车道。不论是东部沿海地区，还是中西部省份，在本地及外地设立的异地商会都较前迅猛增长。

在湖南省，外省在湘企业设立的异地商会在不断增加。到 2013 年，成立的以省命名的异地商会有浙江商会、福建商会、安徽商会、山东商会、湖北商会等，以市命名的异地商会有深圳商会、邵阳商会，还有设于长沙的益阳商会、泉州商会、衡阳商会等，合计有 40 余家。湖南省设于外省的异地商会更是发展迅速。2003 年 3 月，湖南省外第一个异地商会——重庆市湖南商会正式挂牌成立；同年 4 月，陕西省湖南商会成立；2004 年，北京市湖南企业协会、甘肃省湖南商会和宁夏湖南商会先后成立；2005 年 4 月，四川省湖南商会成立，同年 9 月，广东省湖南商会成立。到 2009 年，全国湖南异地商会数量已增至 92 家（含 18 家在筹），遍布国内 28 个省区市的省会城市和 50 多个地州城市，拥有会员企业近 3 万家。⑤ 2010 年，增至 132 家。到 2011 年，这一数字又增至 145 家，同年 11 月还在昆明召开了全国湖南异地商会会长大会。⑥ 到 2013 年 1 月，湖南异地商会达到 186 家，组织遍布除西藏外的各省区市的 150 多个大中城市，拥有会员 5 万多家，资产总额逾万亿元。⑦ 2013 年 9 月，又增至 196 家。同月，湖南异地商会联合举办湘商大会，并成立了异

---

① 张绍华．异地商会的发展与管理．社团管理研究，2012（9）：29.

② 姜远海．探访江城各具特色的商会．楚天金报，2008－03－27.

③ 沈绍真．温州商会风云路．温州日报，2008－10－18.

④ 关于异地商会登记有关问题的意见//国家民湖南异间组织管理局编．社会组织管理政策法规选编．北京：华龄出版社，2010：146.

⑤ 曹娴．湖南异地商会织网全国．湖南日报，2009－12－05.

⑥ 周月桂．湖南异地商会达 132 家．湖南日报，2010－12－16；尹佩佩．湖南异地商会发展到 145 家．湖南日报，2011－11－18.

⑦ 邓晶琎．湖南异地商会达 186 家　今年力争引资入湘 700 亿．湖南日报，2013－01－05.

地商会联谊会。①

全国绝大多数省份的异地商会均在2003年之后正式起步，在2005年之后进入快速增长期。在辽宁省会沈阳，截至2006年12月，异地商会数量达到12家。仅当年新成立的就有3家，分别为嘉祥商会、广东商会和川渝商会。上海市江西商会在成立的过程中得到了江西省政府及上海市政府的支持。2005年11月19日，在原驻沪企业协会的基础上，新的江西商会正式挂牌成立。江西商会以江西籍在沪企业为会员，接受江西省人民政府驻上海办事处的宏观指导，同时要受上海市人民政府合作交流办公室领导、上海市社团管理局管理，并接受上海市工商联合会的管理与领导。上海市江西商会是江西省在省外成立的第一个商会组织，该商会成立之后，成为联结沪赣两地经济、社会及企业与政府之间的桥梁和纽带。最早在山东成立的异地商会是浙江商会，该商会成立于2003年。到2010年，山东异地商会有江苏商会、福建商会、浙江商会、江西商会、安徽商会、湖南商会和广东商会，数量并不多。②

二、异地商会兴起的市场及文化心理要因

异地商会的兴起既是宏观国民经济发展变迁的结果，也是同籍商人在市场利益驱使下的集体契约。异地商会的主体是在异乡经商的民营企业，因此民营经济的发展及由此带来的外向型投资浪潮可以说是其组织发展的最大市场动力。

民营经济的成长早期主要集中于东南沿海及大都市，但是在完成最初的资本积累之后，企业开始走扩张之路，在各地广泛投资，寻找商机。往往在一地的同籍商人达至一定数量之后，即会聚集立会，共谋福祉。以温州为例，20世纪90年代中期，温州在本地的原始积累完成之后，出现资本扩张趋势。在异地经商的温州人开始从个体商贩向商圈经营转换，以工厂与专业市场结合的模式开始向外发展，对外投资创业的温州民营企业家队伍也不断壮大。在许多温州人创业集聚的城市，如上海、北京、西安、杭州、昆明、南京、武汉等地，温州人已经成为当地一个重要的社会群体或阶层。这一发展模式使在外温州人的合作需求大为增强，于是他们开始在一些地区设立温州商会。一些改革开放的先富地区这种资本走出效应和群体创业效应十分明显，如泉州商人、上海商人、潮州商人在异地较为集中的地方，都较早成立了异地商会。

跨区域经济发展的不断升级使异地商会有了更为强劲的市场动力。在改革开放早期，中西部较为落后的地区为了及时获得较好的发展平台，纷纷向区域中心或者东部发达地区投资设厂，形成群体聚集效应。有些省份就组建了企业协作会、联谊会一类的组织，为同籍企业提供联络及信息服务。自20世纪90年代以来，由于东部沿海地区走向产业结构升级的经济转型之路，中西部地区在承接产业转移的过程之中，也迎来了来自异乡的大批创业者。这样，异地商会组织不仅集中于东部经济发达地区的中心城市，也开始向内地扩散。同时，中西部地区也认识到，既要引进资本，也要敢于“走出去”，内外平衡方能打破地区隔离，达到发展共赢的目的。据武汉市工商联公布的调查数据，2005年5月全市工商联会员共有11 857名、商会组织135个，其中行业商会48个、异地商会7个、基层商

① 李春璞．湖南异地商会抱团谋发展．湖南晚报，2013－09－28．

② 王富晓．山东异地商会概况．生活日报，2010－03－31．

会80个。其中，7个异地商会是武汉市温州商会、台州商会、孝感企业家商会、江汉区福闽商会、瑞安商会、温州皮革商会以及武昌总商会温州分会。① 显然，商会按省份登记的规定并未严格落实。到2007年5月，在武汉的异地商会达到14家。以省为单位的商会也在增加。2005年，湖北省广东商会成立。2006年，还成立了湖北省晋商联合会、湖北省四川商会。② 到2005年底，据湖北省总商会会员部罗绍友部长介绍，异地在鄂商会有40余家，这里包括以省、市等不同标准组建的。③ 到2011年底，湖北省已在全国建立省级商会24家、市级商会9家，会员企业有1.5万多家。外省市在鄂建立省级商会13家，拥有企业会员6 430多家，其中规模以上企业1 100多家。④ 有些异地商会还在不断进行整合。温州商会原设在武汉、十堰等地，均以地区命名，缺乏统筹。2014年6月，湖北省浙江温州商会成立，其会员有3 000多家温州籍企业。⑤ 目前，各地方政府的区域性整合、跨区域合作方兴未艾，资本流动完全自由，可以自主选择投资的时空及制度环境，由此带来的企业家的自由流动、集群组合也是极为正常的表现。

异地发展的企业之所以对于成立异地商会如此热心，在经济原理上是基于降低交易成本的考虑。改革开放至今，中国的经济一直保持调整发展，市场法制化及市场一体化程度在不断提升，但不可否认，在政府管理水平、经济发展环境、市场经营秩序等很多方面还存在欠缺。通过结社立会，既可以避免在“人生地不熟”的情况下出现公共关系危机，又可以打破地方垄断，获得更为有利的竞争条件。即使在竞争充分的市场条件下，这种结社行为也可以为成员提供一种合作机制，增加适于利益最大化的机会。异地商会在实现成员的信息共享及团体保障，降低其市场交易成本方面的作用与工商联、行业协会并无二致。虽然其发展路径有所不同，但都是民间的自治型经济组织，在协助政府实行经济管理、规范会员的市场行为等方面都有着不可取代的作用。由于乡籍而增强的合作信任，有可能促进区域内的市场要素流动，也可以提升跨区域合作的能力。就异地商会的职能来看，最为重视的就是会内的合作互动，主要是会员互助融资、业务交叉营销等方面。异地商会还可以通过建立基金会、促进银企合作等方式，为会员提供金融及风险投资服务。

异地商会与经营地和乡籍地之间的联系具有先发优势，但是经济交流并非限于两地之间。异地商会还积极发展横向联系，与其他异地商会及第三地政府、工商联之间建立沟通渠道。2007年3月16日，湖北省四川商会秘书长杨荣组织召开了湖北省异地商会秘书长座谈会，出席会议的有湖北省安徽企业联合会、广东商会、湖北省晋商联合会、湖北省江苏商会、湖北省福建商会、湖北省浙江企业联合会、湖北省河南商会、世界华人金氏宗亲联谊会、武汉市温州商会、武汉市台州商会、武汉市福清商会、武汉市太原商会、武汉市黄陂商会等多家商会代表，就异地商会的建设发展及相互之间的长期联络机制进行了讨论。2011年1月，湖北省还召开了省外湖北商会会长座谈会，商讨如何服务外省企业，加强会员企业与当地政府、会员企业与家乡联系的问题。⑥ 2012年，湖北省经济技术协作办

---

① 杨向明．武汉商会在行动．楚天都市报，2005－06－08.

② 宋德福．湖北省民营经济发展报告．湖北省工商业联合会，2006.

③ 叶子，任宝华．发展迅猛作用巨大，商会滋润武汉经济．楚天金报，2005－12－05.

④ 盛国玉主任在湖北异地商会秘书长座谈会上的讲话．2012－03－26.

⑤ 吴兵．湖北温州商会成立．湖北日报，2014－06－19.

⑥ 张辉．省外湖北商会会长座谈会举行．湖北日报，2011－01－16.

公室再次召集湖北省异地商会在海南召开秘书长座谈会，讨论商会建设及会员服务诸多事务。① 2014 年5 月，深圳市召开“首届深圳市全国异地商会会长沙龙”。在会上，深圳市福建商会会长李建超代表深圳市福建、浙江、山东、四川、潮汕、汕头、吉林等50 多家商会宣读《发起成立深圳市异地商会联合会的倡议书》，宣布成立异地商会联合会。② 这说明，异地商会已经意识到企业的发展不能仅局限于两地，在促进会内合作的同时，还应该扩展团体的外部关系网络，为会员发展寻找更多的机遇。

异地商会虽以省籍为结社标准，以市场利益为导向，但内在的文化心理因素还是乡土观念。同乡同土，共同的家乡记忆、共同的区域文化，乡里乡亲、乡谊乡情，会让在异地谋生的商人增强相互之间的信任感。再加上在异地面临着共同的生存环境，因情相连，因利共谋，异地商会正契合了这样一种情感需要及利益诉求。在传统社会，商帮以乡籍为纽带，行商天下，也正是基于乡情认同。在封建时期，商人异地经商，往往势单力孤，面对官府及同业竞争，处于完全弱势的地位，同业公所、同业会馆正应此目标而立。结社之后，对于行业竞争秩序有所维护，对于同乡会员的公益也会有所帮助，这使得商人在异地不会有流离之感，明清时期各地广泛存在的数量惊人的会馆、公所即为明证。③ 一般而言，会馆是同乡性的机构，公所是行业性的机构。同业公所的建立主体基本上都是商人，虽然本地和异地商人共组一个行业公所，但往往某一行业之内，以某一乡帮占优，因此其中也有很强的乡帮因素。在会馆之中，其主体亦多为同籍商人，如通称的两湖会馆、两广会馆、湖广会馆、山陕会馆、三晋会馆，主其事者即有缙绅，为众者即为商人，其主要职能是联结同籍商人，维护同乡福利。

会馆的成立使同籍商人获得了较为鲜明的团体形象，也强化了商帮这一群体观念。所谓商帮，即是同一籍贯地商人群体。在明清时期，诸如三晋商帮、徽州商帮、福建商帮、广东商帮、江右商帮、宁波商帮、龙游商帮、洞庭商帮、山东商帮等，均在某一行业或多个行业占据优势，商行天下，特色鲜明，均曾昂立经济潮头，引领一时风骚。④ 自近代以来，江浙商帮乘势风起，也出现数量众多的杰出企业家。从1904 年起开始发展的商会组织，其本身是为通官商之邮而设立，在组织规则上是跨行业的区域组织，其会员是以行业为单位，而并非以乡籍为单位。因此，商会虽然难以避免内部乡帮因素的影响，但其本身却存在超越乡缘、血缘及单一业缘因素的整合机制。不少学者在研究商会史时，也都将此作为商会组织具有“现代性”的重要标准之一。商会通过对商人的区域和行业整合，在维护行业秩序、参与地方社会、保护民族经济、协行政府财经政令等方面，都发挥着重要作用。当代异地商会的发展，在一定程度上可以说是综合了传统商帮的文化认同和近代商会的组织形态。

改革开放以来的地区竞争使各地开始寻求其商业文化的历史资源，试图从文化上打造富于竞争力、创新性和团体精神的地区企业家群体，培育全国性甚至跨国性影响的企业集团。历史上商帮的经营成为其神往的目标，前辈先贤的经营智慧、商业伦理，开始为当代

① 盛国玉主任在湖北异地商会秘书长座谈会上的讲话. 2012 - 03 - 26.

② 季杰. 深圳市异地商会联合会成立. 深圳商报，2014 - 05 - 31.

③ 参见王日根. 乡土之链：明清会馆与社会变迁. 天津：天津人民出版社，1996；王日根. 国内外中国会馆史研究评述. 文史哲，1994（3）.

④ 张海鹏. 中国十大商帮. 合肥：黄山书社，1993.

的政府管理者及企业经营者津津乐道。如湖北的媒体近年就对浙商和鄂商进行对比，归纳“鄂商精神”，而历史上湖北商人外向发展动力及群体互助精神不足则被批评。2010 年，湖北省企业发展促进会、湖北省荆楚文化研究会联合举办首届楚商论坛，会上正式宣告改“鄂商”为“楚商”。[①] 这一改名行动背后的主导力量实际上是湖北工商界，根本原因是认为“鄂”字形音不佳，“鄂”字代表偏听偏信，“亏”则是亏欠，改为“楚”则可弘扬楚地文化，连接历史。这一说法得到湖北地方历史文化专家的支持，最后得以更名成功。[②] 2013 年，楚商联合会成立，将建立楚商基地（楚商购物中心和楚商服务中心）、成立楚商银行、打造楚商投资集团作为其首要工作。[③] 江西则倡导复兴“江右商帮”的辉煌，山西商人以“晋商”精神相号召，河南则称“豫商”，安徽商人则倡导“徽商”精神。宁波、温州商人更是放眼世界，在国内各地组建异地商会，在国外也联帮成社，借用团体的力量推动企业的发展。乡土、历史与文化的连接可以增强同籍商人的心理认同，加固与乡籍地的情感纽带，更重要的是由此提升社会与市场的关联信任度，扩张其社会资本，并由此促进合作共生事业的发展。各地商会联合会共谋发展，推动企业家们联合进行投资及经营的做法，正是由“义”及于“利”的过程。

传统乡土及商帮观念强化了异地商会建立的心理基础，最为重要的是基于乡情认同而产生的信任关系。但也要注意到，现在异地商会并非旧商帮的简单回归。从发展机理、组织结构到职能运作，两者都有相当明显的差异性。对于异地商会来说，如何在现代社会中扬长避短，既发挥乡籍团体的独特优势，又能以开放的姿态主动参与到各类市场网络之中，将决定其生存空间的大小。

三、异地商会成立的政策及法律要因

异地商会是在地方政府及异地经商的企业家的共同推动之下成立的。作为经济组织，它实际上也体现了一种制度安排，是政府与商人群体集体理性抉择下的产物。与自发演化型制度变迁不同，当商人及地方政府明显意识到社会经济发展的需求及其对异地商会的制度渴望之时，他们纷纷互相效仿并制定出各自的发展目标，使这一组织由初期的“联谊会”“办事处”发展至常设的社团法人，由自守一隅发展至联结四方，成为跨区域经济合作的重要推动者。

国家及地方的政策不仅给予异地商会以合法性支持，是其发展的重要动力，同时也影响着异地商会的组织形态。在国家法律层面，最为重要的是 1998 年国务院发布的《社会团体登记管理条例》，该条例虽对所有社会团体成立的登记管理和一般日常管理进行了规范，但内容上依然过于原则和笼统，基本局限于社团组织原则及登记程序。[④] 中央政府对于异地商会的兴起虽然较长时间内并没有明确的规范，但是并非对此不关注。民政部、全国工商联都出台过相应的登记政策，对异地商会进行指导。2003 年，民政部制定过《关于异地商会登记有关问题的意见》，较为重要的是设立原则及会员标准，简单来说就是

① 张颖．首届楚商论坛在汉召开　鄂商从此改称“楚商”．楚天都市报，2010-12-06.

② 李正豪．鄂商已成楚商，湖北简称鄂或改楚引发民间争议．中国经营报．2011-10-30.

③ 孙辰．楚商联合会在汉成立．长江商报，2013-11-05.

④ 社会团体登记管理条例//国家民间组织管理局编．社会组织管理政策法规选编．北京：华龄出版社，2010：89.

“登记在省、试点先行”。登记在省，是强调以省籍为范围，以便于系统管理；试点先行，是在法律定位不明的情况下，允许各地自行探索。该意见的颁布促进了省籍异地商会的迅速发展。但同时，其组织原则在实际中又未得到完全贯彻，存在变形：强调登记在省，但以市县籍为范围的异地商会并不鲜见。之所以存在这样的现象，是因为在意见出台之前已经存在不少此类商会。在意见出台之后，有些地方政府无视规定，仍支持此类商会的建立。依“登记在省”原则，就是一省一会，各市县可设分会，但实际上演变为“一地一会”。这强调会员单位不能吸引个体会员，防止商会异变为同乡会，但大多民营企业之企业主和经营者合一，企业会员与个人会员没有本质区别。[①] 严格来说，该意见的规定仍过于简单，没有考虑到地方在成立异地商会时的不同需求，在设立的程序、组织原则、管理体制等方面，都缺乏更为细致的条款。

该意见的积极面在于体现了中央政府对于这一新生事物的开放态度。在国家经济战略层面上，中央政府可以说意识到商会及行业协会等中间组织的发展对于弥补政府管理职能的不足、完善市场经济管理体制有着重要意义。尤其是在中国企业走向全球化贸易的过程之中，频繁发生的反倾销事件及在国内的民族产业保护的问题上，此类经济组织都发挥着不可替代的作用。异地商会虽然与工商联及行业协会的职能有所不同，但是其组织动员能力也不容忽视，在促进地区经济交流方面更有独特作用。因此，在正式法令出台之前，允许各地异地商会的发展，并鼓励各地创造性地进行管理工作，既是对这一新生事物的支持，也可为将来的发展方向及制度完善提供足够的实践经验。

在该意见出台后，山东、湖北、广东、云南等省及天津、南京、苏州等市都制定了关于异地商会发展的意见，整体取向推动了异地商会的组织扩展。各省市出台的关于商会、行业协会的发展或管理办法，也有不少条款涉及异地商会，如《浙江省行业协会管理办法》《上海市促进行业协会发展规定》《广东省行业协会条例》等。一些省份也出台直接针对异地商会的管理政策。2007 年，针对异地商会成立过程中违背“登记在省”规定，出现商会变成同乡会的现象，湖北省民政厅紧急出台《关于进一步规范“异地商会”审批工作有关事项的紧急通知》，要求严格执行国家和省里的登记政策，坚持以省为单位登记异地商会，禁止省以下民政部门审批任何形式的异地商会。[②] 深圳市在 2009 年制定了《深圳市异地商会登记暂行办法》，强调要充分发挥异地商会推动两地经济社会发展的桥梁纽带作用，规定深圳市民政局是登记管理机关，深圳及外省市政府、驻深办事处可对异地商会进行业务指导，市以下各区不得批准设立异地商会。[③] 湖南省的异地商会发展势头良好，是与湖南省委、省政府的支持分不开的。2010 年，湖南省委、省政府联合下发《关于加强湖南异地商会建设支持湘商发展的意见》，肯定湖南异地商会为推动湖南经济发展和社会进步做出了积极贡献，要求加强湖南异地商会建设，支持湘商发展，将之作为塑造湘商形象、打造湘商品牌的重要举措，也将之作为创新区域经济合作模式，推动区域经济发展的重要途径。[④] 这些管理规定体现了地方对异地商会建设的探索。

---

① 参见江化，周莹．异地商会发展中的制度滞后与政策推进——基于异地温州商会的研究．中国行政管理，2009（4）．

② 关于进一步规范“异地商会”审批工作有关事项的紧急通知（鄂民政函〔2007〕26 号）．

③ 深圳市异地商会登记暂行办法（深民〔2009〕115 号）．

④ 中共湖南省委、省政府关于加强湖南异地商会建设支持湘商发展的意见（湘发〔2010〕6 号）．

地方政府的倡导及支持还直接体现在异地商会的组建过程之中。在目前形势下，地方政府都期望以经济发展来增进本地人民的福利，赢得人民的肯定与支持，也可以彰显自己的政绩。在经济一体化不断增强的同时，各地在人才、资本、技术、市场方面的竞争丝毫没有弱化。由于制度障碍的破除及市场要素流动的自由化，这种争夺反而更加激烈。各地纷纷出台“亲商、安商、引商”的优惠政策来吸引国内外投资，而与本地有乡缘之情的异地企业更是积极争取的对象。地方政府发现了异地商会在招商引资及跨区域合作方面的独特优势，开始有意识地推动和引导异地商会的发展。其作用包括两个方面：一是实施引进来战略，大力推动在本地经营的外地商人筹组商会，营造群体效应。二是实施“走出去”战略，大力推动在异地的本省籍企业和企业家组建商会，强化其与家乡的情感及利益联系。异地商会不仅为企业在异地的发展提供便利，而且也整合了本地区在异地的企业资源，使之与本地政府及工商界建立常规性的联系渠道，有利于开展区域合作。

异地商会的成立，都由乡籍地政府直接组织，在业务方面也接受其指导。以中部的湖北省为例，湖北省作为中部大省，既是交通中心，也是人才高地，但长期以来湖北的经济竞争力提升并不快，对资本及人才的吸引力也不够，甚至处于外流状态。近十余年来，湖北大力改善基础设施及发展的软环境，一方面发展高新及特色产业，另一方面积极承接沿海产业转移，吸引了大批异地商人来鄂发展。湖北省顺应时势，积极推动异地商会的建立。上海市湖北商会就是由湖北省人民政府驻上海办事处牵头组织和领导的，是2006年5月经上海市民政局注册登记批准后具有独立法人资格的社会团体组织。湖北省在北京市注册资金50万元以上的湖北籍企业已超过2 000家，2007年9月开始筹建湖北商会。还有广东省湖北商会、河南省湖北商会、重庆市湖北商会、甘肃省湖北商会、杭州市湖北商会，以湖北为名所设的异地商会有20家左右。广州市温州商会是由在广州投资的温州籍企业家所组成，于2002年12月25日在广州民政局注册成立，下设七部一处及十三个协会，在业务上接受广州市经济协作办和浙江省人民政府驻广州办事处的指导，已经成为较为完善的协会机构，从而形成了沟通与联络的渠道。上海市江西商会也非常重视与江西省政协、江西省工商联的沟通，曾主动邀请全国工商联常委、江西省政协副主席金异和江西省工商联党组书记、副会长舒国华来会听取汇报。

异地商会也竭力加强与乡籍地的组织联系，不仅邀请乡籍地政府的重要领导人出任异地商会之名誉职务，参与其活动，还时常主动回到家乡省份与地方政府进行洽谈协商。如上海市江西商会重视加强与江西省政府的沟通，曾邀请时任副省长的吴新雄出席商会成立大会，副省长蒋仲平还被聘请为名誉会长。吴新雄在讲话中说，上海市江西商会是联系江西和上海乃至长三角地区经济发展的重要桥梁，江西省政府和各级组织会全力支持商会工作。[①] 该会还组织赴上饶、九江、南昌、赣州等地的商务考察，与地市主要领导进行座谈，了解省情和相关投资政策。另外，商会会长、秘书长还专程拜访了九江、南昌、抚州、上饶等市市委书记和市政府主要领导，为回赣发展的会员企业提供政策机遇。

早期的异地商会组织与经营地政府大多只存在职能联系，而并无直接的组织联系。现在，经营地政府对于异地商会多持鼓励的态度，并将异地商会纳入本地的经济组织管理体制之中进行管理，商会的成立必须在经营地民政部门注册登记，其组织运作必须接受所在

① 上海市江西商会在沪成立．江西日报，2005－11－20.

地相关职能部门的监督。异地商会都加入了所在地工商联，接受工商联的组织指导。如2006年6月21日正式成立的湖北省四川商会的主管单位是湖北省工商联合会、湖北省统战部及湖北省民政厅，同时商会也接受四川省人民政府驻武汉办事处的业务指导和监督管理。异地商会需遵循经营地政府的财经政令，并积极协助相关职能部门施政。在政府与异地企业之间，异地商会扮演着一种中间性的制度角色。这一角色对于异地企业积极参与所在地的经济发展战略，沟通政府与异地企业的信息联系有着重要作用。

异地商会与经营地工商联之间存在组织隶属关系。异地商会都是所在地工商联下属的团体会员，与行业协会一样都要接受工商联的组织指导。工商联的有关政策传达、活动实施也需要异地商会予以支持。异地商会也可借助工商联这一更为宽广的平台，融入经营地的工商阶层之内。在参政议政方面，异地商会可通过这一平台提出建议。但也应注意到，异地商会是独立的社团法人。因此，它与工商联的关系并不是单纯的行政隶属关系。在遵循法律法规的情形下，异地商会可以自主举办活动。异地商会的存在也使经营地工商联的会员及权力结构发生变化。原在工商联体制之下，主要有个人会员、企业会员及团体会员等类型，其中团体会员又以行业协会为主体，且行业协会的数量增加非常迅速，这对于工商联实现跨行业的宏观整合与分行业的中观整合来说是有益的。异地商会则与行业协会的整合标准不同，一是乡缘性团体，一是业缘性团体，这无疑增强了异地商人在工商联的话语权，同时，也有可能对行业协会的会员基础及权威造成挑战。这也是现在急切需要解决的问题。

由此可以发现，异地商会的发展离不开乡籍地政府及经营地政府的双重支持。地方政府对此所持的积极开放态度表明，经过长期的经济改革，各地市场的相互联系已经非常紧密，地方政府也已经摆脱了原有的区域保护与市场隔离的狭隘思想，充分认识到区域整合、地区合作的重要意义。在这样的背景之下，异地商会发展的政策空间会日益宽广。

四、小结：政府、市场与乡籍网络

异地商会是商会组织在新时期的新型组织形态，其发展得益于地方政府和商人的共同推动。在政府层面，基于发展地方经济的需要，既希望外地企业在本省组建异地商会，也竭力推动本省商人在外地组建异地商会。在诸多异地商会的组建过程之中，都可看到省级政府及地方政府的参与支持。异地商会沟通经营地和乡籍地，既可推动经济的外向型发展，也可吸引外来投资，在跨区域的经济合作中居于重要地位。对于在异地经商的商人来说，以乡籍为纽带结为团体，可以使之摆脱在异地经商的孤寂感，增强其面对困境时的话语权，从而在异乡社会构建起乡籍网络。在这一乡籍网络中，市场合作与发展是根本，乡情乡谊是其文化心理基础。在乡籍网络内部，其信任度要远远高于团体。基本上所有的异地商会都注重促进会员之间的业务合作，商会在其中则多扮演着资源配置、信用担保者和信息提供者的角色。在外部发展环境的问题上，乡籍网络借助于异地商会的组织治理来强化其凝聚力和话语权。异地商会也可以与工商联、行业商会、不同的异地商会相联结，扩展其外部关系网络。在市场法治还不健全、政府治理还不完善的情况下，乡籍网络使会员可以由团体代言来争取有利的经营环境和共同利益。政府、工商联或者其他市场主体在与异地商会交涉时，也多会考虑其集体行动的意向。商人也可以借助于异地商会组织，与乡籍地保持日常性的联系，从家乡获得必要的政策支持。异地商会在成立之时多抱有为会员服务之宗旨，不过是否能够在实践中得到落实，在组织成立之后是否能够一直保有组织的凝聚力，不同商会之表现并不相同。

国家层面的社团法规、民政部出台的发展意见及各省制定的相关政策构建起异地商会发展的制度环境，这些法规在赋予异地商会以发展合法性的同时，也确立了“登记在省”的基本组织原则。但现行的法律规范无疑过于简单，各省的自主探索也情况不一，不足以处理异地商会运作之中所面临的复杂情况。如政府部门与异地商会的业务关系、异地商会的统一组织规范、商会内部的治理与监督、商会的职能与运作等，虽多在商会简章中有所规定，但并无法律效力。异地商会以乡籍为标准，其下有无必要成立专业性的行业组织，原有之行业组织之下有无必要设立区域分会，总会与分会应如何界定权限，商会会费如何运用，商会职员应如何设定，此类实务问题也皆需处理。有些省份在外地成立异地商会之时，地方政府的参与度较高，商会的市场化运作可能会受到影响。异地商会的排他性及其内在治理结构的不完善，有可能使其职能运作的方向发生偏差，表现为仅为少数主干会员服务，或加剧行业市场的地方分割。因此，在现有探索的基础之上，若能积极推动《商会法》及《行业协会法》的制定与颁行，并在其中明确界定异地商会的组织性质、职能范围及其与政府、工商联、行业协会的关系，将有助于促进异地商会的市场化、规范化发展。

美国华侨华人高层次人才为中国服务相关问题抽样调查研究

杨　海*

为更好地推动美国华侨华人高层次人才以多种形式为中国服务，需要了解他们对中国发展的信心、与中国交流合作的意愿、与中国交流合作的障碍及可行方式。笔者向在美华侨华人高层次人才发放抽样调查问卷，共回收有效问卷494份。调查结果如下：

一、中国发展信心

根据本次抽样调查，有78.9%的美国华侨华人高层次人才对中国发展表示“很有信心”或者“较有信心”，即绝大多数美国华侨华人高层次人才信心充足，普遍对中国的发展趋势看好。如图1所示：

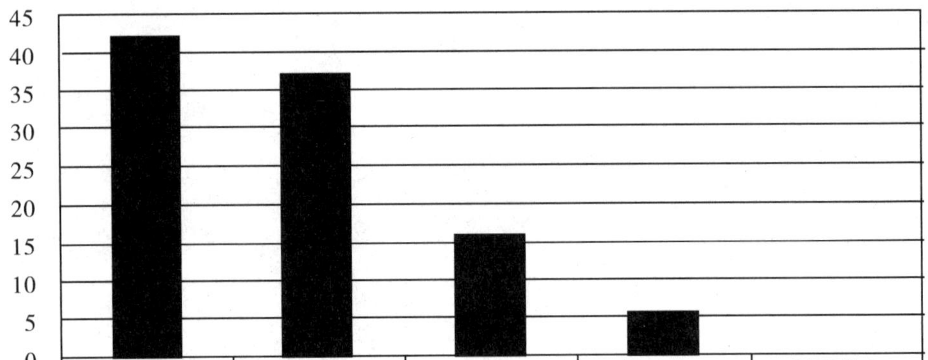

	很有信心	较有信心	一般	较无信心	很无信心
百分比	42.1	36.8	15.8	5.3	0

图1　美国华侨华人高层次人才对中国发展的信心

美国华侨华人高层次人才对中国发展的信心既是人才为中国服务的基础，也是人才为中国服务的保障。中国要想利用美国华侨华人高层次人才资源为己服务，首先需要自身具备良好的发展态势。只有国内经济、社会、科技不断呈现发展势头，才能更好地吸引海外人才。可喜的是，改革开放以来中国各方面的建设取得了举世瞩目的成就，这为中国利用美国华侨华人高层次人才资源奠定了坚实的基础。

---

* 作者简介：杨海，华中师范大学国务院侨办侨务理论研究武汉基地副教授。

二、交流合作意愿

根据本次抽样调查，美国华侨华人高层次人才与中国进行交流合作的意愿非常强烈。63.2%的调查样本表示“很愿意”与中国进行交流合作；21.1%的调查样本表示“较愿意”与中国进行交流合作。简而言之，有84.3%的美国华侨华人高层次人才“很愿意”或者“较愿意”与中国进行各种形式的交流合作。没有任何调研对象表示“不愿意”。意愿“一般”的样本人数都很少，仅占5.3%。这说明，中国利用美国华侨华人高层次人才资源为己服务，具有充分的现实可行性。如图2所示：

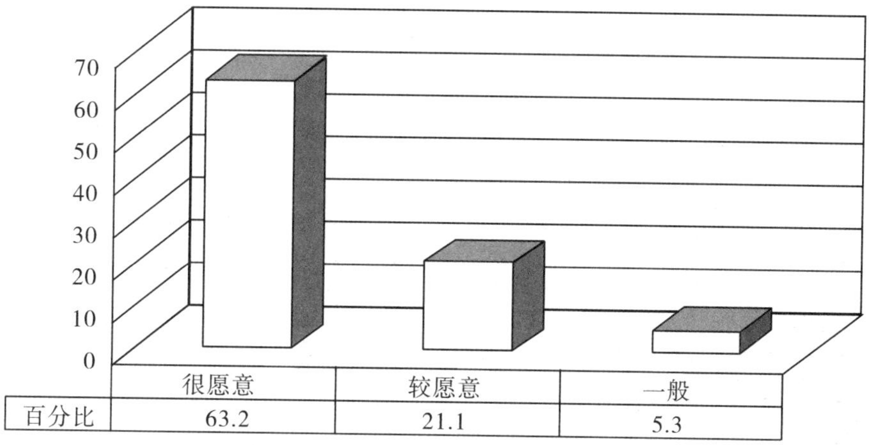

图2 美国华侨华人高层次人才与中国交流合作的意愿①

三、合作潜在障碍

虽然国内发展态势良好，给予了美国华侨华人高层次人才极高的信心，并且，美国华侨华人高层次人才普遍具有强烈的与中国交流合作的意愿，但在具体开展交流合作的过程中，还需要尽可能地去除各类障碍。

本次问卷调查设计了多项选择题，罗列了10种美国华侨华人高层次人才与中国交流合作可能存在的障碍及一个“其他”选项。统计结果如图3所示：

① 约10%的调研对象未回答该题。

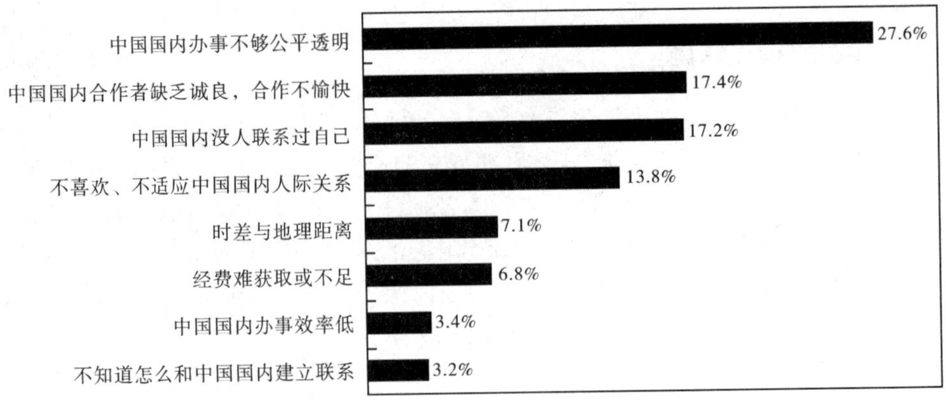

图3　美国华侨华人高层次人才与中国合作的障碍①

（一）主要障碍

很明显，最主要的障碍是：“中国国内办事不够公平透明。”

笔者发现，“社会公平”是美国华侨华人高层次人才愿意留居美国的最重要原因。因此，“中国国内办事不够公平透明”成为美国华侨华人高层次人才与中国进行合作的最主要障碍。其中包含的关键词“公平”一再进入笔者的视野，说明了“公平”问题的确是影响华侨华人高层次人才流动与合作的一个最重要因素。

建设公平透明的制度体系，营造公平透明的政务环境，为华侨华人高层次人才提供符合公平游戏规则的合作氛围，是吸引华侨华人高层次人才，推动他们与中国交流合作的首要前提。

可喜的是，习近平总书记对公平透明的政务环境问题高度重视，提出建设社会主义核心价值观体系，并以壮士断腕的气度进行反腐倡廉工作。这种高屋建瓴、标本兼治的制度建设，对消除美国华侨华人高层次人才与中国交流合作的障碍，必将起到决定性的推动作用。在新一届党中央的领导下，中国国内制度环境将变得更加公平透明，这将为美国华侨华人高层次人才与中国交流合作营造良好的环境。

（二）次要障碍

次要障碍包括“中国国内合作者缺乏诚良，合作不愉快”“中国国内没人联系过自己”“不喜欢、不适应中国国内人际关系”。次要障碍可分为两类：

第一类，属于人际道德层面，即“中国国内合作者缺乏诚良，合作不愉快”“不喜欢、不适应中国国内人际关系”。应该看到，这貌似属于合作对象的个人素质与文化心态，但其实也和前述的制度建设有一定关联，是不公平、不透明的制度大环境下衍生出来的非良品性。同样可喜的是：一方面，随着公平透明的制度大环境建设的开展，暗箱操作所派生出来的龌龊阴暗德行必将会在阳光制度下得以逐步消除。另一方面，党的社会主义核心

① 另有“在感情上不想和中国国内联系”“中国国内没有自己的专业技术，无法合作”两项无调研对象选择，为简要起见，未列入图中。

价值观体系建设切实涵盖了相关道德规范。党中央倡导的敬业、诚信、友善等公民个人层面的价值准则将进一步在人际层面消除美国华侨华人高层次人才与中国合作交流的障碍。

第二类，属于工作实施层面，即“中国国内没人联系过自己”。主动联系美国华侨华人高层次人才有利于发掘海外人才资源、推动国内外合作交流。在这方面，国侨办一直开展着有效的工作，今后可进一步加大力度、制定措施，建立海外人才数据库，制度化、针对性地联络美国华侨华人高层次人才，打造合作平台、构建交流通道，争取让他们以多种方式与中国交流合作，从各个方面推动祖（籍）国进步。

（三）其他障碍

其他障碍包括“时差与地理距离”“经费难获取或不足”“中国国内办事效率低”“不知道怎么和中国国内建立联系”。这类障碍要么属于自然障碍，要么会随着其他相关工作的推进而得以消弭。相对而言，不是关注的重点。总而言之，重中之重是公平透明制度的建设。

四、有效合作方式

美国华侨华人高层次人才具有充足信心，强烈希望与中国交流合作。为更好地推动美国华侨华人高层次人才为中国服务，中国在致力于消除各类合作障碍的同时，也需要选择双方认可的合作方式。

本次调查罗列了七类可能的合作方式，包括“在中国兼职”“与中国合作研究开发”“接受中国委托的科研项目或工程”“以专利、专有技术、科研成果等在中国转化、入股等”“帮助中国培养人才”“与中国开展科技交流活动”“投资”，以及一个“其他”类，供调研对象进行多项选择。本次抽样调查的统计结果如下表所示：

美国华侨华人高层次人才与中国的合作方式

合作方式	百分比
在中国兼职	20.6%
与中国合作研究开发	20.4%
帮助中国培养人才	18.4%
与中国开展科技交流活动	14.3%
接受中国委托的科研项目或工程	10.2%
投资	8.2%
以专利、专有技术、科研成果等在中国转化、入股等	4.1%

（一）主要方式

由上表可以看出，美国华侨华人高层次人才认为合适的与中国合作的主要方式包括“在中国兼职”“与中国合作研究开发”“帮助中国培养人才”。

首先，美国华侨华人高层次人才对“在中国兼职”最为认可。既然是兼职，必然有头衔。所谓“名不正则言不顺”，中国在利用美国华侨华人高层次人才资源时，务必要有所“正名”，即赋予必要的头衔和称号，诸如“××学者”“××计划专家”“××主任”“××院长”等。中国应设定更多各类计划、项目和职位等，使利用美国华侨华人高层次人才资源“师出有名”，便利双方长期愉快地交流合作。

其次，这三种主要方式的共性其实是重在“兼”字，即美国华侨华人高层次人才不会放弃美国的居留身份，他们是“身份在美国，服务于中国”。绝大多数美国华侨华人高层次人才是希望保留美国身份的。为中国服务，而不是回中国发展，是更为现实可行的利用美国华侨华人高层次人才资源的方式。

最后，主要方式多属研发、教育类型，涉及商务、实业的不多。这说明，在利用美国华侨华人高层次人才资源时，更多应从研发、教育合作的途径入手。该类人才资源的优势更多是体现在“智”上，而不是“资”上。

（二）次要方式

次要合作方式包括“与中国开展科技交流活动”“接受中国委托的科研项目或工程”。这类方式偏重交流和承接项目，既是合作方式的具体化，也是合作深度的浅层化。相对而言，这不是本研究关注的重点。

（三）其他方式

值得注意的是，“投资”“以专利、专有技术、科研成果等在中国转化、入股等”在本次调研中是被选最少的选项，而这些正是涉及商务、实业的合作方式。这说明，在美国华侨华人高层次人才中，具有投资能力和可转化技术成果的人数比例并不高。至少在本次调查所涉及的范围内，大多数美国华侨华人高层次人才既不属于叱咤商场、运营资本的弄潮人，也不属于拥有开发应用型、市场型技术的跨界人才。中国在利用美国华侨华人高层次人才资源的时候，不要过多寄希望于其经济资本和“技术—财富”转化能力。

我国侨务部门目前在构建侨务资源合作平台时，其实最看重的就是“投资”“以专利、专有技术、科研成果等在中国转化、入股等”。如国侨办、湖北省政府、武汉市政府联袂打造的年度盛会“华侨华人创业发展洽谈会”（简称“华创会”），其主要功能就是吸引海外华侨华人高层次人才以专利、专有技术、科研成果等在中国转化、入股，同时吸引侨资。

这样看来，侨务部门在致力于利用美国华侨华人高层次人才资源时，需要进行两方面工作调整：一方面，扩大利用美国华侨华人高层次人才资源的视野，可采取多种灵活形式吸引人才为中国服务，并不局限于引资和科技创业。另一方面，在打造侨务资源合作平台时，可加强代表遴选工作，更精确地定位海外代表类型，不求规模，但求合适。若能将这部分占比不大但真正具有投资与科技创业意愿和能力的海外华侨华人高层次人才精选出来，将会更加有利于提高侨务工作绩效，落实交流成果，推进平台建设。

当代印尼华人与中国的对外投资

郑一省*

一、中国在印度尼西亚的投资现状

印度尼西亚（简称“印尼”）是中国在东南亚投资较多的国家之一，前往印尼寻找投资机会的中国企业数量日益增多，投资所涉及领域逐渐扩大，大型投资项目不断涌现，充分显示了中国与印尼经贸合作的深入发展。

据学者研究，中国对印尼的投资始于20世纪末，即在中国与印尼复交以后获得较快的发展。据印尼方面的统计，2005年到2009年间，中国对印尼投资5.6亿美元，在十大东盟国家中位居第三。① 2010年中国企业对印尼的投资为50亿美元，2011年为10亿美元，2012年对印尼的直接投资达20.2亿美元。② 2013年，经中国商务部批准备案，中国对印尼非金融类直接投资额为7.65亿美元，同比增加27%。2013年，印尼对中国投资项目有31个，同比下降31.1%；实际使用金额1.3亿美元，同比增长97.9%。③ 2014年，中国对印尼的投资更上一个台阶，表现出以下一些特征：

（一）中国大陆企业

从中国大陆企业投资印尼来看，主要是多项重大基础设施项目，以及一些与钢铁、电力和农业等有关的经济开发区。

（1）金属矿产和钢铁投资。印尼是全球最大的镍矿出口国，通常向中国等消费国出口成千上万吨矿石。中国进口镍矿，将之转化成含镍生铁等的合金产品。含镍生铁是不锈钢的主要成分。中国2013年红土镍矿总进口量超过7 000万吨，其中58%来自印尼，进口的红土镍矿矿石以中高品位为主。④ 这些都是源于中国企业前往印尼建矿石处理厂或企业。2013年7月，中国北京神雾集团和印尼 Pt. Balinton Resources Investment 公司合作处理80万吨红土镍矿项目正式开工，该项目总投资1.7亿多美元。⑤ 2014年中国企业加快了去印

---

* 作者简介：郑一省，广西民族大学民族学与社会学学院教授。

① 陈谦．中国为印尼经济建设做出的大贡献．印尼商报，2011－05－25.

② 陈德铭．中国—东盟自贸区明显促进中国和印尼贸易．（2010－04－02）．http：//www.chinanews.com/cj/cj－gncj/news/2010/04－02/2206366.shtml.

③ 2013中国与印尼双边贸易总额为683.54亿美元．（2014－08－19）．www.cic.mofcom.gov.cn/ciweb/cic/info/Article.jsp？a_no＝355405&col_no＝459.

④ 印尼“新政”搅动全球矿市，亚洲矿商多手段应对印尼“禁矿令”．（2014－11－03）．http：//www.baosteel.com/baosteelpc/Tradenews/ShowArticle.asp？ArticleID＝97604.

⑤ 中国企业与印尼合作红土镍矿项目举行开工仪式．（2012－08－01）．http：//www.cnfeol.com/niekuang/n_110646100551.aspx.

尼建镍加工厂的步伐。中国罕王公司早在几年前就在印尼的苏拉威西省北科纳威有自己的镍矿资产，该项目矿区面积78.7平方千米，JORC（Joint Ore Reserves Committee）资源量为3.5亿吨红土镍矿、480万吨镍金属量，目前已在在产、扩建阶段，具备每年采矿300万吨的能力；① 2014年5月2日，广新集团及广青科技参股的广青镍业60万吨镍铁项目在印尼中苏拉威西省莫罗瓦利县印尼经贸合作区青山工业园区举行开工典礼。该项目将建设年产60万吨含镍量约10%的镍铁，计划于2016年初投产。② 2014年12月，首钢国际工程公司总承包的印尼马仕达钢铁厂90t/h步进梁式加热炉项目顺利投产，这是中国与印尼钢铁企业的合作项目之一。2008年，印尼马仕达钢铁公司拟为其新建的50万t/a棒材项目配套建设加热炉，先后考察了几家国际一流的工程公司和中国专业的加热炉公司并开展工程招标，首钢国际工程公司凭借成熟可靠的技术、傲人的业绩、热情的服务与合理的价格，赢得了印尼马仕达钢铁公司的信任，成功中标。③

（2）致力于电力投资和船舶建造。印尼总人口超过2.38亿，总装机容量44 661兆瓦，人均装机容量仅0.19千瓦，急需大力发展电力建设，为经济长足发展提供支撑。中国电力公司已逐步进入印尼发展。2014年8月17日，中国电建集团承建的印尼亚齐2号火电机组已经顺利移交业主，正式投入发电。亚齐电站是中国电建集团所属水电国际在印尼承接的第一个EPC（工程总承包）火电项目，装机容量2×110兆瓦。亚齐1号火电机组已于2014年4月移交商业运行。④ 这样，由中国电建集团亚齐电站安装的两台火电机组均已实现商业运行，为亚齐省经济发展和社会稳定、印尼北苏门答腊电网的稳定性做出了贡献。⑤ 2014年，中国太阳能企业——世界桥梁技术与贸易公司又在北苏门答腊的德纳德（Ternate）建立一座太阳能发电站，该公司已经在希利（Hiri）、莫迪（Moti）和巴当杜亚（Batang Dua）3个小岛建设了小型的太阳能发电站。⑥ 中国自主研发设计的首艘滨海锡矿采选船2014年11月1日在上海与印尼国家锡矿公司签约投产，该船将帮助印尼开采海面50米以下的锡矿资源。这艘锡矿采选船由北车船舶与海洋工程发展有限公司联手上海崇和实业有限公司研发，挖深可达80至100米，可覆盖国内外超过90%的滨海矿产资源。⑦ 而印尼作为海矿资源丰富的国家，滨海采矿规模日益增长。印尼目前的装备技术将海洋采矿深度局限在40米以内，已达到开采瓶颈。此次中国与印尼在装备技术采购与采矿设备运输方面的合作，将有望扭转印尼的开采困境，向储矿水深80至100米的采砂矿区发展。

---

① 镍矿供应短缺将持续5年 逼中国企业"组队"赴印尼建厂.（2014-10-23）. http://news.cnfol.com/chanyejingji/20141023/19268661.shtml.

② 曲线拿矿 中国企业集体赴印尼建厂.（2014-05-15）. http://www.cs.com.cn/ssgs/hyzx/201405/t20140515_4390859.html.

③ 首钢国际工程公司加热炉技术在印尼成功应用.（2014-12-09）. http://news.gtxh.com/news/20141209/shougang_545937088.html.

④ 印尼亚齐2号火电机组已经于本月17日正式投入发电.（2014-08-22）. http://www.simomall.com/dongtai/236.html.

⑤ 中国电建承建印尼亚齐火电站两台机组均已投入发电.（2014-08-21）. http://news.ifeng.com/a/20140821/41670811_0.shtml.

⑥ 中企在北苏3岛建太阳能电站.（2014-01-10）. http://www.cic.mofcom.gov.cn/ciweb/cic/info/Article.jsp?a_no=341850&col_no=465.

⑦ 中国海洋采矿船舶技术"出海"助印尼锡矿开采.（2014-11-01）. http://finance.ifeng.com/a/20141101/13240050_0.shtml.

正像中国国际商会秘书长林舜杰所表示的，中国和印尼两国企业的深层合作，标志着中国海洋采矿船舶企业已具备“走出去”的实力。[①]

（3）加大对农业园和工业园的投资。2014 年，中国还与印尼的地方政府合作，建立一些农业园和工业园，加大对这方面的投资。2014 年 2 月 10 日，中国江苏省在印尼加里曼丹岛设立的农工贸经济合作区获得批准，成为江苏首家境外产业合作集聚区。加里曼丹岛产业合作集聚区被定位为农林种植与产品加工合作区，将带动中国国内农副产品种植和养殖业、木材加工业、榨油类企业以及建筑、设备、水电等配套企业“走出去”。[②] 2013 年底，江苏省在该产业合作集聚区已购买了 30 年使用期的土地 678 平方千米，整个项目预计在 2019 年正式建成。[③] 中国上海泛太平洋集团有限公司和印尼第一太平洋矿业有限公司合作兴建的北马鲁古镍业工业园于 2014 年 12 月 24 日晚在雅加达举行隆重的开工奠基仪式。该镍业工业园位于印尼北马鲁古省韦达县萨格雅镇，占地约 30 亩，投资规模超过 20 亿美元。工业园将分 3 期建设，年产镍铁 90 万吨，同步建设 60 万千瓦电厂、150 万吨水泥厂和 100 万吨特钢厂，工业园建成后年产值将达 50 亿美元，并带动当地直接就业万人以上。[④]

（二）台湾企业

在台湾方面，台湾是印尼第九大外资直接来源地，台商主要在印尼投资家具业、纺织业、鞋业、非铁矿石业、金属制品业、贸易服务业及农业种植。除了传统制造业外，台商近年亦开始于印尼投资服务业。印尼总统佐科威于 2014 年 7 月 2 日批准“摩罗泰岛经济特区”开发案，以提升中国台湾与印尼在经贸、观光、农业、渔业等领域的合作。

根据印尼投资统筹机构的统计资料，印尼 2014 年获得的外国投资高达 307 万亿盾（约 256 亿美元），同比增长 13. 5%。2014 年第四季度，印尼五大投资国依次是：新加坡 9 亿美元，马来西亚 8 亿美元，日本 7 亿美元，中国 5 亿美元，韩国 4 亿美元。中国以 5 亿美元名列第四大投资国。[⑤]

二、华人在中国对印尼投资中的角色

20 世纪 90 年代后，随着印尼与中国关系的恢复以及双方经贸关系的发展，印尼华人社团及华人在中国对印尼的投资中扮演着重要的角色。

（一）印尼华人社团与中国企业对印尼的投资

印尼华人社团除了关心本族群的社会文化和经济活动外，也时刻关注中国企业对印尼

---

① 李姝徵．中国海洋采矿船舶技术“出海”助印尼锡矿开采．（2014 - 11 - 01）．http：//finance. chinanews. com/cj/2014/11 - 01/6740108. shtml.

② 中国江苏在印尼设立首家境外产业合作集聚区．（2014 - 02 - 11）．http：//gb. cri. cn/42071/2014/02/11/5951s4418862. htm.

③ 中国江苏在印尼设立首家境外产业合作集聚区．（2014 - 02 - 11）．http：//gb. cri. cn/42071/2014/02/11/5951s4418862. htm.

④ 中印尼合作北马鲁古镍业工业园举行开工奠基仪式．（2014 - 12 - 24）．http：//www. chinanews. com/gj/2014/12 - 24/6904925. shtml.

⑤ 李国章．中国成为印尼的第四大投资国．（2015 - 01 - 30）．中国经济网．

的投资，成为中国企业的好帮手以及中国企业家投资印尼的中介和桥梁。诸如印尼中华总商会这样的华人经济类社团，活跃在印尼华人经济和中国与印尼经贸往来的各个领域。

印尼中华总商会是2001年在印尼华企友光集团、大江集团、巴厘银行创办人陈大江的倡议下成立的，是一个独立的民间商业机构。目前，印尼中华总商会已在印尼爪哇岛的东爪哇、西爪哇和外岛的苏门答腊的棉兰、巨港，以及东加里曼丹等地组织了分会。印尼中华总商会自成立以来，在积极为印尼企业与中国企业合作搭建平台的同时，为加强印尼与中国多层次、全方位的经贸合作牵线搭桥，在推动两国企业和产品开拓双方的市场方面做出了贡献。

印尼中华总商会第一任总主席陈大江仅2004年就先后接待过72批前往印尼考察交流的中国代表团。2007年12月，天津市工商业联合会会长张元龙率领代表团拜访印尼中华总商会，希望与印尼中华总商会建立联系机制，交流商机，以便在适当的时候组团到印尼考察和投资。总主席陈大江介绍了印尼政府现行的投资政策和印尼在橡胶、能源方面的优势，希望能够吸引更多的商家来印尼投资。[①] 2008年，中国香港国际经贸合作协会理事长陈青东率经贸考察团访问印尼中华总商会，双方积极探讨在矿业等领域的合作项目。[②]

纪辉琦于2009年继任印尼中华总商会总主席后，带领新的一届理事会除继续积极地为印尼与中国的经贸合作牵线搭桥外，还在印尼各地设立分会，以便更好地为印尼企业与中国企业的直接对接奠定基础。例如，印尼中华总商会东爪哇分会于2010年11月29日举行揭牌仪式，东爪哇省长苏卡沃、第五军区司令 Gatot Nurmantyo、中国驻泗水总领事王华根，以及从雅加达远道而来的印尼中华总商会总主席纪辉琦、副总主席林文光及泗水各华人社团代表出席仪式，共同见证这具有特别重要意义的时刻。纪辉琦在致辞中向苏卡沃转述了中国朋友的想法，表示中国企业家非常看好东爪哇的投资市场与前景，他们希望能够进入东爪哇进行投资。浙江省的朋友也诚邀东爪哇商团前来考察，浙江省在中国不仅是一个经济大省，也是一个工业大省，在中国国民生产总值中名列前茅，东爪哇省长如果能够带领商团前往考察，将会促进两省未来在经济领域的互惠与互利，而他本人也将不遗余力地促成此次访问。东爪哇省长苏卡沃在致辞中向商会寄予厚望，他盼望商会能够为东爪哇省带来更大商机，为该地区的繁荣做出更大的贡献。他希望有更多外国企业家前往东爪哇投资，不仅集中于加工业、制造业等行业，而且有更多的高科技企业入驻。中国驻泗水总领事王华根也表示，中国驻泗水总领事馆将为分会提供最大的方便，让东爪哇省与中国各省的合作更加广泛，共同促进两地经济发展。

与此同时，印尼百家姓协会和印尼华裔总会自成立以后，也在推动印尼和中国的文化交流和经济合作方面进行了不懈的努力。具体表现是经常举行有关印尼与中国关系的讲座，主要邀请印尼国内的有关中国问题研究专家，以及来自中国的经贸代表团成员或经济专家在其会所或公共场所内进行。据调查，在印尼百家姓协会和印尼华裔总会自2006年以来举行的26场讲座中，涉及印尼与中国关系的讲座就有8场。例如，印尼华裔总会本着提高印尼—中国经济贸易合作的原则，借中国海外交流协会、中国经济与法律专家巡讲团在印尼访问的机会，于2011年5月22日在雅加达市中心马腰兰区的总部举行了专家专

① 印尼中华总商会迎接天津工商业联合会代表团．国际日报，2007-12-04.

② 中国香港国际经贸合作协会经贸考察团访问印尼中华总商会．国际日报，2008-03-02.

题演讲会，来自中国的专家学者介绍了当前中国的经济形势、法制环境及中国—东盟自贸区现状等，以此增进中国和印尼之间的相互了解，推动两国经贸合作。

在印尼中华总商会的协助下，2007 年 12 月，天津钢管集团股份有限公司与新加坡、马来西亚和印度尼西亚各一家公司在印尼巴淡岛共同投资成立天管泛亚公司，主要经营油套管加工和热处理；2008 年，中国天津国际经济技术合作集团公司成功完成了对印尼镍矿的开发，2011 年，该集团又在雅加达投资成立中浩矿业有限公司，主要进行矿产品开采、镍铁加工。正如印尼中华总商会副总主席张锦雄所说，中华总商会是一个非政府、非营利性质的社团，应该充分利用好这个品牌和平台，更好地推介和宣传印尼各地区的经贸特色，促进当地华商、华社与中国政府、中国企业甚至更多外国企业的沟通与互动、交流与合作。①

2014 年 4 月 21 日，中国天津—印尼中华总商会经贸洽谈会在雅加达北区珊瑚新村 Aston 大酒店会议厅举行。在天津市国资委主任李福明率领下，共有 60 多位天津企业家和中华总商会会员、印尼华商进行交流对接。印尼中华总商会出席的有副总主席张锦雄、许世经、连介豪，理事会主席商家轩、薛天增、副秘书长纪国璋、顾问洪贵仁、陈社栋、理事杨柏松等。印尼中华总商会副总主席张锦雄致辞称，当前印尼在公共基础设施建设、港口码头建设、旅游与文化创意产业等多个领域都有着迫切的需求，政府也已出台了一系列相关优惠和扶持政策。而这些行业和领域，很多恰好是此次来访的天津企业的强势项目。印尼中华总商会将与天津市政府建立经贸信息沟通常态机制，为双方企业家提供更多、更准确的招商、投资信息和政策介绍等向导服务。张锦雄最后代表印尼中华总商会诚挚邀请天津市政府及天津市的优秀企业家们再组团，参加 2015 年由印尼中华总商会承办的“第十三届世界华商大会”，让海内外广大华商团结起来，共谱一曲世界华商发展的华彩新篇章。②

（二）印尼华人与中国企业对印尼的投资

在中国企业对印尼的投资进程中，一些印尼的华人企业家凭借着他们熟悉当地经营环境以及投资经营的经验，从中国企业到印尼投资那一刻起，便发挥了他们在印尼与中国之间的桥梁作用，还有许多华人企业家已成为中国企业家进军印尼的合作者。

本着加强中国与印尼两国渔业经济和捕捞、养殖技术交流的愿望，以期采用先进的捕捞、养殖技术和科学的经营管理方法发展印尼远洋渔业加工和养殖基地项目，2012 年 12 月 12 日，福建省福州籍印尼华人企业家黄双安属下公司 PT. Sinar Mina Lestari 与恒盛昌（福建）投资有限公司达成了在印尼雅加达市共同投资设立合资公司——恒盛昌渔业印尼有限公司 PT. Hansen Mina Jaya 的合作意向，经营内容为远洋渔业捕捞、养殖，鱼货加工、运输和销售。该合资公司获得印度尼西亚政府批准和中华人民共和国商务部核准。

黄双安从事印尼东部木材和渔业开发已五十多年。20 世纪 90 年代初期，黄双安为了支持家乡远洋渔业的发展，率先与福建省福州市政府建立了印尼远洋渔业合作项目，引领福建省福州市 10 艘木质渔船实施“走出去”发展战略，入渔印尼东部海域从事渔业捕捞

① 中国天津市人大常委会代表团访问印尼中华总商会．（印尼）国际日报，2012－12－20.

② 中国天津市经贸代表团与印华总商会举行经贸洽谈会．（印尼）千岛日报，2014－04－25.

生产，开发了印尼东部阿拉弗那渔场，使福建省福州市成为中国开发印尼远洋渔业项目的发源地，黄双安可称作中国和印尼远洋渔业合作项目的开拓者。黄双安与印尼政府相关部门和要员建立了友好关系，为印尼远洋渔业养殖、捕捞、加工基地建设项目的安全正常运行提供了保障和支持。他为了支持家乡的事业，还提供了坐落在马鲁古省瑟兰岛占地7 600公顷的大型渔业养殖和加工基地，与恒盛昌（福建）投资有限公司合作开展海洋捕捞、海水养殖、鱼货加工、运输和销售等经营活动，同时鼓励带动并引导福建省福州市沿海地区的养殖户到该养殖基地开发海水养殖。

黄双安建立的瑟兰岛渔业养殖和加工基地项目，给中国和印尼带来了一定的社会效益。首先，对印尼当地的基础设施有所改善，对当地渔民进行相关的业务培训，通过产业升级每年可拉动当地1万—1.5万户渔民就业于渔业的全产业链，渔民收入显著增加，由此促进印尼当地渔业经济综合实力的显著提升，从而形成巨大的国际辐射与示范性影响。其次，该项目可引导中国养殖户1 500户和闲置在家转产的渔民900户转移到瑟兰岛从事养殖、捕捞、加工等工作，增加他们的经济收入，提高他们的生活水平。同时该项目的基地土建、基础设施及配套设施建设预计投入20多亿元。其设备均由中国国内购置并制作后运往印尼，同时由中国派员前往印尼安装，可带动中国国内制冷设备、水产品加工设备、钢材、吊装设备、冷库及其辅助设备、养虾池及育苗池的修复改造等建设物资出口总值约2.5亿美元。2014年，该基地投放南美对虾三茬共6.2亿尾，每茬养殖时间为100天左右，成活率达到95%以上。截至2014年11月底，累计收成商品虾1.55万吨，产值7亿元。单茬平均亩产1.27吨，最高可达2吨以上。[①]

（三）印尼华人参与中国企业管理

在苏门答腊岛，来自中国的宏桥公司、韦立投资公司与印尼哈利达集团的子公司芝特拉矿业投资公司合作成立了印尼宏发韦立氧化铝公司。印尼哈利达集团是当地华人企业家林联兴创办的企业，林联兴是印尼雅加达林氏宗亲总会永久名誉主席。自印尼宏发韦立氧化铝公司建立后，当地的一些华人纷纷来到这家公司工作，或担当中层管理者，或做翻译员。在万丹省勒巴克县的戈米郎公司、巴厘岛的燃煤电站、北苏门答腊省的阿萨汉水电站等，都有许多当地华人担任翻译员以及中下层管理者。据不完全统计，北苏门答腊省棉兰市就大约有100名华人作为翻译员和管理者在北苏门答腊省投资的各类中国企业中工作。[②]

同时，一些华人财务管理者利用自己在印尼熟悉财务部门的优势，帮助在印尼投资的中国企业处理有关财务事务，还有一些华人利用其在法律等方面的知识和关系为中国企业处理相关法律事务。在北苏门答腊省的棉兰市，专门有几家会计公司为在该省的水电站以及其他领域的中国企业开设财务咨询服务，也帮助中国企业处理相关财务纠纷。在印尼，经常出现一些投资当地的中国企业由于不了解当地政策而引来投资上的麻烦，或由于涉及印尼不允许投资的行业而被叫停的情况，此时，当地华人事务所或华人界法律人士就会运用法律武器，为这些中国企业排忧解难，从而得到了在印尼投资的中国企业的称赞。正如

---

① 印尼瑟兰岛南美白对虾养殖成效显著.（2015-01-12）. http://www.oeofo.com/news/201501/12/list96342.html.

② 据2015年8月20日笔者与Chenxs的访谈录。

印尼中华总商会理事会主席商家轩所说，中国要积极推进“一带一路”，印尼将是东南亚区域的关键一环，熟悉两国政治、经济、文化的华人将能够发挥独特作用，在贸易、基建、投资、法律、金融等领域积极作为。①

三、结论

自20世纪90年代以来，在中国企业“走出去”的战略中，印尼由于其所处的地理位置以及与中国的特殊关系，而成为中国企业投资的一个重要国家。自印尼与中国复交后，中国对印尼的投资日益增加，从刚开始的几亿美元增加到几十亿美元。中国企业在印尼的投资也从以往的小型投资项目发展到大型投资项目不断涌现，充分凸显了中国与印尼经贸合作的勃勃生机。

印尼华人在中国企业对印尼的投资活动中扮演着重要的角色，印尼华人社团为中国企业进入印尼牵线搭桥，印尼华商凭借自身熟悉当地的法律条规，与中国企业建立多方面的合作，许多华人担任中国企业的翻译人员、管理人员等，合力建构起链接印尼和中国经济交流与合作的网络。

国家间的外交表面上是双方政府的互动，实则基础是在民间，它主要是靠两国民众经济与文化的双轮驱动。从印尼与中国关系的发展轨迹来看，印尼华人在其中扮演着十分重要的角色。随着印尼与中国两国提升至全面伙伴关系，印尼华人将发挥着越来越重要的作用。目前，中国企业家到印尼投资的越来越多，其投资领域不仅涉及第一产业的农业、渔业、林业，还涉及第二产业的机械、矿产、能源等，以及第三产业的交通、金融、通信等，范围甚广。印尼华人在各个领域都参与并发挥了积极作用，尤其是协助中国企业在印尼参与基础设施建设，给当地人民生活带来了便利，深受当地人民喜爱。正如中国海外交流协会副会长何亚非在题为“‘一带一路’与欧亚联通”的主旨演讲中所指出的，印尼的华族人口约2 000万，是印尼社会的重要组成部分。华人既了解中华文化，又了解印尼当地文化和社情、民情，是难得的跨文化人才资源，应成为“一带一路”建设中印尼与中国加强沟通、实现战略对接、推进务实合作的重要参与者。②

---

① 印度尼西亚华人：愿中国与印尼世代友好．（2015－12－03）．http：//www.chinaqw.com/hqhr/2015/12－03/72539.shtml.

② 何亚非就“一带一路”与欧亚联通在印尼发表演讲．（2015－12－07）．http：//www.fmprc.gov.cn/ce/ceindo/chn/zgyyn/t1322098.htm.

陈嘉庚的爱国主义精神与中国梦

李其荣　徐浩亮*

陈嘉庚先生是一位伟大的爱国主义者，他一生情牵祖国，心系祖国人民，几十年如一日，追寻自己的爱国梦想，从未间断过。他为了祖国的教育事业，为了祖国的革命事业，为了祖国的建设，呕心沥血。如今国家大力提倡中国梦，核心便是要求我们每个人要有热忱的爱国心，为国家的繁荣富强做出贡献。学术界相关研究文献中，张培春的《传统孝道对青年陈嘉庚的影响》①、储冬爱的《选择的背后——陈嘉庚的“三民主义”情结》② 分析了影响陈嘉庚爱国精神的某些因素。宛志亮的《抗战中陈嘉庚的西北之行》③、陈克振的《陈嘉庚与华侨机工》④ 主要探讨了陈嘉庚在某个具体时期的爱国精神。李天锡的《试论陈嘉庚先生爱国主义思想的形成和发展》⑤ 则是从整体上分析了影响陈嘉庚爱国主义精神的主要因素。本文在总结前人研究成果的基础上，主要结合陈嘉庚所处的环境和特殊的经历进行综合考察，并探析陈嘉庚爱国主义精神的内涵。

一、陈嘉庚爱国梦的萌芽

陈嘉庚的爱国梦并不是一朝一夕形成的，而是与他生活的环境以及他日后的社会实践有很大的关系，他所处的社会环境对其以后的生活、事业以及世界观、价值观的影响很大。

陈嘉庚出生于清朝末年。在帝国主义的侵略与压榨下，广大农村百姓的生活受到影响，而福建又是一个多山的地区，这就给人多地少的百姓增加了生活难度。而反观清政府的所作所为，不断屈服于帝国列强，签订一系列屈辱条约，对人民的生活却是不管不顾，所以陈嘉庚从青年时代就对清政府的腐败无能深恶痛绝。他对家乡劳动人民的生活和疾苦有较深的了解，富有同情心。当辛亥革命推翻腐败清政府的时候，远在海外的陈嘉庚是深受鼓舞的，感觉到自己也可以出一分力，为自己的国家做些事情。

陈嘉庚 9 岁至 17 岁时就读于私塾，接受过正统的私塾教育。庄丽榕提出，“主导陈嘉

---

* 作者简介：李其荣，浙江丽水学院华侨学院特聘教授、院长，华中师范大学国际移民与海外华人研究中心/国务院侨办侨务理论研究基地教授；徐浩亮，华中师范大学历史文化学院硕士研究生。

① 张培春．传统孝道对青年陈嘉庚的影响．集美大学学报（哲学社会科学版），2011（1）．

② 储冬爱．选择的背后——陈嘉庚的“三民主义”情结．历史教学问题，2003（5）．

③ 宛志亮．抗战中陈嘉庚的西北之行．档案，2005（2）．

④ 陈克振．陈嘉庚与华侨机工．八桂侨刊，2005（3）．

⑤ 李天锡．试论陈嘉庚先生爱国主义思想的形成和发展．华侨大学学报（哲学社会科学版），1985（1）．

庚思想与行动的文化渊源，是中国儒家正统思想”①。这对他的爱国主义思想的产生有着重要的影响。陈嘉庚的诞生地，正是民族英雄郑成功待过的地方，人称“国姓寨”。郑成功抗击荷兰殖民者、收复台湾的事迹在这个地方被广为流传，这对当地人民有着深远的影响。榜样的力量是巨大的，陈嘉庚从小听长辈讲述这段振奋人心的历史，在他幼小的心灵里播下了爱国的种子。在创办厦门大学时，他就选定了郑成功当年的练兵场作为中心校址，他对郑成功的爱国精神特别推崇，并且以身作则，在以后的实践中不断发扬。

陈嘉庚受到的家庭教育也促进了他爱国梦的萌芽。父母的言传身教是孩子最好的榜样。陈嘉庚回忆，“家君平生俭素，除染洋烟外，别无花费，数十年来住家即在顺安米店楼上，故家用亦省”②。陈嘉庚的父亲生意虽然做得不是很大，但纵观他的一生，却对新加坡的慈善事业颇为关心，对社会富有责任感。这些品质也潜移默化地植入陈嘉庚的脑海中。其母亲孙氏，对年轻的陈嘉庚影响也颇大：她常牵着他走遍集美的秀丽山水，带他下田下海劳动，给他讲述岳飞的故事，领他探访集美纯朴的乡亲，给年少的陈嘉庚的心灵播下了热爱家乡的种子。当他 1940 年率领南侨考察团回到家乡福建，看到官员鱼肉百姓，特别是得知陈仪、徐学禹对福建的残酷暴政时，非常生气。他的“生平志趣”“生性之自然”，都是在历史大环境、在良好家庭教育的熏陶中形成的。年轻的陈嘉庚很早就有了关心社会事务的热情，随着时代的发展，这种“生性”逐渐发展成为他孜孜不倦追求一生的爱国梦。

20 世纪初，孙中山在新加坡成立同盟会分会，新加坡成为革命党人在南洋的活动中心。此时，以孙中山为代表的资产阶级革命派正与保皇派进行激烈的论战，在这场论战中，革命派慢慢占据了上风。通过宣传，他们的革命主张在南洋地区传播开来。这时的陈嘉庚因为被迫来南洋谋生，在南洋又直接遭受帝国主义的奴役欺凌，所以十分渴望祖国独立强大，自然很关心国家和民族的命运。孙中山的学说及主张慢慢植根于陈嘉庚的脑海中。他们多次见面，倾谈国事，陈嘉庚对孙中山提出的“三民主义”坚决拥护。“20 世纪初，陈嘉庚接受并追随了孙中山的革命理论，政治生涯与社会公益活动从此深受三民主义的影响。”③

新中国成立之后，陈嘉庚曾对香港《文汇报》记者谈到孙中山：“中山先生的为人很值得后人效法，我认为周总理提倡纪念中山先生、学习中山先生，是很有意义的。我们应当隆重地纪念这位革命先驱。”④ 从中也可以看出，陈嘉庚对于革命的支持，与孙中山身上这种忧国忧民的爱国情感是有关系的。辛亥革命爆发后，作为革命派的一员，陈嘉庚从物力和财力两方面支持福建新政府和维持地方治安。他的爱国主义思想有了初步的发展。

二、创办实业与兴学并重：以商促学

革命的成果被袁世凯窃取之后，国内政局一片混乱，陈嘉庚和大多数人一样看不到未来的道路，但是他知道自己必须要做些事情，“以乡梓需要为急务，以文化为基础，抱定

① 庄丽榕．陈嘉庚教育的入学思想基础研究．集美大学学报（哲学社会科学版），2001（4）．

② 陈嘉庚．南侨回忆录．新加坡：怡和轩，1946：397.

③ 贺春旎，王钰．陈嘉庚与孙中山交往考．集美大学学报（哲学社会科学版），2010（2）．

④ 陈碧笙，陈毅明．陈嘉庚年谱．福州：福建人民出版社，1986：243.

破釜沉舟之志也”①，他感到自己只能以微薄的力量在文化教育方面做些贡献。

（一）在创办实业中为祖国培养人才

在新加坡，通过与西方的对比，陈嘉庚了解到祖国在工业、教育、科技方面的落后，产生强烈的危机感。他时刻担忧着祖国工业的落后，因此，当他敏锐地意识到橡胶业在20世纪必定成为支柱产业之后，便对之大力投资发展。他认为这不仅能为当地广大华侨提供工作，而且可以为祖国将来发展这种工业提供指导。他深知连日本都有几百间橡胶厂，而中国却连一间有规模的都没有，而新加坡是产胶区，可以训练工人，将来回国可以发展橡胶业，故不惜资本，积极勇进②。他所虑所想都是华侨的生计、民族的利益，目光之长远，爱国之深切，可见一斑！

（二）倾心兴办集美与厦大

辛亥革命后，他“热诚内向，思欲尽国民一分子之天职”。怎样去尽这份职责呢？在南洋多年，陈嘉庚看到西方国家之所以船坚炮利，商业发达，发展教育、培养人才是很重要的因素。作为一名商人，他该如何去追寻自己的爱国梦，如何去帮助祖国强大起来呢？他想到了教育，想到了办学，不论何时何地，他都认为国家要强大、独立，就必须创办学校，培养人才，提高国民素质。他认为“教育为立国之本，兴学乃国民天职”③。这些被后世证明利国利民的做法，体现了陈嘉庚作为中华民族的一分子、中华儿女的一员，时刻没有忘掉自己的爱国梦。陈嘉庚在中国最乱的20世纪20年代回来了，以百折不挠的毅力兴办学校，创办了包括从幼儿园到大学在内的完整的教育体系。虽屡有困难，但他将兴学这项事业贯穿于一生之中，始终没有改变。1913年，陈嘉庚创办集美小学，从此走上了创办学校这条漫长道路。陈嘉庚一生创办和资助的学校有100多所，除了集美学校和厦门大学外，还包括福建省以及新加坡的多所学校。

陈嘉庚在办学时，主张办教育就是要为国家培养栋梁之材，为国家的利益着想。在兴办学校的过程中，他不仅仅投入资金，更重要的是倾心办学，可以说学校的点点滴滴、一砖一瓦，都是在他的规划设计下完成的，他对学校的选址、建筑材料的使用、教学仪器的购买都亲力亲为，他认为要办就要办最好的教育，培养有用的人才。陈嘉庚不仅重视学校硬件的建设，也重视学校的办学理念。在办学过程中，陈嘉庚强调理论与实践相结合。他开办集美水产学校、航海学校、商校、农林学校，为国家培养了大批实用型人才；他花巨资为学生建立海上训练基地，开设水产养殖场、水族馆等；他创办农林学校时，开辟了实习用的农林场，并设有加工厂。④

三、投身祖国的抗战

陈嘉庚爱国梦的内容是随着时代的变化而不断发展的，在抗战时期，其爱国的过程主

---

① 陈嘉庚. 1937年4月致新加坡侨商信. 南洋商报，1937-04-30.

② 陈嘉庚. 1937年4月致新加坡侨商信. 南洋商报，1937-04-30.

③ 陈嘉庚. 南侨回忆录. 新加坡：怡和轩，1946.

④ 林时德. 嘉庚精神及厦门发展. 厦门：厦门大学出版社，2012：101.

要围绕争取民族独立而展开。抗战时期，陈嘉庚的实业虽然走向衰落，但他以实际爱国行动赢得了东南亚广大华侨的支持，带领华侨积极为祖国的抗战投入巨大的人力、物力与财力，在抗战史上留下了浓墨重彩的一笔。

早在1928年济南惨案发生的时候，陈嘉庚对日本的侵略行为就极为愤慨，虽然远在东南亚，但是他的心时时刻刻与祖国在一起，关心着国内局势的发展。东南亚的华侨犹如海上的浮萍，虽然祖国不强大，不能给他们带来太多实质性的帮助，但是“祖国”这两个字是他们在外拼搏的精神依靠。对于日本赤裸裸的侵略行为，他们无疑是愤慨的。陈嘉庚曾经指出，“东邻日本对我中华大好河山窥伺已久，常存吞并中国之心”[①]，他把自己的爱国精神和忧患意识传递到了广大华侨心中，带领海外华侨共同支援祖国的抗日战争。在筹赈山东惨祸全体华侨大会上，陈嘉庚公开谴责日本帝国主义。这次活动虽然规模不大，却是南洋华侨在祖国全面抗战前夕第一次有组织、有领导的抗日活动。因为在东南亚，华侨虽然人数众多，却比较分散，而且以地域、宗族、血缘来发展，形成众多的小帮派，内部不仅不够团结，还存在不少矛盾与利益纷争，组织一次活动也是不易的，这次活动也为陈嘉庚日后组织更大规模的爱国行动奠定了基础。

随着全面抗战的开始，所需军费剧增。为了增加筹款数目、提高筹款效率，南洋一些地区的筹赈会负责人认为有必要组织一个总机关，来统一领导东南亚的筹赈会。抗日战争爆发后，广大华侨爱国情感更加强烈，但苦于没有形成一个统一的组织。于是南侨总会应运而生，陈嘉庚被推选为南侨总会主席，他认为只要是为了抗战，为了打败日本侵略者，做出再大的牺牲都在所不辞。

陈嘉庚和汪精卫早已相识，并且私交不错，但是当听到汪精卫与日本人言和妥协的消息，也毫不客气地指责他卖国求荣。因为陈嘉庚知道，在日本没有退出中国之前，这种妥协必须要以割地赔款、出卖国家利益为前提，这是赤裸裸的卖国行为。在大是大非面前，他从不含糊。他还向重庆国民参政会发去提案，提案经修改为“敌未出国土前言和即汉奸”。该提案虽然只有区区十一个字，却义正词严，比数千字的提案更有分量。对于国民党只是给予汪精卫开除党籍的决定，陈嘉庚甚为不满，他认为汪精卫叛国求和，罪情重大，全国人民没有不痛恨他的；而且前方将士浴血奋战，却让卖国贼逍遥法外，这让海外的千万华侨也难以满意。陈嘉庚忠奸分明，疾恶如仇，不怕得罪国民党当局，在抗战的关键时刻，对卖国行为穷追猛打，有力地打击了投降派的嚣张气焰，进一步鼓舞了国民斗志。

1940年，随着抗战形势的深入，陈嘉庚对国内局势的了解也进一步加深，他认为这个时候有必要对正在进行抗战的国民党和共产党进行考察，了解实情，还原两党的真实面目，并适时向社会公布、向华侨汇报其所闻所见。陈嘉庚曾言，“发动慰劳团以为荣耀此种诈谬行为，在余绝未梦想，诚可以对天日而无愧”[②]，他认为做这件事情绝对不是回国游玩，以此作为一种荣耀，而是肩负南洋千万华侨沉甸甸的责任而来。他认为国共两党“可以说是兄弟党，万望两党关系人，以救亡为前提，勿添油助火，国家幸甚，民族幸

① 黄顺通，刘正英．陈嘉庚与抗日战争．福州：福建人民出版社，1995：2.
② 陈嘉庚．南侨回忆录．新加坡：怡和轩，1946：95.

甚”①。他不管两党愿不愿意听，也不会去考虑说这些话的后果，只是从自己的爱国立场出发，所考虑的只有国家、民族以及海外华侨的利益。

在重庆，陈嘉庚看到的是国民党高官大员们大发国难财，但是其统治下的人民，却生活在水深火热中。对比之下，他在延安受到毛泽东、朱德等亲切接待，看到了一派希望的景象，“耳闻目睹各事实，见其勤劳诚朴，务以利民福国为前提，与民众辛苦协作，同仇敌忾，奠胜利维新之基础”②。这个时候，陈嘉庚慢慢明白了，中国共产党才是孙中山“三民主义”的坚定支持者与继承者。

从这时开始，陈嘉庚与国民党政府的裂痕越来越大，但为了大局着想，为了团结抗战，才没有彻底决裂。1940 年的回国考察，是陈嘉庚一生中思想的重大转折点。他看到了国家和民族的希望所在，他所追求的爱国梦又有了新的正确的依托，他的爱国主义思想又注入了新的内容，提升到一个新的高度。

四、陈嘉庚爱国梦的升华与延续

新中国成立之后，陈嘉庚确确实实感受到中国的新气象，认同在中共领导下的新中国是真正代表人民利益、为人民谋福祉的好国家。陈嘉庚是一个尊重事实的人，他参加中华人民共和国开国大典以后，就到东北、华东等新解放区考察，当他亲眼看到中国的新面貌以后，才完全信服共产党的执政能力，也更加相信国家会独立富强。正是因为他看到了这些，才以 70 多岁的高龄，不远万里回国定居，为祖国的繁荣富强发挥余热。

陈嘉庚说：“华侨一向期望祖国独立、自由、民主、强盛。现在华侨已经不是所谓海外孤儿，而已经有了一个伟大的慈母，这就是伟大的中华人民共和国。”③ 这个时候，他才感觉到离自己的爱国梦想又近了一大步。

晚年的陈嘉庚把大部分精力用于发展教育事业。他以 80 岁的高龄，不避风雨寒暑，亲自为修复和扩建厦大筹集经费，亲自主持工程的施工，可以说集美与厦大的每一寸土地，都有他的身影与足迹。新中国成立之后，厦门处于国民党军事威胁之下，有人劝他不要在这里扩建，但他不为所动。陈嘉庚对师生说：“敌人炸了旧校，我们将建设新校；敌人炸了旧村，我们要建设新村。”可见他对新中国必然强大、繁荣充满信心，因为他知道慢慢强大的新中国，不会再让华侨飘零海外，更不会让自己的国土随便被别人轰炸。

扩建集美、厦大，不仅仅是为了接收更多国内的学生，也为了多招收华侨子女。陈嘉庚虽然回国了，但是他依然关心着海外的华侨，因为海外华侨与祖国是同呼吸共命运的。为了方便广大华侨回国就学，他提议建立集美华侨补习学校。他认为，加强与海外华侨的联系，要从年青一代开始，应鼓励他们热爱祖国，将来为国家做出自己的贡献。而要团结海外华侨，就必须让他们学习中华文化，因为不论身处何地，中华文化都是民族向心力和凝聚力的源泉。

陈嘉庚在追寻爱国梦的过程中，并不是孤单的。在创办学校的过程中，他也鼓励亲戚

---

① 陈碧笙，陈毅明．陈嘉庚年谱．福州：福建人民出版社，1986：103－104.

② 陈嘉庚．陈嘉庚言论集．新加坡怡和轩俱乐部、新加坡陈嘉庚基金、中国厦门集美陈嘉庚研究会联合出版，2004：56.

③ 陈嘉庚在中国人民政治协商会议第一届全国委员会第三次会议的发言，1951 年 10 月 29 日。

朋友一起参与，像李光前、陈六使，便是受其熏陶，并在陈嘉庚企业收盘的情况下，提供资金支持集美与厦大的建设。在抗战的过程中，陈嘉庚呕心沥血，团结华侨，把分散的华侨爱国力量汇聚起来，形成一股爱国洪流，为抗战胜利起到了不可磨灭的作用。他倡办的学校培养的桃李满天下，很多校友又追寻他的爱国梦的足迹，为国家做出自己的贡献，尽一分绵薄之力。可以说，陈嘉庚的爱国梦并没有随着他的逝去而消散，反而是在海内外开花、结果。

陈嘉庚作为一位伟大的爱国主义者，他的爱国思想是随着历史的发展和演变而不断充实和发展的。他的爱国梦在新中国成立之后，才一个个变为现实。中国梦的实现，需要我们每个人行动起来，需要我们有一颗爱国心，为国家的繁荣富强贡献自己的力量。现在我们学习陈嘉庚的爱国主义精神，就是需要我们从他身上吸取正能量，为把我国建设成为社会主义强国而努力奋斗。